第7版

投資家のための

金融マーケット予測ハンドブック

三井住友信託銀行マーケット事業

NHK出版

ま え が き

　金融マーケットの昨日を知り、今日を読み解き、明日を予測するための羅針盤として専門家から学生まで幅広い層の皆様にご愛用頂いている「投資家のための金融マーケット予測ハンドブック」の改訂新版をお届けします。前身の「金利・為替予測ハンドブック」（1993年発行）以来、通算9度目の改訂となります。

　初版上梓からおおよそ27年、この間金利・為替市場は目まぐるしく変動してきました。幾度かの金融危機を経て、当時は想定されていなかった中央銀行による非伝統的な金融政策も採られました。日本銀行が2013年春に開始した量的・質的緩和策（QQE）は「異次元緩和策」とも称されましたが、その後さらに2016年1月にマイナス金利付きQQE、同年9月には長短金利操作（YCC）付きQQEが導入されています。また日本に先行してマイナス金利政策を採用していたECB（欧州中央銀行）はマイナス金利の深掘りを行うなど、近年のマーケット、とくに金利市場はまさに異次元状態が続いている感があります。

　一方で、市場情報を入手する手段については、1990年代後半からの情報通信革命によってプロフェッショナルと一般投資家の間の垣根が格段に低くなっています。一昔前は、金融機関のディーラーやファンドマネージャーだけが情報端末を通して得ることのできた各国の指標やニュースに、今では誰でもほぼリアルタイムにアクセスすることができます。情報源も変化しています。ニュースも含め何でも検索できるGoogleの誕生は1998年、デジタル百科事典Wikipediaが2001年、そして各国の要人も事あるごとにつぶやくTwitterの設立は2006年。スマートフォンさえ持っていればどこでも最新の情報が入手できる時代となりました。

　米国トランプ大統領の公式Twitterは投資家が大きな影響を受ける情報の1つだと思います。「No "guts", no sense, no vision」、これは2019年9月の利下げが0.25％に留まったことに対して、Fed（連邦準備制度）とパウエル議長を非難したツイートの一部です。遡って2018年末に株式市場が大幅調整した局面では、利上げを継続するFedに対し、ツイッター攻撃が繰り返されました。Fedの「2つの使命（Dual Mandate）」は①最大の雇用と②物価の安定です。米国の失業率は3.5％近辺で50年来の低水準、物価上昇率が目標の2％近辺にある中でも、2019年に入ってからは舵が切り返され7月、9月に続き、結局10月にも3回連続のFOMC（公開市場委員会）での利下げが実施されました。中央銀行の独立性に対し、政権からの圧力が相応に影響したと見えてもおかしくない一幕でした。

　市場参加者の幅や質にも変化があります。一部のAI投資プログラムは、数時間先に特定の市場がどの位置に動きやすいかを相応に高い確率で捉える時代となっています。またマイ

クロ秒単位で高速取引を行うプログラムは人間トレーダーの取引執行能力に比して格段の処理速度を有し、市場流動性の確保には貢献していますが、時折「フラッシュ・クラッシュ」のような事態を引き起こします。マシンまで含めたさまざまな市場参加者が鎬を削るのが今日のマーケットの姿です。ただし、情報伝達が高速化し参加者が変容しても参加者の意思決定のぶつかり合いによって、市場が形成されていることに変わりはありません。企業や個人投資家、各国政府、当局、中央銀行の判断の結果すべてが織り込まれて市場価格が決定されているということもできるでしょう。

　スマートフォンのSiriやAlexaに問いかければ明日の天気予報はすぐに教えてくれますが、明日の市場の終値がいくらになるかは答えてくれません。逆説的ですが、デジタル時代の今でも、明日の市場で何が起きるか確実に予測できる方法はないからこそ、このハンドブックの改訂を続け、世に送り出していく意義があると考えています。1989年の映画「バック・トゥ・ザ・フューチャーPART2」で敵役のビフ・タネンがデロリアン号に乗って1950年～2000年の「スポーツ年鑑」を、1955年の自分に渡しに行き、競馬やスポーツくじなどで100%の勝率で儲けて大富豪になってしまうというくだりがあります。もし私がタイムマシンで過去に戻れるとすれば、このハンドブックを30年前の駆け出しの為替ディーラーだった自分に渡しに行きます。いわゆる「マーケット年鑑」としては、ただの記録ではなく、これまで当社のディーリングルームで市場分析、投資に携わってきたメンバーが紡ぎ合わせ続けてきた英知の集大成となります。そこには、機械化、自動化がどんなに進んでも、あまねく投資家にふりかかる未来の不確実性、その未来の市場を読み解く際の道具として使っていただきたいという、上梓時から連綿とつながる思いがあるのです。

　本書が、投資家の皆様の明日の意思決定の一助となり、またこれから市場に関わる皆様のセンスを磨くことに少しでもお役に立つことができれば、私たちにとってこれほど幸せなことはありません。

　2020年2月

三井住友信託銀行株式会社　常務執行役員
（マーケット事業統括役員）

百 瀬 義 徳

※編集部注：
　本書「第7版」は、2019年秋までの情勢
　──金融市場、金融政策・為替政策などの動向、経済・金融に関連する統計──
　に基づいて編纂されている。

第Ⅲ章　国内金利・金融政策の読み方

3　日本の金融市場　*138*

第Ⅳ章　米国経済の見方

第Ⅴ章　米国金利・金融政策の読み方

第Ⅵ章　ユーロ圏経済・金融の見方

1　欧州の統合　*278*

2　ユーロ圏の経済・指標の見方　*290*

第Ⅸ章　エマージング経済・金融の見方

第X章　商品市況の見方

第XI章　為替市場の見方

第XII章　テクニカル分析の基礎

第Ⅰ章

金利・為替予測とは何か

1　金利・為替予測の方法論

　金利や為替を予測する方法は、まだ発展中の分野である。ここでは、金利の予測手法を中心に一般論を解説したい。為替予測の詳細は、第XI章「為替市場の見方」を参照していただくとして、本章では、ごく基礎的な枠組みだけを紹介したい。

［1］金利予測の方法

（1）金利の概念の整理

　金利と一口にいっても、さまざまなものがある。しかし、本書でテーマとしているのは、政策金利、短期金利、長期金利の3つである。

　政策金利とは、金融政策をつかさどる中央銀行が決定権をもつ金利で、短期金利の中心軸となるものだ。短期金利・長期金利については、正確には会計基準と同様にワンイヤールールで1年超の金利を長期、1年以内を短期金利として区別している。もっとも一般的には、長期金利とは10年物の長期国債利回りを指す。

　この3つの金利 —— 政策金利、短期金利、長期金利 —— を予測するために必要な基礎知識や方法を提供しようとするのが、本書の課題である。以下では、それに先立ち金利の概念について簡単に整理してみよう。

《名目金利と実質金利》

　名目金利（nominal interest rate）というと本物でないというような印象を受けるかもしれないが、世の中で一般的に目する金利はすべて名目金利である。これに対して、実質金利（real interest rate）とは、名目金利からインフレ率を差し引いたものである。実質金利にも短期と長期が考えられる。短期の実質金利は、図表I−1の（b）のように定式化できる。問題は長期の実質金利で、期間が長いので長期の期待インフレ率は、その時点で観察される数値とは異なってくるからだ。なお、1997年に米国財務省が物価連動国債の発行を開始し、残高も増加していることから、最近ではその利回りを実質金利として利用することも多い。期待インフレ率の「期待」とは「予想」と読みかえてもよく、物価連動国債から読み取れる期待インフレ率も市場参加者の「予想」を反映したものといえよう。いずれにせよ、長期の実質金利を議論する場合には、この「期待」や「仮説」の立て方が問題となってくる。

図表Ⅰ-1　実質金利と期待インフレ率

【実質金利の計算方法】
（a）実質金利＝名目金利－インフレ率
（b）実質短期金利＝名目短期金利－現実に観察されるインフレ率
（c）実質長期金利＝名目長期金利－長期の期待インフレ率

＊常識的ではあるが、実質金利のもつ意味は、次の例を考えれば明白である。

	（名目金利）		（インフレ率）		（実質金利）
A国 ……	10%	－	8%	＝	2%
B国 ……	6%	－	2%	＝	4%

　　為替の変動リスクが同じと仮定して、A国とB国のどちらに投資家が投資をす
るかを考えれば、理論的には投資家は名目金利が低くても実質金利の高いB国に
投資するであろう（もっとも、以下述べるように実質長期金利は何らかの仮説に
基づくため、実際の投資行動はしばしば名目金利に左右される）。

【期待インフレ率の問題】
　　期待インフレ率は、簡便に、長期の期待インフレ率として、実際に発表されて
いるインフレ率を代用する場合もあるが、先進国の一部では物価連動国債の情報
を利用する場合も増えてきている（274頁参照）。
　　内閣府の消費動向調査や日本銀行の短期経済観測調査（短観）などで利用でき
る消費者物価や仕入価格などのサーベイ・データにより、消費者や企業が、将来
どの程度のインフレを予想しているかを知ることができるが、定量化（指数化）
する段階で、かなり大胆な前提を置かなければならないという問題は残る。ま
た、物価連動国債利回りを実質金利として利用しても、流動性プレミアムやイン
フレリスクプレミアムを除かなくてはならない。

マクロとミクロの乖離

　　景気の計測には通常、マクロ経済指標が用いられるが、景気判断をめぐっては、
「マクロとミクロの乖離」がしばしば問題となる。例えば、企業業績が低迷するなか、
実質GDP成長率が比較的高い数字を示していることがある。こうした場合、マク
ロとミクロのどちらで景気判断するのが正しいのだろうか。この問いに対する絶対
的な解答はない。
　　しいていえば、企業経営者の景況感や業績予想などは、景気に先行する場合が
あるため、マクロ指標との乖離があっても、マーケット予測においては見過ごせない
情報である。
　　ただ、マクロ・ミクロいずれのデータであれ、金融マーケット予測の観点で重要
なのは、現在の市場価格に何が織り込まれ、何が織り込まれていないか、そして、
将来どのような材料が織り込まれていくのか、である。

［2］金利予測の方法論 ── その1

（1）金利予測のアプローチ

　金融機関はいうに及ばず、企業の側も資金調達手段の多様化によって、金利の読みの巧拙が企業収益に直接はねかえってくるため、金利予測の重要性はますます高まってきている。

　それでは、金利（為替も含むが）予測をするには、一体どんなアプローチが考えられるであろうか？　大別すると、3つのアプローチがある。

①ファンダメンタルズ・アプローチ……金利や為替に影響を与える基礎的な要因（ファンダメンタルズ）── 景気、インフレ、経常収支、市場の需給、政策動向 ── などを分析して、そこから金利などが将来動く方向を見定めようという方法である。景気を中心にシナリオを描き、そのなかで金利などの動きを想定するので、シナリオ的アプローチとも呼ばれている。通常は複数のシナリオを描き、それらに対応した金利・為替の動きを予測する。

②テクニカル・アプローチ……テクニカル分析による種々の手法を用いて相場の方向を予測する方法（第Ⅻ章「テクニカル分析の基礎」参照）。価格や出来高などの市場データの推移をグラフ化したチャートを用いて、市場参加者の期待と不安の集合体である「市場センチメント」を読み取り、価格変動の一定パターンを見出す。

③計量的アプローチ……計量経済学（エコノメトリックス）的な手法を用いるもので、経済予測モデルと同じような金融モデルを使うものから、ごく簡単な数本の推計式を使うものまである。もう少し具体的に説明すると、金利や為替（被説明変数という）を対象とした回帰式をインフレ率や経常収支など（説明変数という）を使い作成。そのうえで、説明変数に想定値を置き、回帰式に基づいて金利などの予測値を得る。

　以上の3つのアプローチはそれぞれ長所と短所があるので、それらを理解したうえで利用する必要がある。図表Ⅰ−2に要約したので参照されたい。

図表Ⅰ-2　各金利予測アプローチの長所と短所

	長　所	短　所
①ファンダメンタルズ・アプローチ（シナリオ的アプローチ）	・ 金利や為替の動きを首尾一貫（コンシステント）した論理で説明することができる。 ・ 経済の動きと対応させるので、わかりやすく、中長期的なトレンドを把握するのに優れている。	・ 相場転換のタイミングを説明することはできない。 ・ 金利や為替の水準を評価する場合の尺度とはなりにくい。 ・ 経済のシナリオを予想すること自体が難しい。
②テクニカル・アプローチ	・ 相場転換のタイミングを予想する武器として有効。 ・ マーケット参加者の注目度が高く、相場の心理を集約している。	・ 金利、為替、株価などを1つの論理で説明するには不適切。 ・ チャートを読む人によって、千差万別の解釈が可能。
③計量的アプローチ	・ 過去の動きを分析したり、説明するのには有効。 ・ 予測値が明快で、絶対水準を評価するのにも基準を与えてくれる。	・ 経済や金融の構造が将来も続くことを前提としているので、構造変化が起きている時は不向き。 ・ 短期的な相場の変動を説明できないし、予測値の幅（誤差）も大きいので、マーケット参加者の実感と乖離することが多い。

（2）金利の決定要因分析のポイント

　金利を決定する要因としては、一般的には次の3つがあげられる。①経済（景気）のファンダメンタルズ、②金融政策、③市場の需給、である。

①景気循環の判断

　経済のファンダメンタルズのうち、最も重要なのが景気循環である。金利の動きは景気循環の局面のなかで把握する必要がある（景気循環と金利循環については次項で解説）。経済構造が大きく変化しているときには、さまざまな要因が構造変化による恒常的なものか、それとも景気循環による一時的なものかを判断し、それが金利や為替にどのような影響を与えるかを分析しなければならない。これは言葉ではやさしいが、実際には難しい。そもそも景気予測や経済分析の段階において、同様の議論が発生する。いずれにせよ「構造的要因（structural）か循環的要因（cyclical）か」というのは、つねに対処しなければならない問題である。

②金融政策の分析

米国のFed Watching（フェッド・ウオッチング）にならって日銀ウオッチング（またはＢＯＪウオッチング）という言葉が一般化しているほど、金融政策当局の動きを分析することの重要性が認識されている。政策変更のタイミングを正確に予知することが、投資や資金調達・運用の成果を左右するからである。

個別の政策当局の動きを分析する方法については、それぞれの項目で扱っている。ここでは、一般的に注意すべきポイントのみを説明する。まず大切なことは、経済の動きについて自分の判断と当局の判断を混同しないことである。政策当局は独自の調査スタッフと豊富な情報量をもつので、民間のエコノミストよりも、よりよい景気判断ができるはずであるが、すべてを見通せるわけではない。間違うこともあるだろうが、当局は自分の判断が正しいとして政策を決めるはずである。

エコノミストに近い予測者にありがちな誤りは、当局の判断をそっちのけにして、自分の景気判断を基礎に金利シナリオを組み立ててしまうことである。政策分析の中心は、あくまで当局の判断をベースにしなければならない。

次に、マーケット参加者のなかに、特別の情報ソースを誇示して、当局の動きを解説する者がいる。これもマユツバものであることが多い。もちろん情報ソースは多いに越したことはないが、絶対的なものではない。このことは、政策当局のトップクラスに取材ができるマスコミ関係者が政策変更のタイミングや幅について、しばしば誤報をすることからも理解できよう。むしろ公開情報を徹底的に分析し、それに取材に基づく生の情報を加味して総合的な判断をするほうが正道であろう。ポイントは政策分析力の優劣である。

③市場の需給

市場の需給とは、例えば債券市場であれば、債券を購入する投資家（＝需要）と、債券を発行する側（発行体）——民間企業、政府、政府系機関、地方公共団体など——や債券を売却しようとする投資家（＝供給）とのバランスをいう。これは、短期金融市場における資金の出し手と取り手のバランスとも同じである。

金利の決定要因としての市場需給分析は、概念的には簡単そうであるが、実際には難しい。国内債券市場を例にとると、新規発行供給のほうを捉えるのは比較的簡単である。国債であればあらかじめ発行計画があるので、新規供給額の大まかなところはわかるからだ。

しかし、保有している債券を投資家が売却するかどうかは、マーケット参加者の金利観が変化すると、まったく違ってくる。また、金利の絶対水準や長短金利差の状態や先行きの期待（予想）によっても需給は一変する。これは、投資家により運

用している資金の性格が違うので、それぞれ異なる行動をとるからである。「2%を下回ったクーポンの債券など買えない」と断言していた投資家が、金利低下が長期化すると判断を変えたとたん、購入に回るということはよくあるケースだ。

　このように、市場の需給というのは、なかなか捉えにくいものなのである。しかし、市場の需給を軽視してもいけない。例えば、1990年以降の日本の株価暴落は、60兆円にも及ぶエクイティ・ファイナンス（新株の発行を伴う資金調達）による供給過剰が主因であった。また、98年末の長期金利の急上昇は、大蔵省資金運用部（当時）の国債買入停止の発表を受けて、国債の先行きの需給悪化懸念が強まったことが背景にあった。

　市場の需給は、多数の市場参加者の心理的複合体すなわち市場センチメントを反映したものと考えると、センチメントが動きたがっている方向、水準、パターンを把握することが重要である。以下にそのパターンをいくつかあげておく。

・市場が悪材料に反応しない、あるいはちょっとした好材料に対し異常なポジティブ反応を示すのが、市場が上昇方向に動きたがっていることを意味し、基本的にはブル（強気）相場である。
・逆に市場が好材料に反応しない、あるいは些細な悪材料に異常にネガティブな反応を示すのは、ベア（弱気）相場の典型である。
・いくら時間を費やしても、上値（現在の価格を上回る価格）が取れないのは、市場が低下方向に動きたがっている相場である（逆も同じ）。
・狭いレンジ（変動幅）でもみ合い、かつ取引高が減少している場合、市場は「動意薄」（動きたくない状態）である。
・力強く大きな値幅で上昇相場が続いているときは、市場のセンチメントは過熱状態に入っていることを意味する。

　以上、金利の決定要因を分析するポイントや注意点を述べてきたが、最終的には予測する人の総合的な判断力がすべてである。金融予測の本質は、情報（Information）と知力（Intelligence）だと評した人がいるが、的を射たコメントである。
　どの要因分析も欠けてはいけないし、独善的になって偏ってもいけない。かといって大勢の意見（コンセンサス）につけば、マーケットの勝者になれない。
　要は、情報を収集・整理・分析する能力と、深い洞察力が総合的に試されるのが金利（金融マーケット）予測である。

［3］金利予測の方法論 ── その2

（1）景気循環と金利循環

　景気と金利の関係を最も簡単に表現すれば、「景気が拡大すれば、金利（実質金利）は上昇し、後退すれば金利は低下する」となる。タイミングのズレは多少あっても、景気と金利の循環は基本的には一致するものである。

　ここで、実質長期金利の定義を思い浮かべてほしい。

・実質長期金利＝名目長期金利－長期の期待インフレ率……①　これを変形し

・名目長期金利＝実質長期金利＋長期の期待インフレ率……②

　実質金利の上昇、低下は、景気の循環局面と一致するので、名目長期金利に第一義的に影響を与える。これが②の意味である。しかし、名目長期金利の決定要素として長期の期待インフレ率がある。長期の期待インフレ率を決定するものは、経済の需要と供給のギャップである。需給ギャップとは、言い換えれば供給能力と現実のGDP（需要）の差であり、潜在的なインフレ圧力とほぼ同義である。需給ギャップが大きいという意味は、供給能力に余裕があるということで、したがってインフレ圧力は低く、期待インフレ率は低下する。逆に、需給ギャップが小さいときは、インフレ圧力が高く、期待インフレ率は上昇する。

　以上を総括すると、②の式は

・名目長期金利＝景気の強さ＋需給ギャップの大きさ

　となる。

　ここで注意を促したいのは、景気の強さにしても需給ギャップにしても、水準よりも変化の方向が大切であるということだ。以上の金利、景気、需給ギャップ（インフレ）の関係を示したものが図表Ⅰ－3である。

　これまでは、長期金利と短期金利を同列に扱ってきたが、長短金利の逆転の分析は、日本の金融の部（第Ⅲ章「国内金利・金融政策の読み方」）で行っているので、そちらを参照されたい。

（2）金利・為替予測の枠組み

　これまで述べてきた金利や為替予測のポイントを日本と米国の関係を中心に一覧にしたのが、図表Ⅰ－4である。こうした構図は、固定・不変のものではないが、自分自身で予測をする場合のチェックリストとして使えば便利である。

図表Ⅰ－3　金利・景気・需給ギャップ

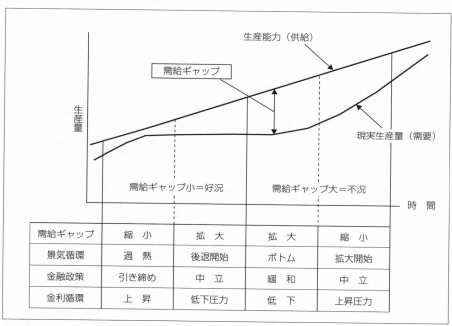

需給ギャップ	縮　小	拡　大	拡　大	縮　小
景気循環	過　熱	後退開始	ボトム	拡大開始
金融政策	引き締め	中　立	緩　和	中　立
金利循環	上　昇	低下圧力	低　下	上昇圧力

（資料）「金利・為替・株価の政治経済学」植草一秀　岩波書店　70〜71頁をもとに作成。

図表Ⅰ－4　金利・為替予測の枠組み

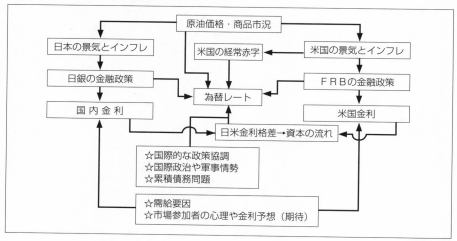

　クレジット・サイクルは「信用サイクル」ともいい、企業や家計の借入れ状況の良し悪しが循環することを示す。一般的には、「拡大」→「後退」→「修復」→「回復」の４つの局面を繰り返すといわれている。

　まず、「拡大」局面では、貸出基準が緩く、企業収益が拡大傾向にあるなかで、設備投資増加のために借金が膨らむ。しかし、いつまでも企業収益拡大は続かず、「後退」局面では、企業収益が悪化し、債務不履行や倒産が増える。次に、そのような状況を「修復」する局面に入り、借金抑制、コストカットを行い、財務基盤の健全化が図られる。その後、景気が上向き始めると、借金は抑制しながらも企業収益が増加し「回復」局面に入り、再び「拡大」局面へと向かう。

　「クレジット・サイクルの終了」という場合は、「拡大」から「後退」へ転換することを指す。クレジット・サイクルが終了すると、債務不履行が増加するため、株や社債が下落するなど、金融市場は不安定化する。

　実際のクレジット・サイクルは、債務残高の名目GDPに対する比率で観察することができる。図表Ⅰ－5は、米国の民間非金融法人企業の債務残高のGDP比だが、1980年以降、3回のクレジット・サイクルの発生が確認できる。景気拡大の後半～終盤に、クレジット・サイクルは「後退」局面に入り、景気後退が終わるころに「修復」局面となる傾向が見て取れる。また、2000年と07年にクレジット・サイクルが「後退」入りする前には、Fedが利上げをしていることにも注目しておきたい。

図表Ⅰ－5　米国の企業債務残高とFF金利

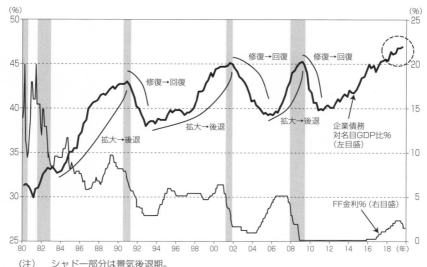

（注）　シャドー部分は景気後退期。
（出所）FRB・Bloombergのデータより作成

28

第 II 章

国内経済の見方

1　日本の景気循環

　「景気」は実に曖昧な概念であり、その定義づけは容易ではない。日本銀行によると、景気とは「実体経済の状況に加え、企業や家計の経済活動に対するマインド(意識、受け止め方)を表す言葉」を指す。つまり、経済活動の物的および精神的現象の双方を包摂する概念、ということになり、ますます捉えどころがない。

　しかしながら、その概念上の曖昧さにもかかわらず、「景気」はわれわれの経済生活や経済活動について最も現実感をもって語ってくれる言葉となっている。以下では、まず景気および景気循環の見方を説明したうえで、主要な景気関連指標を概説し、戦後日本の経済の歩みを振り返ることで、景気循環についての具体的なイメージの形成を図る。

[1] 景気循環の見方

　景気の現状を認識し分析すること、さらに先行きを予測することは、金利や為替、株価を考えるうえで、論じるまでもなく大変重要である。もっとも一口に「景気」といっても、これを捉える視座には「水準」と「方向」という2つの基準があることに注意したい。

　「水準」による基準とは、「正常な経済活動水準」あるいは「適正成長率」というものを想定して、それよりも上であれば「好況」、逆に下であれば「不況」と呼ぶものである。簡単にいえば、景気を「良い」「悪い」で捉える方法である。さらに、 1循環を「好況」「後退」「不況」「回復」に4分割する見方もある(「シュンペーター方式」という。図表II－1参照)。この基準は一見便利なようだが、何をもって「正常」あるいは「適正」とするのかは容易ではない。

　一方、「方向」による基準は、経済活動が最も活発な時点を「山(ピーク)」、逆に最も停滞している時点を「谷(ボトム)」とし、谷から山までの局面を「景気拡張(上昇)局面」、山から谷までを「景気後退(下降)局面」とするものである。言い換えれば、景気を「良くなっている」「悪くなっている」で判断する方法である。

　いずれの方法にせよ、景気には循環性があることがこれまで多くの経済史研究で確認されている。景気循環には、期間の長い順から「コンドラチェフ波」(50～60年)、「クズネッツ波」(20年程度。建築循環)、「ジュグラー波」(10年程度。設備投資循環)、

「キチン波」（3〜4年。在庫循環）の4波動があげられる。

　日本の景気については、内閣府経済社会総合研究所が、後述の「景気動向指数」をもとに、事後的に「景気基準日付」というものを設定しており、これが公式の景気循環となっている。景気基準日付は、主にマクロ経済の「方向」から景気の転換点（山、谷）を定めたものである（図表Ⅱ−2参照）。ただし、景気基準日付はその「事後性」ゆえに、景気の転換点を過ぎてから数年経過しないと正式発表されない、というタイムラグの問題を抱える。

図表Ⅱ−1　景気局面の概念図

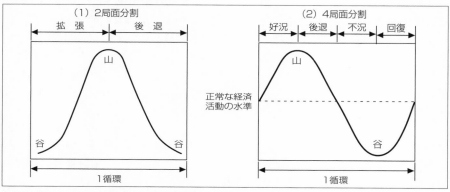

（出所）『景気の読み方』金森久雄編（有斐閣、1991年）

図表Ⅱ−2　戦後日本の景気循環

		景気拡大期			景気後退期			全循環期間
		谷	山	期間		谷	期間	
第 1 循環	朝鮮戦争特需		51年6月		朝鮮戦争の反動	51年10月	4ヵ月	
第 2 循環	投資・消費景気	51年10月	54年 1月	27ヵ月	昭和29年不況	54年11月	10ヵ月	37ヵ月
第 3 循環	神武景気	54年11月	57年 6月	31ヵ月	なべ底不況	58年 6月	12ヵ月	43ヵ月
第 4 循環	岩戸景気	58年 6月	61年12月	42ヵ月	昭和37年不況	62年10月	10ヵ月	52ヵ月
第 5 循環	オリンピック景気	62年10月	64年10月	24ヵ月	昭和40年不況	65年10月	12ヵ月	36ヵ月
第 6 循環	いざなぎ景気	65年10月	70年 7月	57ヵ月	昭和46年不況	71年12月	17ヵ月	74ヵ月
第 7 循環	列島改造景気	71年12月	73年11月	23ヵ月	第1次石油危機	75年 3月	16ヵ月	39ヵ月
第 8 循環		75年 3月	77年 1月	22ヵ月		77年10月	9ヵ月	31ヵ月
第 9 循環		77年10月	80年 2月	28ヵ月	第2次石油危機	83年 2月	36ヵ月	64ヵ月
第10循環	ハイテク景気	83年 2月	85年 6月	28ヵ月	円高不況	86年11月	17ヵ月	45ヵ月
第11循環	平成景気	86年11月	91年 2月	51ヵ月	バブル後不況	93年10月	32ヵ月	83ヵ月
第12循環	さざ波景気	93年10月	97年 5月	43ヵ月		99年 1月	20ヵ月	63ヵ月
第13循環	ＩＴ景気	99年 1月	00年11月	22ヵ月		02年 1月	14ヵ月	36ヵ月
第14循環	いざなみ景気	02年 1月	08年 2月	73ヵ月	リーマン不況	09年 3月	13ヵ月	86ヵ月
第15循環		09年 3月	12年 3月	36ヵ月		12年11月	8ヵ月	44ヵ月
平　均			36ヵ月				15ヵ月	52ヵ月

（出所）内閣府経済社会総合研究所ウェブサイト

[2] 戦後日本の景気循環

(1) 高度成長期の景気循環

　以下では、戦後日本の景気循環のうち、第3循環以降を分析することにより、景気循環についての具体的な理解を図る。景気循環はそれぞれ個性があり違った顔をもつが、共通する部分も少なくないことがみえてこよう。

①第3循環（神武景気からなべ底不況へ）（1954年11月～58年6月）

　1954年に始まった「神武景気」は、戦後初の本格的な景気拡大と位置づけられる。この景気拡張は、「投資が投資を呼ぶ」と表現された設備投資のめざましい拡大によってもたらされたものである。個人消費も所得水準の上昇を背景に好調に推移した。「三種の神器」（白黒テレビ、電気洗濯機、電気冷蔵庫）に象徴される耐久消費財が一般家庭に急速に普及していったのもこの時期である。56年度経済白書の「もはや戦後ではない」という宣言の通り、日本経済は神武景気を機に戦後の復興期から脱却し高度成長期に突入した。

　しかし、物価の上昇や国際収支の悪化に対応する形で、57年5月、金融政策が引き締めに転換すると、ほどなく景気は後退に向かった。在庫の過大な積み上がりも景気の悪化を加速した。いわゆる「なべ底不況」である。もっとも設備投資は伸びこそ鈍化したものの、水準自体は維持された。

②第4循環（岩戸景気から昭和37年不況へ）（1958年6月～62年10月）

　1958年6月を起点とする「岩戸景気」は、神武景気を上回る景気拡大となり、実質経済成長率は二桁を記録した。景気の牽引役は引き続き設備投資で、年率20～40％増という高い伸びを示した。金融政策面では、58年6月からとられた緩和策が景気拡大を後押しする要因となった。

　この間、貿易・為替政策では60年6月、岸内閣が「自由化計画大綱」を、所得政策では同年12月、池田内閣が「国民所得倍増計画」を決定している。

　だが第4循環も第3循環同様、物価上昇と国際収支悪化に対応し、金融・財政両面で引き締め策がとられたことに伴い、61年1月以降、景気は後退局面に入った。

③第5循環（オリンピック景気から昭和40年不況へ）（1962年10月～65年10月）

　1964年の東京五輪開催を控え、建設・公共投資が盛り上がったのが「オリンピック景気」である。62年10月から実施された金融緩和も景気拡大に寄与した。しかし五輪終了後は企業部門を中心に急速に景況感が悪化し、大型倒産が続発。株式相

場は「証券恐慌」といわれるほどに低迷をきわめ、65年5月には、経営難に陥った山一證券に対して日銀特融が実行されるに至った。

④第6循環（いざなぎ景気から昭和46年不況へ）（1965年10月〜71年12月）

　1965年に始まった「いざなぎ景気」をもたらしたものは、65年1月以降の金融緩和策、そして65年度補正予算での赤字国債発行にみられる積極的な財政政策であった。その結果、民間設備投資と個人消費が力強い成長を遂げ、とりわけ個人消費については、「3C」（自動車＝car、クーラー、カラーテレビ。いわゆる「新・三種の神器」）がブームとなった。このときの景気拡大の持続期間は57ヵ月に達し、戦後最長を更新した。

　景気調整のきっかけは、景気の過熱から物価上昇圧力が高まってきたことに対応し、69年9月以降、金融引き締め策がとられたことだった。実際、マネーサプライは年率換算で20%弱の伸びを示し、賃金上昇率も年率16%程度にまで上昇していた。

　もっとも第6循環における景気の転換においては、第5循環まではみられなかった新しい特徴が現れた。それまでの景気後退局面では「景気過熱→輸入急増→国際収支の赤字化→金融引き締め」というパターンがあった。これに対し、第6循環では、国際収支が赤字化しないうちに、裏返していえば、国際収支の黒字が定着したなかで景気の後退を迎えた。これは、当時の日本経済がすでに「国際収支の天井」から解放されていたことを意味する。

⑤第7循環（列島改造景気から第1次石油危機へ）（1971年12月〜75年3月）

　1971年8月、「ニクソン・ショック」（ドルと金の交換停止）に伴い、ブレトン・ウッズ体制が崩壊。その後、同年12月に成立した「スミソニアン合意」の結果、円は1ドル＝360円から308円へと大幅に切り上げられることとなった。

　72年に発足した田中内閣は、こうした事態に対応するべく、金融緩和政策とともに、「日本列島改造論」のもと、積極的な財政政策を採用することで景気テコ入れを図った。73年2月、円が変動為替相場制に移行したが、折からの金融緩和と財政拡大が組み合わさって多額の過剰流動性が発生し、インフレが加速した。日銀は73年4月から金融引き締めに転じ、インフレ抑制に注力したものの、73年10月、第4次中東戦争に伴い「第1次石油危機」が勃発すると、物価は「狂乱」と形容される水準にまで暴騰した。さらに、この間、段階的に行われてきた利上げが企業の投資意欲を急減させ、翌11月、景気はピークを打った。日本経済はこのとき、景気後退とインフレ激化が同時に進行するスタグフレーションの状態に陥っていた。

（2）安定成長期の景気循環

①第8・第9循環（石油危機から石油危機へ）（1975年3月〜83年2月）

　日本経済は第1次石油危機を境として、高度成長期から安定成長期あるいは低成長期へと構造的な移行を遂げた。

　そうしたなか、景気低迷、インフレ、国際収支悪化というトリレンマ（三重苦）に苦しんだ日本経済も、1975年3月に入ると、緩慢ながら景気回復に向かった。77年1月からは在庫調整を契機として、いったん後退局面に入ったものの、後退期間はわずか9ヵ月間という短期間にとどまった。

　企業の減量経営などの効果もあり、77年10月を谷に、日本経済は再び拡大局面を迎えた。しかし79年初めに起こったイラン革命に伴って「第2次石油危機」が発生すると、金融政策は引き締めへの転換を余儀なくされた。原油価格上昇による輸入インフレがホームメイド化することを予防するためだったが、その結果、日本経済は80年2月をピークに後退局面に入った。このときの不況は「世界同時不況」という色彩が強く、外需が低迷し、後退期間は36ヵ月と戦後最長を更新した。

②第10循環（ハイテク景気から円高不況へ）（1983年2月〜86年11月）

　米国経済が1982年11月から急回復を示したことを受け、83年に入ると、日本経済も回復に向かった。レーガノミックスのもと、米国で「強いドル」政策が敷かれたことの影響も大きい。円安ドル高を受け、ハイテク産業を中心に日本経済の輸出競争力が強まり、輸出主導型の景気拡大がもたらされたからである。さらに、輸出増大に誘発される形で民間設備投資も活発化していった。

　しかし米国の経常収支の赤字拡大は、日米間に深刻な貿易摩擦問題をもたらすと同時に、レーガン政権に対しドル高政策の修正を迫ることになった。その1つの帰結が85年9月の「プラザ合意」であった。プラザ合意後、円は急騰し、日本の輸出関連産業に著しい打撃を与えた。いわゆる「円高不況」である。もっとも後から振り返ってみると、日本経済は実際にはプラザ合意に先立つ85年6月からすでに景気後退期に入っていた。

　86年1月以降、国際的な協調利下げも含め、金融緩和が進められるとともに、財政面では内需拡大を狙った総合経済対策がとられた。その結果、住宅投資を先頭に、設備投資、個人消費が順次回復しはじめ、同年11月、景気は底を打った。

　なお、この円高不況の局面では、景気の二面性が議論の的となった。輸出依存度の高い製造業では雇用調整を含む厳しい経営合理化が進められた一方、円高に伴う金利およびインフレ率の低下が非製造業や個人消費にはプラスに働いたからである。

③第11循環(平成景気からバブル後不況へ)(1986年11月〜93年10月)

　円高不況を克服した日本経済は、再び景気回復軌道に乗り、「平成景気」に突入した。この景気拡大は、個人消費と設備投資を中心とする内需主導型のそれであり、拡張期はいざなぎ景気に次ぐ51ヵ月におよんだ。同時に、景気拡張の長期化は、株価と地価を中心に、巨大な資産バブルを生み出し、日経平均株価は1989年12月29日に過去最高値となる3万8915円を記録した。

　しかし91年に入ると、日銀が資産インフレの抑制を目的に、89年5月以降、段階的に行ってきた金融引き締めや、大蔵省が不動産投機を防ぐことを図って、90年3月に導入した不動産融資総量規制が徐々に効果を現しはじめた。そうしたなか、日本経済は91年2月に景気の山を迎えると、その後、「バブル後不況」に突入した。この不況は、大幅なストック調整が行われたことに加え、株や不動産などの資産価格の急落により企業および家計のバランスシートが著しく悪化したことで、きわめて深刻なものとなった。景気後退に対する政策当局者の認知が遅れ、92年3月まで景気対策がとられなかったことも不況の深刻化に拍車をかけた。その後、数次にわたる金融緩和策や総合経済対策が効いて景気が底を打ったのは、景気の山から実に32ヵ月が過ぎた93年10月のことであった。

④第12循環(さざ波景気から金融システム不安へ)(1993年10月〜99年1月)

　1993年末から、景気は「さざ波」に喩えられる緩やかな回復をたどった。途中、95年1月に6000名以上の犠牲者を出した阪神・淡路大震災に見舞われたものの、同年9月に公定歩合が歴史的低水準の0.5%に引き下げられたことなどが寄与し、96年度後半の実質GDP成長率は前年同期比3%台まで回復した。しかし、橋本内閣が導入した財政再建政策に伴い、97年4月に消費税率が3%から5%に引き上げられると、個人消費および住宅投資が急速に冷え込んでいった。景気後退に直面するなか、政府は97年末から財政政策を修正し、大型減税策や公共事業拡大策を採用したものの、98年度の成長率はマイナスを計上した。

　この間、97年夏のアジア危機、98年夏のロシア危機といった国際金融システムの動揺に加え、国内でも北海道拓殖銀行や山一證券など金融機関の破綻が相次いだことで、金融システム不安が一気に高まった。消費・投資意欲がますます減退するなか、不況は雇用にも影響し、完全失業率は98年春に、53年以来初めて4%の大台を超えた。

　橋本内閣の退陣を受けて98年7月に成立した小渕内閣は、同年10月、金融システムの安定を目指し、「金融機能再生緊急措置法」「金融機能早期健全化緊急措置法」を含む金融8法を成立させ、60兆円にのぼる公的資金投入の枠組みを整備した。

続いて翌99年2月には、市場金利の誘導目標を実質ゼロにする「ゼロ金利政策」が日銀によって実施され、さらに、「ばら撒き」との批判を受けながらも同年11月には18兆円規模の経済政策「経済新生対策」が小渕内閣によって打ち出された。

第12循環はいわゆる「失われた十年」のちょうど真ん中の時期にあたるが、この循環の最大の特徴としては、バランスシート調整圧力のもと、名目成長率が実質成長率を下回りつづけ、デフレ懸念が深刻化したことがあげられる。

⑤第13循環（IT景気から構造改革不況へ）（1999年1月〜2002年1月）

1999年1月、一連の経済対策のほか、国内のIT需要の高まりや米国およびアジア向け輸出の拡大に支えられる形で、緩やかながら景気回復が始まった。これを受け、2000年8月、日銀は1年半におよぶゼロ金利政策を解除した。しかし、ゼロ金利の解除はITバブルの崩壊と相俟って株価を急落させ、さらに01年春からの米国経済の失速が追い打ちとなり、景気回復は22ヵ月という短命に終わった。

こうしたなか、財政面では00年10月に「新発展政策」が、金融面では翌01年3月に「量的緩和政策」が打ち出され、財政・金融両面から景気対策がとられた。だが、日本経済が抱える「3つの過剰（過剰債務・過剰資本ストック・過剰雇用）」の解消には至らなかった。

その後、01年4月、不人気だった森内閣に代わり、小泉内閣が発足した。「改革なくして成長なし」（01年〜05年版財政経済白書のタイトル）を掲げる小泉政権の構造改革路線は、公共工事の大幅な削減をもたらしたことで、景気後退にいっそう拍車をかけた。しかし、翌02年に入ると、米国経済の回復や中国経済の需要増大に伴い輸出が順調に拡大していったことで、日本経済は同年1月を谷として、景気回復をたどりはじめた。

⑥第14循環（息の長い回復から世界同時不況へ）（2002年1月〜09年3月）

2002年1月に始まった景気回復は、次第に外需主導から内需主導へと形を変えていった。消費面では、液晶・プラズマテレビ、DVDプレーヤー・レコーダー、デジタルカメラに代表されるデジタル家電の販売が好調に伸び、また投資面では、アジアから日本への工場回帰が相次いでみられるようになった。

他方、政策面をみると、02年9月、日銀が金融システム安定のために銀行保有株買取策を打ち出し、同年10月、政府は銀行部門に対し不良債権処理の加速を迫る「金融再生プログラム」を決定した。また、03年4月には郵政公社が発足、同6月には「骨太方針2004」（三位一体改革）が決定されるなど、小泉構造改革は具体的な進展をみせていった。

　景気は04年半ばにいったん「踊り場」を迎えたものの、その後持ち直し、05年8月、いわゆる「郵政解散」を受けた衆議院総選挙を前に、政府・日銀が「踊り場脱却」を宣言するに至った。また、05年3月末に、銀行の不良債権処理の数値目標達成、ペイオフ解禁という、バブル崩壊以降積み残された負の遺産処理の重要な節目を通過した。企業部門の「3つの過剰」が解消し、デフレ状況が改善するなか、日銀は06年3月に量的緩和政策を解除し、同年7月と07年2月に2度の利上げを実施した。海外景気の好調と円安傾向から、企業部門中心に息の長い景気回復が続き、06年11月にいざなぎ景気の57ヵ月を超えたが、家計部門への波及が緩やかなものにとどまり、実感なき景気回復となった。

　この間、日経平均株価は03年4月28日につけた7603円を底値として上昇基調に入り、06年半ばに下落する局面はあったが、07年には1万8000円台を回復した。また、地価も大都市中心だったが、上昇に向かった。

　ところが、07年に米国のサブプライム住宅ローン問題を発端に金融市場が不安定化、さらに08年に金融システムの動揺が世界的に広がり、米自動車ビッグ3が経営危機に陥るなど、実体経済にも波及した。為替市場では低金利通貨として売られていた日本円が買い戻され、急激な円高となった。

　07年7月に1万8000円を上回っていた日経平均株価は、08年10月には一時7000円を割り込んだ。実質GDP成長率も、世界経済の減速に伴う輸出減少を主因として、08年度にはマイナス3%を下回る伸び率まで落ち込み、年度ベースでは7年ぶりのマイナス成長となった。

　08年10月以降、米国のＦｅｄは各種信用供給策や金融緩和策を相次いで導入し、09年3月には量的緩和第一弾（ＱＥ１）の実施に踏み切った（260頁参照）。また、各国の金融当局も相次いで金融緩和に乗り出していった。世界的な金融緩和により供給されたマネーが資産市場に流入したこともあり、09年3月にはダウ平均株価と日経平均株価が共に最安値から20%以上上昇するなど、各国株価は反発した。

　第14循環の景気拡大期間は08年2月までの73ヵ月と判定され、戦後最長となった。また、景気後退期間は09年3月までの13ヵ月とされた。

⑦第15循環（2009年3月～12年11月）
　2009年春頃から日本経済は持ち直しの動きを見せ始め、09年7月のＧ８首脳会議では、「世界経済は安定化を示す兆候がある」、「例外的な政策を元に戻すための適切な戦略（出口戦略）を用意する必要」との声明が採択され、各国首脳の間でも最悪期を脱したとの見方が共有された。日経平均株価も再び1万円台を回復するなど、市場のリスク選好も改善基調が続いた。

10年1月に、欧州委員会がギリシャの財政収支統計の修正を要する可能性を指摘したことを皮切りに、ギリシャの政府債務への懸念が高まった。政府債務への信用懸念は、欧州周縁国や中東諸国に広がり、これらの国の国債利回りやクレジット・デフォルト・スワップ（ＣＤＳ）スプレッドが急上昇した。欧州周縁国の信用格付けの引き下げ、5月のドイツによるユーロ圏国債の空売り規制や金融機関格下げの懸念などから欧州の信用懸念が一段と深刻化、「質への逃避」が顕在化した結果、日経平均株価は4月の1万1408円をピークに下落基調に転じた。持ち直し局面が続いていた日本経済も、10年秋頃からエコカー補助金の終了や海外景気悪化による外需の冷え込みを背景に足踏み局面入りした。各国で追加金融緩和も積極化され、10月には日銀が資産買入等基金の創設を骨子とする「包括緩和」に、翌11月にはＦｅｄが量的緩和第二弾（ＱＥ２）に踏み切った。

　11年に入ると、日本経済は足踏み局面から持ち直し始めたが、3月に東日本大震災が発生、各地に甚大な被害をもたらすとともに、経済的影響は全国に及んだ。小売・サービス業では消費者の購買自粛、製造業ではサプライチェーン（部品供給体制）の断絶による工程ストップや計画停電などにより生産の縮小・停止を余儀なくされるケースが相次いだ。このため、東日本大震災後の経済活動は、1995年の阪神・淡路大震災に比べ、生産を中心に大きく落ち込んだ。震災前には1万1000円を窺う水準で推移していた日経平均株価は、震災直後には一時8228円まで下落した。また、保険会社が保険金支払いの手当てのために外貨建資産を売却するなどの思惑から、為替相場で円が急伸、1ドル＝76円25銭の史上最高値を更新した。しかし、第2四半期からは公共投資・個人消費の主導により景気は持ち直し、第3四半期には設備投資も経済成長率押し上げに寄与した。8月の米国債の格下げ以降円高が進み、11月には1ドル＝75円台となったほか、10月に発生したタイ洪水被害により生産が落ち込んだものの、サプライチェーンは11年末までにおおむね回復した。この年、日本は第2次石油危機のさなかの1981年以来となる暦年ベースでの貿易赤字となり、震災後の生産落ち込みによる自動車などの輸出減少、原子力発電所の稼働停止による鉱物性燃料輸入の増加などが影を落とす結果となった。

　2012年に入り、復興需要等の内需主導による景気上向きの動きが確認されるようになった。しかしながら、4月以降は欧州政府債務の信用問題がスペインやイタリアに飛び火する形で再び深刻化、海外景気が減速したことや、エコカー補助金終了等により、日本経済は内需・外需とも冷え込んだ。9月の日中関係悪化による輸出減少も経済成長率を下押しした。

⑧第16循環以降（2012年11月〜）

　2012年11月14日に民主党の野田首相が衆議院解散を明言したことを契機に、株高・円安基調が始まった。12月の衆議院選挙では自民党・公明党が325議席を獲得し、第2次安倍内閣が発足、経済対策への高い期待を受けて「アベノミクス」という言葉が生まれた。デフレからの脱却と富の拡大を目指して、13年1月に「大胆な金融政策」「機動的な財政政策」「民間投資を喚起する成長戦略」の「3本の矢」と呼ばれる経済政策が始動した。また、3月に就任した黒田日銀総裁は4月に「量的・質的緩和（異次元緩和）」を開始した。為替相場では円安が進み、13年12月に米Ｆｅｄが資産買入縮小を決定したこともあり、年末には1ドル＝105円台に、日経平均株価は1万6000円台を回復した。

　しかし、14年4月に消費税率が5％から8％へ引き上げられると、消費が急激に冷え込み、日本経済の脆弱さが露呈した。生産設備の海外移転の影響などから円安による輸出拡大効果が見られないまま貿易赤字の拡大傾向が続き、赤字幅は13年に11.5兆円、14年に12.8兆円へ膨らんだ。14年3月以降、ウクライナ問題やＩＳ（イスラミックステート）の台頭などの地政学リスクが高まるなか、世界的に景気減速懸念が強まり原油価格が下落し始めた。デフレマインド転換の遅れを警戒した日銀は10月末に予想外の追加緩和を決定し、同日ＧＰＩＦ（年金積立金管理運用独立行政法人）が国内債比率の引き下げを発表したことから、株高・円安基調が再開した。

　日経平均は15年3月に2万円台を回復したものの、景気と物価は取り残されデフレ脱却は確認されないまま、9月に安倍政権は「新3本の矢」を発表し、2020年で名目ＧＤＰ600兆円との目標が示された。15年以降中国をはじめとするアジア新興国や資源国の景気減速が続き、16年前半には英国のＥＵ離脱方針の決定など海外経済の不透明感が高まる中、為替相場は円高方向に動いた。ただ、16年後半には各種政策効果もあって中国経済が持ち直すとともに、米国新政権の経済政策への期待感からドル高円安方向で推移し、各国で株価が上昇した。この動きを受けて、日本の輸出や生産は16年央以降持ち直しており、企業収益も過去最高水準となった。失業率は17年2月には3％を下回り、有効求人倍率も17年4月にバブル期を超える1.48倍まで上昇した。18年に入ってからは、世界的なスマートフォン需要の一服などから景気回復の伸びは鈍化し、米中貿易戦争の激化や米国の政策金利引き上げを受けて10〜12月にかけて株価は大きく下落した。19年5月には米国の中国に対する追加の関税引き上げや中国ハイテク企業に対する制裁などが発表され、再び株価は下落し、7月には世界景気の減速に対する懸念から米国で利下げが行われたことで、日米欧各国で長期金利が大きく低下している。

2 日本の経済統計

[1] 景気判断総合指標（その1）──国民経済計算（SNA）

(1) SNAの基礎概念

　一般に「GDP統計」と呼ばれるものは、正式には「国民経済計算（SNA、System of National Accounts)」という。SNAは、国連が定める基準にしたがって一国の経済をフロー・ストック両面から体系的かつ総合的に記録した統計である。なお経済環境の変化を受け、国連は1993年に新体系「93SNA」の採用を加盟各国に勧告し、日本は2000年に移行した。その後、16年には新体系「2008SNA」へ移行済みである。

統計名と発表機関 発表周期と時期など	国民経済計算。内閣府経済社会総合研究所 速報は四半期ごと。1次速報は、当該四半期終了後1ヵ月＋10日間程度で公表される。2次速報の公表はさらに1ヵ月後。 確報は、当該年度終了の9ヵ月後（12月中旬頃）に発表される。 同時に確々報として当該年度の前年度分の改訂が公表される。
ポイント	速報性に劣るという欠点はあるものの、1国の経済活動を総合的に把握できるため、マーケットでの注目度は高い。

　以下では、図表II−3を参照しつつ、まず基本的な概念を整理しておく。

①GDP（国内総生産、Gross Domestic Product）

　GDPとは、「ある国において、一定期間に生み出された財・サービスの付加価値額の総額」をいう。

②GDE（国内総支出、Gross Domestic Expenditure）

　GDEはGDPを支出面から捉えたもの。一般にGDPと呼ばれているものは実はGDEを指すことが多い。

③NI（国民所得、National Income）

　NIは、分配面から一国の経済活動を捉えたもの。数式で表すと、

　国民所得＝雇用者報酬＋企業所得＋財産所得

　となる。NIから「分配面からみたGDP」を導くには、

　ＧＤＰ＝ＮＩ＋固定資本減耗＋（間接税－補助金）－海外からの純要素所得

　という数式を解けばよい。「固定資本減耗」とは、設備などの固定資本が使用されることで摩滅した部分を指し、「要素所得」とは労働、資本などの生産要素を提供したことの見返りとして得られる所得のことを意味する。

　生産・支出・所得の三面からみたＧＤＰが一致することを、「三面等価の原則」という。ただし、現実的には推計方法の違いから必ずしも一致しないため、国内総生産（確報）には「統計上の不突合」の項目が設けられている。

④ＮＤＰ（国内純生産、Net Domestic Product）

　ＮＤＰは、ＧＤＰから固定資本減耗を差し引いたもの。つまり「純」と「総」の違いは、固定資本減耗を除くか含むかにある。

⑤ＧＮＩ（国民総所得、Gross National Income）

　ＧＮＩはＧＤＰに海外からの純要素所得を加えたもの。言い換えれば、ＳＮＡにおける「国民」と「国内」の違いは海外からの純要素所得を含むか含まないかにある。ちなみにＧＮＩは従来のＧＮＰ（Gross National Product）に代わり、93ＳＮＡで導入された概念である。

　ＳＮＡにおける「要素費用表示」とは、「市場価格表示」から（「間接税」－「補助金」）を引いたものを意味する。市場価格とは、文字通り市場で成立している価格のことで、国内総生産や国民可処分所得はこれで評価される。要素費用価格とは、労働や資本などの生産要素に対して支払われる価格のことである。国民所得は要素費用表示と市場価格表示の両方で評価される。

図表Ⅱ－3　SNA指標の概念図

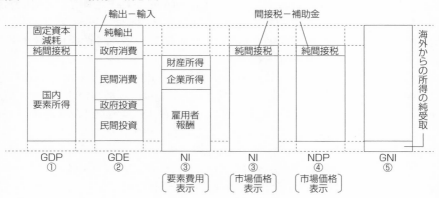

（２）国内総支出（GDE）の構成項目

すでに述べた通り、通常GDPというときGDEを指すことが多い。実際、マクロ経済レポートでもGDEの動向が中心的に分析される。GDEの構成項目は、図表Ⅱ－4の通りである。ここでは主な項目について簡単に触れておく。

①民間最終消費支出

家計と民間非営利団体の最終消費支出を合計したもの。いわゆる「個人消費」である。自己所有住宅の帰属家賃（借家をしていると仮定した場合の家賃）が含まれることに注意したい。

②政府最終消費支出

一般政府（中央政府の一般会計、地方政府の普通会計など）による財貨・サービスに対する経常的な支出。公務員に対する給与はこれに該当する。

③国内総資本形成

総固定資本形成と在庫品の合計。総固定資本形成は民間住宅投資、民間企業設備投資、公的固定資本形成（政府の公共投資など）から構成される。在庫品は企業の製品や原材料などの民間在庫品増加およびコメの政府在庫増加などの公的在庫品増加からなる。なお93SNAから、従来中間消費として含まれなかったコンピュータのソフトウェア購入も国内総資本形成に計上されるようになった。また、2008SNAでは研究開発（R&D）が資本形成に反映されることとなった。

（３）GDP統計をみるときの注意点

第1に、「実質値（constant price）」と「名目値（current price）」を明確に区別しなければならない。通常、成長率分析の場合には実質値を、構成比分析の場合には名目値を用いる。実質値とは一定時点を基準として物価変動の影響を除去した数値を意味し、名目値とは除去前の時価を指す。

第2に、「確報」と「速報（QE、Quarterly EstimatesとQuick Estimation双方の意味を兼ねる）」は、統計の作り方が異なる。確報は、物的推定法の1つであるコモディティ・フロー法に基づく工業統計表や商業統計表などの供給側統計をベースに推計・算出されている。これに対し、速報は前年の確報を基本にしつつ、家計調査など人的推計法を組み合わせたうえで推計・算出されている。

第3に、GDPの実質値は基準改定により、大きく修正されることがある。その際、数値は概して下方に修正される傾向がある。それは旧基準ではコンピュータなど価

格低下の著しい品目の影響が過大に評価されるためである。日本では、2000年基準への改定の際、そのようなバイアスの除去を目的として、実質GDPの算出手法を従来の固定基準年方式から連鎖方式へと移行した。同時に、実質GDP成長率は過去に遡及して修正された。なお、GDP統計は基礎統計となる産業連関表や国勢調査などの結果を踏まえ、おおむね5年ごとに基準改定が行われており、2016年に2011年基準へ改定された。

図表Ⅱ－4　GDP統計 — 年次別の成長率（実質）および実数・構成比（名目）

項　目　　　　年　度	確々報								確報	速報（QE）		
	2009	2010	2011	2012	2013	2014	2015	2016	2017	2018	2018（兆円）	2018構成比(%)
国内総支出	－ 2.2	3.3	0.5	0.8	2.6	－ 0.4	1.3	0.9	1.9	0.7	550.4	100.0
国内需要	－ 2.5	2.4	1.4	1.6	3.2	－ 1.0	1.2	0.1	1.4	0.8	549.4	99.8
民間需要	－ 3.4	2.4	1.2	1.3	2.4	－ 0.9	1.0	－ 0.1	1.3	0.8	413.8	75.2
民間最終消費支出	0.5	0.8	0.4	0.9	1.6	－ 1.5	0.4	0.0	0.6	0.2	305.6	55.5
民間住宅投資	－ 0.7	0.1	0.1	0.1	0.3	－ 0.3	0.1	0.2	－ 0.1	－ 0.1	16.7	3.0
民間企業設備	－ 1.8	0.3	0.6	0.3	1.0	0.5	0.3	－ 0.1	0.7	0.6	89.9	16.3
民間在庫品増加	－ 1.4	1.2	0.2	－ 0.1	－ 0.5	0.4	0.2	0.1	0.1	0.1	1.5	0.3
公的需要	1.0	0.0	0.3	0.3	0.8	0.1	0.3	0.2	0.1	－ 0.0	135.7	24.7
政府最終消費支出	0.5	0.3	0.3	0.3	0.4	0.1	0.4	0.1	0.1	0.2	108.6	19.7
公的固定資本形成	0.5	－ 0.4	－ 0.1	0.1	0.4	－ 0.1	－ 0.1	0.1	0.0	－ 0.2	27.0	4.9
公的在庫品増加	0.0	0.0	0.0	0.0	0.0	0.0	0.0	0.0	0.0	－ 0.0	0.1	0.0
財貨・サービスの純輸出	0.3	0.9	－ 1.0	－ 0.8	－ 0.5	0.6	0.1	0.8	0.4	－ 0.1	1.0	0.2
財貨・サービスの輸出	－ 1.4	2.4	－ 0.2	－ 0.2	0.7	1.4	0.1	0.6	1.1	0.3	100.5	18.3
財貨・サービスの輸入	1.7	－ 1.5	－ 0.7	－ 0.6	－ 1.2	－ 0.8	－ 0.1	0.2	－ 0.6	－ 0.4	99.5	18.1

（注1）　2011年基準。
（注2）　国内総支出は前年度増加率。その他の項目は国内総生産に対する寄与度。
　　　　寄与度 ＝（当年度の実数 － 前年度の実数）÷（前年度の国内総支出の実数）×100
（注3）　実質化方式および四捨五入の関係上、各項目の寄与度の合計は、必ずしも国内総支出の増加率に一致しない。
（注4）　財貨・サービスの輸入は、国内総生産の控除項目であるので、寄与度は逆符号で表示した。
（出所）　内閣府 経済社会総合研究所「国民経済計算確報（平成29年度版）」・「四半期別GDP速報」

公表機関ウェブサイトアドレス

内閣府 経済社会総合研究所 SNA（国民経済計算）　https://www.esri.cao.go.jp/jp/sna/menu.html

［2］景気判断総合指標（その2）── その他

（1）景気動向指数

　景気は生産、消費、投資、雇用など多岐多様にわたるうえ、それぞれ異なった方向で動いているのが常である。そうした複雑かつ多面的な景気について、主要経済指標を合成することによって計量化し、総合的な判断を下すことを可能にしたのが前述の「景気動向指数」である。

　景気動向指数には2種類ある。うち「ディフュージョン・インデックス（DI）」は景気の変化方向の把握を、「コンポジット・インデックス（CI）」は景気の量感の把握を目的とする。2008年4月より、景気動向指数はCI中心の公表形態となった。それ以前は、景気動向指数というとき、DIを指すのが一般的であった。

　景気動向指数は、CI、DIともに先行系列（11指標）、一致系列（9指標）、遅行系列（9指標）の3系列からなる。それらは文字通り景気との時間的な関係を指す。採用されている経済指標・指数は、図表Ⅱ－5の通りである。

　景気動向指数はもともと米国のNBER（全米経済研究所）が1950年に開発した指数である。日本では経済企画庁（現内閣府経済社会総合研究所）が同様の手法を用いて指数を作成し、60年に公表を開始した。景気動向指数の採用系列は、おおむね景気が一循環（谷－山－谷）するごとに見直しが行われ、現行の29系列は、2015年7月の第15循環の景気基準日付確定時に選定されたものである（17年に1系列減）。

①コンポジット・インデックス（CI）

　後述するように、DIは景気の方向性をみるためのものであり、景気の大きさやテンポ（量感）を測るのには適さない。こうしたDIの欠点を補うべく、景気の量感を表す指数として開発されたのが、CIである。これまでのCIの推移は図表Ⅱ－6の通り。

　前述したように、CIには先行、一致、遅行の3系列があり、採用されている経済指標はDIと同じである。景気との関係でいうと、CI一致指数が上昇していれば拡張局面、低下していれば後退局面とされる。ただし月々の動きについては、不規則なものもあるので、3ヵ月移動平均をとるなどしてならすことが望ましい。

　内閣府経済社会総合研究所が公表している「景気の基調判断の基準」によると、基調判断には主に3ヵ月後方移動平均と7ヵ月後方移動平均の前月からの変化が用いられている（図表Ⅱ－7参照）。さらにこれら移動平均の変化方向（前月差の符号）に加え、過去3ヵ月間の累積前月差も加味される。また、当月CIの変化方向（前月差の符号）が「基調」と異なるときは「基調判断は変えず」とされる。

図表Ⅱ－5　景気動向指数の採用系列一覧

	系列名	内　　容	季節調整方法など	作成機関	資料出所
先行系列	L1　最終需要財在庫指数（逆）		X-12-ARIMA	経済産業省	鉱工業指数
	L2　鉱工業生産財在庫率指数（逆）		X-12-ARIMA	同上	同上
	L3　新規求人数（除学卒）		X-12-ARIMA	厚生労働省	一般職業紹介状況
	L4　実質機械受注（製造業）	機械受注（製造業）	X-12-ARIMA	内閣府経済社会総合研究所	機械受注統計調査
		÷ 国内品資本財物価指数	—	日本銀行	物価指数月報
	L5　新設住宅着工床面積		X-12-ARIMA	国土交通省	建築着工統計
	L6　消費者態度指数		—	内閣府経済社会総合研究所	消費動向調査
	L7　日経商品指数（42種総合）		—	（株）日本経済新聞社	日本経済新聞
	L8　マネーストック（M2）		前年同月比	日本銀行	マネーストック統計
	L9　東証株価指数		—	（株）東京証券取引所	東証統計月報
	L10　投資環境指数（製造業）	総資本営業利益率（製造業） ［営業利益 ÷ 総資本本額（製造業）］	X-12-ARIMA	財務省	法人企業統計季報
		ー 長期国債（10年）新発債流通利回り	X-12-ARIMA※	同上	ウェブサイト
	L11　中小企業売上見通しD.I.		—	日本政策金融公庫	中小企業景況調査
一致系列	C1　生産指数（鉱工業）		X-12-ARIMA	経済産業省	鉱工業指数
	C2　鉱工業生産財出荷指数		X-12-ARIMA	同上	同上
	C3　耐久消費財出荷指数		X-12-ARIMA	同上	同上
	C4　所定外労働時間指数（調査産業計）		X-12-ARIMAのなかのX-11デフォルト	厚生労働省	毎月勤労統計調査月報
	C5　投資財出荷指数（除輸送機械）	出荷指数（資本財、除輸送機械）と 出荷指数（建設財）の加重平均	X-12-ARIMA	経済産業省	鉱工業指数
	C6　商業販売額（小売業）		前年同月比	同上	同上
	C7　商業販売額（卸売業）		前年同月比	同上	商業動態統計
	C8　営業利益（全産業）		X-12-ARIMA	財務省	法人企業統計季報
	C9　有効求人倍率（除学卒）		X-12-ARIMA	厚生労働省	一般職業紹介状況
遅行系列	Lg1　第3次産業活動指数（対事業所サービス業）		X-12-ARIMA	経済産業省	第3次産業活動指数
	Lg2　常用雇用指数（調査産業計）		前年同月比	厚生労働省	毎月勤労統計調査月報
	Lg3　実質法人企業設備投資（全産業）	法人企業設備投資（全産業）	X-12-ARIMA	財務省	法人企業統計季報
		÷ 民間企業設備投資デフレータ	前年同月比	内閣府経済社会総合研究所	四半期別GDP速報
	Lg4　家計消費支出（勤労者世帯、名目）		X-12-ARIMA※	総務省統計局	家計調査報告
	Lg5　法人税収入		X-12-ARIMAのなかのX-11デフォルト	総務省統計局	租税及び印紙収入、収入額調書
	Lg6　完全失業率（逆）		X-12-ARIMAのなかのX-11デフォルト	総務省統計局	労働力調査
	Lg7　きまって支給する給与（製造業、名目）		前年同月比	厚生労働省	毎月勤労統計調査月報
	Lg8　消費者物価指数（生鮮食品を除く総合）		前年同月比	総務省統計局	消費者物価指数
	Lg9　最終需要財在庫指数		X-12-ARIMA	経済産業省	鉱工業指数

（注）（逆）は逆サイクルのこと。季節調整法のX-12-ARIMA、X-12-ARIMA、X-12-ARIMAのなかのX-11デフォルトとは、米国・センサス局で開発されたもの。
※は景気動向指数を作成する際に独自に季節調整を行っている系列。
（出所）内閣府経済社会総合研究所「景気動向指数」

②ディフュージョン・インデックス（ＤＩ）

　ＤＩの作成方法は比較的単純である。まず各指標について計数が３ヵ月前と比較して増加した場合を拡張（＋）、減少した場合を収縮（－）、横ばいの場合を保合（０）とする。３ヵ月前と比較する理由は、前月との比較では不規則要因の影響が大きく、循環要因の変化方向が検出できないためである。続いて、拡張系列および保合系列の数をそれぞれ次の計算式に代入する。

$$ＤＩ＝\frac{拡張系列の数＋保合系列の数×0.5}{採用系列の数}×100（\%）$$

　景気の良し悪しは、ＤＩが50％を超えているか否かで判断されるが、ＤＩはあくまで景気の方向を示したものであり、その水準の大小は景気変動の大きさとは無関係である。例えば、ＤＩが80％のときと60％のときを比べ、前者が後者よりも景気に勢いがあるとはいえない。

　もっとも内閣府経済社会総合研究所が設定する「景気基準日付」には、通常の一致指数ではなく、一致指数の各採用系列から別途作成される「ヒストリカルＤＩ」が用いられている。ヒストリカルＤＩとは、個々のＤＩ採用系列ごとに山と谷を設定し、山から谷に至る期間はすべてプラス、谷から山に至る期間はすべてマイナスとして算出した指数である。なお、手続き的には、景気基準日付はこのヒストリカルＤＩをもとに、専門家からなる景気動向指数研究会での議論を経て、内閣府経済社会総合研究所長によって設定される（図表Ⅱ－２参照）。

統計名と発表機関 発表周期と時期など ポイント	景気動向指数。内閣府経済社会総合研究所 月次。翌々月上旬に速報が、翌々月下旬に改訂状況が発表される。 先行指数は一致指数に数ヵ月先行。遅行指数は一致指数に数ヵ月 から半年程度遅行する。一般的に、ＣＩ一致指数の上昇時景気拡 張局面、低下時が景気後退局面とされる。

公表機関ウェブサイトアドレス

内閣府 経済社会総合研究所景気統計ページ　https://www.esri.cao.go.jp/jp/stat/menu.html
内閣府 景気ウォッチャー調査　https://www5.cao.go.jp/keizai3/watcher/watcher_menu.html

図表Ⅱ－6　コンポジット・インデックス（CI）

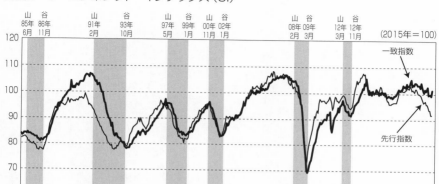

（注1）　シャドー部分は景気後退期。
（注2）　2018年12月に基準年改訂。
（出所）　内閣府 経済社会総合研究所 「景気動向指数」

図表Ⅱ－7　基調判断の定義と基準

基調判断	定　義	基　準
①改善	景気拡張の可能性が高いことを示す。	原則として3ヵ月以上連続して、3ヵ月後方移動平均が上昇した場合。
②足踏み	景気拡張の動きが足踏み状態になっている可能性が高いことを示す。	3ヵ月後方移動平均の符号がマイナスに変化し、1ヵ月、2ヵ月、または3ヵ月の累積でマイナス幅が1標準偏差分以上となった場合。
③局面変化	事後的に判定される景気の山・谷が、それ以前の数ヵ月前にあった可能性が高いことを示す。	7ヵ月後方移動平均の符号が変化し、1ヵ月、2ヵ月、または3ヵ月の累積で同方向の変化幅が1標準偏差分以上となった場合。
④悪化	景気後退の可能性が高いことを示す。	原則として3ヵ月以上連続して、3ヵ月後方移動平均が下降した場合。
⑤下げ止まり	景気後退の動きが下げ止まっている可能性が高いことを示す。	3ヵ月後方移動平均の符号がプラスに変化し、1ヵ月、2ヵ月、または3ヵ月の累積でプラス幅が1標準偏差分以上となった場合。
前月の基調判断を踏襲		①～⑤に該当しない場合。

（注1）　定義の「景気拡張」「景気後退」はすべて暫定的なもの。
（注2）　一致CIの1標準偏差は、3ヵ月後方移動平均が0.90、7ヵ月後方移動平均が0.76（1985年1月～2018年12月）。
（出所）　内閣府 経済社会総合研究所「景気動向指数」

（2）景気ウォッチャー調査

　前項の景気動向指数は、さまざまな経済指標を合成してつくられる2次あるいは3次統計である。一方、内閣府が2000年2月から毎月公表を行っている「景気ウォッチャー調査」による景気計量化の試みは、それとはかなり趣が異なる、街角景況感調査となっている（図表Ⅱ－8参照）。調査対象が主にスーパーや家電量販店の店員やコンビニエンスストア店長、職業安定所職員などである点もユニークだ。

統計名と発表機関 発表周期と時期など	景気ウォッチャー調査。内閣府 月次。調査時期（毎月25日〜月末）の翌月10日前後に発表。
ポイント	＜調査対象＞ 家計動向、企業動向、雇用など、代表的な経済活動項目の動向に敏感に反応する現象を観察できる業種の適当な職種にある2050人。 調査内容は景気の現状判断、先行き判断などで、それぞれDIが作成されているほか、調査結果には、個別の判断理由も掲載されている。

図表Ⅱ－8　景気ウォッチャー調査のDI推移

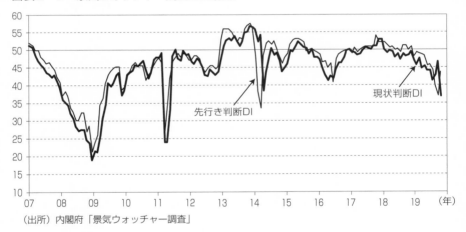

（出所）内閣府「景気ウォッチャー調査」

（3）民間の景気指数

　内閣府経済社会総合研究所が作成している景気動向指数以外にも、複数の民間機関が独自の景気指数を作成している。

　例えば、日本経済新聞社は生産、需要、労働の3つの指標（鉱工業生産、商業販売額、有効求人倍率）をもとに、景気の変化方向と水準を示す指標として「日経景気インデックス（日経BI）」を作成している。同インデックスは調査時期の翌月末に公表されるため、速報性に優れる。

図表Ⅱ－9　設備投資アンケート一覧

調査機関「調査名」	調査時点（発表時点）	調査対象	調査内容	特色など
内閣府・財務省「法人企業景気予測調査」	2、5、8、11月（各1ヵ月後）	○資本金1000万円以上の法人企業（約94万社）から抽出した14157社／うち大企業4576社、中堅3971社、中小5610社（回収率82.4%）○回答法人数11667社／うち大企業4100社、中堅3159社、中小4408社（2019年9月調査）	○設備投資動向（工事ベース）（実績、当初半期実績見込み、翌四半期計画）○設備投資のスタンス○景況、売上高、経常利益、雇用などの見通し	○企業を対象としたアンケート調査では調査対象企業数が最大（金融・保険業を含む）。○内閣府「法人企業動向調査」と財務省「景気予測調査」を平成16年度から一元化したもの。○調査回数が多く、かつ発表までの期間が短いため速報性に富む。○数値は、推定母集団推計値。○土地購入費：含まない（含むデータも公表）
日本銀行「全国短期経済観測調査」	3、6、9、12月（12月は当月央。それ以外の月は翌月初）	○資本金2000万円以上の民間企業　調査対象企業9719社／うち大企業1910社、中堅2720社、中小5089社／回答率99.5%（2019年9月調査）	○設備投資動向（工事ベース）（前年度実績、当年度実績見込み、3月調査のみ翌年度計画）○生産・営業用設備判断DI	○調査回数が多く、かつ発表までの期間が短いため速報性に富む。○マーケットの注目度は最も高い。○数値は、推定母集団推計値。○土地購入費：含む
日本政策投資銀行「全国設備投資計画調査（大企業）」	6月（約1ヵ月後）	○資本金10億円以上の大企業（農業、林業、金融保険業を除く）対象会社数8141社　回答会社数2016社（2019年6月調査）	○設備投資動向（工事ベース）（前年度実績、当年度実績見込み、翌年度計画）○設備投資動機	○調査対象が取引先に限られていないため、金融機関を含む。○産業の分類は原則主業基準区分を用いる。○土地購入費：含む
日本経済新聞社「設備投資動向調査」	4～5月、10～11月（約2週間後）	○上場企業と資本金1億円以上の有力企業（銀行・証券・保険を除く）○回答法人数1064社（2019年4月調査）	○設備投資動向（工事ベース）（前年度実績、当年度実績見込み、翌年度計画）	○日経新聞社の調査であるため、日刊紙ではいち早く入手できる。心理的なインパクトは大きくない。○土地購入費：含む
日本政策金融公庫総合研究所「製造業設備投資動向調査」	4、9月（各2ヵ月後）	○従業員20人以上300人未満の中小製造業　対象社数5420社のうち10253社に発送　回答企業数8144社（2019年9月調査）	○設備投資動向調査（支払いベース）（前年度実績、当年度実績見込み）設備投資の内容、動機、質／金額調達計画	○中小企業向け調査では最大。○数値は、推定母集団推計値。○土地購入費：含む

（出所）各機関のウェブサイト

［3］企業関連統計（その1）—— 日銀短観

（1）日銀短観の概要

　日本銀行の全国企業短期経済観測調査、すなわち「日銀短観」あるいは単に「短観」は、マーケット関係者の間で最も関心の高い調査の1つである。

　短観が企業に対して行う主な調査項目は、図表Ⅱ－10に掲げた通りで、大きく判断項目と計数項目に分けられる。判断調査は、業況や仕入価格、資金繰りなどに関する判断や評価を、一方、計数調査は、生産、売上、設備投資などの実績値および計画値を調査対象企業に尋ねるものである。なお、2014年3月調査からは調査項目の見直しにより、計数調査の四半期項目などが廃止された一方で、「企業の物価見通し」が新設された。

（2）対象企業の選定基準

　短観では、総務省・経済産業省の「経済センサス－活動調査」（5年ごと）をベースとした、全国の資本金2000万円以上の民間企業を調査の母集団企業としている（直近では約22万社）。なお金融機関はその母集団からは除外されているものの、短観を補完する目的で、それに対する調査自体は行われている。

　実際の調査対象企業は、業種別・規模別の区分ごとに統計学的方法を用いた一定の基準で抽出され、新たに経済センサス－活動調査が行われるまで原則として固定される（次回は2021年調査）。業種区分は、日本標準産業分類をベースに、製造業16業種、非製造業12業種からなる。一方、規模区分は資本金を基準に、大企業（資本金10億円以上）、中堅企業（同1億円以上10億円未満）、中小企業（同2000万円以上1億円未満）からなる。ちなみに短観に対しては2004年3月調査から大幅な見直しが加えられており、例えば、規模区分が「常用雇用者数区分」から現行区分へ変更、業種区分も変更され、また「主要短観」が廃止された。

統計名と発表機関 発表周期と時期など	全国企業短期経済観測調査。日本銀行 3、6、9、12月に調査を実施し、それぞれの結果を4月初、7月初、10月初、12月央に発表。 <調査対象> 9719社（回答率99.5%）。うち大企業1910社、中堅企業2720社、中小企業5089社。 （2019年9月調査）
ポイント	マーケットの注目度は、国内統計のなかでは最も高い。 それは、日銀による調査ということで、金融政策の動向と密接に関連するためである。

図表Ⅱ-10　日銀短観の主な調査項目

		生産・売上・在庫	設備投資	企業収益／物価	雇用	企業金融
判断項目 （13項目）		業況、国内での製商品・サービス需給、海外での製商品需給、製商品在庫水準、製商品の流通在庫水準	生産・営業用設備	販売価格、仕入価格	雇用人員	資金繰り、金融機関の貸出態度、ＣＰの発行環境、借入金利水準
計数項目	年度計画 （10項目）	売上高、輸出、輸出に際しての為替レート	設備投資額、土地投資額、ソフトウェア投資額、研究開発投資額	営業利益、経常利益、当期純利益		
	企業の物価見通し （2項目）			販売物価の見通し、物価全般の見通し		
	新卒採用状況 （1項目）				新卒者採用者数 （6、12月のみ）	

（出所）日本銀行「短観（全国企業短期経済観測調査）の解説」より作成

図表Ⅱ-11　業況判断ＤＩ

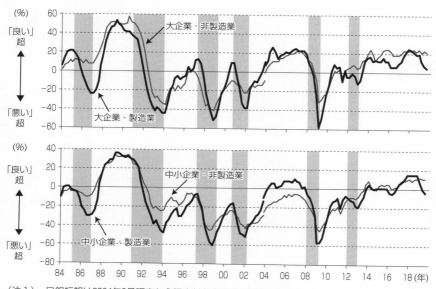

（注1）　日銀短観は2004年3月調査から調査対象企業等の見直しによりデータ不連続。
（注2）　シャドー部分は景気後退期。
（出所）　日本銀行「企業短期経済観測調査」

（3）業況判断DIの見方

　日銀短観のなかでも最も注目度が高いのは、「業況判断DI」（DIはディフュージョン・インデックスの略）である。図表II－11は、大企業・中小企業の製造業および非製造業の業況判断DIと景気の山・谷の関係をみたものである。製造業の業況判断DIのピークとボトムは、景気基準日付における景気の山と谷と一致している。

　業況判断DIは業種別でも発表されており、製造業と非製造業の差異や、製造業の中でも素材業種と加工業種との比較など、踏み込んだ分析ができる。

　また、業況判断DIは、次の期の予測値も公表されている。予測値の利用方法としては、今後の景気の先行きを予想する材料として使うほか、実績値と前回の予測値の関係に着目し、現在の景気の強弱を確認する材料として用いる方法がある。業況判断DIの実績値と3ヵ月前の予測値を比べ、実績値が予測値を上回れば、予想以上に景気が良かった、下回れば思いのほか景気が悪かったといえる（図表II－12参照）。

　なお、業況判断DIの算出方法は以下の通り。

　まず調査企業が「良い」「さほど良くない」「悪い」の3つの選択肢から選んだ回答数を集計する。次に回答数の構成比を次の式に代入する。

　　業況判断DI＝「良い」と答えた回答数構成比－「悪い」と答えた回答数構成比

（4）需給・価格判断DI

　企業がモノの価格の動向についてどのような判断をしているかは、将来のインフレ圧力を測るうえで重要である。また、需給の動向も、物価の安定を最も重要な目的とする日銀にとっては強い関心事である。

　日銀短観は、需給・在庫・価格の判断に関して、①国内での製商品・サービス需給、②海外での製商品需給、③製商品在庫水準、④製商品の流通在庫水準、⑤販売価格、⑥仕入価格の6項目を調査している。

　図表II－13は、そのうち販売価格および仕入価格の判断DIと、国内企業物価指数の動向を示したものである。多少のズレはあるものの、これらの価格判断DIが実際の企業物価の動きと密接な関係にあることが観察されよう。

図表Ⅱ－12　大企業・製造業　業況判断DI（実績値と予測値）

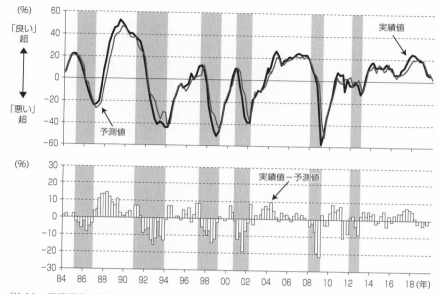

（注1）　日銀短観は2004年3月調査から調査対象企業等の見直しによりデータ不連続。
（注2）　シャドー部分は景気後退期。
（出所）　日本銀行「企業短期経済観測調査」

図表Ⅱ－13　大企業・製造業価格判断DI

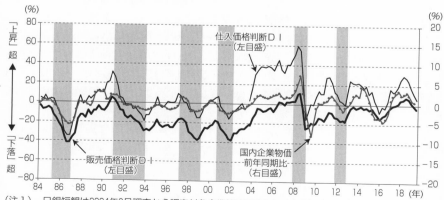

（注1）　日銀短観は2004年3月調査から調査対象企業等の見直しによりデータ不連続。
（注2）　シャドー部分は景気後退期。
（出所）　日本銀行「企業短期経済観測調査」「企業物価指数」

（5）企業収益の動向

　短観では、企業収益の動向に関し、売上高や経常利益、当期純利益、売上高経常利益率が調査されている。図表Ⅱ−14は、大企業の売上高経常利益率の推移を示したものである。最近の動きをみると、製造業・非製造業ともに1993〜94年度を底として2006年度まで上昇傾向が続いたものの、サブプライム・ショックならびにリーマン・ショックによる世界同時不況を契機に低下に転じた。09年度に回復に転じ、その後も上昇傾向が続いている。

（6）生産・営業用設備判断ＤＩ

　後述の設備投資の項でもふれているが、短観は設備投資計画についてもヒアリングを行っている（図表Ⅱ−15参照）。

　このなかでとくに注目したいのは、「生産・営業用設備判断ＤＩ」である。このＤＩは、生産・営業用設備の「過剰感」「不足感」を表す指標で、設備投資の先行指標として利用できる。この数値が大きくなるほど、設備過剰感が強いことを示し、設備投資は低迷する可能性が高くなる。

（7）企業の物価見通し

　2014年3月調査より新しく追加された調査項目として、販売価格と物価全般について、1年後、3年後、5年後の見通しを調査している。短観概要・要旨が発表された翌営業日に公表される。13年4月に日銀は物価上昇率2％を目標に量的・質的金融緩和を開始しており、物価動向の的確な把握を目指して導入された。民間の期待インフレについてのこれまでの主だった調査は家計や市場参加者を対象にしていたため、短観への調査項目追加により企業の動向も把握できるようになった。

　販売価格の見通しは、回答企業の製品・サービスの販売価格について、現在の水準から何％程度変動するか、選択肢の中から近いものを回答させる。物価全般の見通しは、消費者物価指数をイメージして、前年比が何％になるか、選択肢から近いものを回答させる。なお、調査票には消費税などの制度変更の影響は除いて回答するように記載されている。

　公表資料には、選択肢を回答数で加重平均して算出した「見通しの平均」が参考として掲載されており、日銀の金融政策の今後を予想するうえで重要な数字として注目を集めている。

公表機関ウェブサイトアドレス

日本銀行 短観　　https://www.boj.or.jp/statistics/tk/index.htm

図表Ⅱ－14　売上高経常利益率（全国企業・大企業、年度ベース）

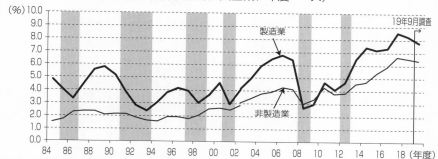

（注1）　日銀短観は2004年3月調査から調査対象企業等の見直しによりデータ不連続。
（注2）　シャドー部分は景気後退期。
（出所）　日本銀行「企業短期経済観測調査」

図表Ⅱ－15　設備投資計画（全国企業・大企業、年度ベース）

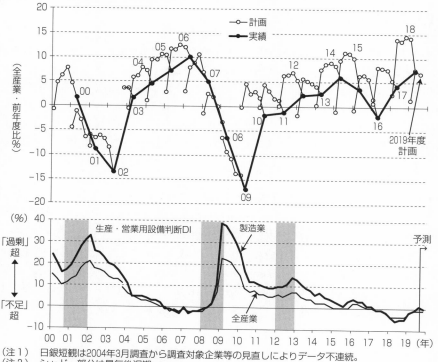

（注1）　日銀短観は2004年3月調査から調査対象企業等の見直しによりデータ不連続。
（注2）　シャドー部分は景気後退期。
（出所）　日本銀行「企業短期経済観測調査」

［４］企業関連統計（その２）—— その他

　日銀短観以外にも企業の経済活動動向を分析するための材料は多いが、ここでは紙幅の関係もあり、主な統計とその特色を列記するにとどめる。

（１）法人企業統計調査

　この調査は、財務省財務総合政策研究所が法人企業の経営動向について財務計数を中心に調査するもので、四半期別調査と年次別調査の２種類がある。四半期別調査では仮決算上の計数が、年次別調査では確定決算の計数が用いられる。前者は各四半期の約２ヵ月後に、後者は翌年度の９月に公表される。全産業および産業別の売上高、経常利益、経営諸比率、付加価値、設備投資、在庫投資、資金事情などが一覧できるもので、国内の企業経営に関する包括的なデータとしては随一のものといえる（図表Ⅱ－16、17参照）。

（２）法人企業景気予測調査

　この調査は、従来内閣府経済社会総合研究所が行っていた「法人企業動向調査」と、財務省が行っていた「財務省景気予測調査」を、2004年度より内閣府と財務省の共管調査として一元化したものである。四半期ごと（２、５、８、11月）に資本金1000万円以上の営利法人から対象企業が選定され調査が実施される。主な調査項目は、企業ごとの景況判断、国内の景況判断、雇用の現状判断と見通し、資金調達方法、売上高・経常利益・設備投資の見通しなどで、それぞれの項目についてＢＳＩ（ビジネス・サーベイ・インデックス）が算出される。結果は調査の翌月に公表される。

（３）じぶん銀行日本ＰＭＩ（購買担当者景気指数）

　英国に拠点を置くＩＨＳマークイット社が算出し、じぶん銀行が公表している企業景況感指数で、速報が当月下旬に、確報が製造業ＰＭＩは翌月第１営業日に、サービス業ＰＭＩは同第３営業日に公表される。速報性に優れており、また国際比較可能な指数であるため、注目度が高まっている。生産高・売上高、受注、雇用、在庫、価格などの項目が調査され、その中の主要項目がウェイト付けされて統合指数のＰＭＩが算出される。製造業・サービス業はそれぞれ約400社を調査対象としている。

図表Ⅱ-16　売上高経常利益率の推移（4四半期移動平均）

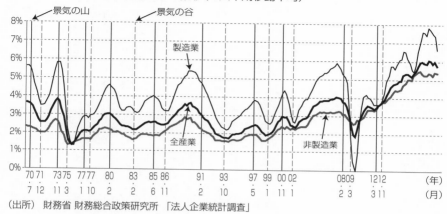

（出所）財務省 財務総合政策研究所 「法人企業統計調査」

図表Ⅱ-17　法人企業統計（全産業）から計測した設備投資資金需要と長期金利

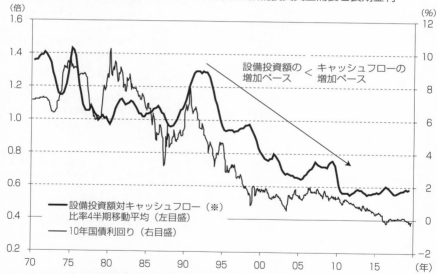

（※）　「経常利益 ÷2＋減価償却費」をキャッシュフローとみなして算出。
（注）　10年国債利回りは、99年2月まで指標銘柄、以降は新発10年。
（出所）財務省 総合政策研究所「法人企業統計調査」、Datastream、Bloomberg

公表機関ウェブサイトアドレス

財務省 財務総合政策研究所　https://www.mof.go.jp/pri/reference/index.htm
IHS マークイット社　　　　　https://www.markiteconomics.com/

（4）中小企業関連統計

　中小企業は、景気変動の影響を受けやすいうえ、先行的に活動する傾向があるので、景気判断においては欠かせない分析対象である。しかし、中小企業は数が多く、また業種も多岐にわたるため、正確な実態把握はきわめて困難といえる。

　図表Ⅱ－18は、中小企業を対象とする代表的な調査の一覧である。カバレッジの問題（とくにサービス業に関して顕著）はあるものの、景気の転換点が議論されるような局面ではこうした調査の活用も大切である。

図表Ⅱ－18　中小企業を対象とした調査

調査名	発表機関	発表周期	調査対象	内容
全国中小企業動向調査（中小企業編）	日本政策金融公庫	3、6、9、12各月中・下旬の調査を翌月下旬に発表	取引先　　13819社 回答企業　6500社 （2019年6月調査）	売上、在庫、販売・仕入価格などについて、当期実績及び1期先、2期先の見通しをDIで調査。
全国中小企業動向調査（小企業編）	同　上	3、6、9、12各月上・中旬の調査を翌月下旬に発表	取引先　　10000社 回答企業　6392社 （2019年6月調査）	業況判断、売上、採算、資金繰り、設備などについて、当期実績及び翌期見通しをDIで調査。調査対象の企業規模が従業員20人未満と小さいことが特徴。
中小企業景況調査	同　上	毎月中旬調査を月末もしくは翌月初に発表	取引先　　　900社 回答企業　　574社 （2019年8月調査） 3大都市圏のみ	売上、在庫、利益、資金繰り、従業員判断などの項目についてDIで調査。売上については今後3ヵ月の見通しDIが掲載される。
中小企業景況調査	中小企業基盤整備機構	3、6、9、12各月調査を月末もしくは翌月初に発表	調査対象　18938社 回答企業　18291社 （2019年6月調査）	業況判断、売上、在庫、資金繰り、借入、利益、雇用、設備などについて当期実績及び翌期見通しをDIで調査。

（出所）各機関ウェブサイトより作成

公表機関ウェブサイトアドレス

日本政策金融公庫総合研究所　https://www.jfc.go.jp/n/findings/tyousa_sihanki.html
中小企業基盤整備機構　　　　https://www.smrj.go.jp
帝国データバンク　　　　　　https://www.tdb.co.jp/tosan/syukei/index.html
東京商工リサーチ　　　　　　https://www.tsr-net.co.jp/news/status/

（5）企業倒産統計

　企業倒産の増加は、いうまでもなく不況期における典型的現象である。図表Ⅱ−19は、過去約40年間の企業倒産（件数・負債総額）の推移を示したものである。1991年以降、倒産企業の負債総額が激増していったことがみてとれる。とくに、大手金融機関が相次いで破綻した97年以降、負債総額は10兆円を超えることが常態化し、2000年には名目ＧＤＰ比で約5％の水準に達した。03年以降、倒産件数は減少傾向となっていたが、世界同時不況の影響により、08年には約5年ぶりに1万5000件超まで増加した。その後は件数・負債総額とも減少傾向が続いている。

　企業倒産に関する公式な政府統計は存在しないが、民間の信用調査機関である東京商工リサーチと帝国データバンクがそれぞれ「全国企業倒産状況」「全国企業倒産集計」として、毎月10日前後に前月分のデータを公表している。対象はともに負債総額が1000万円を超えた倒産企業である。倒産件数および負債総額のほか、業種別、地域別、原因別の分析も公表されている。

　倒産は季節性が強いので、前月との比較には注意が必要である。また、00年初〜16年5月20日の間の倒産を分析した結果、「5日」「水曜」「仏滅」の3条件が重なると倒産件数が平均の3倍以上となる、という東京商工リサーチの調査（16年7月公表）もある。その背景には、5日や10日といった「五十日（ごとおび）」に決済が集中することが指摘されている。

図表Ⅱ−19　企業倒産

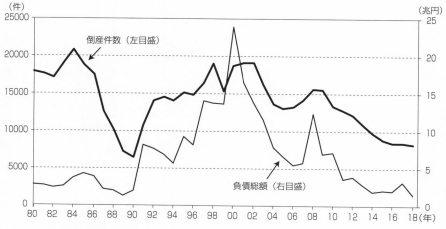

（注）　負債総額1000万円以上。
（出所）INDB-Accel。原資料は東京商工リサーチ。

［5］設備投資

（1）景気循環と設備投資

　設備投資は名目GDPの平均15%前後を占める項目である。6割弱を占める個人消費に比べると構成比は小さいものの、変動がより大きいという特徴をもつことから、在庫投資と並び景気循環を引き起こす主要な要因となっている。

　図表Ⅱ-20は、1960年以降における民間設備投資の対名目GDP比（設備投資比率という）の推移をみたものである。経験的には、同比率が20%を超えると設備投資は過剰な水準、すなわち警戒ゾーンにあり、景気後退入りのシグナルとなっている。実際、平成景気において、設備投資の対名目GDP比が20%を超えた時点と景気のピークはほぼ一致している。しかし、平成景気以降、設備投資比率のピークは16%程度に低下している。

（2）設備投資のストック調整原理

　設備投資に循環が生じるのは次のような原理による。

　企業は、自らが現実に保有する資本のストック（設備能力と言い換えてもよい）と、望ましいと考えている資本のストックとの間にギャップが存在するとき、それを埋めるべく設備投資を実施する。設備投資が実行されると、それは需要となり景気拡大の推進力になる。しかし実際に設備が完成してしまうと、供給力が満たされ、設備投資のインセンティブは消失する（これを「設備投資の二面性」という）。このため投資が停滞し、需要が減少、やがて経済全体に影響が波及していく。

　こうしたプロセスを想定することで設備投資の循環を説明するのが、「ストック調整原理」という考え方である。

　もっとも現実の経済においては、企業部門の資本ストック全体でどの程度のギャップが存在しているかを把握するのは容易ではない。将来の需要増加を見込んで設備投資をしたものの、それが完成し稼働できる頃には景気の流れが変わってしまい、設備が過剰な状態に陥る。そうしたことは、個別の企業でも産業全体でもしばしば経験することで、現実は理論よりもはるかに動態的である。したがって設備投資については、複数の関連指標を比較しながら分析することが望まれる。

　図表Ⅱ-21は設備投資の先行指標および一致指標を示したものである。以下では、うち機械受注統計、建設工事受注動態統計、各種設備投資アンケートについて解説する。

図表Ⅱ-20　設備投資比率（名目ベース）

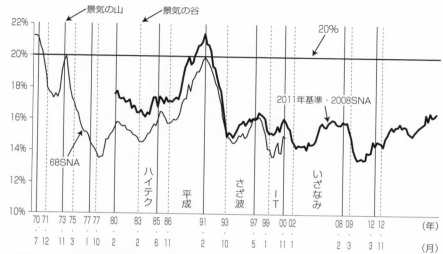

（出所）　内閣府　経済社会総合研究所「国民経済計算」

図表Ⅱ-21　設備投資関連統計のフローチャート

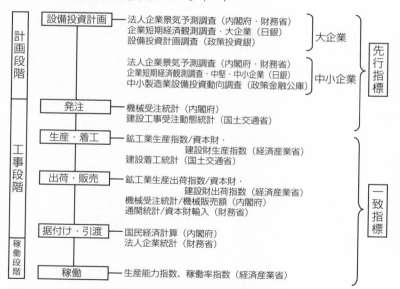

（出所）　『どう読む経済指標』長富祐一郎監修　財経詳報社、各機関

（3）機械受注

　設備投資の先行指標の代表格は、「機械受注統計」である。図表Ⅱ－22は設備投資と機械受注の前年同期比の伸び率をみたものだ。これによると、2000年頃までは、機械受注が設備投資に半年程度先行して動いていたのが窺える。しかしながら、より近年についてみると、その先行性は不鮮明化している。その理由は、受注から実際の投資までのスパンが短期化しているためと推測される。

　機械受注は通常、船舶・電力を除いた民需ベースで議論される。船舶・電力が除かれるのは、両者は金額が大きいうえ、不規則な動きをするためである。しかし、それらを除外しても機械受注の動きにはかなりの振れがあり、分析には移動平均を用いる、あるいは四半期ベースに直すなどの工夫が必要である。また、調査対象が主要機械製造業者280社に限られていることや、機械のウェイトが低い非製造業の設備投資の動きを反映しにくいことなどにも注意すべきである。

　関連統計として、四半期末の受注残高と翌四半期の見通しを調査した「機械受注見通し調査」があるが、これも振れが大きいので注意が必要である。

　「機械受注見通し調査」のなかでは、見通しの達成率に対する注目度が、マーケット参加者の間では比較的高い。機械受注が上昇トレンドにあるなかで、達成率が連続して100%を超えるような場合は、投資意欲が盛り上がっていると判断することができよう。逆の場合は、投資意欲が急速に萎縮していると考えられる。

統計名と発表機関 発表周期と時期など	機械受注統計。内閣府経済社会総合研究所 月次。翌々月の中旬に発表。 <調査対象> 内閣総理大臣の指定した主要機械製造業者（280社ベース）。 <調査項目> 需要者別（民需、官公需、外需、代理店）、機種別の受注額および受注残高など。
ポイント	「船舶・電力を除く民需」の動向が重要。 設備投資の先行指数となっている。 振れの大きさには注意。

公表機関ウェブサイトアドレス

内閣府 経済社会総合研究所 景気統計　　https://www.esri.cao.go.jp/jp/stat/menu.html
国土交通省 建設工事関係統計　　http://www.mlit.go.jp/statistics/details/kkoji_list.html

（4）建設工事受注

　建設工事受注動態統計は、機械受注統計と同様に、設備投資の先行指標として利用されている。ただし月次の動きについては、長期の大規模工事受注の有無により、大きな振れが生じる。また、サンプル数に制約があるため、全体の動きを捉えるには「建築着工予定額調査」なども合わせてみる必要がある。

統計名と発表機関 発表周期と時期など	建設工事受注動態統計調査。国土交通省 月次。速報および大手50社調査は、翌月末に発表。確報は、翌々月上～中旬に発表。 <調査対象>1万2000社「調査票甲(共通)」、大手企業50社「調査票乙」 <主要調査項目>工事種類別受注高、施工高および未消化工事高など
ポイント	設備投資に対して先行性をもつ。 大手50社調査の受注総額動向に注目。

図表Ⅱ-22　設備投資（実質）と機械受注

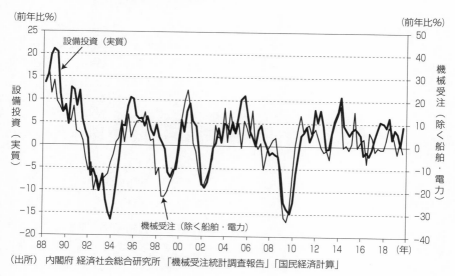

（出所）　内閣府 経済社会総合研究所 「機械受注統計調査報告」「国民経済計算」

（5）設備投資の判断基準

　図表Ⅱ－23は、設備投資の投資採算（設備投資収益率－資金調達コスト）と設備投資の伸び率の関係をみたものである。ここでは、設備投資の収益率として事業用資産に対する営業利益の比率を、資金の調達コストとして長期プライムレートを、それぞれ用いた。企業にとって設備投資をするか否かの判断基準は、通常、投資収益率が資金調達コストを上回るかどうかにあるが、図表Ⅱ－23からは、そうした関係が存在することを読み取ることができる。

（6）設備投資目的の見方

　設備投資にはさまざまな目的があるが、日本政策投資銀行「設備投資計画調査」は、それを①能力増強、②新製品・製品高度化、③合理化・省力化、④研究開発、⑤維持・補修、⑥その他に分類している。

　景気との関連でみると、通常、拡大期には「能力増強」の構成比が、後退期には「維持・補修」が高まる傾向にあるが、2013年度以降は「能力増強」は25％前後で横ばいが続いており、景気の緩急が見えにくくなっている（図表Ⅱ－24参照）。

（7）設備投資アンケート

　設備投資の先行きを見通すために、複数の機関が民間企業に対し設備投資に関するアンケート調査を実施している（図表Ⅱ－9参照）。いずれも設備投資を行う主体に直接尋ねるもので、予測としては単純明快である。調査結果を読む際は以下の点に注意したい。

①調査対象に違いがあること。金融機関による調査の場合は、取引先に対象が限定されていることが多い。

②土地購入費を含む調査がほとんどであり、この部分で歪みが生じること。なお、ＧＤＰの設備投資は土地購入代金を含んでいない。

③アンケート調査の結果はあくまで投資計画額であり、実績額との間では乖離が生じること。もっとも、計画額の修正には一定のパターンがある。例えば、翌年度計画値は低めに設定される傾向がある。これは、翌年度計画に関する調査が通常、計画額が完全には確定していない2～3月に実施されることに起因する。また中小企業の設備投資計画額は大企業に比べ修正幅が大きくなりやすい傾向がある。このことは、中小企業の設備投資が大企業に比べ景気変動に対し、より機動的であることを示唆している。

図表Ⅱ-23　設備投資動向と投資採算

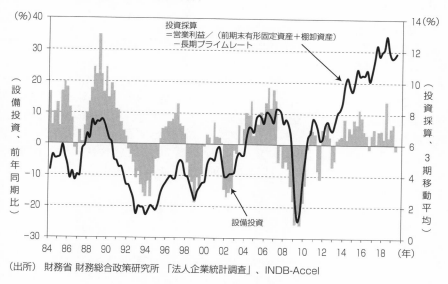

投資採算
＝営業利益／（前期末有形固定資産＋棚卸資産）
　－長期プライムレート

設備投資

（出所）　財務省 財務総合政策研究所 「法人企業統計調査」、INDB-Accel

図表Ⅱ-24　製造業設備投資の目的別内訳の推移

（単位：%）

年度		2007年度	2008年度	2009年度	2010年度	2011年度	2012年度	2013年度	2014年度	2015年度	2016年度	2017年度	2018年度	2019年度計画
設備投資伸び率（前年度比）		6.6	− 9.7	− 30.8	− 8.4	− 1.7	2.7	− 1.7	3.7	24.2	− 7.3	0.8	12.8	13.5
構成比	能力増強	42.8	40.4	31.6	30.0	29.3	24.9	23.1	22.8	28.3	23.3	24.2	27.4	23.4
	新製品・製品高度化	12.3	11.5	15.7	16.1	15.6	16.8	16.4	16.2	14.6	16.3	15.0	14.8	17.3
	合理化・省力化	10.0	11.0	12.1	11.4	9.8	12.1	11.5	12.4	9.8	10.7	10.2	10.3	11.1
	研究開発	6.2	8.0	7.8	7.3	9.5	10.0	8.8	8.2	10.8	10.2	9.0	8.0	7.8
	維持・補修	16.6	16.5	21.2	20.3	23.9	24.7	25.6	25.9	21.6	25.6	26.7	25.2	25.8
	その他	12.1	12.6	11.6	15.0	12.0	12.4	14.6	14.6	14.9	13.9	14.9	14.3	14.5

（出所）　日本政策投資銀行 「設備投資計画調査」

公表機関ウェブサイトアドレス

日本政策投資銀行 設備投資計画調査　　https://www.dbj.jp/investigate/equip/national/index.html

[6] 生産・在庫

(1) 鉱工業生産指数

　経済産業省によって毎月公表される「鉱工業指数」は、景気との関連性が密接であることから、マーケットでは最も注目度の高い統計の1つとなっている。同指数は、鉱工業部門に属する事業所が日本国内で行っている経済活動を体系的に捉えたもので、生産、出荷、在庫、在庫率、製造工業生産予測、能力・稼働率などの各指数から構成される。なかでもとくに注目度が高いのは、生産、在庫率、稼働率の3指数である。

　生産指数については、図表Ⅱ−25が示すように、実質GDP成長率との間に強い連動性があることが確認される（ただし、鉱工業生産の振れのほうが大きい傾向がある）。

　なお、生産・出荷・在庫指数の速報と同時に発表される「製造工業生産予測指数」は、主要企業へのアンケート結果に基づき、先行き2ヵ月の生産指数の予想値を示したものである。この指数をもとに先行き2ヵ月の伸び率・実現率・予測修正率が公表される。実現率は前回の予測値に対し、実績値がどの程度となったかを示す。予測修正率は、前回の2ヵ月先予測が今回の1ヵ月先予測となったときに、どの程度修正されたかを示す。とくに予測修正率は、生産計画の修正を示し、生産マインドの指標として注目される。

統計名と発表機関	鉱工業生産・出荷・在庫指数、製造工業生産予測指数、能力・稼働率指数。経済産業省
発表周期と時期など	月次。 速報は、翌月27日頃に発表。 確報は、翌々月15日頃に発表。
ポイント	関連指数として、第3次産業活動指数、全産業活動指数がある。 産業構造における鉱工業比率は低下傾向にあるとはいえ、鉱工業生産が景気循環を引き起こす最も重要な要因の1つであることに変わりはない。 指数は業種別・財別でも集計されている。 指数の現行基準は2015年。

公表機関ウェブサイトアドレス

経済産業省 所管全統計一覧　　https://www.meti.go.jp/statistics/ichiran/index.html

図表Ⅱ－25　鉱工業生産とGDP

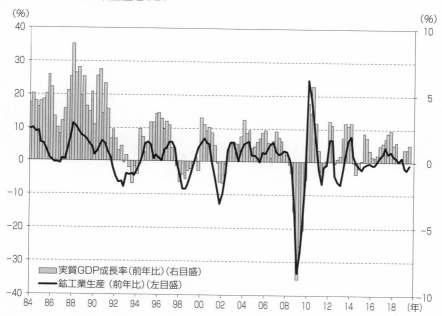

（注）　12年以前の鉱工業生産は、旧基準を新基準にリンクさせた接続指数を使用。
（出所）　経済産業省「鉱工業指数」、内閣府 経済社会総合研究所「国民経済計算」

図表Ⅱ－26　鉱工業生産の特殊分類とウェイト（2015年基準）

鉱工業				生産 （付加価値額 ウェイト）	出　荷	在　庫
				10,000.0	10,000.0	10,000.0
	最終需要財	投資財	資本財	1,782.5	1,600.2	1,065.7
			建設材	586.4	559.0	782.1
		消費財	耐久消費財	894.6	1,005.6	938.0
			非耐久消費財	1,790.7	1,607.5	1,453.1
	生産財	鉱工業用生産財		4,505.9	4,504.8	5,235.8
		その他用生産財		439.9	722.9	525.3

（出所）経済産業省「鉱工業指数」

（2）在庫率指数

在庫率とは、売上または出荷に対する在庫ストックの割合をいい、これを指数化したものが在庫率指数である。在庫率指数の特徴としては、①鉱工業生産指数に対しほぼ平行的に動くこと（図表Ⅱ－28参照）、②在庫率指数のピークは景気の谷に、ボトムは景気の山に先行する傾向があること（図表Ⅱ－29参照）などがあげられる。

在庫は設備投資とともに長らく景気循環と密接な関係があるものとされてきた。すでに述べた通り、最も期間の短い景気循環である「キチン波」は在庫によってもたらされる。情報技術の進展などに伴う在庫管理の高度化（典型的にはトヨタのカンバン方式）や経済のソフト化・サービス化により、マクロ経済に占める在庫の重要性が減少したことから、「在庫循環の終焉」が80年代末頃から唱えられるようになった。しかし図表Ⅱ－31が示すように、近年においても引き続き在庫循環のパターンを確認することができる。

（3）稼働率指数

稼働率は、「生産実績÷生産能力」と定義される。一方、稼働率指数は基準年における稼働率を100として指数化したものであり、実際の稼働率の水準を示したものではないが、図表Ⅱ－27の通り、現状が景気循環のどの局面にあるのかを示し、景気の一致指標となっている。というのも、稼働率が上昇するのは景気が拡大し生産量が増加するときだからである。また、稼働率の上昇は需給関係の逼迫を意味し、物価上昇や設備投資拡大を誘発するため、ボトルネック・インフレ（一部の産業で需要が供給能力を上回る→物価上昇→経済全体への波及）や設備投資の先行指標としても利用可能である。稼働率低下局面では、これとは逆のことが起きる。

図表Ⅱ－27　稼働率指数（製造工業）と景気循環

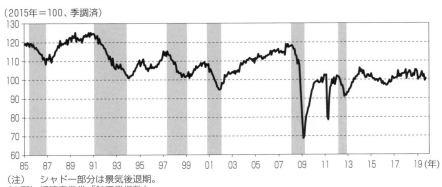

（2015年＝100、季調済）

（注）　シャドー部分は景気後退期。
（出所）経済産業省「鉱工業指数」

図表Ⅱ－28　在庫率指数と鉱工業生産

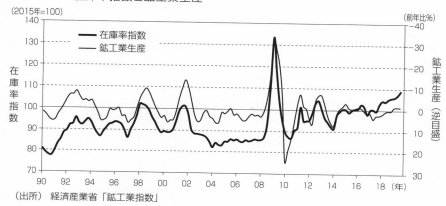

（出所）経済産業省「鉱工業指数」

図表Ⅱ－29　在庫率指数（製造工業）と景気

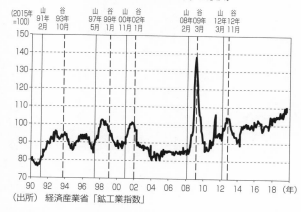

（出所）経済産業省「鉱工業指数」

図表Ⅱ－30　在庫循環図（概念図）

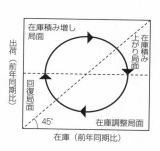

図表Ⅱ－31　在庫循環の動向

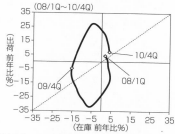

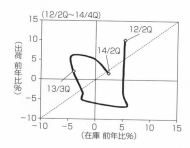

（出所）経済産業省「鉱工業指数」

[7] 個人消費

(1) 家計調査

　民間最終消費支出は、名目GDPの約6割を占める最大の需要項目である。それゆえ個人消費の動向は景気予測の要となる。この個人消費に関連する統計を一覧したのが図表Ⅱ－32である。

　このうち最も重要度の高い調査は、総務省統計局が実施している「家計調査」である。

　家計調査の対象世帯数は約9000世帯（2015年国勢調査によると、全国の世帯数は5345万。うち世帯人員が1人の単独世帯は1842万）。家計調査の標本設計の概要（2018年）によると、調査の母集団は、2人以上の世帯が3491万、単身世帯が1666万、合計5157万世帯である。調査対象には、学生の単身世帯などが含まれていない。2人以上世帯に関する調査結果が毎月発表されるのに対し、単身世帯および総世帯は毎四半期の発表となっている。

　主な調査内容は家計の収支動向で、この統計からは家計の実収入、消費支出、非消費支出、可処分所得（実収入－非消費支出）、消費性向（消費支出／可処分所得）、収支（実収入－〈消費支出＋非消費支出〉）などの数値が把握できる。

　家計調査は個人消費の動向を把握するのに最も包括的かつ優れた統計であるが、難点もある。しばしば指摘される点としては、調査対象者は相当細かい家計簿をつけなければならず、調査に協力してくれる世帯の年齢層が高めになっていることがあげられる。また、調査対象世帯は母集団である世帯全体の縮図に近くなるよう選定されているが、高額商品への支出などにより誤差が発生しやすいことにも注意が必要である。

(2) 商業動態統計

　「商業動態統計」は卸売・小売業の販売活動に関する統計で、経済産業省により毎月公表されている。同統計は、卸売・小売別の販売額のほか、小売販売額については、百貨店、スーパー、コンビニエンスストア、家電大型専門店、ドラッグストア、ホームセンターごと、商品別に販売動向を記録したものである。

　商業動態統計では、百貨店は、売場面積が東京特別区および政令指定都市で3000㎡以上、その他の地域で1500㎡以上で、スーパーに該当しない事業所と定義され、一方、スーパーは、売場面積の50％以上でセルフサービス方式を採用し、かつ売場面積が1500㎡以上の事業所と定義される。

図表Ⅱ－32　個人消費関連統計

名　称	発表周期	作成機関	主な経済指標
家計調査	○2人以上の世帯 月次（速報） 翌々月上旬 ○単身世帯・総世帯 四半期、翌々月上旬	総務省統計局	名目・実質消費支出 可処分所得 実収入 貯蓄・負債 平均消費性向
商業動態統計	月次（速報） 翌月下旬	経済産業省 サービス動態統計室	卸売業販売額 小売業販売額 （百貨店、スーパー、コンビニエンスストア、家電大型専門店、ドラッグストア、ホームセンター）
全国百貨店売上高概況	月次 翌月下旬	日本百貨店協会	百貨店売上高
チェーンストア販売高	月次 翌月下旬	日本チェーンストア協会	チェーンストア売上高
新車登録台数状況	月次 翌月初旬	日本自動車販売協会 連合会	新車登録台数
軽自動車新車販売速報	月次 翌月初旬	全国軽自動車協会 連合会	軽自動車新車販売台数
旅行業者取扱高	月次 翌々月中旬	国土交通省 観光庁	国内旅行取扱高 海外旅行取扱高
日本銀行券発行残高	月次 翌月初旬	日本銀行	日本銀行券発行高

公表機関ウェブサイトアドレス

総務省 統計局	http://www.stat.go.jp
経済産業省	https://www.meti.go.jp
日本百貨店協会	https://www.depart.or.jp
日本チェーンストア協会	https://www.jcsa.gr.jp
日本自動車販売協会連合会	http://www.jada.or.jp
全国軽自動車協会連合会	https://www.zenkeijikyo.or.jp
国土交通省 観光庁	http://www.mlit.go.jp/kankocho
日本銀行	http://www.boj.or.jp

[8] 雇用関連統計

(1) 失業率

　米国では、雇用統計はマーケット参加者の最も強い関心を呼ぶ統計の1つで、なかでも失業率は非農業部門就業者数と並び相場の注目材料となっている。米国で雇用統計が重視される理由としては、速報性の高さ、金融政策に対する影響度の高さがあげられる。一方、日本においては、失業率は長い間比較的関心の薄い指標だった。だが、バブル期にはインフレ圧力の尺度として、その後不況が長期化し雇用情勢が悪化すると政策判断の材料として、注目を集めるようになった。

　図表Ⅱ−33は、 1980年から直近までの完全失業率および有効求人倍率の推移である。完全失業率は90年代初めに2%台前半だったが、2001年に5%台へ上昇した。その後4〜5%前後で推移していたが、 10年以降低下傾向が続いている。

統計名と発表機関 発表周期と時期など	労働力調査。総務省統計局 月次の「基本集計」と四半期の「詳細集計」に分かれる。 基本集計は就業者数や完全失業率など基本的な結果で、翌月末に公表。詳細集計は非正規雇用に就いた理由や就業希望の有無などを当該四半期終了の翌々月中旬に公表。 <調査対象>全国全世帯から無作為抽出した約4万世帯に居住する15歳以上の約10万人。
ポイント	景気に対し遅行的に動く（景気動向指数の遅行系列に採用）。 季節的に変動する要因があるため、毎月の推移を連続的に観察するには、原数値ではなく、季節調整値を用いる。

(2) 有効求人倍率

　有効求人倍率は、公共職業安定所で扱う求職者数と求人数をもとに、厚生労働省が毎月算出する指標である。結果は、翌月末に「一般職業紹介状況」として速報が、 3ヵ月後の中旬に「職業安定業務月報」として確報が発表される。なお一般職業紹介状況には有効求人倍率以外にも就職率や充足率などの指標が掲載されている。定義や算出方法については、図表Ⅱ−34を参照。

　有効求人倍率は一般的に、 1倍を超えていれば人手不足、 1倍を下回っていれば雇用余剰を表す。景気との連動性が高いため、景気動向指数の一致系列にも採用されている（ただし学卒を除く）。もっとも、民間の求人情報提供や職業紹介が普及する現在、公共職業安定所を通じて求職する人の割合は高いといえず、有効求人倍率だけで雇用情勢全体を把握するには無理がある。

図表Ⅱ-33　失業率と有効求人倍率

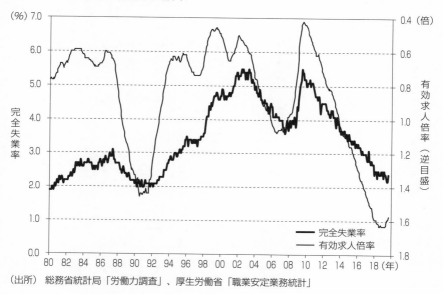

（出所）　総務省統計局「労働力調査」、厚生労働省「職業安定業務統計」

図表Ⅱ-34　雇用関係の用語解説

労働力人口	15歳以上人口のうち、就業者と完全失業者を合計したもの
労働力人口比率	労働力人口÷15歳以上人口×100（%）
就業者	従業者と休業者の合計
従業者	調査期間中に収入を伴う仕事を1時間以上した者
休業者	仕事をもちながら、調査期間中少しも仕事をしなかった者のうち、①雇用者で、給料、賃金の支払いを受けている者または受けることになっている者、②自営業主で、自分の経営する事業をもったままで、その仕事を休みはじめてから30日にならない者
完全失業者	次の3条件を満たす者。①仕事がなくて調査期間中に少しも仕事をしなかった者、②仕事があればすぐに就くことができる者、③調査期間中に、仕事を探す活動や事業を始める準備をしていた者。
完全失業率	完全失業者÷労働力人口×100（%）
有効求人数	前月から未充足のまま繰り越された求人と新規求人との合計
有効求職者数	前月から繰り越して引き続き求職している者と新規求職者との合計
有効求人倍率	有効求人数÷有効求職者数

（出所）総務省統計局、厚生労働省

［9］住宅関連統計

（1）民間住宅投資の分析

　住宅投資は、ＧＤＰに占める割合こそ3～4％と小さいものの、変動幅が大きく、個人消費への波及効果もあるため、景気動向をみるうえで無視できない。

　住宅投資の変動要因としては、長期的・構造的には、世帯増加数（婚姻数）、人口移動（大都市圏への流入）、住宅ストックなどが、中短期的には、所得要因、金融要因（金利や借入の容易さ）、地価要因などがあげられる。

　住宅投資の分析に際しては、これらの要因に関連する諸統計（人口統計や家計統計など）と組み合わせたり、住宅関連統計間で比較したりすることが効果的である。

（2）主要住宅関連統計

①住宅着工統計（図表Ⅱ－35参照）

　国土交通省が毎月末、「建築着工統計調査」（数値は前月分）のなかで公表する統計。全国の住宅着工状況（戸数、床面積の合計）を、工事別（新設・その他）、資金別（民間資金・公営など）、建築工法別、利用関係別（持家・貸家・分譲など）、住宅種類別（専用・併用など）、建て方別（一戸建て・共同など）に分類し計上している。

②マンション・建売住宅の市場動向

　株式会社不動産経済研究所が公表する住宅販売統計。内容は地域別・価格帯別の発売戸数、契約戸数など。首都圏・近畿圏分が月次で公表されている。また、賃貸動向については、三井住友トラスト基礎研究所が四半期ごとに公表しているマンション賃料インデックスが参考になる。

③地価公示

　国土交通省は毎年3月下旬、同年1月1日基準の地価を官報に公示しているが、その価格を「公示価格」という。それは「個別の特殊な事情などが取り除かれた、自由な取引において通常成立すると考えられる1平方メートル当たりの価格」と定義され、土地鑑定委員会により決定される。

④不動産価格指数（住宅）（図表Ⅱ－36参照）

　国土交通省が月次で公表。当該月の約3ヵ月後に公表される。国際的な共通ルールのもとで作成されている。住宅地、戸建住宅、マンション（区分所有）の用途別指数があり、それらから住宅総合の指数が算出される。

図表Ⅱ-35　新設住宅着工戸数と新規マンション発売戸数の推移

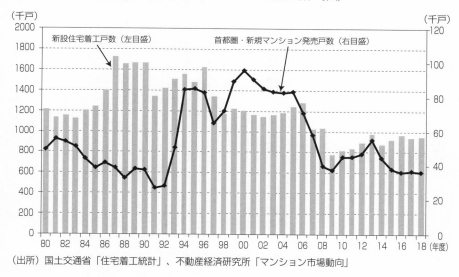

（出所）国土交通省「住宅着工統計」、不動産経済研究所「マンション市場動向」

図表Ⅱ-36　不動産価格指数（住宅）

（出所）Bloomberg。原資料は国土交通省

公表機関ウェブサイトアドレス

国土交通省 土地総合情報システム　https://www.land.mlit.go.jp
　　　　　 建築・住宅関係統計　https://www.mlit.go.jp/statistics/details/jutaku_list.html
国土交通省 不動産価格指数　https://www.mlit.go.jp/totikensangyo/totikensangyo_tk5_000085.html
不動産経済研究所　https://www.fudousankeizai.co.jp
三井住友トラスト基礎研究所　https://www.smtri.jp/market/mansion/

[10] 貿易統計

（1）貿易統計

　一般に「通関統計」と呼ばれる貿易統計は、日本の輸出入について関税境界を通過したベースで国（地域）別・商品別に記録したもので、国際収支統計の「貿易収支」の基礎的資料となっている（発表体系については図表Ⅱ－37参照）。ただし両者の間には建値、計上範囲、計上時点において違いがある。国際収支そのものや国際収支と貿易収支の違いについては、第Ⅺ章を参照されたい。

統計名と発表機関	貿易統計（通関統計とも呼ばれる）。財務省
発表周期と時期など	旬次、および月次。
	速報：上旬分は当月下旬に、上中旬分は翌月上旬に、月中旬分は翌月下旬に公表。
	確報：翌月末頃。
	確定（暦年の統計）：翌年3月頃。

（2）国・地域別動向

　図表Ⅱ－38は、1986年以降の日本の貿易収支の推移である。国・地域別にみると、対米、対アジア（中国除き）では一貫して黒字を計上する一方、対中東では赤字が続いている。対中国については、93年まではおおむね均衡した状態にあったが、その後2001年にかけて日本側の赤字が拡大し、以降も輸入超が定着している。最大の貿易相手国として中国の存在感は増しており、輸入では02年以降米国を抜いて最大の相手国となっている。輸出では09年に中国向けが米国向けを上回ったが、13年以降は両者はほぼ拮抗している。

　なお、日本の貿易収支は、東日本大震災後の原発停止に伴う火力発電燃料の輸入増加等を背景に、2011～14年に赤字が拡大したが、その後はおおむね均衡している。

公表機関ウェブサイトアドレス

財務省 貿易統計　https://www.customs.go.jp/toukei/info/index.htm

貿易統計の不突合

　日本側の統計によると、日本の対中貿易収支は1988年以降赤字が続いているが、中国側の貿易統計にしたがえば、中国の対日貿易収支は2002年以降赤字が続いている。なぜこのような矛盾が生じるのか。その答えは中継貿易地・香港にある。日中両国はともに輸入については「原産国」で計上する。つまり中国が香港に輸出し、その後、香港が日本に再輸出したものは、日本側の統計では対中輸入とされる一方、中国側の統計では対香港輸出となる。逆に日本が香港経由で中国に輸出したものは、日本側の統計では対香港輸出、中国側の統計では対日輸入としてカウントされる。こうした統計処理方法が相互に赤字という奇妙な数字をつくっている。

図表Ⅱ-37　貿易統計の発表体系

項　　目	発表内容
輸出・輸入総額	円建て。原値と、参考として季節調整値
地域（国）別輸出入額	円建て
主要商品別輸出入額	円建て。数量は一部についてのみ
主要地域（国）別商品別輸出・輸入	円建て。数量は一部についてのみ
商品特殊分類別輸出入額	円建て
貿易指数（金額・数量・価格）	原値および伸び率。円ベース

（注）輸出はFOB（本船渡し）価格、輸入はCIF（運賃・保険料込み）価格で計上。

図表Ⅱ-38　日本の国・地域別貿易収支

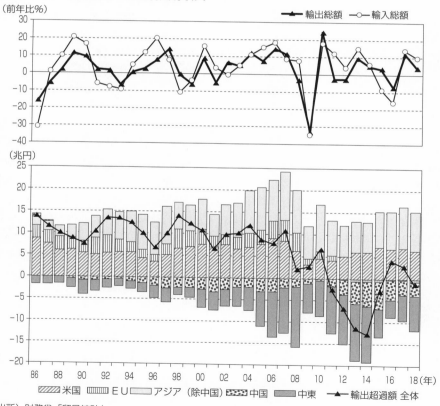

（出所）財務省「貿易統計」

[11] 物価関連統計

（1）消費者物価指数（CPI）

　「消費者物価指数（ＣＰＩ）」は、全国の家計が購入する財およびサービスの価格を総合することにより物価の変動を時系列的に測定する指標で、総務省統計局によって毎月作成されている。ＣＰＩはインフレの基本統計として、金融政策を予測するうえできわめて重要である。実際、2013年1月に日銀は「物価安定の目標」を消費者物価上昇率2％と定め、同年4月には2年を念頭にできるだけ早期にそれを実現するとして量的・質的金融緩和に踏み切っている。

　ＣＰＩには全国指数と東京都区部指数がある。いずれも重要な指標であるが、マーケットでは速報性に優れる東京都区部のほうが注目されている。

　ＣＰＩの10大費目のウェイトは、図表Ⅱ－39の通りである。このウェイトは、基準年の家計調査から得られた全世帯1ヵ月1世帯あたりの品目別消費支出金額より作成される。現行の15年基準の調査対象品目には、家計支出上の重要度、価格変動の代表性、継続調査の可能性などの観点から、585品目が採用されている。

　ＣＰＩにも他の統計同様クセがある。とくに以下の点には注意したい。

　第1に、ＣＰＩは生鮮食品を除いたベースで判断、分析する必要がある。生鮮食品価格は天候や特殊要因によって大きく変動するからである。

　第2に、後述する企業物価の動き方と比較すると、消費者物価のほうが概して変動幅が小さい。その主な理由としては、消費者物価指数におけるサービス価格の構成比の高さ（約5割）があげられる。サービス価格は人件費の占める割合が高いため、価格変動がより硬直的な特徴をもつ。このほかの理由としては、企業物価に比べ為替相場や原油価格などの変動の影響が直接的に反映されにくいことがあげられる。

　第3に、消費者物価の構成品目の基準改定は、5年ごととなっているため、時間の経過に伴い、実際の消費生活と指数との間に乖離が生じてしまう可能性がある。もっとも総務省統計局は、基準改定年の前であっても、普及が急速な新商品が登場した場合には、速やかに構成品目の見直しを行うものとしている。

統計名と発表機関 発表周期と時期など	消費者物価指数。総務省統計局 月次。 全国ベースは、翌月の19日を含む週の金曜日に発表。 東京都区部速報は、当月の26日を含む週の金曜日に発表。
ポイント	インフレの基本指標として注目される。 日銀は2013年1月に、「物価安定の目標」を新たに導入し、「CPI前年比2％」を目標としている。

図表Ⅱ－39　消費者物価指数（CPI）の10大費目別ウェイト

（2015年基準）

費　目	全　国	東京都
総　合	10,000	10,000
食　料	2,623	2,496
住　居	2,087	2,595
光熱・水道	745	625
家具・家事用品	348	302
被服・履物	412	463
保健医療	430	420
交通通信	1,476	1,038
教　育	316	494
教養娯楽	989	1,045
諸雑費	574	522
生鮮食品	414	412

（2010年基準）

全　国	東京都
10,000	10,000
2,525	2,381
2,122	2,644
704	587
345	297
405	462
428	428
1,421	995
334	475
1,145	1,183
569	548
396	372

（出所）総務省統計局「2015年基準消費者物価指数品目情報一覧」

図表Ⅱ－40　企業物価指数と消費者物価指数の構成

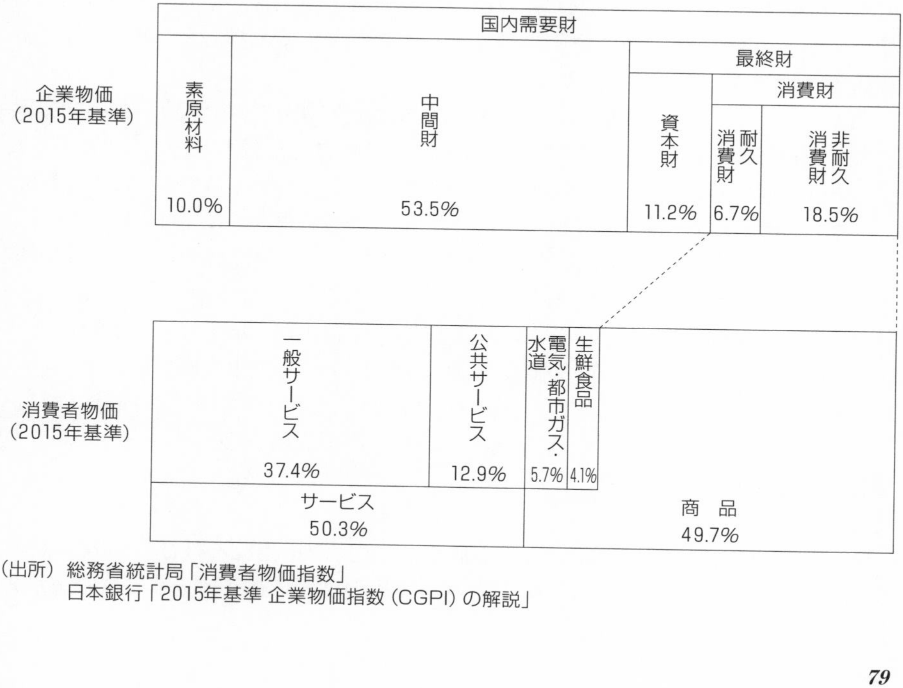

（出所）総務省統計局「消費者物価指数」
　　　　日本銀行「2015年基準 企業物価指数（CGPI）の解説」

（2）新しい物価指数

　前項で指摘したようにCPIは公表のタイミングが月1回と遅く改定頻度も低いため、消費者の実感に沿っておらず、実際を捉えきれていないのではないかとの意見もある。そこで注目を集めているのが、POSデータを利用した新しい物価指数の日経CPINow（旧東大日次物価指数）とSRI一橋大学消費者購買指数である。

　日経CPINowは日次で公表されており、全国のスーパーのPOSデータから算出される。

　SRI一橋大学消費者購買指数は週次データで、約4000店舗のPOSデータから算出され、当該週の翌々週の月曜日に公表される。消費者購買指数は支出・価格・数量・商品入替効果・単価といった指数から構成されるが、物価動向を把握する点では単価指数への注目度が高い。商品の価格は据え置くが内容量を減らすといった実質値上げなどを反映している点が特徴である。

　両指数とも、カバーしている商品の範囲がCPIより小さく、サービス価格を反映していない点に注意が必要である。

（3）企業物価指数

　「企業物価指数（CGPI）」は、企業間で取引される商品（モノ）の価格動向に関する指標で、日銀により毎月作成されている。基本分類指数として、国内企業物価指数、輸出物価指数、輸入物価指数があり、このほか参考指数として、需要段階別指数、用途別指数などがある。

　企業物価指数の歴史は古く、1897年に「東京卸売物価指数」が公表されて以来、各種の見直しを重ねながら現在に至っている。「企業物価指数」は2002年12月公表分より「卸売物価指数」から名称変更されたものである。基準年は5年毎に変更され、その都度品目、調査手法等の見直しが行われる。現行の基準年は15年となっている。なお、企業物価指数は、連続性のある指数として作成された接続指数により1960年まで、また戦前基準では1900年まで遡ることができる。

　企業物価は景気に左右されやすいが、とくに注目しておきたいのは需要段階別の企業物価の動向である。物価変動は、原材料（川上）から中間財を経て最終財（川下）に波及するというプロセスを描く。資源輸入国である日本では、原材料価格は為替レートや国際商品市況から強い影響を受けるが、需要段階別の企業物価をみることで、それらの影響が経済全体にどのように、またどの程度波及しているかを分析することができる。

　もっとも国際商品市況、とりわけ原油価格が国内物価に与える影響は、70年代に比べ、現在では大きく低下している。これは、円の増価に加え、日本の製造業が2

度の危機を通じて生産効率を向上させ、エネルギー価格や資源価格に対する耐久力を高めたことが主な要因である。『2005年版経済財政白書』によると、原油価格が20%上昇した場合の日本の実質GDPに対する効果は、1982年版の経済企画庁の世界経済モデルでは、1年目−0.46%、2年目−1.24%だったが、2005年版の内閣府の日本経済マクロ計量モデルでは、1年目−0.11%、2年目−0.14%と、かなり縮小している。

統計名と発表機関 発表周期と時期など	企業物価指数。日本銀行 月次。 速報値は原則として翌月の第8営業日目。ただし、年2回の定期遡及訂正月（3、9月）は第9営業日。 確報値は翌月分の速報公表日。
ポイント	さまざまな分類があるが、まずは国内企業物価、とくに国内需要財の動向をみる。また、日銀などの政策当局が物価動向について、どのようなコメントをするかに注目。

図表II−41　国内企業物価指数の長期推移

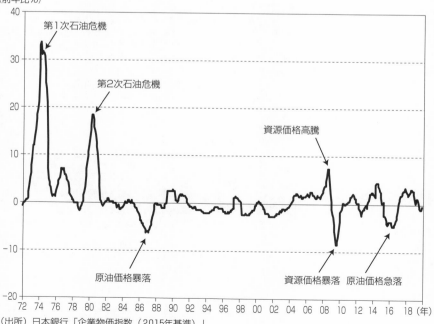

（前年比％）

（出所）日本銀行「企業物価指数（2015年基準）」

（4）企業向けサービス価格指数

　「企業向けサービス価格指数（ＣＳＰＩ）」は、企業間で取引されるサービス価格の動向に関する指数で、日銀により毎月公表されている。発表が開始されたのは1991年1月で、1897年まで起源を遡ることのできる企業物価指数に比べると、統計としての歴史は浅い。日銀がこの統計の開発に着手したのは1988年5月のことであるが、この背景には日本の産業構造において、サービス産業が生産額、就業者のいずれでも過半を占めるという、いわゆる「経済のサービス化」「経済のソフト化」の流れがあった。この統計の登場をもって、企業物価指数と消費者物価指数では対象外だった領域の価格動向把握が可能になった。

　なお、日銀は5年に1度、ＣＳＰＩの基準改定を実施している。直近では2019年6月に10年基準から15年基準に改定された。

統計名と発表機関 発表周期と時期など	企業向けサービス価格指数。日本銀行 月次。 速報値は原則として翌月の第18営業日目、確報値は原則として翌々月の第18営業日目。 定期的な計数の遡及訂正は年2回（3、9月：2、8月速報公表時）行われる。 ＜調査対象＞（図表Ⅱ－44の指数構成項目参照） 収集価格数は4758、採用品目数は146。 「帰属利子」「商業マージン」「医療・保険・社会保障」などは対象外。 サービス産業の総取引の約6割（2015年時点）をカバー。 経済のサービス化に対応する形で、1991年に登場。
ポイント	データの始期は85年1月。 ＣＧＰＩおよびＣＰＩでは把握できない分野を補完。

図表Ⅱ－42　企業物価の基本指数の体系（2015年基準）

区　分	品目数	内　　容
国内企業物価指数	746	国内市場向けの国内生産品（国内市場を経由して最終的に輸出に向けられるものを除く）の企業間取引価格を生産者段階で調査した物価指数（消費税含む）。
輸出物価指数	209	輸出品の価格を本邦から積み出される段階（原則としてFOB建て）で調査した物価指数（消費税含まず）。
輸入物価指数	258	輸入品の価格を本邦へ入着する段階（原則としてCIF建て）で調査した物価指数（消費税含まず）。
合　　計	1213	

（出所）日本銀行「企業物価指数（2015年基準）」

図表Ⅱ－43　CGPI、CSPI、CPIの対象領域（イメージ）

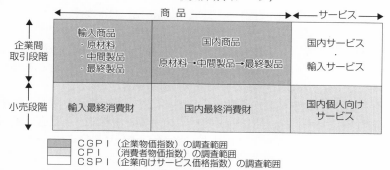

（出所）日本経済新聞社『経済指標の読み方』などをもとに作成

図表Ⅱ－44　CSPIの構成ウェイト（2015年基準）

総平均	1000.0		

大類別		類別	
金融・保険	48.3	金融	34.7
		保険	13.6
不動産	94.5	不動産仲介・管理	23.9
		不動産賃貸	70.6
運輸・郵便	158.0	旅客輸送	37.0
		陸上貨物輸送	55.9
		海上貨物輸送	20.0
		航空貨物輸送	1.4
		倉庫・運輸付帯サービス	34.2
		郵便・信書便	9.5
情報通信	228.3	通信	56.8
		放送	2.5
		情報サービス	129.1
		インターネット附随サービス	19.6
		映像・文字情報制作	20.3
リース・レンタル	79.2	リース	54.3
		レンタル	24.9
広告	49.2	広告	49.2
諸サービス	342.5	下水道・廃棄物処理	26.9
		自動車整備・機械修理	66.2
		専門サービス	41.4
		技術サービス	56.2
		職業紹介・労働者派遣サービス	46.7
		その他諸サービス	105.1

（出所）日本銀行「企業向けサービス価格指数」

（5）日経商品指数

　中国やインドなどの新興国が台頭するなか、商品市況に対する注目が世界的に高まっている。それを指数化したのが商品指数で、日本では日本経済新聞社の「日経商品指数」が代表的である。同指数には日次の17種と週次・月次の42種がある。同指数は、繊維、鋼材、非鉄、食品などの値動きを反映しているほか、42種は木材、化学、石油、紙・板紙などより広範な産業資材の価格を含んでいる。

　日経商品指数42種は景気動向指数の先行系列に採用されている通り、「生産活動拡大→原材料需要増大→商品価格上昇」という経路を通じて、景気先行指標として利用できる。通常、景気回復局面では、非鉄金属が敏感に反応するといわれている。

　また、商品指数は企業物価指数に対しても先行的な動きをとる。図表Ⅱ−45は、日経商品指数17種と国内企業物価の動きを比較したものである。

　なお国際商品指数については、第Ⅹ章「商品市況の見方」で詳しく解説しているので、そちらを参照されたい。

統計名と発表機関 発表周期と時期など	日経商品指数。日本経済新聞社 日次（17種）は、翌日発表。 週次（42種）は、毎週末値を土曜日に発表。 月次（42種）は、毎月末値を翌月1日に発表。 日経新聞、日経産業新聞に掲載される。
ポイント	42種は景気動向指数の先行系列に採用されている。 企業物価指数に対しても先行性をもつ。

（6）上記以外の物価関連指標

　以上では、物価動向を捉える指標として、消費者物価、企業物価、企業向けサービス価格、日経商品指数などをあげた。これら以外にも、例えば、①「ＧＤＰデフレーター」(内閣府経済社会総合研究所)、②日銀短観の「価格判断ＤＩ」(日本銀行)、③消費者のインフレ期待を示す「消費動向調査」(内閣府経済社会総合研究所)のヒアリング結果などが物価動向をみる材料となっている。

公表機関ウェブサイトアドレス

総務省 統計局 CPI	https://www.stat.go.jp/data/cpi/index.htm
日本銀行物価関連統計	http://www.boj.or.jp/statistics/pi/index.htm
一橋大学経済研究所経済社会リスク研究機構	http://risk.ier.hit-u.ac.jp/Japanese/
日経 CPINow	https://lp.nowcast.co.jp/

図表Ⅱ－45　日経商品指数（17種）と国内企業物価指数

（出所）　日本銀行「企業物価指数（2015年基準）」、INDB-Accel

図表Ⅱ－46　公債依存度と公債残高対名目GDP比

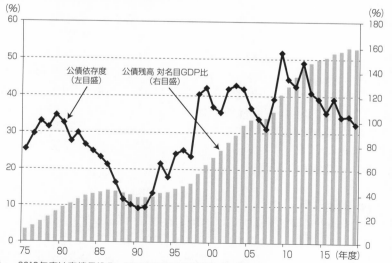

（注）　　2018年度は実績見込み、2019年度は当初予算に基づく見込み。
（出所）　財務省「財政関係基礎データ（平成31年4月）」

3　日本の財政収支の見方

（1）財政収支の推移

　日本の財政収支は、1990年代以降、低迷する景気の下支えのため財政拡大路線を継続したことから、大幅に悪化している。とくに、小渕内閣のもとで、98年11月に17兆円超の緊急経済対策が発動されたが、同時に98年度は前年度の倍額にあたる約17兆円の赤字国債（特例公債）が発行された。これ以降、長引く景気低迷もあり、日本の財政収支は大幅な赤字が続いている。歳出総額のうち公債発行で賄われている割合を示す公債依存度は、90年の9.2％を底に上昇基調となり、98年には40％を突破、小泉内閣期の2005〜06年度に30％台まで低下したものの、リーマン・ショックの翌年度には51.5％に達した。その後は徐々に低下している（図表Ⅱ−46参照）。

　日本の財政赤字を対名目GDP比で主要先進国と比較すると、2009年の世界同時不況に対し、諸外国も財政刺激策を拡大したが、以降は財政収支改善が見込まれている。日本の財政赤字も縮小傾向にあるが、そのペースは緩やか（図表Ⅱ−47参照）。

（2）一般会計と特別会計

　日本の財政をみるうえでの注意点は、一般会計のほかに大規模な特別会計が存在することである。特別会計は、国が特定の事業を行う場合などに、特定の歳入をもって特定の歳出に充て、一般の歳入歳出と区分して経理する会計である。2006年度末には31の特別会計があったが、行政改革推進法に基づき統廃合が行われ、19年度には13会計となった。19年度予算では、一般会計の規模が101兆円であるのに対し、政府案によると、特別会計の歳出は390兆円、会計間取引などの重複額を控除した純計額は197兆円にまで膨らんでいる。また、一般会計の歳出の約6割が特別会計の歳入として繰り入れられているが、監視の目が行き届きにくく、無駄遣いの温床との批判が強い。

（3）財政構造改革

　財政構造改革の必要が叫ばれて久しいが、基礎的財政収支（プライマリーバランス）の黒字化は先送りされ、2008年時点で10年代初頭を目標としていたものが、現時点では25年とされている。なお、基礎的財政収支は、「借入を除く税収等の歳入」から「過去の借入に対する元利払いを除いた歳出」を差し引いた財政収支である。

図表Ⅱ−47　財政収支対名目GDP比の国際比較

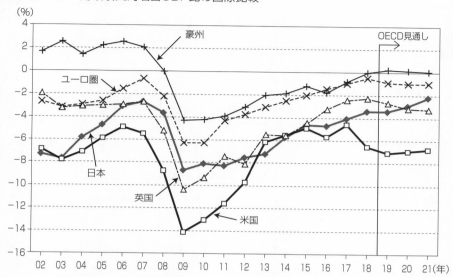

（注）　日米は修正積立方式の年金制度のため、実質的に将来債務となる社会保障基金を除いた値。
（出所）OECD「エコノミック・アウトルック No.106」

図表Ⅱ−48　一般会計の歳入・歳出の内訳

歳　出				歳　入			
項　目		金額（億円）	構成比（％）	項　目		金額（億円）	構成比（％）
一般歳出		619,639	61.1	租税及び印紙収入		624,950	61.6
	社会保障関係費	340,593	33.6		所得税	199,340	19.6
	文教及び科学振興費	56,025	5.5		消費税	193,920	19.1
	公共事業関係費	69,099	6.8		法人税	128,580	12.7
	防衛関係費	52,574	5.2		その他	103,110	10.2
	その他	101,347	10.0	公債金収入		326,605	32.2
国債費		235,082	23.2		特例公債	257,085	25.3
地方交付税交付金等		159,850	15.8		建設公債	69,520	6.9
				その他収入		63,016	6.2
合計		1,014,571	100.0	合計		1,014,571	100.0

（注）　2019年度当初予算ベース
（出所）財務省「日本の財政関係資料（令和元年10月）」より

4 経済予測や情報収集のコツ

(1) 経済予測の読み方

　毎年、年末になると翌年の経済見通しが主要シンクタンクや証券会社、銀行、生損保などから発表される。テレビなどで著名エコノミストたちの景気討論会が最も盛り上がりを示すのもこの時期である。また、年末以外にも多くの予測機関が定期的に経済見通しを発表している。

　そのほか、例えば世界銀行やIMF（国際通貨基金）、OECD（経済協力開発機構）をはじめとする国際機関や、EIU（Economist Intelligence Unit、英エコノミスト誌の調査機関）などの海外民間シンクタンクも日本のマクロ経済予測を定期的に公表している。

　マクロ経済予測はマーケット関係者にとっても金利や為替の見通しを描くうえでベースとなるものであり、総じて関心が高い。しかし経済見通しに目を通す際には、以下の点について注意すべきであろう。

　第1に、予測機関によってかなりクセがある。シンクタンク・調査部ごと、あるいはエコノミストごとに、強気または弱気といった傾向がある。

　第2に、マーケット関係者にとって大切なのは、よく当たる予測機関、あるいはよく当たるエコノミストの発掘ではなく、全体のコンセンサスが一体どのあたりにあるかを見極めることである。自らの予測とコンセンサスとの乖離を確認することで、マーケットでのスタンスが決まってくる。

　第3に、予測は変化するということである。天災や政変、テロ、暴動、戦争といった予期せざるイベントは、当然ながら事前の経済見通しには織り込まれていない。また、シンクタンクなどが出す経済見通しについても、普通、年に数回程度修正が入る。マーケットは予想・期待の変化で変動するため、新情報が先行き見通しにどのような影響を与えるか、という視点を忘れてはならない。

　なお、全体のコンセンサスをつかむため、多くの予測機関の見通しを自ら集計するのもよいが、調査機関のコンセンサス集計を利用することもできる。日本経済については、日本経済研究センターが「ESPフォーキャスト調査」で、エコノミスト・機関（約40人）の予想を毎月集計、公表している。

（２）政府の経済見通し

　予算編成方針を示すに際し、政府も経済見通しを作成している。もっとも、政府の見通しは、純粋な予測というよりも、政策当局として「経済はかくあるべし」という姿を指し示したものだ。したがって、当たる、当たらないという議論は的外れである。こうしたことから政府の見通しは、景気後退期にはより楽観的に、景気拡大期にはより抑制的になる傾向がある。

公表機関ウェブサイトアドレス

内閣府　　　　　　　　https://www.cao.go.jp/
日本経済研究センター　https://www.jcer.or.jp/esp-forecast-top

《主要参考文献》

① 「四訂版 どう読む経済指標」長富祐一郎監修　財経詳報社
② 「景気の読み方」金森久雄ほか編　有斐閣
③ 「時系列でみる景気・相場大事典」大和総研編　金融財政事情研究会
④ 「日本経済キーワード」経済調査会
⑤ 「経済財政白書」「経済白書」各年版　内閣府
⑥ 「日本の経済指標入門」原田泰ほか編著　東洋経済新報社
⑦ 「入門　マクロ経済（第4版）」中谷巌　日本評論社
⑧ 「実践・景気予測入門」嶋中雄二・ＵＦＪ総合研究所投資調査部　東洋経済新報社
⑨ 「ゼミナール　景気循環入門」景気循環学会　金森久雄編　東洋経済新報社
⑩ 「景気とは何だろうか」山家悠紀夫　岩波書店
⑪ 「日本経済読本（第16版）」金森久雄・香西泰・大守隆編　東洋経済新報社
⑫ 「経済指標の読み方（上・下）」日本経済新聞社編　日本経済新聞社
⑬ 「ゼミナール　日本経済入門」三橋規宏ほか　日本経済新聞社

図表Ⅱ−49　国内統計発表スケジュール

☆当月分　○前月分　●前々月分
◎四半期（3、6、9、12月発表）
＊四半期（2、5、8、11月発表）
※四半期（4、7、10、12月発表）

月初	○	新車販売台数	日本自動車販売協会連合会
	○	日銀当座預金増減と金融調節	日本銀行
	○	じぶん銀行日本製造業PMI（確報）	じぶん銀行・IHSマークイット社
上旬	○	じぶん銀行日本サービス業PMI（確報）	じぶん銀行・IHSマークイット社
	○	外貨準備等の状況	財務省
	●	景気動向指数（速報）	内閣府経済社会総合研究所
	※	企業短期経済観測調査（日銀短観）	日本銀行
	●	毎月勤労統計（賃金・労働時間）(速報)	厚生労働省
	●	家計調査（2人以上の世帯）	総務省統計局
	＊	家計調査（総世帯・単身世帯）	総務省統計局
	○	マネーストック	日本銀行
	○	企業物価指数	日本銀行
	○	景気ウォッチャー調査	内閣府
	◎	四半期別GDP（二次速報）	内閣府経済社会総合研究所
	◎	法人企業統計調査	財務省
	◎	法人企業景気予測調査	内閣府経済社会総合研究所・財務省
中旬	＊	四半期別GDP（一次速報）	内閣府経済社会総合研究所
	●	国際収支統計	財務省
	●	機械受注	内閣府経済社会総合研究所
	●	鉱工業生産（確報）	経済産業省
	●	第3次産業活動指数	経済産業省
	○	消費者物価指数（全国）	総務省統計局
下旬	○	貿易統計（速報）	財務省
	☆	じぶん銀行日本 製造業PMI（速報）	じぶん銀行・IHSマークイット社
	●	景気動向指数（改訂）	内閣府経済社会総合研究所
	○	失業率（労働力調査）	総務省統計局
	○	有効求人倍率（職業安定業務統計）	厚生労働省
	○	商業動態統計	経済産業省
	○	鉱工業指数（速報）	経済産業省
	○	企業向けサービス価格指数	日本銀行
	○	百貨店売上高	日本百貨店協会
	○	チェーンストア販売統計	日本チェーンストア協会
	☆	消費者物価指数（東京都区部）	総務省統計局
月末	○	住宅着工統計	国土交通省
	○	建設工事受注動態統計調査	国土交通省
	☆	日銀当座預金増減と金融調節（速報）	日本銀行

その他	地価公示（毎年1月1日時点　3月発表）	国土交通省
	相続税路線価（毎年1月1日時点　7月発表）	国税庁
	市街地価格指数（毎年3、9月末時点　5、11月下旬発表）	日本不動産研究所

（出所）公表機関ウェブサイトより作成

国内金利・金融政策の読み方

1 日本の金融政策

　金利の一般論については、すでに第Ⅰ章で示した通りである。この章では、国内金利の分析や予測を行ううえで必要となる基礎的な知識を、日本銀行の金融政策、主要金融統計、金融市場の概要などを中心に解説する。

[1] 日本銀行の金融政策

(1) 金融政策の目的・理念と日銀の独立性

　1997年に成立した改正日本銀行法（日銀法）は、日本銀行（日銀）の目的について、その第1条で「中央銀行として、銀行券を発行するとともに、通貨及び金融の調節を行うこと」と「銀行その他の金融機関の間で行われる資金決済の円滑の確保を図り、もって信用秩序の維持に資すること」と定め、その理念について同第2条で「通貨及び金融の調節を行うに当たっては、物価の安定を図ることを通じて国民経済の健全な発展に資すること」を掲げている。

　以上の目的および理念の達成に向けて、日銀は同法3条により金融政策と業務運営における自主性が尊重される一方、同法第4条により政府と十分な意思疎通を図らなければならない。日銀の独立性と政府との意思疎通を制度的に確保する仕組みの1つが「政策委員会」である。

(2) 政策委員会と金融政策決定会合

　日銀・政策委員会は図表Ⅲ－2が示す通り、総裁1名、副総裁2名、審議委員6名の計9名からなる日銀の最高意思決定機関である。総裁・副総裁を含む9名は、衆参両院の同意を得たうえで内閣が任命する（任期は5年）。なお、政策決定会合には政府（内閣府と財務省）も代表を送ることができるが、日銀の独立性確保のため議決権は与えられていない。

　政策委員会の権限は日銀法第15条で規定されている。具体的には、基準貸付利率や準備率、金融市場調節方針（ディレクティブ）、金融・経済情勢の基本的見解の決定や変更など、金融政策の核心にあたる業務のほか、信用秩序維持関係業務、国際金融業務、業務執行監督が含まれる。

　政策委員会が開催する会合には、金融政策を審議する「金融政策決定会合」とそれ以外の事項を審議する「通常会合」の2種類がある。

図表Ⅲ−1　わが国金融政策の手段と目標

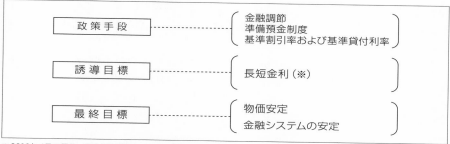

政 策 手 段	金融調節 準備預金制度 基準割引率および基準貸付利率
誘 導 目 標	長短金利（※）
最 終 目 標	物価安定 金融システムの安定

※ 2013年4月の量的・質的緩和導入により、誘導目標は無担保コール翌日物金利からマネタリーベースに変更された後、16年1月のマイナス金利導入で日銀当預の一部への付利金利へ変更され、同年9月の長短金利操作の導入で10年物国債金利が追加された。

図表Ⅲ−2　政策委員会の構成

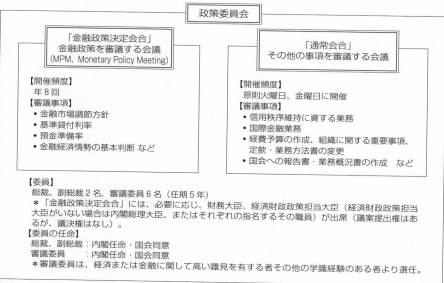

政策委員会

「金融政策決定会合」
金融政策を審議する会議
（MPM、Monetary Policy Meeting）

【開催頻度】
　年8回
【審議事項】
・金融市場調節方針
・基準貸付利率
・預金準備率
・金融経済情勢の基本判断 など

「通常会合」
その他の事項を審議する会議

【開催頻度】
　原則火曜日、金曜日に開催
【審議事項】
・信用秩序維持に資する業務
・国際金融業務
・経費予算の作成、組織に関する重要事項、定款・業務方法書の変更
・国会への報告書・業務概況書の作成　など

【委員】
　総裁、副総裁2名、審議委員6名（任期5年）
　＊「金融政策決定会合」には、必要に応じ、財務大臣、経済財政政策担当大臣（経済財政政策担当大臣がいない場合は内閣総理大臣、またはそれぞれの指名するその職員）が出席（議案提出権はあるが、議決権はなし）。
【委員の任命】
　総裁、副総裁：内閣任命・国会同意
　審議委員　　：内閣任命・国会同意
　＊審議委員は、経済または金融に関して高い識見を有する者その他の学識経験のある者より選任。

（出所）日本銀行

金融政策決定会合の運営は2015年6月に見直され、16年より約6週間に1回、年8回開催されることとなった（15年までは年14回開催された）。そのスケジュールはあらかじめ周知されており、政策決定のタイミングをめぐる無用の憶測・混乱を回避している。

金融政策決定会合は2日間にわたって開催されるが、実際に金融政策に関わる議論・採決を行うのは2日目の午前中である。通常は当日の午後3時までに、会合での決定事項が公表される（図表Ⅲ－4参照）。なお、1・4・7・10月の会合では、「経済・物価情勢の展望（展望レポート）」が審議・決定される。

（3）金融政策の手段

日銀は金融政策決定会合の決定にしたがい金融政策を遂行する。日銀がとる金融政策の手段には、大別すれば「金融調節」、「基準貸付利率操作」、「預金準備率操作」の3つがある。かつて金融政策といえば公定歩合（基準貸付利率）操作が代表的だったが、金融自由化の進展に伴い、1990年代後半以降は公開市場操作を用いた金融調節が金融政策の中心となっている。

（4）金融政策を読み解く材料

マーケットの世界では、日本銀行の金融政策を専門的に分析する者のことを、米国のFed（連邦準備制度）ウオッチャーになぞらえ、BOJ（Bank of Japan）ウオッチャーと呼ぶ。BOJウオッチャーは、経済指標のほか、「金融政策決定会合議事要旨」、「総裁定例記者会見」などといった記録・情報をとくに重視している。その主なものを重要度の高い順に並べると、以下の通りである。

①金融市場調節方針に関する公表文

金融政策決定会合終了後に直ちに公表され、要点がまとめられているので必読の資料といえよう。会合で決定された金融市場調節方針（ディレクティブ）（図表Ⅲ－6参照）のほか、その背景となる経済・物価情勢の評価と、先行きの金融政策運営の考え方が示される。

②金融政策決定会合議事要旨

議事要旨は決定会合の約1ヵ月後に公表される。分量が多く全文を読むには時間を要するものの、金融当局内部の議論や公式見解を理解するのに重要な資料である。

議事要旨の構成は通常、次のようになっている。

図表Ⅲ−3　政策委員会メンバー（2019年12月時点）

敬称略

		就任	任期	経歴
総裁	黒田　東彦	2013.3.20	2023.4.8	政策委員会議長、元財務官
副総裁	雨宮　正佳	2018.3.20	2023.3.19	元日銀理事
	若田部　昌澄	2018.3.20	2023.3.19	元早稲田大学教授
審議委員	原田　泰	2015.3.26	2020.3.25	元早稲田大学教授
	布野　幸利	2015.7.1	2020.6.30	元トヨタ自動車代表取締役副社長
	櫻井　眞	2016.4.1	2021.3.31	元サクライ・アソシエイト国際金融研究センター代表
	政井　貴子	2016.6.30	2021.6.29	元新生銀行 執行役員 金融調査部長
	鈴木　人司	2017.7.24	2022.7.23	元三菱 UFJ 銀行 顧問
	片岡　剛士	2017.7.24	2022.7.23	元三菱 UFJ リサーチ & コンサルティング 経済政策部上席主任研究員

（出所）日本銀行

図表Ⅲ−4　「金融政策決定会合」運営のしくみ

	時　　期
金融政策決定会合の開催	年8回、2日間開催
決定内容の公表	会合の終了後直ちに
経済・物価情勢の展望（展望レポート）の公表	「基本的見解」は1・4・7・10月会合終了後、直ちに公表「全文」は翌営業日の14時
総裁記者会見	毎会合後の15時30分より
主な意見の公表	毎会合の終了後、1週間を目途に公表
議事要旨の公表	次回会合の3営業日後

（出所）日本銀行

図表Ⅲ−5　主要国の金融政策決定会合の枠組み

	日本銀行（BOJ）	米国連邦準備制度（FED）	イングランド銀行（BOE）	欧州中央銀行（ECB）
会合の名称	金融政策決定会合（MPM）	連邦公開市場委員会（FOMC）	金融政策委員会（MPC）	政策理事会（Governing Council）
開催頻度	年8回	年8回	年8回	年8回
議事要旨の公表	次回会合の3営業日後	3週間後	会合終了直後	4週間後
議事録の公表	10年後	5年後	8年後	30年後
政府の関与	政府は出席権、議案提出権および議決延期を求める権利を有す	政府はFOMCに出席不可	政府は出席権を有す	閣僚理事会議長は出席権と議案提出権を、欧州委員会は出席権を有す

（出所）日本銀行

・金融経済情勢に関する報告

　前回の政策決定会合以降の金融経済情勢について、金融調節の運営実績、金融・為替市場動向、海外金融経済情勢、国内金融経済情勢（実体経済および金融環境）の順に執行部から述べられる。

・金融経済情勢に関する委員会の検討

　執行部からの報告にもとづき、経済情勢、金融動向について各委員の議論が展開される。各委員の発言内容は、匿名ながら少数意見も含め明記されるため、委員間の環境認識に関する温度差や違いについて分析することが可能である。

・当面の金融政策運営に関する委員会の検討

・政府からの出席者の発言

・採決

　以上の議論を踏まえ、当面の金融政策について、金融緩和、引き締め、現状維持のいずれかの決定がなされたことが述べられる。採決の結果に関しては、実名で賛否が掲載される。この箇所は議事要旨のエッセンスともいうべき部分だ。

③経済・物価情勢の展望（「展望レポート」）

　「経済・物価情勢の展望」は別名「展望レポート」と呼ばれ、2015年までは4・10月の年2回公表されていたが、金融政策決定会合の運営の見直しにより16年より1・4・7・10月の年4回公表されることとなった。なお、15年まではタイムリーさに欠ける展望レポートのほかに、「金融経済月報」が政策決定会合の翌営業日に公表されていた。展望レポートは基本的見解と背景説明からなり、前者は政策決定会合終了直後に、後者は翌営業日に公表される。

　展望レポートでは経済・物価に対する日銀審議委員の見通しが数値で示されるためわかりやすく、今後の金融政策を予想するうえで市場参加者の注目度が高い。また、背景説明には参考計表が添付されており、実体経済・物価・金融情勢について詳細な分析を行っている。

　基本的見解部分の構成は以下の通りである。

・概要

・経済・物価の現状

・経済・物価の中心的な見通し（第1の柱）

　内外経済・物価情勢の先行き見通しについてメインとなるシナリオが述べられる。

・経済・物価のリスク要因（第2の柱）

　上記シナリオの上振れ・下振れ要因が検証される。日銀がどのようなリスクを意識しているのかが具体的に触れられる。

図表 Ⅲ－6　金融市場調節方針（ディレクティブ）（例）

2019年9月19日
日本銀行

当面の金融政策運営について

1．日本銀行は、本日、政策委員会・金融政策決定会合において、以下のとおり決定した。

　（1）長短金利操作（イールドカーブ・コントロール）（賛成7反対2）
　　　　～ 略 ～（長短金利操作に関する方針）

　（2）資産買入れ方針（全員一致）
　　　　～ 略 ～（資産の買入れに関する方針）

2．　　　～ 略 ～（経済・物価情勢の評価）

3．　　　～ 略 ～（経済・物価情勢の評価）

4．　　　～ 略 ～（経済・物価情勢の評価）

5．日本銀行は、2％の「物価安定の目標」の実現を目指し、これを安定的に持続するために必要な時点まで、「長短金利操作付き量的・質的金融緩和」を継続する。（中略）特に、海外経済の動向を中心に経済・物価の下振れリスクが大きいもとで、先行き、「物価安定の目標」に向けたモメンタムが損なわれる惧れが高まる場合には、躊躇なく、追加的な金融緩和措置を講じる。

6．このところ、海外経済の減速の動きが続き、その下振れリスクが高まりつつあるとみられるもとで、日本銀行は、「物価安定の目標」に向けたモメンタムが損なわれる惧れについて、より注意が必要な情勢になりつつあると判断している。（後略）

以上

（出所）日本銀行「当面の金融政策運営について」

・金融政策運営

　上記の2つの「柱」による点検を行い、金融政策の運営方針が述べられる。

・政策委員の経済成長および物価の見通し

　「参考」として、先行きの金融政策運営については不変を前提に、実質ＧＤＰ、ＣＰＩ（消費者物価指数。除く生鮮食品）に関する政策委員の「大勢見通し」（当該年度～翌々年度）が掲載される。ただし、発表される数値は、委員間の統一的見解を表すものではなく、「1～2％」という形で、各委員の予測値のうち、最大値と最小値を除いた値と中央値（上から5番目の数値）で表示される。政策委員たちの経済および物価の先行き観を示すものであり、今後の金融政策運営を予想するうえで重要である。また、見通しの分布状況やリスクの方向性が把握できるように、政策委員全員の見通しとリスクの評価がグラフで図示される（16年より。15年までは見通し分布チャートが掲載されていた）。

④総裁の定例記者会見

　金融政策決定会合後に行われる総裁の定例記者会見は、会合そのものの内容を推察するのに有益である。ただし、会見では通常、総裁個人の持論が中心に展開される。他の委員との間で見解に隔たりがある可能性があることにも留意する必要がある。

　記者会見開始時刻は定例で決まっているものではないが、ほとんどの場合15時30分より行われる。会見の要旨は翌営業日に日銀のウェブサイトに掲載される。また、2014年4月より、金融情報ベンダーやインターネット等でライブ中継を視聴することも可能になった。

⑤政策委員の講演、記者会見、新聞などのインタビュー

　政策委員は、講演あるいは記者会見といった場でしばしば自身の見通しや考え方を公にする。前述の通り、政策決定会合での各委員の発言は、議事要旨においては匿名という形でしか掲載されないが、講演や記者会見の場での発言は、当然のことながら実名でなされる。各委員の論調をつかむことで、議事要旨における匿名発言者が誰かを推測することができるようになる。とくに金融政策の局面変化が議論される場合には、各委員のハト派（金融緩和に積極的）・タカ派（金融引き締めに積極的）といった傾向をつかんでおくと、委員会のなかでどちらの見解が優勢になっているか、見えてくるだろう。なお発言内容は日銀のウェブサイト上に公開されている。

　そのほか、⑥総裁などの国会答弁（国会会議録検索のウェブサイトで全文入手可能）、⑦短観、各種論文などの日銀による経済・金融情勢の分析、⑧地域経済報告

（さくらレポート）などが、ＢＯＪウオッチャーの間では金融政策の先行きを読みとく材料となっている。

図表Ⅲ－7　金融政策の転換点

転換点	変更内容	背景など
73年4月2日	緩和→引き締め	景気拡大で株式・土地に投機的な動きがあり（過剰流動性）、物価も高騰。同年1、3月に預金準備率の引き上げを実施したが、さらにインフレ抑制の姿勢を示すため、引き締めに踏み切った。
75年4月16日	引き締め→緩和	75年初に物価の沈静化に目処がついたことと、国内金利高による円高懸念が出てきたこと（公定歩合は過去最高の9％）。春闘の賃上げを確認してから実施。
79年7月17日	緩和→引き締め	低金利で景気の過熱感が出てきたため、インフレ抑制の観点から「予防的」引き締め。国債流通価格の下落に歯止めをかける意図も。
80年8月20日	引き締め→緩和	卸売物価が5、6月に前月比マイナスに。景気にかげりが出てきたため、非常緊急回避のための引き締めから「正常な引き締め」に戻す。緩和を意図したものではないとの意味から準備率は据え置き→実際は3ヵ月後に再緩和へ。
86年3月10日、86年4月21日、87年2月23日は国際的な協調利下げ。		
89年5月31日	緩和→引き締め	景気の急拡大や円安による物価上昇を懸念した予防的措置。市場金利が先行して上昇する「市場金利追随型」の初めてのケース。
91年7月1日	引き締め→緩和	労働需給逼迫やマネーサプライの高水準を理由に引き締めを実施してきたが、効果が浸透。物価上昇懸念も薄らぎ、マネーサプライの伸びも史上最低となり、必要以上の景気減速を回避するために大幅な緩和を実施。その後の景気回復がいずれも弱々しいものに終わり、95年9月に公定歩合は0.5％、99年2月に無担保コール翌日物の誘導水準を0％にまで引き下げる。
2000年8月11日	緩和→引き締め	金融システム不安の後退やITを中心とする景気回復が進み、デフレ懸念が払拭されたとの判断からゼロ金利を解除。
2001年2月28日	引き締め→緩和	海外経済の悪化や株価・物価の下落を受けて実施。3月には量的緩和を実施。
2006年3月9日	緩和→引き締め	06年3月に日銀当座預金を操作目標とする量的緩和が終了し、無担保コール翌日物に変更。「物価安定の理解」、「2つの柱」を金融政策運営上の指針として導入。無担保コール翌日物の誘導水準は06年3月にゼロ％、同年7月に0.25％、07年2月には0.5％に段階的引き上げ。
2008年10月31日	引き締め→緩和	米欧の金融危機に端を発する世界経済の減速を受けて、世界的に金融緩和局面入り。日本経済の後退色も強まったことから、日銀もこれに追随する形となった。

公表機関ウェブサイトアドレス

日本銀行　　　　　　　　　https://www.boj.or.jp/
国会会議録検索システム　　https://kokkai.ndl.go.jp/

［2］金融政策と短期金利

（1）日銀当座預金

　日銀当座預金（日銀当預）は、金融機関が日本銀行へ預けている預金であり、決済手段、現金通貨の支払準備、準備預金制度のもとでの準備預金、という3つの機能を有している。日銀当預は、決済手段として、金融機関同士または金融機関と日銀・国庫との間の決済に利用される。また、現金通貨の支払準備として、金融機関は現金通貨（銀行券・貨幣）が必要なときに、日銀当預から引き出すことができる。さらに、準備預金制度を適用される金融機関にとっては、日銀当預が準備預金としての役割を果たす。

（2）準備預金制度

　準備預金制度とは、金融機関に対し、その受け入れている預金など（金融債や貸付信託なども含む）の一定割合（＝準備率）の金額を「準備預金」として日銀当預に無利子（ 2008年11月より一部に付利されている。 122頁の《補完当座預金制度とマイナス金利》参照）で預けることを義務づける制度である。この制度は、1957年施行の「準備預金制度に関する法律」により導入された。

　対象となる金融機関は、都市銀行、地方銀行、第2地方銀行、信託銀行、外国銀行在日支店、長期信用銀行、預金残高1600億円超の信用金庫、農林中央金庫などである。

　金融機関は、毎月16日から翌月15日までの1ヵ月間を一区切りの「積み期間」として、その期間の準備預金の平均残高（平残）が所要金額（法定準備預金額）を上回るよう日銀当預に積み立てる義務を負う。ただし法定準備預金額はあくまで平残であるので、日によって多くなったり少なくなったりしてもかまわない。

　準備預金額が未達成の場合、金融機関は「過怠金」として日銀に一定の金額（不足部分について基準貸付利率に年3.75％を加算した利率から計算した金額）を支払わなければならない。

（3）日銀の金融調節と短期金融市場

　短期金融市場とは、期間1年以内の資金を調達・運用する市場のことをいい、その市場における金利を短期金利という。代表的な短期金利としてはコールレートなどがあるが、これらの金利は短期金融市場における裁定取引を通じ、相互に影響を及ぼしつつ変動している。

　金融機関は日々の資金過不足を、インターバンク市場を中心とした短期金融市場における取引で調整している。日銀は、金融調節を「金融政策決定会合で決まった金融市場調節方針を実現するための、短期金融市場における資金の総量調整」と位置づけ、金融調節を通じて短期金融市場に直接影響を及ぼすことができる。

　かつての規制金利時代においては、公定歩合（基準貸付利率）の変更が金利変動の最も重要な要因だった。というのも、公定歩合の変更は預貯金金利や貸出金利など他の金利の改定と連動していたからである。だが金利自由化を経た現在では、日銀による日々の金融調節が短期金利を動かす最大のファクターとなっている。

　金融調節は政策委員会が決定した金融市場調節方針（ディレクティブ）に基づいて実施される。金融市場調節方針では、操作目標の具体的な誘導水準、すなわち最も代表的な短期市場金利である「無担保コールレートのオーバーナイト物」の誘導水準が示されるが、2016年9月の「金融緩和強化のための新しい枠組」により、誘導目標は「長短金利」に変更されている。なお、01年3月19日以降、06年3月9日に解除されるまで続いた、いわゆる「量的緩和」のもとでは、金融調節の操作目標は、「日銀当座預金残高」であった。

　日銀は、金融調節により日々の資金過不足をならし、当座預金残高を望ましいと考える水準へ誘導している。金利を誘導対象とする正常な金融政策のもとでは、日銀は市中銀行の当座預金（準備預金）の積みの進捗状況に対して緩急をつけることにより、短期金利を上下させる。その場合、金融調節と短期金利との間には、図表Ⅲ－8のようなメカニズムが働くことになる。

図表Ⅲ－8　金融引き締めの場合のメカニズム

図表Ⅲ－9は、金融緩和局面の1991年度について、コールレートと公定歩合（基準貸付利率）のスプレッド（金利差）と、積み期間の法定準備金額に対する実際の準備預金残高の比率を比較したものである。91年8月16日～9月15日の積み期間中に、公定歩合に対しコールレートが低下しているが、準備預金の積み状況からみると、積み期間の初期に日銀が緩めの資金供給を行ったことから、積み期間の終わり近くでは金融機関の資金調達需要が低下し、市場金利が大幅低下したことが窺える。

　しかし、量的緩和期のように、金融機関が準備預金に必要とする資金をはるかに上回る額を日銀が市場に供給する局面では、準備預金の進捗状況が短期金利に与える影響は小さくなる。

図表Ⅲ－9　コールレート－公定歩合（基準貸付利率）と、積みの進捗率の関係
（1991年4月期～92年3月期）

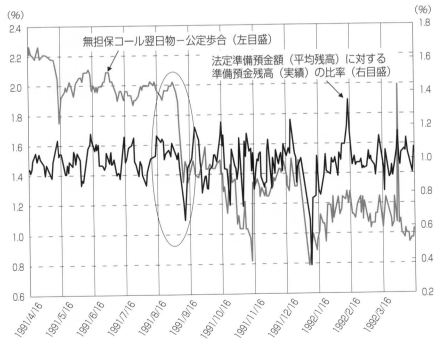

（注）横目盛は、積み期間（当月16日～翌月15日）を1目盛としている。
（出所）日本銀行、Amsus

図表Ⅲ－10　日銀当座預金の増減要因と金融調節

（日銀、単位：億円、100 億円未満四捨五入）　　　　　　　　　　　　　　　　　2019年10月16日

		予想（即日オペ実施前）	確報
銀行券要因（発行超＝▲印）		500	500
財政等要因（受超＝▲印）		1,300	▲ 2,700
資金過不足（不足＝▲印）		1,800	▲ 2,200
金融調節	国債買入	12,400	12,400
	国庫短期証券買入		
	国庫短期証券売却		
	国債買現先		
	国債売現先		
	共通担保資金供給（本店）		
	共通担保資金供給（全店）		
	CP買現先		
	手形売出		
	CP等買入	▲ 100	▲ 100
	社債等買入		
	ETF買入	700	700
	J－REIT買入		
	被災地金融機関支援資金供給等		
	貸出		
	国債補完供給	100	100
	米ドル資金供給用担保国債供給		
	小計（除く貸出支援基金）	13,100	13,100
	成長基盤強化支援資金供給		
	貸出増加支援資金供給		
	小計（貸出支援基金）	0	0
	合計	13,100	13,100
当座預金増減（取崩し＝▲印）		14,900	10,900
当座預金残高		4,091,800	4,087,800
準備預金残高			3,547,300
積み終了先			1,717,100
超過準備			938,900
非準預先残高			540,500
マネタリーベース			5,206,100

積み期間（10/16～11/15）の所要準備額（積数）	3,194,000
積み期間（10/16～11/15）の所要準備額（1日平均）	103,000
10/17以降の残り要積立額（積数）	585,600
10/17以降の残り要積立額（1日平均）	19,500

（出所）日本銀行「日銀当座預金増減要因と金融調節」

（4）日銀当座預金増減要因と金融調節

　日銀は「日銀当座預金の増減要因と金融調節」を、毎日ウェブサイト上で公表している（図表Ⅲ－10参照）。同表は金融市場における資金需給バランス、すなわち「資金過不足」と、これに対する日銀の金融調節の状況を示したもので、予想、速報、確報の各数値が掲載される。

　資金過不足とは、民間金融機関全体の資金の余剰もしくは不足を意味する。金融機関において、資金過不足が生じる要因は、「銀行券要因」と「財政等要因」に分解される。

　うち銀行券要因は銀行券の増減に関するものである。資金不足は、顧客による市中銀行からの預金の引き出しによって起こる。引き出しに対応するべく、市中銀行は日銀当座預金を取り崩す、つまり日銀当座預金残高を減少させる。日銀からみれば、これは銀行券の増発となる。一方、資金余剰は、顧客が市中銀行に預金の預け入れを行うことから起こる。銀行は預け入れたお金を日銀当座預金に預け入れる。日銀からみれば、これは銀行券の還収（回収）となる。

　これに対し、財政等要因は、「政府の民間に対する支払い」（年金受給者への支払いや公務員給与の支払い、交付税交付など）および「政府の民間からの受け取り」（納税など）に起因するものである。支払いが受け取りを上回ることを「払い超」といい資金余剰要因となり、一方、受け取りが支払いを上回ることを「揚げ超」といい資金不足要因となる。

　国の財政活動に属する資金である国庫金が「政府預金」として日銀に預けられているため、国庫対民間収支は金融市場全体の通貨量を増減させる。

　上述の通り、銀行券要因と財政等要因から生じる資金過不足は日銀当座預金残高の増減を意味する。金融市場における資金不足は金利の上昇を、一方、資金余剰は金利の低下を招くが、日銀は日銀当座預金残高の増減について、金融政策上の判断から減少を望ましくないと考えるとき、資金供給オペを実施することで残高の増加を図る。逆に、増加を望ましくないと考えるときは、資金吸収オペを実施する。

　以上の関係をまとめると図表Ⅲ－11となる。また数式に表すと、

当座預金の増加（減少）＝日銀券還収（増発）＋財政資金払い（揚げ）
＋日銀による資金供給（吸収）

となる。

　ところで、こうした資金過不足には季節性がある。年間では通常、12月が最大の資金不足月、6月も資金不足月、一方、5月と11月が資金余剰月となる。資金過不足に季節性が生じる理由は、図表Ⅲ－13が示す通り、銀行券要因ではボーナスの支給や行楽シーズンにおける増発その後の還流、財政等要因では納税や地方交付税交付金の交付、公共事業の実行などに季節的な偏りがあるためである。

　また月間でみても資金過不足には変動パターンがみられる。資金需給の強くなる中旬から月末にかけては資金不足、弱まる上旬から中旬にかけては資金余剰になりやすい。

　なお資金不足期には金利上昇圧力が、余剰期は低下圧力が強まる。

図表Ⅲ－11　資金過不足の要因

	資金不足要因	資金余剰要因
銀　行　券	増　　発	還　　流
財 政 資 金	対民間揚超	対民間払超

図表Ⅲ－12　資金過不足と日本銀行の金融調節

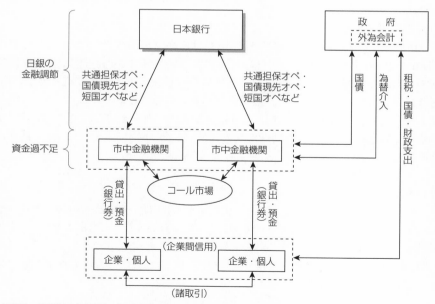

（出所）『図説 日本銀行』（日本銀行 財経詳報社）をもとに作成

[3] 金融政策手段

すでに前項で触れたように、日銀が用いる金融政策手段には、金融調節（主に公開市場操作）、基準貸付利率操作、準備率操作の3つがある。以下では、これらの政策手段の具体的な方法について順に触れていく。

（1）公開市場操作（日銀オペ）

公開市場操作（オペレーション。略称は「日銀オペ」あるいは単に「オペ」）とは、日銀が金融調節の手段として有価証券や手形を金融機関との間で売買することを指す。日銀は公開市場操作を行う際、「誘導目標」を具体的に示したうえで、日々の金融調節の金額や方法などを決定し、市場参加者に対する通知・入札を通じてこれを実行する。

日銀オペは大きく2つに区分される。1つは金融市場に対し資金を供給するためのオペ（「買いオペ」）であり、もう1つは逆に金融機関から資金を吸収するためのオペ（「売りオペ」）である。資金供給オペは金融緩和と同様の効果を、資金吸収オペは金融引き締めと同様の効果を金融市場にもたらす。

資金供給を行うためのオペとしては、以下の手段がある。

①国債買現先オペ

2002年に導入された「国債買現先オペ」は、従来の国債借入（レポ、142頁参照）オペおよび短国買現先オペに代わるもので、日銀が国債（利付国債、国庫短期証券）をオペ対象先の金融機関（以下、単に金融機関という）から「売り戻し条件」付きで買い入れることによって、金融市場に資金供給する取引のことである。売り戻し条件とは、買入価格に期間利回りによる金利相当額を加えた金額で、日銀があらかじめ定めた期日に買入対象を買入先に対し売り戻すことをいう。オペ期間は1年以内。

②国庫短期証券買入オペ

「国庫短期証券（短国）買入オペ」（1999年導入）とは、日銀が売り戻し条件をつけずに金融機関から短期国債（国庫短期証券）を買い入れることによって資金を供給する取引である。なお、売り戻し条件がないことを「アウトライト」という。この方式を使った場合、金融機関は戻り玉、つまり期日に返却される玉について懸念する必要がないので、使い勝手がよい。

③コマーシャル・ペーパー（ＣＰ）等買現先オペ

「ＣＰ等買現先オペ」（1989年導入）は、日銀が発行者の信用力などに照らして適格と認めたＣＰ（ただし満期1年以内）を、日銀が売り戻し条件付きで金融機関から買い入れることにより資金を供給する取引である（なお、ＣＰについては144頁を参照）。オペ期間は3ヵ月以内。

このオペによって、日銀はＣＰを買い切るわけではない。つまりＣＰ発行企業の信用リスクが日銀に移転するわけではない。しかし、ＣＰ市場の流動性が低下する局面では、金融機関のＣＰ購入意欲を促進することで間接的に企業の資金調達を円滑化する効果を発揮する。

図表Ⅲ－13　資金過不足の季節波動

月	1	2	3	4	5	6	7	8	9	10	11	12
資金過不足	余剰	余剰	余剰	余剰	大幅余剰（ピーク）	大幅不足	不足	余剰	不足	まちまち	大幅余剰	大幅不足（ピーク）
要因	一般財政は揚超ながら銀行券が大幅還流	一般財政払超	一般財政払超	一般財政払超	銀行券還流、一般財政払超	銀行券増発、一般財政揚超	一般財政払超	一般財政揚超	一般財政払超		一般財政払超	銀行券増発、一般財政揚超
銀行券	大幅還収（年間最大）	増発	増発	増発	還収	大幅増発	還収	小幅還収	まちまち	小幅還収	増発	大幅増発（年間最大）
要因	12月増発分の還流	受験資金など	年度末決済、新学期資金など	新学期、レジャー資金など	新学期、レジャー資金の還流	官・民ボーナス	前月増発分の還流	ボーナス、レジャー、盆資金などの還流		レジャー資金などの還流	レジャー資金など	年末決済、越年資金、ボーナスなど
財政等 一般財政	大幅揚超	払超	大幅払超	大幅払超	払超	揚超	揚超	払超	揚超	まちまち	大幅払超	大幅揚超
要因	源泉税揚げ（ボーナス分）など	年金定時払など	交付金、年度末諸払、期末手当など	出納整理期払（公共事業など）、交付金、年金定時払など	財政融資資金（地方貸）など	3月決算法人税・消費税揚げ（交付金、ボーナス支払いは打ち消される形）	源泉税揚げ（ボーナス分）など	年金定時払	財政融資資金利子受入など（交付金払は打ち消される形）		交付金など	9月決算法人税消費税揚げ（ボーナス、一般諸払などは打ち消される形）

（出所）『図説 日本銀行』（日本銀行 財経詳報社）

④共通担保資金供給オペ

　「共通担保資金供給オペ」（2006年導入）は、日銀が「適格担保取扱基本要領」で適格と認める金融資産（国債、地方債、社債、ＣＰ等、手形など）を根担保に、貸付利率を入札に付して行う貸付けによって資金を供給する取引である。2006年6月に、従来の手形オペに代えて導入された。

　共通担保資金供給オペには日銀本店を貸付店とする「本店方式」と同本支店を貸付店とする「全店方式」がある。2019年10月現在、本店方式の対象先数41に対し、全店方式の対象先数は268にのぼっている。

⑤国債買入オペ

　「国債買入オペ」（1966年導入）は、日本銀行が金融機関からアウトライトで利付国債を買い入れることによって資金を供給する取引であるが、他の資金供給手段とは性格が異なり、経済活動規模の拡大などを反映した中長期的な日銀券の増加トレンドに見合うように行われる。ただし、量的緩和政策のもとで、強力な資金供給手段としてオペ金額は大幅に増加した。さらに2013年4月以降の量的・質的緩和で買入れペースは年間50兆円とされ、14年10月に年間80兆円へ引き上げられた。その後、16年9月に長短金利操作が導入された際に、年80兆円ペースは「めど」と位置づけられた。実際の買入れペースは19年11月時点で前年比20兆円程度へ低下している。

⑥コマーシャル・ペーパー（ＣＰ）および社債等買入

　2010年10月に創設された「資産買入等の基金」（13年4月に廃止）で購入していたＣＰ等・社債等を、13年4月に導入された「量的・質的金融緩和」が引き継いだもの。19年10月現在、残高はＣＰ等2.2兆円、社債等3.2兆円で維持されている。

⑦指数連動型上場投資信託受益権等買入等

　指数連動型上場投資信託受益権（ＥＴＦ）と不動産投資法人口（Ｊ－ＲＥＩＴ）を買い入れることで、資産価格のプレミアムに働きかけ、企業の資金調達コスト低下を企図している。⑥と同じく「資産買入等の基金」のＥＴＦとＪ－ＲＥＩＴを引き継いだ。2019年11月現在の買入れペースはＥＴＦが年間6兆円、Ｊ－ＲＥＩＴが同900億円となっている。なお、買入れ金額は18年7月に「市場の状況に応じて上下に変動しうる」と、柔軟化された。

一方、資金吸収を行うためのオペには以下の手段がある。

⑧国債売現先オペ

　2002年に導入された「国債売現先オペ」は、国債買現先オペの裏返し版で、日銀が国債（利付国債、国庫短期証券）を「買い戻し条件」付きで金融機関に売却することによって資金を吸収する取引である。買い戻し条件とは、売却価格に期間利回りによる金利相当額を加えた金額で、日銀があらかじめ定めた期日に売却対象を売却先から買い戻すことをいう。オペ期間は6ヵ月以内。

⑨国庫短期証券売却オペ

　「国庫短期証券（短国）売却オペ」（1999年導入）は、日銀が金融機関に対し短期国債（国庫短期証券）をアウトライトで売却することによって資金を吸収する取引である。

⑩手形売出オペ

　「手形売出オペ」（1971年導入）は、満期が3ヵ月以内に到来し、かつ日銀が振出人・受取人・支払人を兼ねる手形を、日銀が金融機関に対しアウトライトで売却することによって資金を吸収する取引である。

　以上に挙げた以外のオペには、図表Ⅲ－14のようなものがある。

図表Ⅲ－14　日本銀行のその他のオペレーション等（2019年10月現在）

調節手段	概要	期間
国債補完供給	日銀が保有する国債を一時的・補完的に供給	原則オーバーナイト
米ドル資金供給オペ	FRBとの米ドル・スワップ取極により調達したドル資金を、貸付けるオペ（米ドルのほか、各国中銀とのスワップ取極により、カナダドル、英ポンド、ユーロ、スイスフランを供給するオペがある）	貸付の都度決定する3ヵ月以内の期間
被災地金融機関を支援するための資金供給オペ	東日本大震災にかかる被災地の金融機関を対象にした資金供給オペ	1年以内
平成28年熊本地震にかかる被災地金融機関を支援するための資金供給オペ	平成28年熊本地震にかかる被災地の金融機関を対象にした資金供給オペ	1年以内
貸出支援基金	経済の成長基盤強化および貸出増加に向けた民間金融機関による取り組みを支援するための、適格担保を担保とする資金供給。2012年の基金創設時に、既存の「成長基盤オペ」が統合された。	原則4年以内 希望により1年以内の借り換え可能（通算4年まで）

（出所）日本銀行ウェブサイトより作成

（２）基準割引率および基準貸付利率の変更

「基準割引率および基準貸付利率」は、従来「公定歩合」と呼ばれていた。2001年2月に「補完貸付制度」の導入が決定された際に、「公定歩合」の用語の使用を止め、「基準割引率および基準貸付利率（以後、基準貸付利率と略）」を使用するようになった。

補完貸付制度は、日銀があらかじめ明確に定めた条件に基づき、金融機関から借入れ申し込みを受けて、このために差し入れられている担保額の範囲内で希望する金額を受動的に貸し付ける制度(ロンバート型貸出制度)である。条件の範囲内で、金融機関が希望するときに希望の金額を日銀から借り入れることができる点に特徴がある。この貸付には原則として基準貸付利率が適用される。

この制度により、基準貸付利率は、無担保コールレート（オーバーナイト物）に対し実質的に上限を与えている（123頁の図表Ⅲ－22参照）。

なお、公定歩合操作は、かつては金融政策の基本的な手段だったが、1994年の金利自由化完了に伴い、公定歩合と預貯金金利との間の制度的な連動性が消失し、96年に日銀が公定歩合操作を金融調節手段に用いない方針を明らかにしたことで、公定歩合の政策金利としての地位は後退し、象徴的な意味しかもたなくなっていた。

（３）預金準備率操作

準備預金制度については、100頁で説明したが、日銀は預金準備率を政策的に上下させることを通じ、金融機関が運用する資金量を直接増減コントロールし、信用の収縮・拡大を図ることができる。

日銀が準備率の引き上げを行うと、貸し出し可能な資金量が減少することから、金融機関は貸出態度を消極化する。その結果、信用が収縮し、通貨量は減少する。つまり金融引き締めと同様の効果が得られる。準備率引き下げの場合はその逆となる。

ただ、1991年に準備率が変更されて以来、準備率操作は実施されていないため、金融調節手段としての準備率操作の存在感はきわめて希薄になっている。

［4］1990年代末以降の金融政策

　1990年代末、深刻なデフレ圧力に対応するために、日銀は金融緩和政策の新境地に踏み込んだ。99年2月に「思い切った」金融緩和政策として採用された「ゼロ金利政策」と、2001年3月に始まった「量的緩和政策」である。さらに、10年10月には、景気下振れリスクの高まりを受けて、「包括的な金融緩和策」が、13年4月には物価目標の早期達成を目指して「量的・質的金融緩和」が導入された。ここではこの4つの政策を中心に近年の金融政策の変遷について説明する。

（1）ゼロ金利政策（1999年2月12日〜2000年8月11日）

　日銀・政策委員会は1999年2月12日、金融政策決定会合で金融市場調節方針（ディレクティブ）を以下の通り決定した。

　「より潤沢な資金供給を行い、無担保コールレート（オーバーナイト物）を、できるだけ低めに推移するよう促す。その際、短期金融市場に混乱の生じないよう、その機能の維持に十分配意しつつ、当初0.15％前後を目指し、その後市場の状況を踏まえながら、徐々に一層の低下を促す」

　こうして、いわゆる「ゼロ金利政策」が導入された。以降、2000年8月11日まで、日銀は大量の資金供給を行い、オーバーナイト物金利を実質的にゼロとなる水準に誘導しつづけた（実際には0.02〜0.03％だが、短資会社の仲介手数料を差し引くとゼロとなった）。

　では、ゼロ金利政策は金融・経済に対しどういった効果をもたらしたのだろうか。

　第1に、市場の流動性不安が解消された。短期市場金利をゼロにするということは、金融機関の短期の資金需要をすべて満たすように日銀が資金を供給する、ということを意味する。このため、金融機関の資金繰りに安心感が広がった。また、97年夏以降広がっていたジャパン・プレミアム（邦銀と欧米銀行との間の調達コスト格差）は、日銀が大量の資金供給を行ったことで、99年春先以降大幅に縮小した（図表Ⅲ－15参照）。

　第2に、企業金融の逼迫感がある程度解消された。1997年から98年にかけて、アジア危機やロシア危機に起因する国際金融市場の混乱や、複数の大手金融機関の破綻を背景に、日本では金融市場の機能が大きく低下した。こうしたなか、金融機関は自己資本規制上の制約からだけではなく、自らの資金繰りの厳しさからも融資姿勢を慎重にせざるをえなくなった。その結果、優良企業でさえ資金調達が困難になるという状況が生じたが、金融機関の資金繰りが緩和されたことで事態は改善された。

他方、ゼロ金利政策導入は、次のような副次的な効果をももたらした。ゼロ金利政策導入以前、準備預金制度の適用先金融機関（銀行や信用金庫など。以下、適用先という）の超過準備残高（法定所要準備を超えた準備預金）や同制度の非適用先金融機関（主に短資会社。以下、非適用先という）の日銀当座預金残高は、ともに非常に少額で、法定所要準備額、準備預金残高、日銀当座預金残高の3者はほぼ同額となっていた。ところが、大量の資金供給が継続されたことで、この構図に変化が生じた。適用先が日銀当座預金に多額の超過準備を、非適用先が日銀当座預金残高を恒常的に保有するようになったことがその要因である。このため、「法定所要準備額 ＜ 準備預金残高 ＜ 日銀当座預金残高」という不等式が常態化することになった。

（2）ゼロ金利政策解除（2000年8月11日〜01年3月19日）

　2000年8月11日、日銀・政策委員会は金融政策決定会合において「無担保コールレート（オーバーナイト物）を、平均的にみて0.25％前後で推移するよう促す」ことを決定、ゼロ金利政策を解除した。「かねてよりゼロ金利政策解除の条件としてきた『デフレ懸念の払拭が展望できるような情勢』に至った」ことがその理由であった。

　しかしその後、米国に端を発したITバブル崩壊や、国内景気の悪化、銀行の不良債権処理加速に伴う大型倒産の続発を受け、デフレ懸念が再び深刻化した。日本経済の先行き不透明感や物価低下懸念に対応するため、日銀は01年2月28日に、無担保コールレート（オーバーナイト物）の誘導水準を0.15％へ引き下げることを決定した。

（3）量的緩和政策（2001年3月19日〜06年3月9日）

　続いて、2001年3月19日の金融政策決定会合で、いわゆる「量的緩和政策」の導入が決定された。具体的な内容は次の通りである。

　第1に、金融市場調節の主たる操作目標をこれまでの無担保コールレート（オーバーナイト物）に代え、日銀当座預金残高に変更した。換言すると、政策目標を金利ターゲティングからマネタリー・ターゲティングへと移行した。

　第2に、実施期間の目処として消費者物価指数（全国、生鮮食品除き）を採用し、この前年比上昇率が安定的にゼロ％以上となるまで量的緩和政策を継続することとした。

　第3に、日銀当座預金残高目標を当時の実績残高の4兆円強から5兆円程度に増額した。これにより、無担保コールレート（オーバーナイト物）は、ゼロ％近辺へ低下した。

図表Ⅲ-15　ジャパン・プレミアム（3ヵ月物）の推移（97年1月～01年12月）

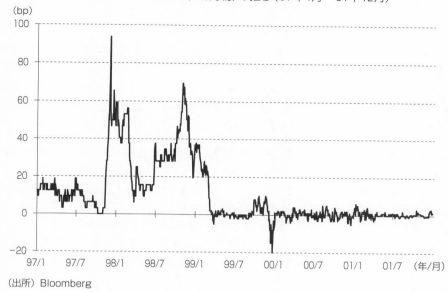

（出所）Bloomberg

図表Ⅲ-16　日銀当座預金残高（1999～2012年）

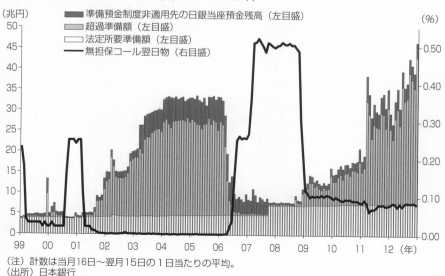

（注）計数は当月16日～翌月15日の1日当たりの平均。
（出所）日本銀行

第4に、日銀当座預金を円滑に供給するうえで必要と判断する場合には、それまで月4千億円ペースで行ってきた長期国債の買入れ（国債買入オペ）を増額するとした。ただし、その残高は銀行券発行残高が上限とされた。

　以上が上記会合での決定内容であるが、日銀・政策委員会はその後、日銀当座預金残高目標を段階的に引き上げていき、2004年1月には、それまでの最高水準を更新し30〜35兆円程度となった（図表Ⅲ−16参照）。また、長期国債買い入れの毎月のペースについては、01年8月に6千億円、同年12月に8千億円、02年2月に1兆円、同年10月に1兆2千億円へと拡大した。

（4）量的緩和政策解除とゼロ金利政策解除（2006年3月9日〜08年10月31日）

　2006年3月9日の金融政策決定会合は、いわゆる「量的緩和政策」を解除。同時に、中長期的に物価が安定していると各政策委員が理解する物価上昇率として、消費者物価指数の前年比で0〜2%程度が示された。これが「中長期的な物価安定の理解」である。同年7月14日にはゼロ金利政策を解除し「無担保コールレート（オーバーナイト物）を、0.25%前後で推移するよう促す」ことを決定。07年2月21日には同金利を「0.5%前後で推移するよう促す」ことを決定した。

　では、量的緩和政策はどのような効果をもたらしたのだろうか。量的緩和の導入においては、「時間軸効果」「期待効果」「ポートフォリオ・リバランス効果」という3つの効果がもたらされることが期待されていた。時間軸効果とは「消費者物価指数がゼロ以上となるまで量的緩和を続けると日銀が明言したことにより、金融緩和が当面継続するとの市場参加者の期待を通じて、オーバーナイト物だけでなく、より長めの金利を低下させること」である。また、期待効果とは「中央銀行がデフレ阻止に向け断固たる姿勢を国民に示すことで人々のデフレ心理を払拭すること」、ポートフォリオ・リバランス効果とは「安全資産の構成比率上昇を受け、金融機関が適度な資産構成を保とうとして貸出など比較的リスクの高い資産の保有を増やそうとすること」をいう。以下、それぞれについて検証してみよう。

　第1に、時間軸効果は十分に発揮された。無担保コールレート（オーバーナイト物）がほぼゼロ%の水準で推移するとともに、将来の短期金利の期待値が下がったことで、長期金利も低下した（10年国債利回りは2003年6月、0.5%を割り込み史上最低水準を記録）。

　第2に、期待効果もある程度発揮された。内閣府の「平成17年度年次経済財政報告」によると、政策実施後、人々の物価に対する見方は緩やかながら改善を示した。

　第3に、ポートフォリオ・リバランス効果は、貸出の伸び悩みが示すように、明示的な形では現れなかったが、06〜07年にかけて、不良債権処理の進展とともに、金融機関の運用対象は株式やREIT（不動産投資信託）、ヘッジファンドなどの高リスク商品へ広がった。

　一方で、量的緩和政策はいくつかのマイナスの効果を生み出した。その1つは、短期金融市場の機能が大きく低下したことである。量的緩和政策の導入により、短期金利は極限にまで低下し、無担保コールレート（オーバーナイト物）の取引では、0.001％という超低利が提示されても資金の借り手が出てこない状況が起こった。さらに「マイナス金利取引」という異常現象もたびたび現れた。このように極端に低い金利水準のもと、資金の運用そのものをあきらめてしまう市場参加者が続出し、短期金融取引の残高は大きく減少した。

　また、2004年末から05年にかけては、日銀による資金供給オペレーションで、いわゆる「札割れ」が頻発した。札割れとは、日銀が資金供給を提示しても金融機関の申込金額が供給予定額に達しないことを指す。これは、量的緩和の結果、金融機関にはすでに潤沢に資金が供給されており、これ以上の資金供給には応じられないほど資金余剰感が強いという状況を意味した。

図表Ⅲ－17　市場金利の推移（2000〜09年）

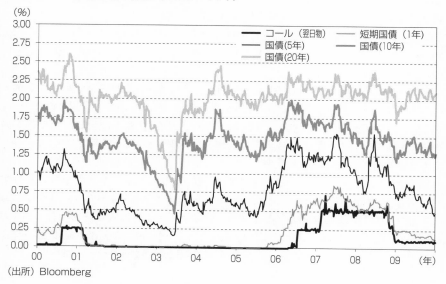

（出所）Bloomberg

（5）リーマン・ショックへの対応と包括緩和（2008年10月31日〜13年4月4日）

　2008年9月のリーマン・ブラザーズ証券の破たんによる金融市場の混乱（リーマン・ショック）を受け、日銀は同年10月に無担保コールレート（オーバーナイト物）の誘導目標を0.5％から0.3％に引き下げ、12月には0.1％とし、補完当座預金制度（122頁参照）を導入した。

　日銀の金融政策は、これまでの誘導目標金利や日銀当座預金残高の調節といった「金利・量」を調節する政策から、オペレーション手段の拡充や社債・ETF（指数連動型上場投資信託）等のリスク資産等の買入を通じて日銀が信用リスクや市場リスクを取って直接的に市場に働きかけていく政策にシフトしていった。

　リーマン・ショック直後の短期金融市場では、取引先の選別（カウンターパーティ・リスク）が強く意識され、ターム物（2日〜1年間の期日物）の取引が敬遠されるなど市場流動性が著しく低下した。コール市場においては、資金の出し手が一斉に運用を見合わせ、わずかなオーバーナイト取引しか行われないような状態が数日間続いた。債券レポ市場では、リーマン・ブラザーズ証券との間で約定していた売買のキャンセルや多数のフェイル発生（予定の決済日に証券の受け渡しが行われない事態）の影響を受けて、レポ取引（現金担保付債券貸借取引）において証券決済が円滑に履行されるか懸念が広がり、国債を担保とする有担保取引であっても取引が成立しにくい状態に陥った。このような状況下では、仮にレートを引き上げても取引が成立しにくくなることから、金融機関によっては、市場取引を諦め資金調達を日銀のオペや補完貸付（110頁参照）に頼る先も散見された。

　このような状況を受け、日銀は翌日物の資金供給のみならず、ターム物の共通担保オペ・国債買現先オペ等による資金供給を頻繁かつ大量に行い金融市場の安定性確保を図った。

　また、民間企業等においても手元流動性を確保しようと予備的な資金需要が強まり、貸出金が増加し社債スプレッドも拡大傾向となったことから、日銀はCP・社債等の買入や企業金融支援特別オペ（日銀共通担保に差し入れた証書貸付債権等民間債務の範囲内で3ヵ月間金額無制限に誘導目標金利にて借入が可能なオペ）を通じて企業金融の円滑化・信用仲介機能の維持を図った。

　2009年12月には、緩やかな物価下落が継続する中、株価の下落や円高進行が企業マインド等を通じて実体経済に悪影響を与えるリスクを抑えるため、日銀は誘導目標金利（0.1％）で3ヵ月間の資金供給を行う「固定金利方式の共通担保オペ（固定金利オペ）」を導入し、「長めの期間」の金利低下を促す金融緩和の強化を行った。10年3月には同オペの増額、さらに同年8月には6ヵ月物がスタートした。

　また、10年6月には、成長基盤強化に向けた民間金融機関の自主的な取り組みを金融面から支援することを目的とする「成長基盤オペ」をスタートさせた（109頁の図表Ⅲ－14参照）。これは、日銀が成長基盤の強化に資するとみなす特定の事業に対し、民間金融機関を通じて資金供給を図るものであり、成長基盤の強化の重要性を広く浸透させ、緩和的な金融環境が実際に利用される「呼び水」効果を狙うべく日銀が旗振り役となったものである。

　2010年10月、欧州債務危機や円高等の影響により景気下振れリスクが高まったとして、日銀は3つの柱からなる「包括緩和」を導入した。この3つの柱は、①金利誘導目標の0～0.1％への変更、②「中長期的な物価安定の理解」に基づく時間軸の明確化、③国債・ＣＰ・ＥＴＦ・Ｊ－ＲＥＩＴ等多様な金融資産の買入と固定金利方式の共通担保オペレーションを行う「資産買入等の基金の創設」であった。

　時間軸の明確化は、物価の安定（消費者物価の前年度比上昇率0～2％で中心は1％程度）が見通せるようになるまで実質的なゼロ金利政策を継続することを明確に示すものであった。また、資産買入等の基金は、短期金利の低下余地が限界的となる中、長めの市場金利の低下と各種リスク・プレミアムの縮小を促していくことを目的とした。

　この資産買入等基金は、当初、資産買入5兆円程度・資金供給オペ30兆円程度の計35兆円程度でスタートし、最後に買入枠が拡大された2012年12月には資産買入76兆円・資金供給オペ25兆円程度の計101兆円程度となった。この間の12年10月、日銀は政府とともに「デフレ脱却に向けた取組について」という異例の共同文書を発表したほか、成長基盤オペに加えて、金融機関の一段と積極的な行動と企業や家計の前向きな資金需要の増加を促す観点から「貸出増加を支援するための資金供給」の創設を決定した。

　日銀の物価に対する考え方については、2006年3月より「中長期的な物価安定の理解」で各政策委員の見解として「消費者物価の前年比上昇率0～2％程度」が示されていたが、12年2月に日銀の姿勢を明確にするため、「中長期的な物価安定の目途」へ変更され、同0～2％程度を中長期的に持続可能な物価安定としつつも、当面の目途を1％とした。さらに、13年1月には政府・日銀がデフレ脱却へ向けた政策連携について共同声明を発表、「物価安定の目標」を導入し、同2％を目標とおいて、事実上物価目標を上方修正したほか、資産買入基金の買入の期限を撤廃した。

　これに先立つ12年12月に第2次安倍内閣が発足しており、安倍首相は総選挙前に日銀のインフレ目標と無制限の金融緩和の導入を唱えていた。13年2月に白川方明日銀総裁は任期を残して辞任を表明、後任に黒田東彦アジア開発銀行総裁（当時）が起用され、包括緩和の枠組みは終わりを迎えた。

（6）異次元緩和　その1（2013年4月4日〜16年1月29日）

　2013年3月20日に黒田日銀総裁が誕生し、翌月の4月4日、就任後最初の政策決定会合で「量的・質的金融緩和」が導入され、資産買入基金は廃止された。量的・質的緩和のポイントは以下の通り。

①物価安定の目標（消費者物価の前年比上昇率2%）を2年程度の期間を念頭にできるだけ早く実現する
②金融調整の操作目標を無担保コールレートからマネタリーベースへ変更→年間約60〜70兆円のペースで増加（2年間で2倍に）
③長期国債買入の拡大→保有残高が年間約50兆円のペースで増加するよう購入
④長期国債買入の年限長期化→40年債を含む全ゾーンで増加するよう購入
⑤ＥＴＦ（保有額2倍に）とＪ−ＲＥＩＴの買入拡大
⑥日銀国債保有に関する銀行券ルールの一時適用停止

　このように、これまでの金融緩和とは量・質ともに次元が異なるとして、「異次元緩和」とも呼ばれる。

　金融市場の反応については、異次元緩和導入以前より、大胆な金融緩和への期待から長期金利低下・日本株上昇・円安の動きが顕著となっていたが、事前期待を上回る緩和を受けてさらに株高・円安が進んだ。しかし、日銀の国債大量購入が債券需給構造に与える影響を推し量りかねたためか、異次元緩和導入の翌日4月5日、10年国債利回りは一時過去最低の0.315%へ低下した後、債券先物が急落しサーキットブレーカーが2回も発動する事態となった。また、株高・円安の動きは長期金利に上昇圧力をもたらし、5月に10年債利回りは一時1.0%へ上昇した。このように、異次元緩和直後には混乱が見られた債券市場だったが、日銀の国債購入オペレーションの運用が見直され市場が落ち着きを取り戻すと、長期金利は低下基調をたどった。

　日銀の13年3月末の総資産残高は164兆円であったが、国債を中心に資産を積み増し、負債サイドでは大量の超過準備により当座預金を拡大させたことで、15年末には383兆円に膨らんだ（図表Ⅲ−18参照）。また、国債買入の年限長期化により、10年ゾーンの国債保有が大幅増加した（図表Ⅲ−19参照）。しかし、国債総発行残高に対する日銀保有分の割合が上昇し、日銀シェアが5割を超す銘柄も出てきたため、国債市場の機能低下への懸念や、購入可能な国債の減少で異次元緩和の持続性に懐疑的な見方も増えてきた。

図表Ⅲ－18　日銀のバランスシートの推移

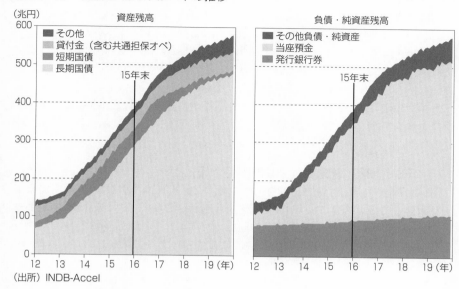

（出所）INDB-Accel

図表Ⅲ－19　日銀保有国債の残存期間別残高

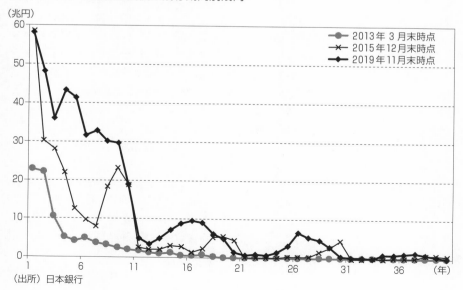

（出所）日本銀行

デフレ脱却を目指して導入された異次元緩和の日本の物価への影響はというと、全国消費者物価（除く生鮮食品）の前年比は2013年3月に－0.5％だったが、14年3月は＋1.6％へ押し上がり、順調に物価目標に近付いているように見えた。

　ところが14年4月の消費税率引き上げ（5％→8％）は予想以上の内需の冷え込みを招き、さらに14年後半の原油価格下落によりデフレマインド転換が遅延するリスクを警戒して、10月31日に日銀は追加緩和に踏み切った。

　当初は物価目標を2年で、つまり15年度前半頃に達成するとしていたが、消費増税の影響が解消した15年4月以降も、消費者物価（除く生鮮食品）は0％前後で推移したため、達成時期は先送りが繰り返された。

（7）異次元緩和　その2　（2016年1月29日〜）

　「物価安定の目標」への悪影響を防ぐため、2016年1月29日に日銀は「マイナス金利付き量的・質的金融緩和」の導入を決定した。これまでの「量」「質」に「金利」が加わることとなり、異次元緩和は新局面へ突入した。日銀当座預金へのマイナス金利付利（－0.1％）は金融機関の収益に悪影響を及ぼす面があるとして、3段階の階層構造が採用された（122頁参照）。

　これに対して金融市場は、長期金利の大幅低下で反応し、10年国債利回りは同年7月に過去最低の－0.3％を記録した（図表Ⅲ－20参照）。日銀の想定以上に長期金利が大幅低下した一方で物価上昇圧力は高まらず、9月の会合で「総括的な検証」を行ったうえで、1〜2年の金利が下がると経済・物価への効果が大きいとして、「長短金利操作付き量的・質的金融緩和」への枠組み変更が行われ、誘導目標はマネタリーベースから長短金利へ移行した。短期金利は日銀当座預金の一部にかかる－0.1％を維持し、長期金利は10年国債利回り0％程度とされた。長期国債の買入れペースは「めど」へと役割が引き下げられ、以後、縮小傾向が続いた（図表Ⅲ－21参照）。さらに、フォワードルッキングな期待形成の強化を狙い、「オーバーシュート型コミットメント」として、消費者物価上昇率が安定的に2％を超えるまでマネタリーベース拡大方針を継続することを決定した。また、物価目標達成時期は2年程度から「できるだけ早期に実現」へと変更された。

　その後も物価上昇率は1％止まりで目標の2％まで遠く、日銀は18年7月に長期金利の変動幅を従来の倍程度に柔軟化とするとともに、政策金利にフォワードガイダンスを導入した。政策金利のフォワードガイダンスは19年4月に「少なくとも2020年春頃まで」との文言が追加され、10月には「物価安定の目標に向けたモメンタムが損なわれる惧れに注意が必要な間」へと変更された。

　物価上昇率が目標の半分以下で推移するなかで、日銀の金融政策はあたかも昔

の温泉旅館の建て増しのごとく、容易には理解できない複雑な構造になっている。

図表Ⅲ－20　日本国債 年限別利回り（イールドカーブ）

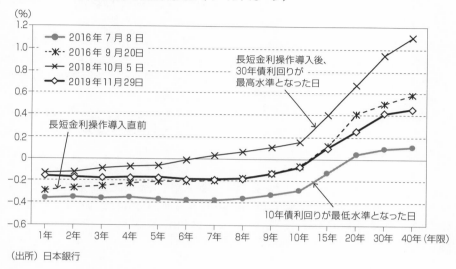

（出所）日本銀行

図表Ⅲ－21　日銀の長期国債買入れペース

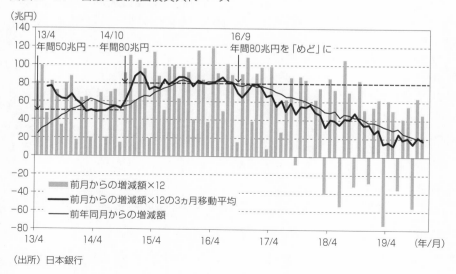

（出所）日本銀行

《補完当座預金制度とマイナス金利》

　補完当座預金制度とは、日銀当預のうち法定所要準備額を超える金額（超過準備）に利息を付す制度である。これにより、準備預金制度対象金融機関は、超過準備に付される金利よりも低いレートでは資金を放出しなくなり、市場金利は当該レートより低下しなくなる（図表Ⅲ－22参照）。 2008年10月31日の政策決定会合で導入が決定され、当時、世界的な金融危機により国際金融資本市場の緊張が高まるなか、金融市場の安定を確保するための臨時措置であった。当初は09年3月積み期までの時限措置とされたが、 2度の延長を経て、 09年10月30日の政策決定会合で「当分の間延長」とされ、事実上期間の定めがなくなった。

　この補完当座預金制度と補完貸付制度（110頁参照）によって、無担保コールレート（オーバーナイト物）は上限・下限が設けられた形になり、この幅を「コリドー（＝回廊）」と呼んでいる。

　2016年1月に導入されたマイナス金利は、補完当座預金制度を下敷きにした新しいスキームである。金融機関収益を圧迫し過ぎて金融仲介機能を弱めないよう、日銀当預を3段階の階層構造に分割し、それぞれの階層に応じてプラス金利、ゼロ金利、マイナス金利を適用する（図表Ⅲ－23参照）。

①基礎残高
　「量的・質的金融緩和」のもとで各金融機関が積み上げた既往の残高（15年1～12月積み期間の平均残高）については、従来の通り＋0.1％を適用する。
②マクロ加算残高
　以下の合計額には0％を適用する。
　A）所要準備額に相当する残高
　B）金融機関が貸出支援基金および被災地金融機関支援オペにより資金供給を受けている場合には、その残高に対応する金額
　C）日銀当預の残高がマクロ的に増加することを勘案して、適宜のタイミングで、マクロ加算額（①の基礎残高に掛目を掛けて算出）を加算した金額。掛け目は原則3・6・9・12月に見直される。
③政策金利残高（－0.1％を適用）
　各金融機関の当座預金残高のうち、①と②を上回る部分に、－0.1％のマイナス金利を適用する。

　新しい取引による日銀当預の増加部分にマイナス金利がかかることで、無担保コー

ルレート（オーバーナイト物）はマイナス圏で推移することとなった。

図表Ⅲ-22　補完貸付制度と無担保コールレート（オーバーナイト物）

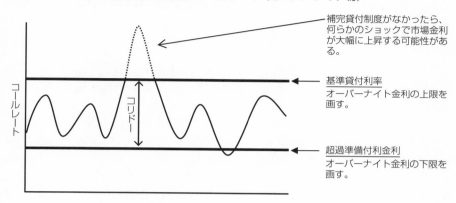

補完貸付制度がなかったら、何らかのショックで市場金利が大幅に上昇する可能性がある。

基準貸付利率
オーバーナイト金利の上限を画す。

超過準備付利金利
オーバーナイト金利の下限を画す。

図表Ⅲ-23　付利対象当座預金の適用金利別残高の推移

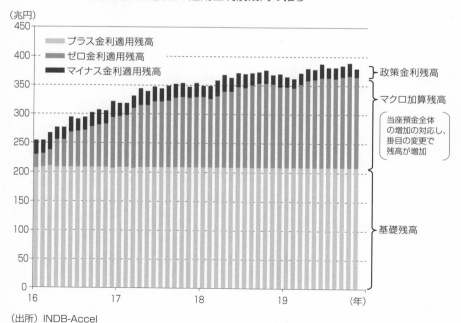

（兆円）

プラス金利適用残高
ゼロ金利適用残高
マイナス金利適用残高

政策金利残高

マクロ加算残高

当座預金全体の増加の対応し、掛目の変更で残高が増加

基礎残高

（出所）INDB-Accel

2　日本の金融統計

［1］マネーストック統計
（1）マネーストックの定義
　世に出回っているお金の量を測る代表的な統計としては、「マネーストック統計」や「マネタリーベース統計」、「資金循環統計」がある。各統計の対象範囲のイメージは図表Ⅲ－24の通り。

　マネーストック統計とは、「非金融法人・個人等が保有する通貨量」を集計した統計である。この集計対象となっている保有者を、「通貨保有主体」といい、金融機関以外の一般法人、個人、地方公共団体・地方公営企業がこれに該当する。非居住者や中央政府は通貨保有主体に含まれない。日銀は、景気、物価の動向やその先行きを判断するための指標の1つとして、マネーストック統計を作成・公表している。

統計名と発表機関	マネーストック。日本銀行
発表周期と時期など	月次。
	平残速報：翌月第7営業日（3、9月分は翌月の第9営業日） 平残確報・末残確報：翌々月の第7営業日（2、8月分は翌々月第9営業日）
ポイント	2008年6月公表分より、日銀はそれまでの「マネーサプライ統計」を見直し、名称も海外での名称を踏まえ、「マネーストック統計」へ変更した。マネーストックの伸び率と実体経済との間には長期均衡関係があるとされるが、短期的には不安定である。マネーストックの動きには、経済活動のほかに、備えとして金融資産をもったり、マネーストックの対象の金融商品とそれ以外の金融商品との預け替えなどの影響が反映される。デフレが深刻化した1990年代後半以降、経済活動低迷に反し、マネーストック増加基調が継続したのは、備えとして保有する金融資産の増加が持続したことも一因と考えられる（図表Ⅲ－25参照）。

公表機関ウェブサイトアドレス

日本銀行 マネーストック　　　https://www.boj.or.jp/statistics/money/ms/index.htm

図表Ⅲ－24　マネタリーベース、マネーストック統計、資金循環統計の対象範囲（イメージ）

（出所）日本銀行「マネーストック統計の解説」

図表Ⅲ－25　マネーストック・銀行貸出と名目GDP

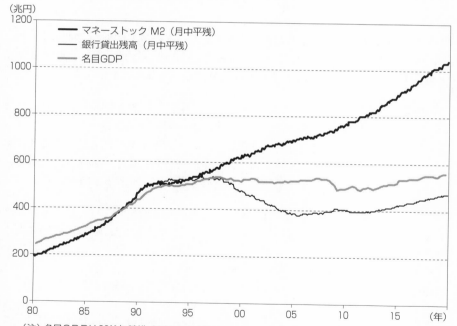

（注）名目GDPは2011年基準・08SNAによる。
　　　M2は、2003年3月まで旧マネーサプライ統計のM2＋CD、2003年4月以降はマネーストック
　　　統計のM2。貸出残高データは1991年5月より。
（出所）INDB-Accel

ところで一口にマネーストックといっても、国によって定義が異なるうえ、いくつか
の区分け方法がある。以下は日銀によるマネーストック統計の主要指標の定義を示し
たものである（詳細な内訳については図表Ⅲ－26を参照。また、ＣＤ・ＣＰについ
ては144頁を参照）。

　　Ｍ１＝現金通貨＋預金通貨
　　　　　（預金通貨の発行者は、全預金取扱機関）
　　Ｍ２＝現金通貨＋預金通貨＋準通貨＋ＣＤ
　　　　　（預金通貨、準通貨、ＣＤの発行者は、国内銀行等）
　　Ｍ３＝現金通貨＋預金通貨＋準通貨＋ＣＤ
　　　　　（預金通貨、準通貨、ＣＤの発行者は、全預金取扱機関）
　　広義流動性＝Ｍ３＋金銭の信託＋投資信託＋金融債＋銀行発行普通社債
　　　　　　　＋金融機関発行ＣＰ＋国債＋外債

　マネーストック統計の対象金融商品を発行している経済主体を、「通貨発行主体」
というが、Ｍ１とＭ３は日本銀行と全預金取扱機関、Ｍ２は日本銀行と国内銀行等
が該当する。広義流動性は国や非居住者も通貨発行主体に含まれる。

　　国内銀行等＝国内銀行（除くゆうちょ銀行）、外国銀行在日支店、信用金庫、信
　　　　　　　金中央金庫、農林中央金庫、商工組合中央金庫
　　全預金取扱機関＝国内銀行等、ゆうちょ銀行、信用組合、全国信用協同組合連
　　　　　　　　　合会、労働金庫、労働金庫連合会、農業協同組合、信用農業
　　　　　　　　　協働組合連合会、漁業協同組合、信用漁業協同組合連合会

　なお、マネーストック統計は、2003年4月までしか遡及できないが、マネーサプラ
イ統計との系列の段差が比較的小さいデータとして、以下の2系列が活用できるだろ
う（図表Ⅲ－25を参照）。
　　マネーストックの「Ｍ２」とマネーサプライの「Ｍ２＋ＣＤ」
　　マネーストックの「Ｍ３」とマネーサプライの「Ｍ３＋ＣＤ－金銭信託」

　マネーストック分析には、Ｍ１、Ｍ２、Ｍ３、広義流動性を総合的に観察すること
が望ましく、また分析目的に応じて使い分ける必要がある。例えば、金融資産間の預け
換えによる攪乱の影響をできるだけ除去したい場合は広義流動性をみるのがよいだろう。
　なおマネーストック統計を読む際には、曜日や祝日といった要素を排除するために、
末残ではなく平残でみることに注意したい。

図表Ⅲ－26　マネーストック統計の定義

				2019年8月平残（構成比）	各指標の定義と対象金融商品	通貨発行主体
M2				1029.7兆円（56.8%）	現金通貨＋預金通貨＋準通貨＋CD	日銀、国内銀行（ゆうちょ銀行除く）、在日外銀、信金、信金中金、農中、商中
広義流動性 1811.5兆円（100%）	M3 1364.3兆円（75.3%）	M1 797.6兆円（44.0%）	現金通貨	102.3兆円（5.6%）	銀行券発行高＋貨幣流通高	日銀 (注3)
			預金通貨	695.3兆円（38.4%）	要求払預金(当座、普通、貯蓄、通知、別段、納税準備)－対象金融機関保有小切手・手形	M2対象金融機関、ゆうちょ銀行、信用組合、全信組連、労働金庫、労金連、農協、信農連、漁協、信漁連
		準通貨		537.3兆円（29.7%）	定期預金＋据置貯金＋定期積金＋外貨預金	
		CD		29.4兆円（1.6%）	CD(譲渡性預金)	
	金銭の信託			300.2兆円（16.6%）	金銭の信託（年金信託、投資信託を除く）	国内銀行の信託勘定
	投資信託(公募・私募)			86.5兆円（4.8%）	公社債投信、株式投信、不動産投信	国内銀行の信託勘定、不動産投資法人
	金融債			3.5兆円（0.2%）	金融債	金融債発行金融機関
	銀行発行普通社債			0.5兆円（0.0%）	銀行発行普通社債	国内銀行、国内銀行を主たる子会社とする持ち株会社
	金融機関発行CP			0.2兆円（0.0%）	金融機関発行CP	国内銀行、在日外銀、信金、信金中金、農中、商中、保険会社、上記金融機関の持株会社
	国債			24.3兆円（1.3%）	国債(国庫短期証券、財投債を含む)	中央政府
	外債			32.1兆円（1.8%）	非居住者発行債(円建て、外貨建て)	外債発行期間

（注1）　一部項目は、速報値。
（注2）　上記は、いずれも居住者のうち一般法人、個人、地方公共団体の保有分。
（注3）　貨幣は、厳密には中央政府が発行しているが、マネーストック統計上は日銀の発行として分類。
（出所）　日本銀行

（2）貨幣の流通速度とマーシャルのk

　マネーストックの水準を分析するうえでは、「貨幣の流通速度」と「マーシャルのk」という概念が重要である。それぞれの定義式は次の通り。なお、その数式からわかるように、貨幣の流通速度とマーシャルのkは逆数の関係になっている。

流通速度＝名目GDP／マネーストック
マーシャルのk＝1／流通速度

　図表Ⅲ－27は、貨幣の流通速度の推移とそのトレンドをみたものである。流通速度がトレンドから下方に乖離している状態は、経済の拡大以上にマネーが供給されたことを意味するが、この図表からは「過剰流動性の時代」と呼ばれた1971～72年と80年代後半において、文字通り、マネーが過剰に存在していたことが窺える。

　一方、マネーストック（M2）と名目GDPとの関係をみると、1975～95年の20年間は両者の前年比伸び率は、ややマネーストックの方が高いものの、似通った動きをしていることがわかる（図表Ⅲ－28参照）。そのため、この間のマーシャルのkは緩やかな上昇にとどまっている。しかし、70年以降のマーシャルのkは急加速する局面がたびたび見られる。

　マネーと実体経済の関係が不安定化する動きは、古くは71～74年に見られた。マネーストックの伸び率が急加速する一方で、名目GDPの伸びが減速し、マーシャルのkが急上昇した。この時は景気過熱で物価上昇圧力が高まったことで、急速な金融引き締め策がとられた。

　98年以降は、名目GDP伸び率がマイナスに陥るなど、マネーストックの伸び率を大幅に下回る場面が増加した。とくに2008～09年は、金融システム・ショックが実体経済にマイナスの影響を及ぼす一方、マネーに対しては予防的需要の増加をもたらしたことを背景に、マーシャルのkが跳ね上がった。

　13年に日銀が異次元緩和を開始した後も、マネーの増加が安全資産の保有や流動性の確保へ流れて実体経済へ回らない状況は続いており、両者をバランスよく成長させるための処方箋は見つけられていない。

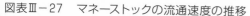

図表Ⅲ－27　マネーストックの流通速度の推移

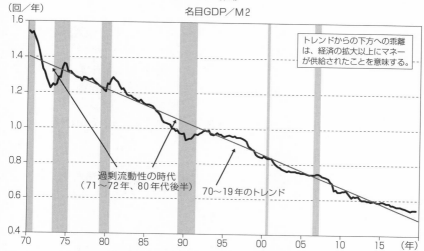

（注1）　シャドー部分は利上げ期（91年までは公定歩合、以降は無担コール翌日物）。
（注2）　名目GDPは79年まで68SNA、80年以降は2011年基準・08SNAによる。M2は、2003年3月まで
　　　　旧マネーサプライ統計のM2＋CD、2003年4月以降はマネーストック統計のM2。
（出所）　INDB-Accel

図表Ⅲ－28　マネーストックと名目GDP

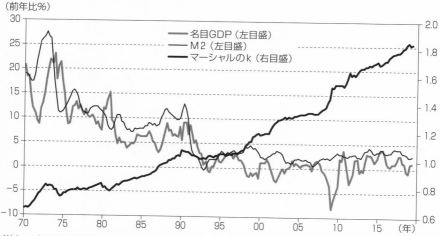

（注）　　名目GDPは79年まで68SNA、80年以降は2011年基準・08SNAによる。M2は、2003年3月まで
　　　　旧マネーサプライ統計のM2＋CD、2003年4月以降はマネーストック統計のM2。
（出所）　INDB-Accel

[2] マネタリーベース統計

マネーストックが金融部門から経済全体に供給されている通貨の残高を意味するのに対し、マネタリーベース（ベースマネーあるいはハイパワードマネーも同義）は、日銀が供給する通貨の残高（言い換えれば日銀の通貨性の負債）である。マネタリーベースの定義は次の通りである。

マネタリーベース＝日本銀行券発行高＋貨幣流通高＋日本銀行当座預金
（流通現金）

マネタリーベースは、中央銀行が供給する通貨であるため、金融機関が保有する流通現金を含む（マネーストックには含まれない）。また、マネタリーベースは、国によっては、流通現金に貨幣を含まない場合もある。

日銀が金融調節を行う際、日銀当座預金の増減を通じて行うということはすでに述べた通りであるが、マネタリーベースは日銀が直接コントロールできるため、この動向をみることで金融政策の緩和・引き締め度合いを測ることができる（図表Ⅲ－29参照）。

統計名と発表機関 発表周期と時期など ポイント	マネタリーベース。日本銀行 月次。翌月第2営業日 日銀が供給する通貨の残高を表す。 金融緩和時は増加率が拡大し、引き締め時は縮小する。 特殊な要因（例えば、コンピュータの2000年問題に備え、日銀当座預金が大幅に増加したケースなど）で、残高が振れる場合、伸び率の解釈に注意が必要となる。

公表機関ウェブサイトアドレス

日本銀行 マネタリーベース　　https://www.boj.or.jp/statistics/boj/other/mb/index.htm

図表Ⅲ－29　マネタリーベースの推移（平残）

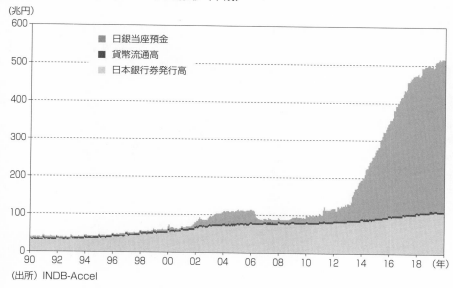

（出所）INDB-Accel

図表Ⅲ－30　日銀のバランスシート（2019年11月30日現在）

（単位：億円）

資　　　産		負債および純資産	
金地金	4,413	発行銀行券	1,077,534
現金	2,081	当座預金	4,046,085
国債	4,877,970	その他預金	290,294
（長期国債）	(4,785,169)	政府預金	258,523
（短期国債）	(92,801)	売現先勘定	540
コマーシャル・ペーパー等	21,689	雑勘定	18,504
社債	32,775	引当金勘定	61,322
金銭の信託（信託財産株式）	7,844	資本金	1
金銭の信託（信託財産ETF）	279,428	準備金	32,520
金銭の信託（信託財産 J － REIT）	5,387		
貸付金	478,906		
外国為替	67,188		
代理店勘定	129		
雑勘定	7,513		
合計	5,785,322	合計	5,785,322

（出所）日本銀行「営業毎旬報告」

[3] 資金循環統計

資金循環統計は、国民経済の動きを金融面から総合的に捉えたもので、さまざまな金融取引や、その取引の結果として保有される金融資産・負債を、経済主体（部門）ごと、および金融商品（取引項目）ごとに集計した統計である。

統計名と発表機関	資金循環統計。日本銀行 一定期間の資金の流れを示す「金融取引表（フロー表）」、資産・負債の期末時点での残高を記録した「金融資産・負債残高表（ストック表）」、ストック表の当期末残高と前期末残高の差分とフロー表の取引額との乖離額を記録した「調整表」の3表から構成されている。「調整表」は、価格変化などによる金融資産の保有損益の推定に利用できる。
発表周期と時期など	四半期。公表時期は以下の通り。

	3月中旬	6月下旬	9月中旬	12月中旬
速報	前年 第4四半期	当年 第1四半期	当年 第2四半期	当年 第3四半期
確報	前年 第3四半期	前年 第4四半期	当年 第1四半期	当年 第2四半期

ポイント	（注）月中旬分は原則として、第13営業日。 速報性に欠けるため足元の動きをみるには適さないが、トレンド分析には利用価値が大きい。2016年に作成基準の大幅改定があり、現在は08SNAベースで公表。遡及データはフロー表が05年度まで、ストック表が04年度末までとなっている。なお、時系列統計データ検索サイトでは定義不連続だが1998年からデータが入手できる。原則年1回公表される「資金循環の日米欧比較」も目を通しておきたい資料である。

（1）フロー分析

金融取引表（フロー表）は、一定期間の金融取引額を部門別・取引項目別に集計した統計である。金利の短期予測において資金循環統計を利用したマネーフローの分析が直接的に役立つことはあまりない。しかしながら、中長期的な金利のトレンドや金融市場の構造変化を予想する場合には欠かせない分析材料となっている。

図表Ⅲ-31は、部門別の資金過不足をみたものである。資金不足の主体がこの30年ほどで大きく変わってきたことがわかる。

1970年代前半までは、非金融法人（法人企業部門）が最大の資金需要部門であった。しかし第1次石油危機を機に、企業が投資抑制に乗り出す一方、景気浮揚のために積極的な財政政策がとられ、一般政府（公共部門）が最大の資金不足部門となった。

　80年代に入ると、財政再建の努力により一般政府の資金不足が縮小し、また、経常収支黒字が拡大傾向となったことから、86年度に海外部門の資金不足（資本の流出）が膨らんだ。80年代後半に入ると、企業が設備投資や土地投資などのため資金調達を積極化し、再び最大の資金不足部門となったのに対し、一般政府は税収の増加などを背景に資金不足解消が進み、87年度には資金余剰主体に浮上した。

　しかし90年代に入ると、バブル期に膨張した資産・負債の圧縮に努めた結果、非金融法人が資金余剰主体に転換する一方、一般政府は、景気回復を図った財政出動や税収の減少に伴い資金不足が急拡大していった。

　家計はこの間、一貫して資金余剰主体でありつづけ、90年代に入るまでは対名目ＧＤＰ比で10％前後の余剰を計上する最大の資金供給者であった。だが90年代半ば以降は、企業業績の不振などに伴う個人所得の落ち込みから、その資金余剰幅は急速に減少していった。

公表機関ウェブサイトアドレス

日本銀行 資金循環　https://www.boj.or.jp/statistics/sj/index.htm

図表Ⅲ－31　部門別資金過不足の推移（対名目ＧＤＰ比率）

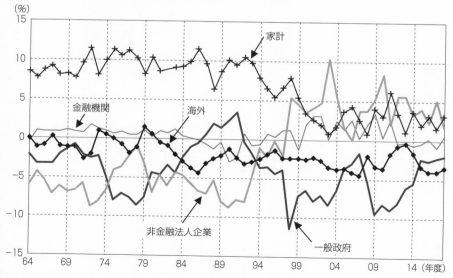

（注）2005年度以降は08SNAベース、1980〜2004年度は93SNAベース、1979年度以前は68SNAベースより算出。
（出所）日本銀行「資金循環統計」、内閣府「GDP統計」

（2）ストック分析

　各経済主体が保有する金融資産・負債の残高から一国の金融構造を把握することは、マネーフローや金融市場の長期的動向を予測するための出発点である。資金循環表の金融資産・負債残高表（ストック表）はそのための基礎的資料である。

　図表Ⅲ－32は、部門別・主要取引項目別の金融資産・負債残高（2019年9月末時点）である。家計の金融資産の列を見ると、資産合計は約1800兆円に達し、その約半分が現預金で占められている。図表Ⅲ－34が示すように、日本の家計の金融資産構成は、株式・出資金の比率が高い米国の家計とは対照的である。

　非金融部門（主に家計）の預金は預金取扱機関を経由して、非金融部門の負債側に流れるが、1990年代を通じて、非金融部門の負債構造には大きな変化が生じている。図表Ⅲ－33をみると、非金融法人の金融仲介機関からの借入残高が減少する一方、一般政府の負債側の証券（主に国債）残高は増加傾向にある。企業の借入減少は、金融機関にとって運用難が深刻化していったことを意味する。そうしたなか、金融機関は消去法的に運用先を国債にシフトしていった。この間、金利は長短ともに急低下をたどったが、その背景には、こうした金融構造の変化も強く影響していた。

図表Ⅲ－32　部門別金融資産・負債残高（2019年9月末）

（単位：兆円）

	金融機関		非金融法人企業		一般政府		家計		海外	
	資産	負債	資産	負債	資産	負債	資産	負債	資産	負債
現金・預金	656	2,041	285		87		986		11	23
財政融資資金預託金	7	32	0		25					
貸出	1,427	584	55	487	25	151	0	309	194	158
債務証券	1,165	294	31	83	76	1,114	26		183	
株式等・投資信託受益証券	356	371	411	1,020	156	14	270		220	
保険・年金・定型保証	23	530	3	25			528			
金融派生商品・雇用者ストックオプション	61	61	1	4	0	0	1	1	32	29
預け金	17	22	37	45	5	5	17		3	6
企業間・貿易信用	2	2	218	192	1	18	3	7	3	8
未収・未払金	34	34	6	8	12	11	11	4	13	18
対外直接投資	36		143							179
対外証券投資	358		24		213		20			615
その他対外債権債務	26	50	2	0	17	2			52	41
その他	46	22	20	26	3	19	3	4	0	0
合計	4,213	4,042	1,237	1,890	620	1,335	1,864	326	713	1,078

（出所）日本銀行「資金循環統計」

図表Ⅲ－33　家計の金融資産と非金融法人・一般政府の負債残高推移

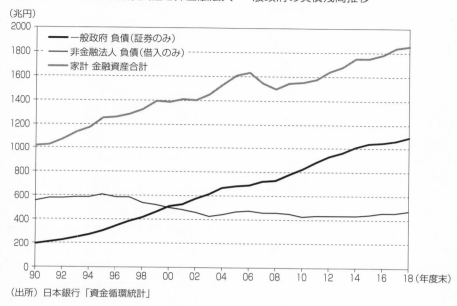

（兆円）

（出所）日本銀行「資金循環統計」

図表Ⅲ－34　家計の金融資産に関する日米比較

2019年3月末

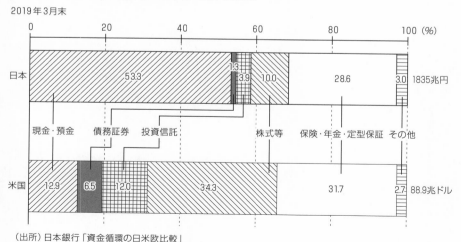

（出所）日本銀行「資金循環の日米欧比較」

［4］その他の主要金融統計

　以上で掲げた統計のほかに、金融動向を分析するうえで重要な統計としては次のようなものがある。

①貸出・預金動向

　金融機関の預金や貸出などの把握を目的として、日銀が毎月作成する統計。貸出動向、預金動向（実質預金＋ＣＤ）から構成されている。速報性に優れているため、最新の企業の資金需要動向を把握するための材料となる。

　「貸出動向」は、国内銀行と信用金庫の居住者向け貸出の平残を集計したもので、金融機関向けや中央政府向け、非居住者向けの貸出は含まれない。

　「特殊要因調整後計数」は、旧統計の「貸出・資金吸収動向等」の中で参考として公表されていたが、2013年4月分より1ヵ月遅い確報計数として、日銀の時系列データ検索サイトで公表されている。特殊要因とは、不良債権償却や貸出債権流動化による貸出残高の減少などである。これらは実質的な変化ではないことから、貸出動向の実勢を把握するため、その影響を除いた計数を示している。1990年代後半以降2006年1月まで、貸出動向は前年割れが続いていたが、特殊要因調整後でみると、05年8月に前年比プラスへ転じている（図表Ⅲ−35参照）。ただ、特殊要因算出にあたっては一定の仮定を含んでいるため、幅をもって計数をみる必要がある。

図表Ⅲ−35　銀行貸出（前年同月比）

（出所）INDB-Accel

②貸出先別貸出金

　日銀が国内銀行などを対象に調査、公表している。四半期毎に調査され、業種別・規模別の計数が公表される。業種分類や企業規模区分の見直しなどがあるため、過去に遡って分析する際は注意を要する。

③全国銀行預金・貸出金速報

　全国銀行協会が毎月、全国銀行の報告に基づき全国銀行の預金と貸出金（いずれも末残）を集計する統計。翌月第5営業日に公表。

④家計調査（貯蓄・負債編）

　総務省統計局が四半期ごとに家計の貯蓄・負債状況を標本調査したもの。年間収入別にみた1世帯当たりの貯蓄・負債現在高のほか、土地・不動産の購入・建築計画の有無などを掲載。調査対象期間終了の約4ヵ月後に公表。

⑤民間金融機関の資産・負債等

　日銀が月次で作成している統計。国内銀行の資産・負債等のデータを翌月末から翌々月初め頃に公表している。銀行勘定・信託勘定、国内店・海外店、都市銀行・地方銀行などの内訳がある。日銀のウェブサイトでは国内銀行（銀行勘定）の主要項目のみがレポートにまとめられて公表されている。その他の詳細データは日銀の時系列統計データ検索サイトでダウンロードすることができる。

⑥主要銀行貸出動向アンケート調査

　日銀が主要金融機関の融資担当者に貸出動向に対する見方や実感を調査している。1・4・7・10月に調査され、当月下旬頃に公表される。アンケートの回答は「増加」「やや増加」「横ばい」「やや減少」「減少」の5択。「やや増加・やや減少」のウェイトを半分にして、「増加」と「減少」の回答比率を計算し、「増加」から「減少」を引いた結果が、資金需要判断DIとなる。企業向け（大企業・中堅企業・中小企業の内訳あり）、地公体等向け、個人向けに集計される。

3 日本の金融市場

[1] 金融市場の分類

　図表Ⅲ−36は日本の金融市場を体系的に分類したものである。金融市場は広義的には、貸付市場などの相対市場（市場を通さず、当事者間で取引条件を決定して取引する市場）も含むが、狭義的には、点線に囲まれた部分、すなわち短期金融市場と長期金融市場（資本市場、証券市場ともいう）を指す。ここでは紙幅の理由から狭義の金融市場のみを対象とし、また長期金融市場のうち株式市場については割愛する。

　狭義の金融市場は、上述の通り大きく短期と長期に区分される。長期は1年超を、短期は1年以内を指す。長期については、期間5年を境に、中期と狭義の長期に細分することも多い。その場合、両者をあわせて中長期という。

（1）短期金利

　短期金利とは期間が1年以内の金利のことをいう。短期金利はすべての金利の起点である。さらにいえば、最短期の金利である無担保コールレートのオーバーナイト物（翌日物、O／N物ともいう）が原点である。というのも、期間によるリスク・プレミアム（将来についての不確実性に対し投資家が要求する上乗せ金利）を無視して極論すれば、10年物金利は1年物金利10年分の、1年物金利は3ヵ月物金利4季分の、3ヵ月金利はO／N物金利3ヵ月分の組み合わせで構成されているからである。

　すでに述べたように、かつて日銀は無担保コールレートのO／N物を金融調節の操作目標としていた。しかし、操作目標が長短金利となっている現在でも、補完貸付制度と補完当座預金制度によって無担保コールO／N物は一定のレンジで推移するしくみとなっている。日銀がこの金利を重視する理由は、それが市場の予測に影響されることが少なく、主に資金の需給関係で決まるため、資金供給量の調整を通じた誘導が容易だからである。

　O／N金利が決まると、続いてターム物（期日物）金利が決まる。国庫短期証券利回りやTIBORなどがその代表格である。O／N物とターム物の関係は、資金需給や、金融政策に対する市場の「読み」によって決定される。市場がいったん金融政策の変更を読み込むと、ターム物はO／N物に先行して上下する。例えば、市場が

誘導金利の引き上げを織り込むと、O／N物とターム物の金利は大幅乖離し、逆に引き下げを織り込むと、両者の乖離は縮小したり、あるいは逆転したりする。なお、ターム物は無論、期間が短いほどO／N物の影響を受けやすい。

（2）長期金利

　広義の長期金利には、期間1年超の債券応募者利回りや流通利回り、長期プライムレートが含まれる。だがマーケットで単に長期金利というとき、「新発10年国債利回り」という狭義的意味で使うことが普通である。

　短期金利が基本的に日銀の金融調整の影響によって決まるのに対し、長期金利は、期待インフレ率、期待潜在成長率、リスク・プレミアムといった要素、すなわち「将来予想」が織り込まれたうえで決定される。

　なお、現実の金融市場では、長期金利は2年、5年、10年、20年の各国債のうち直近に発行されたものや、長期国債先物取引の価格が基準になって決定される。

図表Ⅲ－36　金融市場の分類

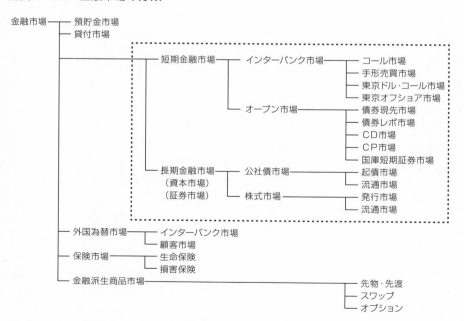

（出所）金森久雄・香西泰・大守隆編『日本経済読本（第16版）』をもとに作成

［２］短期金融市場の概要

（１）インターバンク市場

　短期金融市場のうち、インターバンク市場は市場参加者が文字通り金融機関（銀行のほか、農林中金などの系統金融機関、短資会社など）に制限されている市場であり、そこでは金融機関が互いに資金の過不足を調整し合っている。といっても、取引所のような具体的な建物が存在するわけではなく、取引は電話回線や専用回線などのネットワーク上で行われる。

　インターバンク市場には、円資金市場として、コール市場と手形売買市場がある。これ以外にも、市場参加者が金融機関に限られるという意味では、ドル・コール市場やオフショア市場などがあるが、狭義的には上述の2市場を指す。

　なおインターバンク市場では、以前すべての取引に短資会社が介在していたが、規制緩和や情報技術の高度化が進んだ結果、仲介業者を通さないダイレクト取引（ＤＤ）が広がりつつある。

①コール市場

　コール市場は20世紀初頭、金融機関が日々の資金繰りを最終的に調整し合う場として自然発生的に成立し発展していった市場で、短期金融市場としては国内最古の歴史をもつ。その語源が「呼べばすぐ応える」というところからきていることが示すように、コール市場では、金利裁定取引も含め、大口資金の運用・調達を容易、迅速、確実に行うことができる。

　取引の種別としては、国債、地方債といった日銀借入適格担保、もしくはそれに準じる担保を必要とする有担保コールと、担保を必要としない無担保コールがある。ちなみに無担保コール市場は、1927年の金融恐慌期にいったん消滅したものの、金融の自由化や国際化を背景として、85年7月に再び創設されたという沿革をもつ。

　また、期間別では、おおまかに、日中コール、翌日物（オーバーナイト物、Ｏ／Ｎ物）、期日（ターム）物（2日物〜1年物）に分けられる。

　有担・無担両市場の残高推移を比較すると、1990年代を通じて無担が有担を上回っていたが、99年3月にゼロ金利政策が導入されると、無担の残高は大きく減少した。その後、無担保コールの残高は2006年の量的緩和解除とゼロ金利解除を経て拡大したが、08年のリーマン・ショック後の金融不安から、無担保コールの残高は再び減少した。16年のマイナス金利導入後はマイナス金利での資金運用を抑制する出し手が増えたことで、有担・無担とも残高が急減した。無担は、制度変更で投資信託が資金放出したため、残高は回復したが、有担は主な取り手だった短資会

社が資金調達を手控える状況が続いている（図表Ⅲ−37参照）。

コール市場を資金（コールマネーという）の出し手・取り手別にみると、2019年8月時点では、信託銀行（71.6％。投信の62.2％を含む）が主な出し手に、地銀・第2地銀（33.0％）や証券・証券金融会社（25.8％）が主な取り手になっている（有担・無担合計、平残ベース）。

②手形売買市場

手形売買市場は手形の割引を仲介として金融機関が余裕資金を融通しあう市場であり、1971年に開設された。手形売買には、原手形を直接売買する方法と、原手形を担保として銀行が振り出す表紙手形を売買する方法があるが、中心は後者である。つまり実質的には原手形を担保とした金融機関の間の資金貸借であり、コール市場との間に機能的な差はほとんどない。取引期間も翌日物〜1年物と同じである。

一方で、コール市場と手形売買市場との間では、後者には日銀がオペを通じ直接参加している点で大きな違いがある。

1990年代末以降、企業が借入の形態を手形割引や手形貸付から当座貸越へシフトしていったことで手形自体の造成率が低下していったことに加え、日銀が手形オペを通じ表紙手形の大部分を買い入れていることから、日銀オペ分を除くと、手形売買市場の残高は現在、きわめて小さいものになっている。

図表Ⅲ−37　コール市場の月中平均残高の推移

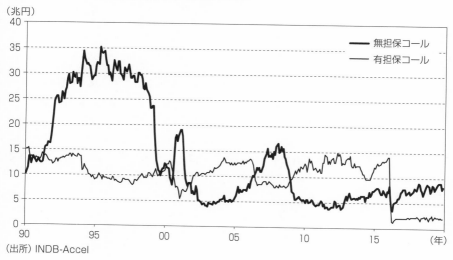

（出所）INDB-Accel

（２）オープン市場

　オープン市場は、インターバンク市場と異なり、事業法人など金融機関以外の参加者が認められている市場である。

①短期国債（国庫短期証券）市場

　国庫短期証券（Treasury Discount Bill、Ｔ－Bill、TDB）は、2009年2月よりＴＢ（Treasury Bill、割引短期国債）とＦＢ（Financing Bill、政府短期証券）が統合発行されたものである。最低発行額面は5万円、償還期間は2ヵ月、3ヵ月、6ヵ月、1年の4種類がある。しかし、法令上はＴＢとＦＢの位置付けは異なっており、発行根拠の違いから、引き続き両者を区別して扱う場合もある。

　ＴＢは、1970年代後半に発行された国債の大量償還・借換対策として86年に発行が開始された債券で、国債整理基金特別会計法が発行根拠となっている。ＦＢは、一般会計および特別会計が資金繰りに不足が生じた場合に発行する債券である。会計ごとに、財務省証券、外国為替資金証券、食糧証券、石油証券がある。

　国庫短期証券の発行はコンベンショナル方式による価格競争入札により行われ、市場の主なプレーヤーは金融機関となっている。また、法人に対してのみ譲渡可能である。

　3ヵ月物利回りは、信用性、流通性、換金性の高さから、かつてのＣＤ（譲渡性預金）金利に代わる代表的な3ヵ月物レートの指標として利用されることも多いが、2015〜16年に、ドル資金を保有する海外投資家が為替スワップ市場を通じてプラスの利回りが得られることから国庫短期証券への需要が高まり、レートが急低下する場面があった。

②レポ市場

　レポとは買戻（repurchase）取引に由来するが、日本においては、債券の貸借取引のうち金銭を担保として差し出す現金担保付債券貸借取引（現担取引）を指す。

　レポ取引は経済的には後述の債券現先取引と同じ債券担保の資金貸借であるため、双方をレポ取引と総称する場合がある。

　レポ市場が日本に創設されたのは1988年のことである。その背景には無担保取引のリスク解消、債券の決済期間の短縮、またローリング決済（約定日から一定期間後に決済日を設定）への移行という目的があった。

　レポ取引（含む現先）には、債券の銘柄を特定しないＧＣ（General Collateral）レポと、銘柄を特定するＳＣ（Special Collateral）レポがあり、ＧＣレポは資金調達に、ＳＣレポは特定銘柄の債券の調達に主眼が置かれている。

③債券現先市場

　債券現先とは、一定期間後に一定の約定価格で買い戻す（または売り戻す）ことを条件として行われる債券売買である。もっとも債券売買の形はとるものの、利回り（現先レート）と対象となる債券利回りとの間に直接関係はなく、実質的には債券を担保とする短期金融取引である。

　なお1999年4月に有価証券取引税が廃止されたのに続き、2002年4月には、国際基準に則る「新現先」が導入された。これに伴い、レポ取引同様、一括清算条項やクロスデフォルト条項がつくようになったほか、「値洗い」が可能となり、またマージンコールによって価格変動分を調整できる「掛け目」の使用ができるようになった。

　18年5月に国債の決済期間が約定日の翌営業日（T＋1）に短縮された際に、新現先取引の利用拡大のための市場基盤が整備されたことで、現先の市場規模が急拡大した（図表Ⅲ－38参照）。

図表Ⅲ－38　短期金融市場（オープン市場）残高

（末残、単位：兆円）

	2009年12月末	2010年12月末	2011年12月末	2012年12月末	2013年12月末	2014年12月末	2015年12月末	2016年12月末	2017年12月末	2018年12月末
CD	32.9	35.1	35.6	37.1	39.0	46.9	48.5	34.9	35.4	32.9
短期社債（CP）	16.7	15.6	16.5	16.2	15.0	16.4	16.4	14.9	16.8	18.8
国庫短期証券	144.1	150.1	164.2	175.5	158.4	138.0	124.4	117.4	104.2	97.8
レポ取引	81.7	84.7	90.5	92.9	122.3	133.7	134.2	156.8	150.3	173.2
債券現先	19.4	12.3	21.7	20.7	27.9	35.0	30.4	35.7	31.5	118.2
レポ（現担取引）	62.3	72.3	68.7	72.2	94.4	98.7	103.8	121.1	118.9	55.0

（注）　国庫短期証券は2009年12月末分までTBとFBを合算したもの
（出所）日本銀行「金融経済統計月報」、日本証券業協会「公社債投資家別現先売買月末残高」「債券貸借取引残高等状況」、証券保管振替機構「短期社債振替制度発行者区分別残高状況」

④CP市場

　CP（Commercial Paper、コマーシャル・ペーパー）とは、企業が発行する無担保の約束手形を指す。日本では、企業の資金調達手段の多様化ニーズが高まるなか、1987年に市場が創設された。導入当初、発行企業の適格基準や期間、販売対象についてさまざまな制限が課されていたが、順次規制緩和が進んだこともあり、市場は拡大を続け、2007年末には発行残高は23兆円（証券保管振替機構のデータ）となったが、リーマン・ショック後の金融市場の混乱により市場規模は縮小した。CP発行残高は、10～18年前半に15兆円前後で推移していたが、19年には20兆円前後へ拡大している。

　1990年代後半から2000年代前半は、企業の売掛金や手形などを裏づけとしてSPC（特別目的会社）が発行するCP、すなわちABCP（Asset Backed CP、資産担保CP）が急速に発行を伸ばした。

　また2003年4月には、ペーパーレスの電子CPが導入され、以降05年12月までに、ほとんどすべてのCPが電子化されるに至っている。

　なおCP利回りは、コーポレート物であれ、資産担保物であれ、発行体の格付けやネーム、発行額、期間によって開きがある。

⑤CD市場

　CDとは銀行が発行する預金証書のことをいい、通常はNCD（Negotiable Certificate of Deposit、譲渡性預金）を指す。資金の出し手は主に事業法人で、取り手は都市銀行である。

　日本では1975年に市場が創設され、以降、発行条件の緩和なども手伝い、2001年まで順調に拡大を続けてきた。そうしたなか、CD3ヵ月物のレートは長らく短期金利の代表格の1つとされてきたが、発行銀行が取引レートの開示に消極的になったことなどを受け、その指標性は年々低下している。

TIBOR（タイボー）

　TIBORは、東京における銀行間預金市場出し手レート（Tokyo Inter-Bank Offered Rate）の略で、全銀協TIBOR運営機関が公表している。無担保コール市場の実勢を反映した日本円TIBORと、オフショア市場の実勢を反映したユーロ円TIBORがあり、1週間物と1・3・6・12ヵ月物の5種類のレートが公表されている。これらは、リファレンス銀行と呼ばれる金融機関が提示したレートから算出されるが、提示レートは各行のポジションなどに影響されるものではなく、市場実勢とみなしたレートである。

　TIBORは、東京の金融市場において銀行が短期資金を運用・調達する際の指標レートとして発表されているほか、円金利デリバティブの中心的な指標として、また、銀行から企業向けの短期融資の基準金利としても利用されている。

図表Ⅲ－39　主要短期金利の推移（月次、1974～2009年）

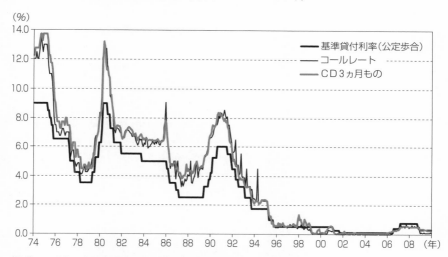

（注1）コールレートは1985年6月以前は有担保翌日物、7月以降は無担保オーバーナイト物。
（注2）CD3ヵ月物は1979年4月以前は手形2ヵ月物で代替。
（出所）日本銀行「短期金融市場金利」、Bloomberg

図表Ⅲ－40　主要短期金利の推移（週次、2010年以降）

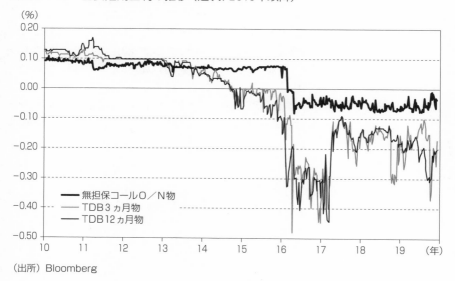

（出所）Bloomberg

（3）市場が見込む短期金利の先行き

　すでに述べたように、国内短期金利は、日銀が日々の金融調節によりファンダメンタルズに対して望ましい水準へ誘導している。日銀が将来、政策金利をどのように動かしていくかを考えるにあたり、市場参加者が短期金利の先行きについてどのような見方をしているのかを捉えることは有益であろう。そのための分析手法を2つご紹介する。

　1つは、オーバーナイト・インデックス・スワップ（Overnight Index Swap、以下OIS）に織り込まれている翌日物金利の先行きの推移である。商品の詳細な説明は専門書をあたっていただくとして、図表Ⅲ－41では1年先までの1ヵ月ごとのフォワードレートの推移を示した。

　例えば、2008年10月31日に日銀は無担保コールレートO／N物の誘導水準を0.50％から0.30％に引き下げたが、前日のOISレートにはほぼ織り込まれている様子がみてとれる。これは各時点の市場参加者の予想を反映したものであり、将来にこれが実現するとは限らないが、日銀の政策金利の変更を予想するうえで出発点となる情報である。なお、実際に取引されるOISのレートはスポットレートであるため、フォワードレートの計算が別途必要となる。また、OISは相対取引である。

　もう1つは、ユーロ円金利先物に織り込まれている、ユーロ円TIBOR3ヵ月物金利（144頁参照）の先行きの推移である。ユーロ円金利先物は、東京金融取引所に上場されている。価格で取引されるため、織り込まれている先行き金利を価格から計算する必要があるが、計算式は単純で、100から当該限月の価格を引いたものが、市場が織り込む、その限月の時点のユーロ円TIBOR3ヵ月物金利（フォワードレート）となる。なお、限月は3、6、9、12月と時点が固定されている。

　図表Ⅲ－42に、ユーロ円TIBOR3ヵ月物金利の実際の推移と、各時点のユーロ円金利先物の織り込む先行き金利を示した。市場参加者の期待の変化が明確に表れている。

公表機関ウェブサイトアドレス

東京金融取引所　https://www.tfx.co.jp/

図表Ⅲ－41　オーバーナイト・インデックス・スワップが織り込む翌日物金利の先行き

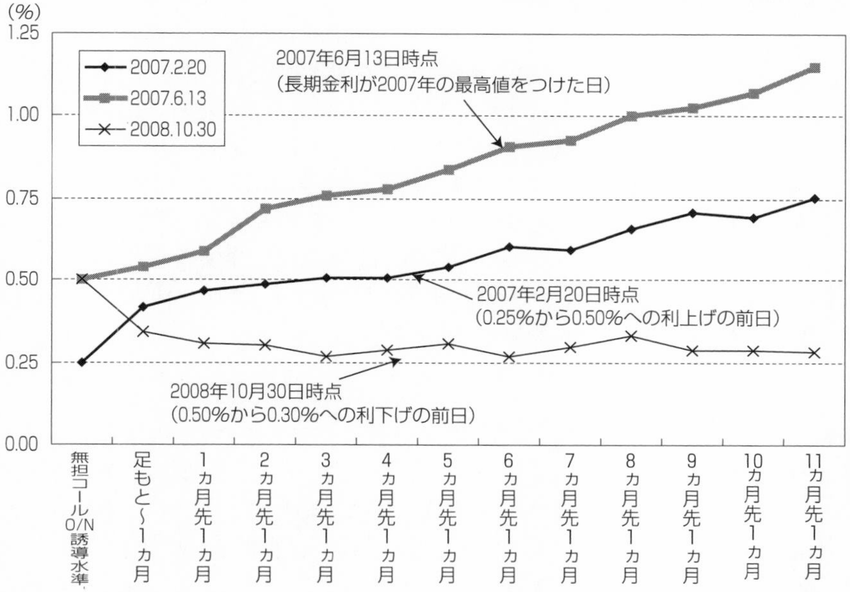

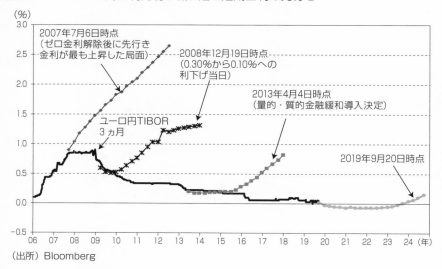

(出所) Bloomberg

図表Ⅲ－42　ユーロ円金利先物が織り込む短期金利の先行き

(出所) Bloomberg

［3］債券市場の概要

（1）債券市場

　債券（公社債ともいう）の分類にはさまざまな基準があるが、基本的な分類は図表Ⅲ−43で示したように、発行体を基準にしたものである。なかでも国債が、売買高、発行残高などといった点から、他の債券を圧倒している。

　債券市場は取引の機能により、発行市場と流通市場に分けられる。発行市場とは、新たに発行される債券の募集・売出しが行われる市場で、債券の発行体、投資家、それらの間を仲介する引き受け業者（証券会社や金融機関）で構成される。一方、流通市場とは、発行済みの債券を売買する市場で、債券の買い手および売り手、仲介業者（証券会社や金融機関）からなる。

①発行市場

　債券の発行には、発行体による分類のほか、発行方法により直接発行（発行体が債券を直接投資家に販売）と間接発行、募集方式により公募と私募、発行方式により引受シンジケート団（引受シ団）方式と公募入札方式などといった区分がある。

　引受シ団方式とは、債券の発行を円滑に行うために組織される引受シ団（金融機関で構成）と発行体の間で、募集取り扱いや引き受け契約を締結したうえ、一般の投資家を募集し、応募額が発行額に満たないときは、その残額をシ団が引き受ける方式をいう。一方、公募入札方式は、発行のつど、発行条件を応募者の価格競争によって入札するものである。なお公募入札方式には、各落札者自らが入札した価格（もしくは利回り）が発行条件となるコンベンショナル方式と、各落札者自らの入札価格（もしくは利回り）にかかわらず均一の発行条件となるダッチ方式がある。

　国債の発行では、1989年以降、引受シ団方式に加え、公募入札方式が併用されたが、2006年3月にシ団は廃止された。04年10月に新公募入札方式「国債特別参加者制度」が導入され、国債の安定的な消化や国債市場の流動性、効率性、競争性、透明性、安定性が図られている。国債特別参加者は、「プライマリー・ディーラー」とも呼ばれ、発行予定額の5％以上の応札をすることや一定割合以上の落札をすることなどの責任を負っている。なお国債発行には、市中発行以外に個人向け国債、その他窓販の個人向け販売分や日銀乗換などによる公的部門発行方式がある。

②流通市場

　債券の流通市場は、証券取引所で取引される取引所市場と、証券会社や銀行の店頭において相対で取引する店頭市場に区分されるが、ほとんどの取引は店頭市場で行われている。その理由としては、第1に、債券は発行銘柄数が非常に多く、取引所での処理は物理的に不可能なこと、第2に、投資家の取引内容は単純な購入や売却だけではなく、ポートフォリオ改善のための入れ替え取引など複雑なものが多く、取引所ではそうした細かなニーズに対応できないことなどが挙げられる。

　一方で、店頭取引には、相対で行われるために取引価格に統一性が欠ける場合がある。日本証券業協会はこうした問題を解消するために、売買仲介業者からの取引報告をもとに、「店頭売買参考統計値」（選定銘柄とされた公社債の債券価格と利回り）および「店頭気配情報」（一定基準のもとで協会が選定した個人向け社債の債券価格と利回り）を原則毎営業日公表している。このうち店頭売買参考統計値は、1966年設置の「店頭基準気配発表制度」に起源を遡り、その後、77年の「指標気配」（機関投資家向け）および「標準気配」（小口投資家向け）の設置、92年の「基準気配」への一本化を経て、2002年8月に現行の形となったものである。05年8月以

図表Ⅲ－43　　債券の分類

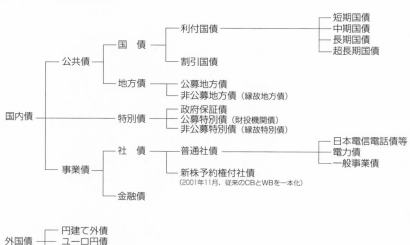

（注）その他、上記以外にも資産担保債券（ABS）、インデックス債、他社転換社債（EB）などがある。
（出所）堀之内朗・武内浩二編『債券取引の知識（第2版）』

降は投資法人債券の一部も取引価格の公表対象となっている。他方、店頭気配情報は、個人投資家の積極的な市場参加を図って、日本証券業協会が2003年4月に新たに設置したものである。

　なお、主に日本相互証券（1973年創設。Broker's Broker、略称ＢＢ）を通じて行われる公社債ディーラー（業者）間の売買も、債券の流通市場では重要な機能を果たしている。

（2）国債市場

①国債の分類

　国債の分類にはいくつかの方法があるが、発行目的別には歳入債、繰延債、融通債の3つに大別できる。歳入債とは、さまざまな歳出資金を調達する目的で発行される国債で、当該年度の歳出を賄う新規財源債と国債の償還資金を調達する借換債からなる。繰延債は、財政資金の支出に代えて国債を発行することにより、その国債の償還日まで支出を繰り延べる目的で発行される国債で、交付国債（第2次世界大戦の戦没者遺族や引揚者などに対し弔慰金などの支給に代えて交付される国債）や出資・拠出国債が含まれる。融通債は、国庫の日々の資金繰りを賄うための資金を調達する目的で一時的に発行される国債で、政府短期証券（ＦＢ）（142頁参照）と呼ばれるものである。

　歳入債は短期・中期・長期・超長期国債のほか、個人向け国債・物価連動国債・変動利付国債に分類される。うち近年登場したものについて簡単に説明すると、「個人向け国債」は、個人投資家の国債保有促進を目的に2003年3月に発行が開始された期間10年の国債（変動金利）である。同様の趣旨で06年1月からは期間5年の、10年7月からは期間3年の新型個人向け国債（固定金利）の発行が開始されている。一方、「物価連動国債」は、元本額が物価の動向に連動して増減する国債で、将来のインフレ・リスクを回避したい投資家のニーズに応えるべく04年3月に発行が始まった国債である。07年11月に入札の開始された「40年利付国債」は、年金・生保などの投資家の長期資産構築ニーズに対応したものである。

　国債は、起債根拠法によって、建設国債（根拠法：財政法4条第1項但し書き）、特例国債（同：各年度における特例法。いわゆる「赤字国債」）、借換国債（同：国債整理基金特別会計法第5条第1項および第5条の2）、財政融資資金特別会計国債（同：財政融資資金特別会計法第11条。いわゆる「財投債」）、復興債（同：東日本大震災からの復興のための施策を実施するために必要な財源の確保に関する特別措置法第69条）に分けることもできる。

②国債の発行状況の推移

　図表Ⅲ－44は戦後の国債発行額などの推移を示したものである。国債の発行が開始されたのは1965年のことであるが、以降、発行額、残高ともほぼ一貫して増加している。

　新規財源債発行額を分子とし一般会計歳入額を分母とした国債依存度、および国債残高の対GDP比の推移をみると、80年代後半から90年代初頭にかけて低下を示す場面もあった（85頁の図表Ⅱ－46参照）。だが、いずれも90年代初頭を境に上昇基調にあり、国債残高の対GDP比は1998年度末に50％を超え、2005年度末に100％を、15年度末には150％を上回った。

　新規財源債の発行額は2002～08年度の間、建設国債を中心に抑制されたものの、09年以降、特例国債（赤字国債）の発行額が急増し、国債残高は19年度末には897兆円に達する見込みである。

図表Ⅲ－44　国債発行額・残高の推移

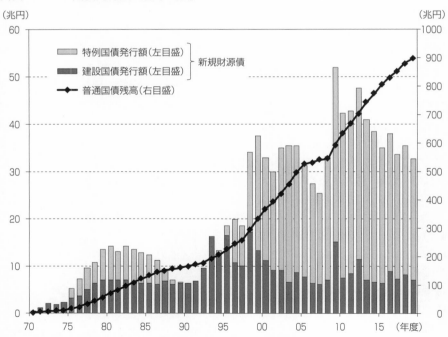

（注）国債発行額は収入金ベース。2017年度までは実績、2018年度は補正予算ベース、
　　　2019年度は当初予算ベース。
（出所）財務省『債務管理リポート2019』

③国債の投資家別保有状況

　図表Ⅲ－45は部門別国債保有状況の推移を示したものである。目を引くのが、中央銀行が急激に残高を伸ばしている点である。保有比率も2011年3月の8.2％から19年3月に46.3％と大幅上昇している。これは、日本銀行の量的・質的緩和導入による国債大量購入を反映したものである。この影響は図表Ⅲ－46の国債取引状況でも読み取ることができる。銀行等の預金取扱機関が主要な売却主体となり、中央銀行が13～16年度に60兆円超を購入している。

　また、国債取引状況では14年度に公的年金もまとまった額を売り越している。世界最大の機関投資家である年金積立金管理運用独立行政法人（GPIF）が、14年10月に資産配分を国内債券から株式や外貨建資産へシフトすべく、基本ポートフォリオを変更したことが影響している。

④国債先物取引・国債先物オプション取引

　国債先物取引とは、将来の特定の期日に、あらかじめ合意した価格で特定の国債を取引する契約のことである。日本では、公社債市場の拡大・成熟に伴い、投資家の間でリスクヘッジに対するニーズが高まってきたことなどを背景に、1985年、東京証券取引所が市場を創設した。

　国債先物取引では、実際に発行されている国債ではなく、「標準物」と呼ばれる架空の債券が取引の対象とされる。商品種別としては、中期国債標準物（償還期限5年、クーポンレート3％）を対象とした「中期国債先物取引」、長期国債標準物（償還期限10年、クーポンレート6％）を対象とした「長期国債先物取引」および超長期国債標準物（償還期限20年、クーポンレート3％）を対象とした「超長期国債先物取引」があるが、長期国債先物が大半を占める。09年3月から、取引単位を通常の長期国債先物取引の10分の1にした「ミニ長期国債先物取引」も開設されている。

　国債先物オプション取引は、リスク管理手段の多様化と資産運用手段の高度化を目的として、東証が1990年6月に導入した取引である。その内容を簡単に述べると、国債先物取引のある限月において、特定の価格（権利行使価格）で、一定数量を一定期間内に買い付けることのできる権利（国債先物コールオプション）もしくは売り付けることのできる権利（国債先物プットオプション）を売買するものである。対象は長期国債先物である。

　国債先物および同オプションは、大阪取引所に上場されている。かつては東証に上昇されていたが、2014年3月に大証と東証のデリバティブ市場が統合されて大阪取引所がスタートしたことで、東証から移管された。

図表Ⅲ－45　部門別国債保有状況の推移

（単位：兆円、構成比は％）

		01/3	06/3	11/3	15/3	16/3	17/3	18/3	19/3
金融部門		356 (87.0)	532 (79.4)	576 (78.5)	756 (85.0)	827 (86.2)	838 (86.5)	866 (87.0)	885 (86.1)
	中央銀行	48 (11.6)	87 (12.9)	60 (8.2)	225 (25.3)	317 (33.1)	387 (39.9)	437 (43.9)	476 (46.3)
	国内銀行	65 (16.0)	72 (10.7)	106 (14.5)	110 (12.4)	95 (9.9)	71 (7.3)	59 (5.9)	42 (4.1)
	その他預金取扱機関 *1	59 (14.4)	178 (26.5)	201 (27.4)	164 (18.4)	139 (14.5)	120 (12.4)	108 (10.8)	98 (9.5)
	保険・年金基金 *2	83 (20.3)	141 (21.0)	185 (25.2)	237 (26.7)	254 (26.5)	245 (25.3)	245 (24.6)	249 (24.2)
	その他金融仲介機関	89 (21.7)	54 (8.0)	19 (2.6)	12 (1.4)	15 (1.6)	10 (1.0)	11 (1.1)	12 (1.2)
国内非金融部門		29 (7.1)	112 (16.7)	128 (17.4)	89 (10.1)	81 (8.4)	74 (7.6)	70 (7.1)	70 (6.8)
	非金融法人	4 (1.0)	8 (1.2)	12 (1.6)	9 (1.0)	9 (0.9)	7 (0.8)	8 (0.8)	8 (0.8)
	一般政府	13 (3.1)	73 (10.9)	82 (11.2)	62 (7.0)	57 (6.0)	51 (5.3)	48 (4.8)	46 (4.5)
	家計	10 (2.5)	28 (4.2)	30 (4.1)	16 (1.8)	12 (1.3)	13 (1.3)	12 (1.2)	13 (1.3)
海外部門		24 (5.9)	26 (3.9)	30 (4.1)	44 (4.9)	52 (5.4)	57 (5.9)	59 (5.9)	73 (7.1)
合　　計		409 (100.0)	670 (100.0)	734 (100.0)	889 (100.0)	959 (100.0)	968 (100.0)	996 (100.0)	1,028 (100.0)
（参考・内数）									
*1 うち郵便貯金		26 (6.5)	126 (18.8)	－	－	－	－	－	－
*2 うち簡易保険等		30 (7.3)	57 (8.5)	－	－	－	－	－	－

（注1）　2007年10月の日本郵政公社民営化以降、郵便貯金・簡易保険の個別計数公表は取り止めとなった。
（注2）　統計の基準改定により、2001年3月は1993SNAベースで、2005年3月以降は2008SNAベース。
（資料）　日本銀行「資金循環統計」

図表Ⅲ－46　主要部門の資産サイドの国債取引状況

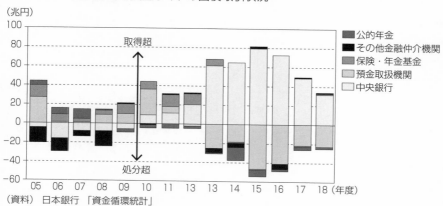

（資料）　日本銀行　「資金循環統計」

（3）債券の投資家売買動向

　債券市場の需給分析に際しては、投資家の売買動向の把握が重要である。投資家別の公社債売買状況については、「公社債店頭売買高」として日本証券業協会が月次データを原則翌月20日に公表している。債券の種類別のデータもあるため、国債の超長期・長期・中期・短期別の売買動向の分析もできる。

　図表Ⅲ－47は、投資家別の公社債の売り越し・買い越し状況（国庫短期証券等除き）を月次ベースでみたものであるが、各投資家が債券市場に対しどの程度の影響力をもっているかがわかるとともに、それぞれの特性に応じる形で、投資行動にパターンがあることがみてとれるだろう。

　公社債売買動向を分析するうえで注意すべきポイントは以下の通り。

①売買高データは、店頭取引のみを対象とし、取引所取引を含まない。

②ウェブサイトのファイルでは、売り買いネット金額は、売付額から買付額を控除した数字となっているため、債券の売り越し・買い越しをプラス・マイナスで捉える際に符号が逆になる。

③集計対象の取引は売買であるため、債券の償還は含まれない。また、引受け・売出し及び募集・売出しも集計対象外である。

④集計対象の債券は、日本国内で発行された円貨建債券。円貨建外債（外国政府・外国法人などが日本国内で発行した円貨建債券）を含む。

　2013年4月以降の量的・質的緩和による日銀の国債大量購入は、公社債投資家別売買高では、投資家区分の「その他」に反映される。また、投資家区分「その他」には、政府・政府関係機関が含まれるため、国債発行分は「その他」の売付額に計上される。「その他」のネット売買額では、国債発行分と日銀購入分が相殺される形となる。

　「公社債店頭売買高」は、従来の統計を再編・拡充して18年5月のデータより公表を開始したものである。それ以前のデータは、集計基準が不連続であるが、「公社債投資家別売買高」を参考資料とできる。

公表機関ウェブサイトアドレス

日本証券業協会　　http://www.jsda.or.jp/

図表Ⅲ-47　投資家別公社債売買動向分析

（国庫短期証券等を除く、買い越し（＋）、売り越し（－）、単位：億円）

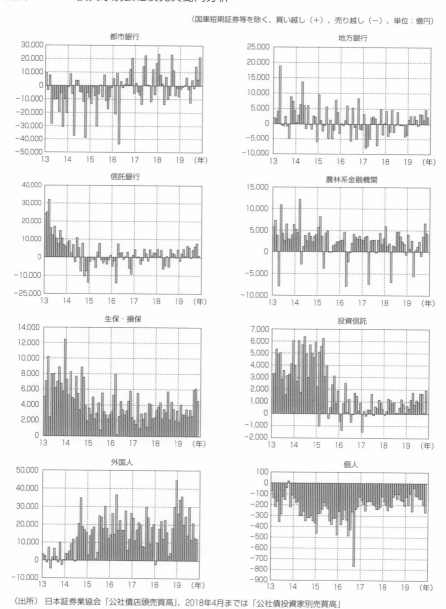

（出所）日本証券業協会「公社債店頭売買高」、2018年4月までは「公社債投資家別売買高」

［4］長期金利分析

（1）企業金融と長期金利

　すでに述べたように、資金循環統計のマネーフロー表は、長期金利の短期的予測において直接役に立つことはほとんどないものの、中長期的な金利トレンドや金融市場の構造変化を捉える際には、欠かせない分析材料である。

　長期金利予測においてとくに重要なのは、法人企業部門の資金調達動向である。企業の長期資金需要が乏しい局面では、金融機関からの借入は伸びず、金融機関の資金は余剰になる。こうした余剰資金はまずインターバンク市場に流入するが、短期金利の水準が極端に低い場合、金融機関はインカム・ゲインを狙って運用資金を債券市場にシフトする。この結果、債券価格は上昇、金利は低下する。

　もっとも企業の借入減少は資金需要の低迷だけがもたらすのではない。より構造的な変化、すなわちデット・ファイナンス（銀行借入・社債発行など負債による資金調達）からエクイティ・ファイナンス（新株の発行を伴う資金調達）へ、あるいは間接金融中心から直接金融中心への資金調達方法の変化も影響している。

　図表Ⅲ－48は、1980年度以降の資金循環勘定における非金融法人企業部門の資金調達・運用状況を示したものである。最下段の「資金過不足」の項をみると、90年代前半までマイナス（＝資金不足）、すなわち資金調達超であったのが、90年代後半以降プラス（＝資金余剰）となっており、負債圧縮の影響を読み取ることができる。このように、非金融法人部門では、長らくバランスシート調整が進められてきたが、2005～06年度に資金調達がプラスに転じ、変化の兆しがみられた。しかし、運用額とネットした資金過不足は1998年度以降「余剰」が継続しており、資金が実体経済へ流れていないことを示している。

　また、1990年代から2000年代半ばにかけて、企業の手元流動性は大きく圧縮されたが、2008年9月のリーマン・ショック以降の信用不安の局面では、手元流動性を積み増す動きが見られ、その傾向は続いている（図表Ⅲ－49参照）。一方、株式による資金調達は、バブル崩壊直後の90年代前半とITバブル崩壊に見舞われた2000年代前半から米サブプライム危機・欧州政府債務問題の影響が残る2010年代前半など、景気後退や信用不安の高まる局面で減少する傾向がみてとれる（図表Ⅲ－51参照）。

　このように、中長期的スパンでみると、企業部門の資金需要動向も長期金利の重要な変動要因となっている。

図表Ⅲ－48　非金融法人企業部門の資金運用・調達（フロー）

（単位：兆円）

年度	1980～84合計	1985～89合計	1990～94合計	1995～99合計	2000～04合計	2005～09合計	2010～14合計	2015	2016	2017	2018
資金調達	179.2	364.9	163.4	-62.0	-110.2	-19.2	10.4	2.4	21.9	14.0	31.3
借入金	109.7	186.1	100.8	-44.8	-88.6	19.1	-2.4	4.0	13.2	2.9	21.4
うち民間借入	89.8	154.3	52.0	-36.7	-84.1	9.6	9.6	9.7	10.8	3.3	12.4
うち公的借入	21.6	5.8	21.1	0.4	-2.8	-19.1	-5.1	-1.8	0.9	0.3	1.5
うち非金融部門貸出金	-3.7	20.6	18.1	-7.5	-0.1	0.4	-6.3	-3.8	1.3	-1.5	2.7
債務証券	19.3	58.5	28.3	-13.4	-21.5	-27.8	-6.7	-1.0	6.9	0.8	3.0
うち事業債	3.3	10.1	17.5	14.5	-6.8	1.4	-4.9	-1.3	5.4	-2.0	0.1
うち外債	5.1	24.4	4.3	-18.7	-3.1	-2.2	0.8	1.1	1.1	2.9	1.9
うちCP	0.0	13.3	-4.9	-1.8	-0.5	-2.7	-0.2	-0.6	0.4	0.0	1.3
うち政府関係機関債	10.7	10.7	10.8	-7.0	-10.9	-24.8	-2.7	-0.3	-0.1	0.0	-0.2
株式等・投資信託受益証券	16.6	42.2	33.5	30.0	19.4	21.7	14.9	3.4	1.3	1.6	2.1
うち上場株式	9.9	37.5	8.3	13.8	14.5	6.6	3.9	-0.2	-1.1	1.1	3.7
対外債務	0.0	1.4	1.0	0.7	-2.0	0.0	-0.4	0.0	-0.5	-0.1	0.3
その他	33.6	76.7	-0.2	-34.6	-17.5	-32.2	5.0	-4.0	0.9	8.8	4.4
資金運用	105.6	243.2	18.8	-33.5	32.4	55.1	136.1	24.0	34.4	41.8	41.0
現金・預金	37.6	66.2	-4.3	16.3	21.4	4.7	46.9	12.2	14.1	12.6	7.5
うち現金	2.0	5.9	2.2	6.8	3.6	-0.7	0.4	-0.1	-0.4	1.3	-0.7
うち流動性預金	3.7	7.0	8.6	20.5	48.6	-3.1	30.4	13.3	14.9	10.3	7.8
うち定期性預金	22.8	49.4	-16.9	-30.0	-21.4	5.2	5.6	-3.3	0.8	1.0	1.1
うち譲渡性預金	4.4	4.2	-1.5	22.9	-9.8	-0.5	4.0	1.3	-0.5	-1.5	-1.2
うち外貨預金	4.7	-0.2	3.2	-3.9	0.4	3.8	6.6	1.0	-0.7	1.5	0.4
貸出	3.5	12.4	9.3		11.8	2.2	2.1	0.9	-0.5	-1.4	1.4
債務証券	7.6	7.6	-0.2	-3.4	7.1	3.8	-6.7	-0.1	0.9	1.0	0.7
うち債券	4.2	-0.8	-2.0	5.1	-0.9	5.9	-3.7	-0.8	0.9	-0.1	-0.1
うちCP	0.0	7.2	-3.0	-2.1	0.0	0.2	-1.0	0.1	0.7	-0.2	-0.3
うち信託受益権	3.0	-0.6	5.1	-10.1	0.1	0.1	1.8	1.2	-0.5	0.2	0.3
うち債権流動化関連商品	0.4	1.7	-0.4	3.8	7.9	-2.4	-3.8	-0.7	-0.2	1.1	0.8
株式等・投資信託受益証券	5.7	34.8	-3.5	-2.4	3.9	11.8	2.8	2.0	-0.9	1.3	-3.1
うち上場株式	3.0	24.4	-16.0	-8.4	0.1	3.9	1.4	6.8	-0.1	0.6	4.0
うち投資信託受益証券	0.3	3.1	2.8	1.9	-2.8	0.2	0.5	0.0	0.1	0.0	0.1
対外債権	2.3	37.9	18.7	-2.6	7.3	40.0	69.0	13.8	19.1	19.7	28.3
その他	49.1	84.3	-1.1	-41.4	-19.0	-7.5	22.0	-4.7	1.7	8.7	6.2
資金過不足	-73.6	-121.7	-144.6	28.5	142.6	74.2	125.7	21.7	12.5	27.8	9.8

（注1）　対外債券・債務は、直接投資、証券投資、その他の対外債権債務の合計。
（注2）　上記の「その他」には、資金循環勘定上の「その他」以外にも金融派生商品、預け金、企業間・貿易信用などを含む。
（注3）　統計の基準改定により、2005年度以降は08SNAベースで、1980～2004年度は93SNAベース。
（出所）　日本銀行「資金循環統計」

図表Ⅲ－49　手元流動性の推移

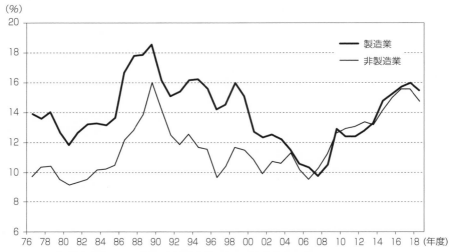

（注）　手元流動性＝（現金・預金＋有価証券の前期末・当期末平均）／売上高
（出所）　財務省 総合政策研究所 「法人企業統計」、INDB-Accel

図表Ⅲ－50　資金繰り判断DI

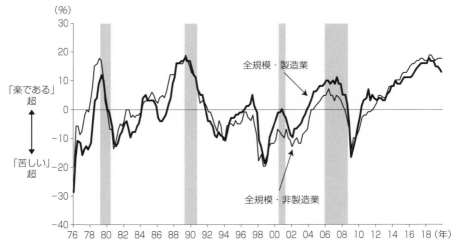

（注1）　シャドー部分は金融引き締めから緩和に転じる前までの期間を示す。
（注2）　調査対象企業等の見直しにより、2003年12月調査と2004年3月調査の計数は非連続。
（出所）日本銀行 「全国企業短期経済観測調査」

図表Ⅲ－51　エクイティ・ファイナンスによる調達（東証上場会社資金調達額）

（単位：億円、％）

年	株式	転換社債型新株予約権付社債			新株予約権付社債			合計	対名目 GDP比
	合計	合計	国内	国外	合計	国内	国外		
1987	28,984	61,336	51,540	9,796	31,148	300	30,848	121,468	3.4
1988	45,334	72,847	64,680	8,167	35,025	0	35,025	153,206	4.0
1989	85,293	83,032	67,700	15,332	95,448	3,850	91,598	263,773	6.5
1990	33,994	32,886	27,025	5,861	37,598	9,150	28,448	104,478	2.4
1991	7,510	12,498	10,285	2,213	39,718	3,815	35,903	59,726	1.3
1992	3,871	8,383	4,950	3,433	15,019	0	15,019	27,273	0.6
1993	7,460	19,156	15,285	3,871	16,584	0	16,584	43,200	0.9
1994	8,398	26,841	24,705	2,136	7,799	0	7,799	43,038	0.9
1995	5,908	9,616	6,215	3,401	4,293	12	4,281	19,817	0.4
1996	19,415	34,697	30,085	4,612	4,677	52	4,625	58,789	1.1
1997	11,171	7,002	2,229	4,773	669	168	501	18,842	0.4
1998	15,236	3,275	2,266	1,009	102	102	0	18,613	0.4
1999	99,393	9,453	5,670	3,783	2,506	342	2,164	111,352	2.1
2000	16,381	5,930	3,411	2,519	818	602	215	23,129	0.4
2001	19,642	8,288	2,820	5,468	1,027	562	465	28,957	0.6
2002	19,107	12,695	4,565	8,130	592	64	528	32,394	0.6
2003	33,607	9,870	569	9,301	0	0	0	43,477	0.8
2004	27,877	21,321	5,396	15,925	0	0	0	49,198	0.9
2005	27,673	10,878	7,140	3,738	0	0	0	38,550	0.7
2006	25,751	25,023	13,516	11,507	0	0	0	50,774	1.0
2007	20,877	8,098	942	7,156	0	0	0	28,975	0.5
2008	13,523	13,013	6,459	6,554	0	0	0	26,535	0.5
2009	61,743	4,968	2,851	2,117	0	0	0	66,711	1.4
2010	39,433	4,320	1,610	2,710	0	0	0	43,754	0.9
2011	14,584	3,361	381	2,980	0	0	0	17,945	0.4
2012	19,088	3,027	317	2,710	0	0	0	22,115	0.4
2013	17,970	6,933	944	5,989	0	0	0	24,903	0.5
2014	21,037	10,016	1,041	8,975	0	0	0	31,053	0.6
2015	19,583	9,994	2,386	7,607	0	0	0	29,577	0.6
2016	11,191	5,169	874	4,295	0	0	0	16,359	0.3
2017	15,599	7,957	907	7,050	0	0	0	23,556	0.4
2018	9,034	7,203	401	6,802	0	0	0	16,237	0.3

（注）　2002年3月以前の転換社債型新株予約権付社債は転換社債、同じく新株予約権付社債はワラント債
（出所）日本銀行「金融経済統計月報」（1997年まで）、東京証券取引所「上場会社資金調達額」（1998年以降）

（2）株価と長期金利

　株価を説明するモデルの1つに「配当還元モデル」がある。それは、簡単にいえば「株価＝将来にわたって受け取る配当金を現在の価値に換算したものの合計」とする考え方である。数式化すれば、

$$
株価＝\frac{1株当たりの配当金}{金利 －1株当たり利益の成長率}
$$

　となる。つまり、金利と株価は、他の条件を一定とすれば、反比例の関係にあるということになる。

　現実の世界がこの理屈ほど単純ではないことはいうまでもない。とはいえ図表Ⅲ－52が示すように、景気後退局面では株価は下落する傾向があり、株価と景気循環の関連性を読み取ることができる。また、景気と金利との間の密接な関係は第Ⅰ章で述べた通りである。つまり、景気と金利、株価の間には互いに影響を与える関係がある。図表Ⅲ－53は、そうした三者の関係をまとめたものである。

　以上は中期的な視点から金利と株価の関係を眺めたものだが、より短期的にも両者は関連性がある。株価が下落すると、株から債券への資金シフト、すなわち「質への逃避」（flight to quality）が起こり、金利が低下する、という因果関係である。また株価が大きく下落した場合、金融緩和が実施されるとの思惑が広がり、金利が低下することがある（例えば1987年10月のブラック・マンデーの際）。逆に金融当局が強い金融引き締めを実施すると、株価は下落し金利は上昇する。

　いずれにせよ、金利の分析・予測に際しては株価動向も十分考慮しなければならない。

図表Ⅲ−52　株価と景気循環

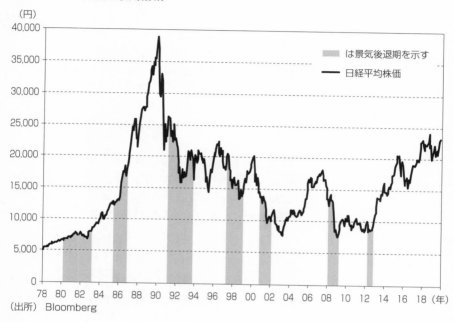

（出所）Bloomberg

図表Ⅲ−53　株式市場の局面推移

相場局面	金　利	業　績	株　価
金融相場	↓	↘	↑
中間反落	→	→	→
業績相場	↗	↑	↗
逆金融相場	↑	↗	↓
中間反騰	→	→	→
逆業績相場	↘	↓	↓

（出所）『相場サイクルの見分け方』浦上邦雄 日本経済新聞社

（3）日米の長期金利比較

　日米の長期金利は1970年代を通じて高い連動性を示していた。しかし80年代に入ると、米国がインフレ抑制（81〜82年）や景気拡大（84年）に対応し金融引き締めを行ったのに対し、日本は80年以降長期にわたって金融緩和的な環境にあったことから、日米間の長期金利の連動性は弱まった。もっとも90年代以降、水準こそかなり違うものの、例外的な時期（2000年前後の日米の景況感が異なる時期）を除き、両者は再び連動性を回復しているように見える（図表Ⅲ−54参照）。ただし、13年以降は日銀の量的・質的金融緩和のもとで、日本の長期金利の変動幅はかなり抑制されている。

　近年、先進国の長期金利の連動性が高まっている。その背景には、経済のグローバル化進展により、景気循環に時間のズレが少なくなってきていることが考えられる。グローバル化は、企業活動のみならず、機関投資家の投資対象にも及んでいるため、実体経済・金融取引の両面から、金利の連動性は高められているものと推測される。

（4）長期金利と為替レート

　ドル円レートと日本の長期金利との関係については、1990年代に入るまでは円高＝日本金利の低下、円安＝日本金利の上昇という比較的有意な相関があったが、90年代から2000年代前半にかけて、はっきりしなくなった。00年代後半に、再びそのような相関性が戻ったように見えたものの、13年以降の日銀の量的・質的金融緩和のもとで、円安下での金利低下となった（図表Ⅲ−55参照）。

　金利と為替の関係については、第Ⅺ章でも言及されているが、単純に一方が他方へ影響するという関係ではない。あるときは金利の動きが為替で説明され、またあるときは為替の動きを金利で説明するというように、後講釈でいかようにも説明できる。

　少なくとも金融市場が自由化された先進国間の為替と金利の関係については、単に一国の金利と為替レートの関係をみるのではなく、二国間の金利差と為替レートを比較するべきであろう。

図表Ⅲ－54　日米の長期金利推移

（注）日本の10年国債利回りは、99年2月まで指標銘柄、以降は新発10年。
（出所）Datastream、Bloomberg

図表Ⅲ－55　日本の長期金利と為替レートの推移

（注）10年国債利回りは、99年2月まで指標銘柄、以降は新発10年。
（出所）Datastream、Bloomberg

(5) 長期金利とインフレ率

　1980年代以降の日本の金利とインフレ率の推移をみると、第2次石油危機を経た80年代前半、インフレ率が大きく低下する一方で、長期金利はインフレ率ほどには下がらず、したがって長期金利（正確には名目長期金利）からインフレ率を差し引いた実質長期金利は高止まり状態が続いた。レーガノミックスのもと、米国が「強いドル」を維持するために高金利政策を実施し、それが日本の金利にも波及したことがその理由としてあげられる。

　80年代後半はインフレ率が安定的に推移する一方、長期金利は大きく低下、その結果、実質長期金利も低下した。

　90年代から2000年代前半にかけては、インフレ率がマイナスとなり、デフレ的状況が続くなか、金融緩和が進められていったため、実質長期金利は低水準で推移した。2008〜09年は、名目金利が低位で推移するなか、インフレ率が大きく上昇した後に下落したため、実質金利は反対に急低下→急上昇した。消費増税の影響で14〜15年にも同様の動きが確認できる。16年以降は日銀のマイナス金利導入と長短金利操作導入で長期金利がゼロ％近辺に張り付いたため、小幅プラスのインフレ率の分だけ、実質金利はマイナス圏で推移した。

図表Ⅲ－56　長期金利と期待インフレ率

（注1）予想CPIコア変化率はQUICK月次調査＜債券＞の回答の平均。消費増税の影響を含む。
（注2）2009年7月〜2013年9月のブレーク・イーブン・インフレ率（10年）はデータなし。
（出所）QUICKのQUICK月次調査＜債券＞ヒストリカルデータ、Bloomberg

図表Ⅲ-57　日本の長期金利とインフレ率の推移

（注）10年国債利回りは、99年2月まで指標銘柄、以降は新発10年。
（出所）Datastream、Bloomberg

図表Ⅲ-58　日本の実質長期金利

（注）10年国債利回りは、99年2月まで指標銘柄、以降は新発10年。
（出所）Datastream、Bloomberg

[5] 金利スプレッド

(1) 長短金利の逆転現象

　短期金利と長期金利の関係はイールドカーブで表される。順イールドとは、右上がりのカーブで、短期金利が長期金利よりも低い状態を指し、逆イールドとは右下がりのカーブで、短期金利が長期金利よりも高い状態を指す。

　長短金利の逆転現象は、金融市場を分析する者にとっては、きわめて興味深いテーマである。図表Ⅲ－59は、1983年から95年の金利の推移をみたものであるが、この期間中に3度、長短金利の逆転が起きている。

　(a) 1回目は85年8月から86年4月に起きた。銀行による公共債ディーリングが始まったことを背景に長期金利が低下し、短期金利を下回った。その後、金融緩和策によって短期金利が大きく下がったことで、逆転は解消された。

　(b) 2回目は、図表では明瞭ではないが、87年2月から5月に起きた。逆転の要因はマーケットが過度の金融緩和期待を抱いた結果、長期国債価格が急騰し、長期金利が急低下したことだったが、3ヵ月間で解消された。

　(c) 3回目は89年7月から91年12月で、2年半余りにわたって続いた。最も典型的な逆転現象で、厳しい金融引き締めにより、短期金利の上昇ピッチと長期金利の上昇ピッチとの間で乖離が起きたために発生したものである。

　3回目の場合にみられるように、金融引き締めを伴う長短金利の逆転は長期化する傾向があり、またその後には、歴史的経験からいうと、しばしば深刻な景気後退が到来する。その理由としては、次のことが考えられる。

　金融当局は景気が過熱していることに気づくと、これを利上げによって「ファイン・チューニング」（裁量的な微調整）しようと考える。だが景気の判断材料となる統計や指標は実際には過去数ヵ月前の記録である。しかも景気の認識と政策の実行との間には、必然的にタイムラグが生じる。そうした現実と認識、認識と実行の間のギャップのため、当局が景気過熱の抑制に乗り出した頃には、景気はすでにピークを過ぎており、引き締めは微調整どころか「オーバーキル」（過度の引き締め）となってしまう。その結果、景気後退は加速し、やがて深刻化するのである。

　なお長短金利の逆転現象が起きると、市場分断仮説（長期と短期の債券市場は分断されていて独自に動くという説）に基づく需給論が市場関係者の間で横行するが、たいていは間違いである。しかし、2016年9月に日銀が導入した「長短金利操作付き量的・質的金融緩和」のもとで発生した長短金利の逆転は各市場独自の需給の影響を否定しきれなくなっている。

図表Ⅲ－59　長短金利の逆転現象

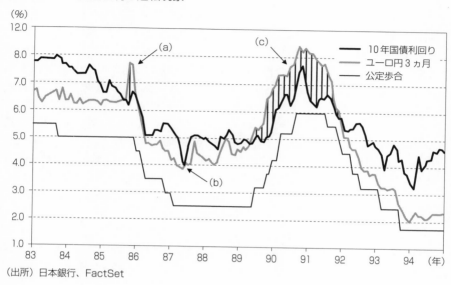

（出所）日本銀行、FactSet

図表Ⅲ－60　日本国債のイールドカーブ推移

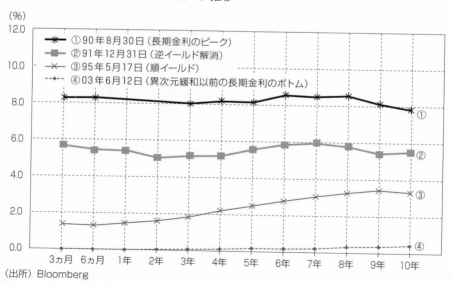

（出所）Bloomberg

（２）景気循環と長短金利差

　第Ⅰ章ですでに述べたように、景気と金利との間には密接な関係がある。図表Ⅲ
－61は、景気循環長短金利差の関係をみたものである。1970年代後半から90
年代半ばにかけては、タイムラグを伴いつつも、おおむね景気拡大期には長短金利
差は順イールドとなり、拡大期の終わりにかけて金利差は縮小へ向かい、景気後退
期の直前に逆転、後退期に入ると逆イールドは解消へ向かい、長短金利差は再逆
転するというパターンがみられる。より詳しくみると、次のような展開が認められる。

　景気拡大期の初期においては将来のインフレ率上昇期待から長期金利が上昇し長
短金利差が拡大する。遅れて経済指標などから景気拡大が確認されると、中央銀
行が金融引き締め局面に入り、短期金利が上昇する。しかし、景気拡大の初期段階
を過ぎると、マーケットは将来の追加利上げによる景気抑制、さらには景気の後退、
インフレ率の低下を織り込むようになり、長期金利は低下し、長短金利差は縮小す
る。拡大期の最終段階では長短金利は逆転する。

　景気後退期に入ると、初期においては中央銀行が前項で述べた「オーバーキル」
の状態から金融緩和局面に転換し、短期金利が大きく低下する形で長短金利差は
反転へ向かう。後退期の終盤では、将来の景気回復期待が織り込まれ、長期金利
が上昇し、長短金利の逆転が解消される。

　もっとも超金融緩和が導入された90年代後半以降は、金利水準がゼロ近辺にあ
るため、長短金利差と景気の関係は不明瞭になっており、長短金利差が景気の転
換点に対してもっていた先行性が失われているようにみえる。

図表Ⅲ－61　景気循環と長短金利差

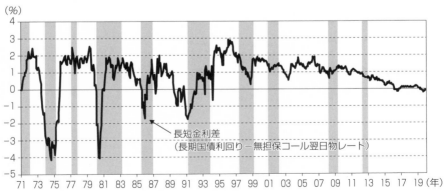

（注１）　長期国債は、99年2月まで指標銘柄、以降は新発10年。コールレートは、92年9月まで有担保。
（注２）　シャドー部分は景気後退期。
（出所）　Datastream、Bloomberg、INDB-Accel、内閣府

図表Ⅲ－62　景気と金融政策・金利の転換点

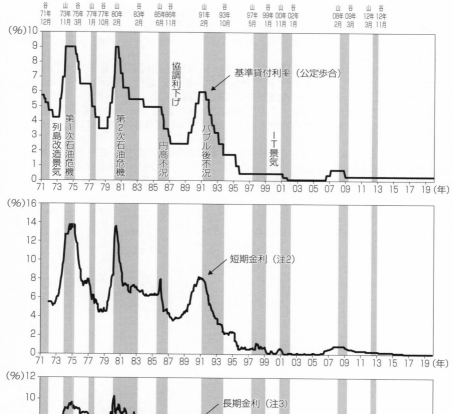

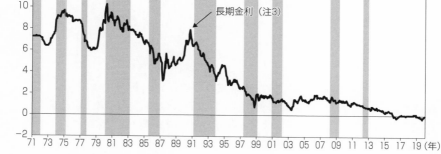

（注1）シャドー部分は景気後退期。
（注2）TIBOR3ヵ月物、1995年10月以前は手形レート2ヵ月物。
（注3）新発10年国債利回り、1999年2月以前は10年国債指標銘柄利回り。
（出所）Datastream、Bloomberg、INDB-Accel、内閣府

リバーサル・レート

　　リバーサル・レートとは、金利低下が一定水準まで行くと金融緩和効果が反転し副作用が生じるという考え方のもとで、そのような経済にマイナスの影響をもたらす転換点となる金利水準のことである。プリンストン大学のマーカス・ブルネルマイヤー教授が提唱した。

　　黒田日銀総裁が2017年11月13日に「『量的・質的金融緩和』と経済理論」と題した講演のなかで言及したことで注目を集めた。黒田総裁は、「金利を下げ過ぎると、預貸金利鞘の縮小を通じて銀行部門の自己資本制約がタイト化し、金融仲介機能が阻害されるため、かえって金融緩和の効果が反転（reverse）する可能性がある」と説明したが、講演の時点で日本では金融仲介機能は阻害されていないとした。

　　その後、2019年6月19・20日開催の「金融政策決定会合における主な意見」において、ある審議委員から「リバーサル・レートに近づきつつあるのではないか」との言及があったが、同年7月30日の記者会見で黒田総裁は、現状はリバーサル・レートではないと否定している。

《参考文献》

①「金融読本（第25版）」呉文二・島村高嘉　東洋経済新報社

②「新しい日本銀行 ── その機能と業務」日本銀行金融研究所編　有斐閣

③「金融政策」酒井良清・榊原健一・鹿野嘉昭　有斐閣

④「入門 マクロ経済学（第4版）」中谷巌　日本評論社

⑤「経済指標の読み方（上）」日本経済新聞社編　日本経済新聞社

⑥「実践・景気予測入門」嶋中雄二＋UFJ総合研究所調査部　東洋経済新報社

⑦「現代の金融政策 ── 理論と実際」白川方明　日本経済新聞出版社

第IV章

米国経済の見方

1 米国の景気循環

　米国経済の動向や先行きを正確に分析することは、米国の金利や株価を予測するためばかりでなく、為替や、日本や欧州諸国の金利を見るうえでも重要である。米国の経済指標の発表をきっかけとして、世界各国の市場が大きく動くことが多いからである。

[1] 景気循環の重要性

　米国の景気動向を中長期的に把握するには、景気循環において、現在がどういった局面にあるかを見極めるのが第1のステップとなる。金利や株価も、景気の転換点との関連で議論が展開されることがしばしばである。

　米国では、図表Ⅳ－1で示したように、日本と同様の景気循環日付が存在する。民間の経済研究機関であるNBER（National Bureau of Economic Research、全米経済研究所）が、景気循環日付を発表しているが、これによれば、第2次世界大戦後には11回の景気循環があり、現在は12回目の景気循環に入っている。

　景気後退は、通常リセッションと呼ばれるが、その正確な定義では、NBERが決定した景気の山（ピーク）から谷（ボトム。英語ではトラフTroughが一般的）までの期間をいう。ただ、普通は実質GDPが2四半期連続して減少することをリセッションと呼んでおり、こちらのほうが常識化している。これは、NBERの景気循環日付の発表が、転換点を相当経過してでないと行われないということも影響している。GDP統計であれば、当該四半期が終了した翌月末には速報値が発表され、速報性の点で格段に優れているからである。

　米国の戦後の景気循環において、景気拡大の平均期間は約58ヵ月、後退期間は約11ヵ月となっており、後退期間のほうがはるかに短くなっている。1991年に始まった第10循環の景気拡大は約10年間続き、戦後最長であったが、金融危機後の2009年6月から続いている第12循環の景気拡大は足元で10年以上続き、戦後最長を更新している。

公表機関ウェブサイトアドレス

NBER　　　　　　　　　https://www.nber.org

米国経済をみるポイント

①金融市場関係者は景気の転換点に敏感である。このため、短期的な経済の動き
　よりも、景気循環のどの局面にあるかを把握することが大事である。
②景気後退の定義は、一般的にGDPが2四半期連続してマイナス成長を記録し
　たときとされている。ただ、正式にはNBERの景気循環日付による。

図表Ⅳ-1　米国の戦後の景気循環日付

循環	谷	山	谷	継続期間（月）		
				拡張期	後退期	計
1	1945年10月	1948年11月	1949年10月	37	11	48
2	1949年10月	1953年 7月	1954年 5月	45	10	55
3	1954年 5月	1957年 8月	1958年 4月	39	8	47
4	1958年 4月	1960年 4月	1961年 2月	24	10	34
5	1961年 2月	1969年12月	1970年11月	106	11	117
6	1970年11月	1973年11月	1975年 3月	36	16	52
7	1975年 3月	1980年 1月	1980年 7月	58	6	64
8	1980年 7月	1981年 7月	1982年11月	12	16	28
9	1982年11月	1990年 7月	1991年 3月	92	8	100
10	1991年 3月	2001年 3月	2001年11月	120	8	128
11	2001年11月	2007年12月	2009年 6月	73	18	91
平　均（1-11循環）				58	11	69

（資料）NBER（全米経済研究所）基準による。

図表Ⅳ-2　60年代以降の景気循環の様相

	谷	山	期間	経済成長率	インフレ率	失業率
拡大期	61/1	69/4	35	4.9	2.5	4.6
	70/4	73/4	12	5.2	4.7	5.5
	75/1	80/1	20	4.3	8.3	6.9
	80/3	81/3	4	4.5	10.9	7.4
	82/4	90/3	31	4.3	3.8	6.8
	91/1	01/1	40	3.6	2.7	5.5
	01/4	07/4	24	2.9	2.7	5.3
	09/2	-	-	2.3	1.7	6.5
平　均			23.7	4.0	4.7	6.1

	谷	山	期間	経済成長率	インフレ率	失業率
後退期	60/2	61/1	3	−0.1	1.3	6.2
	69/4	70/4	4	−0.1	5.8	5.0
	73/4	75/1	5	−2.5	11.2	6.1
	80/1	80/3	2	−4.3	13.5	7.5
	81/3	82/4	5	−2.0	6.3	9.4
	90/3	91/1	2	−2.8	5.5	6.4
	01/1	01/4	3	0.6	2.5	4.9
	07/4	09/2	6	−2.6	2.0	6.8
平　均			3.8	−1.7	6.0	6.5

（注）期間は四半期。始期の次の期より終期までの平均値。2019年第3四半期までの実績による。

［2］景気先行指数

　景気の方向性を正しく認識するには、さまざまな経済指標を分析する必要がある。しかし、現実の世界では経済指標がそろって一定の方向を示すことのほうが稀であり、総合的な判断には、つねに困難が伴う。すでに述べたように、景気の転換点を的確に捉えることは、政策当局者だけでなく金融市場関係者にとっても不可欠のことである。こうした事情を背景に考案されたのが、景気総合指数である。

　景気総合指数には、先行指数、一致指数、遅行指数の3系列があり、それぞれ景気に先行、一致、遅行して動くようにつくられている。各指数を構成している経済・金融指標は、図表Ⅳ－3の通りである。

　この指数は、構成している指標を合成してインデックス化しており、その際に少数の指標の不安定な動きに左右されないように配慮されている。発表にあたっては、各構成指標の動きや寄与度なども含まれる。

　景気総合指数の発表結果がマーケットを大きく動かすことは、ほとんどない。なぜならば、この指数が他の発表済みの指標を合成してつくられているため、予想が比較的簡単であり、予想外の数字とならないからである。

　この指数の起源は、ＮＢＥＲ（全米経済研究所）で1938年にアーサー・バーンズとウェスレイ・ミッチェルが発表した景気循環指標にある。61年から、商務省がＮＢＥＲの先行・一致・遅行指標の月報への掲載を始めた。今の形の合成指数は、68年から商務省が作成・発表するようになった。現在、作成・発表は民間機関であるコンファランス・ボードに委ねられている。

統計名と発表機関 発表周期と時期など ポイント	景気総合指数。コンファランス・ボード 月次。翌月20日前後。 先行・一致・遅行の3系列。先行指数の前年同月比がマイナスになると、平均約6ヵ月後に景気後退入りする。ただし、これにはかなりバラツキがあり、2007年12月の景気後退入りは、先行指数の前年割れの14ヵ月後であった。

公表機関ウェブサイトアドレス

コンファランス・ボード	https://www.conference-board.org
フィラデルフィア連銀	https://www.philadelphiafed.org/
景気循環調査研究所（ECRI）	https://www.businesscycle.com/

図表Ⅳ-3　景気総合指数の構成指標

指　　標　　名	ウェイト （2019年2月改定後）	単　位　な　ど
＜　先行指標　＞		
① 週平均労働時間（製造業）	28.0%	時間
② 週平均失業保険申請件数	3.2%	千件
③ 消費財新規受注	8.3%	1982年基準の実質、百万ドル
④ ISM新規受注指数	15.9%	％
⑤ 非国防資本財（除航空機）新規受注	4.1%	1982年基準の実質、百万ドル
⑥ 住宅建設許可件数	2.9%	千戸
⑦ 株価（SP500種）	4.0%	1941〜43年＝10とする指数
⑧ 先行信用指数	8.1%	コンファランス・ボード開発の指数
⑨ 金利スプレッド（10年国債－FFレート）	11.3%	％ポイント
⑩ 消費者ビジネス・経済期待指数	14.3%	ミシガン大学とコンファランス・ボードの指数の合成（前月比）
＜　一致指標　＞		
① 非農業就業者数	52.9%	千人
② 個人所得（移転所得を除く）	20.5%	2012年基準の実質、年率、10億ドル
③ 鉱工業生産指数	14.5%	2012年＝100とする指数
④ 商工業売上高	12.0%	2012年基準の実質、百万ドル
＜　遅行指標　＞		
① 平均失業期間	3.7%	週
② 対売上高在庫比率（製造業 及び 商業）	12.7%	2012年基準の実質、比率
③ 単位労働コスト（製造業）	5.1%	年率換算、％（6ヵ月）
④ 平均プライムレート（原系列）	30.2%	％
⑤ 商工業貸付残高	9.3%	2012年基準の実質、百万ドル
⑥ 消費者信用対個人所得比率	18.2%	％
⑦ 消費者物価指数（サービス業）	20.8%	年率換算、％（6ヵ月）

（出所）コンファランス・ボード

図表Ⅳ-4　その他の景気動向指数

統計名	発表機関	ポイント
ADS景気動向指数 Aruoba-Diebold-Scotti Business Conditions Index	フィラデルフィア連銀	日次データだが、毎日公表されるわけでない。指数の構成指標が公表されると過去に遡及してデータが洗い替えられ、公表から90分後にADS景気動向指数が公表される。現在の景気動向を把握でき、速報性が高い。 構成指標は次の6つ。新規失業保険申請件数（週次）、雇用者数（月次）、鉱工業生産（月次）、移転所得を除く個人所得（月次）、商工業売上高（月次）、実質GDP（四半期）。構成指標は季節調整値となっている。データの始期は1960年3月から。
ECRI先行指数	景気循環調査研究所 （Economic Cycle Research Institute、ECRI）	週次データ（月次データもある）で、毎週金曜日に公表される。景気転換を2〜3四半期前に示唆するものとして、ECRIが独自に作成している景気動向指数。構成指標などの詳細は公表されていない。 データの始期は1967年1月から。

2 米国の経済統計

[1] 米国の経済統計を読む際の注意点

　米国の経済統計について個別に解説する前に、統計を読む場合の一般的な注意点について述べておこう。

①統計の発表時期が早い。

　GDP統計を例にとると、米国では当該四半期が終了した翌月には速報値が発表されるが、日本や欧州では翌々月に速報が発表される。このため、マーケットの注目度も米国のほうが一段と高い。

②公表計数の改訂が大幅かつ頻繁に行われる。

　日本では公表された統計値の改訂（リバイス）があっても比較的小幅であるが、米国では大幅な改訂となることもある。前月にはプラスと発表されていた数値がマイナスになってしまうこともしばしばある。雇用統計や小売売上高などが典型である。マーケットは最初に発表された数値には反応するが、前月や前々月の改訂には概して無関心である。とはいえ、改訂が重要な経済の流れの転換を示していることもあり、マーケット・ウオッチャーとしては警戒を怠れない。

③発表計数は季節調整されたものが多い。

　日本では季節調整前の原系列のベースで、前年同月比を計算してその動きを議論することも多いが、米国では季節調整済みのベースで前月比（前期比）が中心である。また、月次の変化率を年率換算するケースも多い。GDPや住宅着工件数などのように年率換算された数値が発表されている統計が多いのも米国の特徴である。

④定義の違い。

　当然のことながら、統計の定義は国によって違うので単純比較はできない。よく引き合いに出されるのが、失業（率）である（201頁の図表Ⅳ−27参照）。

⑤統計の予測値の入手が容易である。

　米国経済指標に対するマーケットの注目度は高いため、発表前に各予測機関が競って予測値を発表しており、新聞やインターネットなどでも容易に入手できる。金融市場が大きく反応する場合は、事前の予測値との比較で「驚く」ような内容であることが多い。それ以外は、いわゆる「織り込み済み」として片づけられがちである。

図表Ⅳ-5　経済・金融データ発表日程（あらまし）

発表時期	発表時刻	対象期	指標名	発表機関
第1営業日	10:00	前月分	ISM製造業指数	ISM
第1営業日	9:45	前月分	マークイット製造業PMI（確報）	IHSマークイット社
第1営業日	10:00	前々月分	建設支出	商務省
第2-4営業日	10:00	前々月分	製造業受注	商務省
第3営業日	9:45	前月分	マークイットサービス業PMI（確報）	IHSマークイット社
第3営業日	10:00	前月分	ISM非製造業指数	ISM
雇用統計の2営業日前	8:15	前月分	ADP全米雇用報告	ADP
第1金曜日	8:30	前月分	雇用統計	労働省
5日前後	8:30	前々月分	貿易収支	商務省
5日前後	8:30	四半期分	労働生産性・単位労働コスト（2・5・8・11月 速報値、3・6・9・12月 確定値）	労働省
第2火曜日	6:00	前月分	NFIB中小企業楽観指数	全米独立企業連盟（NFIB）
第2金曜日	10:00	当月分	ミシガン大学消費者信頼感指数（速報）	ミシガン大学
10-15日頃	8:30	前月分	小売売上高	商務省
10-15日頃	14:00	前月分	財政収支	財務省
月央	10:00	当月分	NAHB住宅市場指数	全米ホームビルダー協会
月央	8:30	前月分	輸出入物価指数	労働省
15日前後	8:30	四半期分	経常収支（国際収支ベース）（3・6・9・12月）	商務省
15日前後	8:30	当月分	ニューヨーク連銀製造業活動指数	ニューヨーク連銀
15日前後	8:30	前月分	生産者物価指数（PPI）	労働省
15日前後	8:30	前月分	消費者物価指数（CPI）	労働省
15日前後	9:15	前月分	鉱工業生産・設備稼働率	FRB
15日前後	10:00	前々月分	企業在庫	商務省
15日前後	16:00	前々月分	対米証券投資	財務省
15-20日頃	8:30	前月分	住宅着工件数・許可件数	商務省
20日前後	10:00	当月分	フィラデルフィア連銀製造業景況指数	フィラデルフィア連銀
20日前後	10:00	前月分	景気先行指数	コンファランス・ボード
20日前後	10:00	前月分	中古住宅販売戸数	全米不動産協会
25日前後	9:45	当月分	マークイット製造業・サービス業PMI（速報）	IHSマークイット社
25日前後	10:00	前月分	新築住宅販売戸数	商務省
25日前後	8:30	前月分	耐久財受注	商務省
25日前後	9:00	前々月分	FHFA住宅価格指数	連邦住宅金融局（FHFA）
25日前後	8:30	四半期分	GDP（1・4・7・10月 速報値、2・5・8・11月 改定値、3・6・9・12月 確定値）	商務省
25日-月末	10:00	当月分	消費者信頼感指数	コンファランス・ボード
25日-翌月初	8:30	前月分	個人所得・消費支出・PCEデフレーター	商務省
第4金曜日	10:00	当月分	ミシガン大学消費者信頼感指数（確報）	ミシガン大学
最終火曜日	9:00	前々月分	S&Pケース・シラー住宅価格	S&Pダウジョーンズ
月末頃	8:30	四半期分	雇用コスト指数（ECI）（1・4・7・10月）	労働省
最終営業日	9:45	当月分	シカゴPMI	ISMシカゴ
＜週次データ＞				
毎週水曜	7:00		MBA住宅ローン申請指数	抵当銀行協会（MBA）
毎週木曜	8:30		新規失業保険申請者数・継続受給者数	労働省
毎週木曜	16:30		FRBバランスシート統計	FRB

（出所）各種発表機関

[2] 国内総生産（GDP）統計

　GDP統計は、経済全般の動きをみるには最適の統計である。米国では、国民所得生産勘定（NIPA、National Income and Product Accounts）において、国民総生産（GNP）を中心にしてきたが、1991年12月からは国内総生産（GDP）に切り替えた。

　GNPとGDPの相違点は、GNPが米国の国民の産出を計測するのに対して、GDPは、米国の国内で生産された品目の価値を計測することにある（図表Ⅳ－6参照）。

　米国のGDP統計は日本のGDP統計と比較すると、各需要項目がより細分化されており、詳細な分析をする際には、貴重な情報を提供してくれる。例えば、図表Ⅳ－7の個人消費の耐久財は、自動車関連、家具家事関連、リクリエーション関連などに分かれている。

(1) 需要項目の解説
　次に、主要な需要項目について、簡単な解説とポイントを述べよう。

①個人消費支出 ── 個人が購入する財貨やサービスが中心である。名目GDPの構成比でみると、約7割とそのウェイトは高く、とくにサービス消費は個人消費支出の約7割を占めている。景気循環との関連では、耐久財購入の変動が大きく重要である。サービス消費はウェイトは高いが、支出額が景気変動によって左右される程度は小さい。

②設備投資（非住宅投資）── 構築物、機械設備、知的財産に分類されている。構築物は非居住用建物（農業を含む）や鉄道、ガス、電力施設、鉱業設備などが該当する。一方、機械設備はコンピュータなどの情報関連設備や産業機械、運輸機器である。知的財産はソフトウェアや研究開発費である。景気変動には最も敏感であり、注意深い分析が必要である。

③住宅投資 ── 住宅投資と乗用車購入を除く耐久消費財との相関は高く、景気変動要因となる。

④在庫投資（在庫増減）── 在庫の増減をいう。在庫の内訳としては、農業と非農業に区分される。在庫循環は景気の局面を捉えるのに重要な要素ではあるが、四半期ごとのブレが大きく予測や分析は難しい。最近は、在庫管理技術の高度化により在庫の変動が小さくなってきている。

図表Ⅳ-6　GNPとGDPの違い

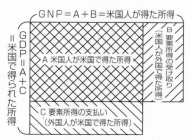

(注1) GNPは米国人（属人主義）の供給した生産設備や労働力で生産された財・サービスの総計であるのに対し、GDPは米国内（属地主義）にある生産設備や労働力で生産された財・サービスの総計

(注2) GDP＝GNP－要素所得の受け取り＋同支払い

（出所）　『どう読む経済指標』長富祐一郎監修　財経詳報社

図表Ⅳ-7　名目GDP構成項目の内訳

項目		2018年	
		金額（10億ドル）	対GDP比率(%)
名目 GDP		20,580.2	100.0%
個人消費		13,998.7	68.0%
	財	4,364.8	21.2%
	耐久財	1,475.6	7.2%
	非耐久財	2,889.2	14.0%
	サービス	9,633.9	46.8%
設備投資（非住宅投資）		2,786.9	13.5%
	構築物	633.2	3.1%
	機械設備	1,222.6	5.9%
	知的財産	931.1	4.5%
住宅投資		786.7	3.8%
在庫増減		54.7	0.3%
輸　出		2,510.3	12.2%
	財	1,661.3	8.1%
	サービス	848.9	4.1%
輸　入		3,148.5	15.3%
	財	2,570.6	12.5%
	サービス	577.9	2.8%
政府支出		3,591.5	17.5%
	連邦政府	1,347.3	6.5%
	地方政府	2,244.2	10.9%

（出所）商務省

⑤財・サービスの純輸出
・輸出：商品（財）とサービスに分類。構成比は2018年の実績で、商品（66.2）、
　サービス（33.8）。
・輸入：商品（財）とサービスに分類。構成比は2018年の実績で、商品（81.6）、
　サービス（18.4）。
⑥政府支出 —— 連邦政府（国防費と非国防費）と地方政府に分かれる。公務員に
　対する俸給の支払いや企業などからの財・サービスの購入が内容である。政府系
　の企業の経常的な支出は含まれないが、投資は含まれている。

（2）GDP統計に関する知識
①発表の時期（商務省経済分析局が発表）
・速報値：当該四半期が終了した翌月末　　　（Advance estimate）
・暫定値：当該四半期が終了した翌々月末　　（Second estimate）
・確定値：当該四半期が終了した翌々々月末（Third estimate）
②計数の改訂
　毎年7月に過去数年間の計数改訂が行われる。また、ベンチマーク（測定基準年
　のこと。現在は2012年）が変更されると、長期間過去に遡って計数が改訂される。
③GDPデフレーターの種類
・インプリシット・デフレーター：実質GDPと名目GDPの比率として事後的に計算
　されるもの。
・固定ウェイト・デフレーター：ベンチマーク年のGDPの構成項目比率を基準とする
　もの。
・チェーン・デフレーター：前年のGDPの構成比率を基準とするもの。
④GDP以外の概念
・国内最終総支出＝GDP－在庫増減　　　　（Final sales of domestic product）
・国内総需要＝GDP－輸出＋輸入　　　　　（Gross domestic purchases）
・国内最終総需要＝国内総需要－在庫増減　（Final sales to domestic purchases）

公表機関ウェブサイトアドレス
商務省経済分析局　　　　　https://www.bea.gov
アトランタ連銀GDPナウ　　https://www.frbatlanta.org/cqer/research/gdpnow

図表Ⅳ－8　米国GDP統計

（前年比%）

	2005	2006	2007	2008	2009	2010	2011	2012	2013	2014	2015	2016	2017	2018
実　質　Ｇ　Ｄ　Ｐ	3.5	2.9	1.9	-0.1	-2.5	2.6	1.6	2.2	1.8	2.5	2.9	1.6	2.4	2.9
個　人　消　費	3.6	3.1	2.2	-0.2	-1.3	1.7	1.9	1.5	1.5	3.0	3.7	2.7	2.6	3.0
設　備　投　資	7.7	8.0	6.9	0.6	-14.5	4.5	8.7	9.5	4.1	7.2	1.8	0.7	4.4	6.4
住　宅　投　資	6.6	-7.5	-18.7	-24.2	-21.7	-3.1	-0.1	13.0	12.4	3.8	10.2	6.5	3.5	-1.5
輸　　　出　　　等	7.1	9.3	8.7	5.7	-8.4	12.1	7.1	3.4	3.6	4.2	0.5	0.0	3.5	3.0
輸　　　入　　　等	6.5	6.6	2.5	-2.2	-13.1	13.1	5.6	2.7	1.5	5.0	5.3	2.0	4.7	4.4
政　府　支　出	0.8	1.6	1.8	2.5	3.5	0.0	-3.1	-2.1	-2.4	-0.9	1.9	1.8	0.7	1.7
国内最終総支出	3.6	2.8	2.1	0.3	-1.7	1.1	1.6	2.1	1.6	2.7	2.6	2.2	2.3	2.8
国内総需要	3.6	2.8	1.3	-1.1	-3.5	3.0	1.5	2.2	1.6	2.7	3.6	1.9	2.6	3.1
国内最終総需要	3.7	2.7	1.5	-0.7	-2.7	1.6	1.6	2.0	1.3	2.8	3.3	2.4	2.5	3.0
実　質　Ｇ　Ｎ　Ｐ	3.5	2.6	2.3	0.1	-2.6	2.9	1.8	2.2	1.8	2.5	2.8	1.6	2.5	3.0
GDPデフレーター	3.1	3.0	2.7	1.9	0.8	1.2	2.1	1.9	1.8	1.9	1.0	1.0	1.9	2.4

（出所）商務省

GDPナウ

　アトランタ連銀が発表しているGDPナウは、現時点で公表済みのデータから当該四半期のGDP成長率を予測するもの。経済モデルに採用している経済指標が発表される都度、再計算される。このような現時点での予測という考え方は、ナウとフォーキャストを合成してナウキャストと呼ばれる。2015年4月29日に公表された第1四半期の実質GDP成長率が前期比年率+0.2%だったのに対し、事前の市場予想では同+1.0%であったが、GDPナウは公表日前日に同+0.1%を示していた。これが、GDPナウが注目を集めるきっかけとなった。しかし、常に市場予想より精度が高いわけではないため、使い方には注意が必要である（図表Ⅳ－9参照）。

図表Ⅳ－9　GDPナウの修正状況と実質GDPの実績速報値

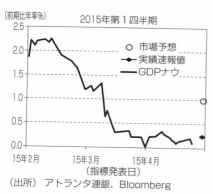

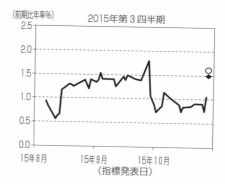

（出所）アトランタ連銀、Bloomberg

[3] 生産に関する統計

(1) 鉱工業生産指数 (Industrial Production Index)

　鉱工業生産指数は、鉱工業部門の生産動向を指数化したものである。総合指数だけでなく、産業別と市場別の分類もある（図表Ⅳ−11、12参照）。景気総合指数のうちの一致指数に採用されていることからもわかるように、景気全般との関係は深い。図表Ⅳ−10はＧＤＰと鉱工業生産指数の伸びを比較したものであるが、総じて鉱工業生産指数のほうが振幅が激しいことがわかる。しかし、ＧＤＰ統計は四半期ごとにしか入手できないのに対して、生産指数は毎月発表されるので、景気実態を把握する指標の速報性という観点からは優れている。

　米国の場合、ＧＤＰに占める製造業の割合は、11.3%（2018年）である。日本の場合は20.7%（2017年）なので、米国では製造業の空洞化が進んでいると指摘されることも多い。確かに経済のサービス化と呼ばれる現象が、構造的に進行しているのは事実ではあるとしても、景気循環を引き起こすのは、主に製造業部門であることを忘れてはならない。とくに自動車や電気機械などの耐久財産業はウェイトも高く、景気変動の影響も受けやすいので、注意深く分析する必要がある。

　また、鉱工業生産指数では製造業のウェイトが7割強と大きく、鉱工業生産の変化を製造業の活動状況として見ることが多い。しかし、近年の掘削技術の向上でシェールオイルなど米国内の原油生産量が増加しており、原油価格の変化により原油掘削量が急変すると、鉱業の生産量の変化が大きくなるため、鉱工業生産全体の動きが製造業からかい離する場合がある。分析目的に応じて、鉱業の影響を控除するかどうかを判断するべきであろう。

統計名と発表機関 発表周期と時期など	鉱工業生産指数。ＦＲＢ 月次。翌月央。 稼働率と同時に発表される。過去6ヵ月分が改訂される。 1年に1回程度、過去に遡って改訂される。年次改訂のタイミングは通常春先だが、夏頃や年末に実施されることもある。
ポイント	製造業、とくに耐久財製造業の動向に注目。

公表機関ウェブサイトアドレス

FRB　　　　　https://www.federalreserve.gov

図表Ⅳ－10　実質ＧＤＰと鉱工業生産の伸び率推移

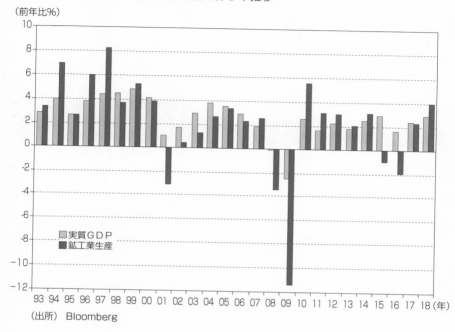

（前年比％）

（出所）Bloomberg

図表Ⅳ－11　鉱工業生産指数の産業別分類

総合	100.0
製造業（NAICS）	73.2
耐久財	37.7
うち一般機械	5.4
コンピュータ・電気製品	4.8
電子機器・部品	1.8
自動車・部品	5.6
航空機・その他輸送	4.1
非耐久財	35.5
うち食品	11.3
化学	12.7
製造業（non-NAICS）	1.9
鉱業	14.6
公益事業	10.4

（注）2018年ベースのウェイト
　　　NAICSは、北米工業分類システム
（資料）ＦＲＢ

図表Ⅳ－12　鉱工業生産指数の市場別分類

総合	100.0
最終製品・非工業用品	53.8
消費財	27.6
耐久財	6.3
非耐久財	21.3
設備財	12.2
うち企業設備	9.4
国防・宇宙開発	2.1
非工業用品	14.1
建設資材	5.3
事務用品	8.8
原材料	46.2
耐久財	16.4
非耐久財	11.4
エネルギー	18.4

（注）2018年ベースのウェイト

（2）設備稼働率（Capacity Utilization）

　設備稼働率は、生産能力に対する実際の生産量の比率である。業種別では、製造業、鉱業、公益事業（電気、ガス）に分類されている。また、製造業部門では、耐久財、非耐久財、生産段階別などの分類もある。前項の鉱工業生産指数が生産量として使用されていることもあり、本指数と同時に発表されている。

　稼働率は、2つの側面から重要な指標である。

　第1に、設備投資の先行指標となる点である。稼働率が上昇すると生産設備の不足感が高まり、企業は設備投資を増やそうとするからである。設備投資が景気循環と密接に連動している点からも、稼働率への関心が高い（図表Ⅳ－13参照）。

　第2に、インフレの先行指標になっている点である。景気回復の初期では、稼働率の上昇は生産性の上昇につながるので、物価安定要因になる。しかし、景気が成熟した局面に入ってくると、稼働率は製品・原材料の需給の逼迫度を示す点で注目されてくる。稼働率の過度な上昇は、潜在的な物価上昇圧力を高めることになり、極端な場合は、ボトルネック・インフレにつながる可能性が出てくるからである。逆に低インフレ局面では稼働率の低下は生産能力のスラック（緩み）を拡大し、デフレ懸念が高まることとなる。

　なお、日本では稼働率指数が発表されているが、これは米国のように稼働率の絶対水準を示しているのではなく、基準年の稼働状況を100とした指数である。

（注）ボトルネック・インフレとは、経済の1部門で需要に生産が追いつかなくなり、価格上昇が起こり、経済全体にも波及することをいう。

統計名と発表機関 発表周期と時期など	設備稼働率。ＦＲＢ 月次。翌月央に鉱工業生産と同時に発表。過去6ヵ月分が改訂される。 季節調整済みの指数のみを発表。
ポイント	設備投資やインフレの先行指数。83%を超えると投資が活発化する傾向があるといわれていたが、2000年以降、稼働率が全体的に低下してきている。

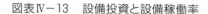

図表Ⅳ－13　設備投資と設備稼働率

（出所）Bloomberg

図表Ⅳ－14　設備稼働率

（単位：%、季節調整値）

項目	2018年ウェイト	72－18年平均	94－95年最高	01－02年最低	06－07年最高	08－09年最低
全産業	100.0	79.8	85.0	73.7	81.1	66.7
製造業（NAICS）	73.8	78.2	84.7	71.1	79.6	63.5
耐久財	38.4	76.8	83.7	68.2	79.6	58.4
非耐久財	35.4	80.0	86.1	74.9	80.6	68.8
製造業（non-NAICS）	2.4	79.8	83.3	81.0	82.6	68.0
鉱業	13.7	87.1	88.6	83.9	91.2	78.3
公益事業	10.2	85.4	93.2	84.5	88.9	78.2

（注）94〜95年、06〜07年は稼働率のピーク時、01〜02年、08〜09年はボトムの時期である。
（資料）ＦＲＢ

（3）耐久財受注

　本統計は、製造業受注に関する最終報告の約10日前に他の内容に先立って発表される。新規受注のほかに、出荷、在庫、受注残高などが含まれるが、マーケットで注目されるのは耐久財新規受注である。新規受注のうちの非国防資本財受注は、設備投資の先行指標として知られており、注目度も高いが、月々の統計値が特殊要因によって振れることが多く、解釈は慎重に行う必要がある。このため、振れの大きい航空機を除いた非国防資本財受注であるコア資本財受注がとくに重要である。また、コア資本財出荷はGDPの設備投資の算出にも用いられるため、こちらの注目度も高い（図表Ⅳ－15参照）。なお、産業分類法の変更などにより、比較可能なデータは1992年2月以降。

統計名と発表機関 発表周期と時期など	耐久財受注。商務省センサス局
	月次。翌月末。過去2－4ヵ月分が改訂される。
	約10日後に製造業受注の最終報告が発表される。
	毎年7月に過去5年分が遡及改訂される。
ポイント	非国防資本財受注（航空機除く）が重要。設備投資の先行指標とされる。

（4）企業在庫（Business Inventory）

　製造業、卸売業、小売業の業種別に、かつ耐久財、非耐久財別などより細かい製品別に分類されている。対売上高在庫比率（ISレシオと略称されている）で議論されることが多いが、単にこの比率が上昇（低下）しているだけでは、在庫循環の局面判断には不十分である（図表Ⅳ－16参照）。生産や出荷などの動向と合わせてみる必要がある。

　例えば、同比率が上昇している場合でも、①出荷が伸び悩んで起きている（意図せざる在庫増加）、②企業が将来の出荷増加を見込んで在庫を増やしている（積極的な在庫積み増し）の2通りのケースがあり得るからである。

　なお、発表機関のウェブサイトでは統計名は "Manufacturing and Trade Inventories and Sales" となっている。

統計名と発表時期 発表周期と時期など ポイント	企業在庫。商務省センサス局
	月次。翌々月中旬。過去1－2ヵ月分が改訂される。
	対売上高在庫比率の動向に注目。在庫循環の局面把握の材料となるが、総合的な解釈が必要である。

公表機関ウェブサイトアドレス

商務省センサス局　　https://www.census.gov/economic-indicators/

図表Ⅳ-15　設備投資と非国防資本財受注(除く航空機)

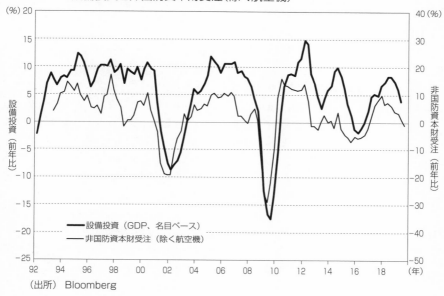

（出所）Bloomberg

図表Ⅳ-16　対売上高在庫比率(在庫／売上高)

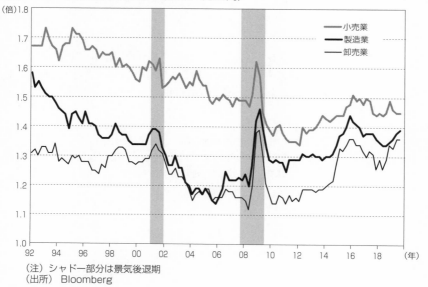

（注）シャドー部分は景気後退期
（出所）Bloomberg

［4］企業関連統計

（1）ISM景気指数（全米供給管理協会）

　ＩＳＭ指数は全米供給管理協会（ＩＳＭ＝Institute for Supply Management）が製造業300社以上の購買（仕入れ）担当役員にアンケート調査を実施して作成している。1931年以来の伝統を有する統計である（2001年1月以前はＮＡＰＭ指数〈National Association of Purchasing Management〉として発表）。主要指標のなかでは最も早く発表されること（翌月第1営業日）、企業のセンチメントを反映し景気転換の先行指標とされることから注目度はきわめて高い。内容は、生産・新規受注・入荷遅延比率・在庫・雇用の各項目について、1ヵ月前と比較して「良い」「同じ」「悪い」を意味する三者択一の回答をもとにそれぞれ季節調整したディフュージョン・インデックス（景気の局面を判断するための景気動向指数）を作成、これらを等ウェイトで加重平均したものである。項目ごとのディフュージョン・インデックスとしてはこのほかに受注残・仕入れ価格・顧客在庫・輸出受注・輸入が発表される。

　この指数が50％を切ると製造業生産の縮小、上回ると製造業生産の拡大を示唆しているといわれている。ＩＳＭによればGDPプラス成長の分岐点は42.9％である。

　ＩＳＭ指数の前日に発表されるシカゴPMI（購買部協会指数）も注目を集めるが、これはあくまで調査対象をシカゴ地区に限定したものであり、内容も若干異なることから、全米ベースのＩＳＭ指数とは必ずしも相関しない。

　なお、ＩＳＭは非製造業約375社を対象に同様のアンケートを実施して非製造業ＩＳＭ指数を作成、翌月第3営業日に発表している。こちらはまだ歴史が浅いが（97年7月集計開始）、経済におけるサービス業の比重が高まるにつれ注目度はアップしてきている。08年1月より製造業同様、総合指数も作成され、企業活動・新規受注・雇用・入荷遅延比率の各項目を等ウェイトで加重平均したものが発表されるようになった。

統計名と発表時期	ISM製造業／非製造業景気指数。ISM
発表周期と時期など	月次。製造業は第1営業日、非製造業は第3営業日。
ポイント	50が製造業生産の拡大・縮小の分かれ目とされる。

公表機関ウェブサイトアドレス

ISM　https://www.instituteforsupplymanagement.org/

図表Ⅳ−17　実質GDPとISM製造業景気指数

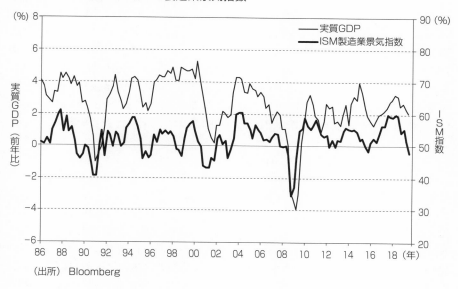

（出所）　Bloomberg

図表Ⅳ−18　ISM製造業／非製造業景気指数

（出所）　Bloomberg

（2）マークイットPMI

当該月の下旬に速報値が発表され、翌月上旬に確報値が発表されるPMI（Purchasing Managers Index、購買担当者指数）。発表機関は英調査会社IHSマークイットで、製造業、非製造業、総合指数がある。拡大・縮小の分岐は50で0～100の間の値を取る。400社以上の企業へのアンケート結果に基づいて、受注や雇用などに関する個別の系列のアンケート結果をもとに計算される。企業の景況感を把握するのに有用で、類似のISMデータよりも早く公表される。IHSマークイットは米国のみならず、数多くの国で同様の方法でPMIを算出しており、国際比較しやすい。

（3）企業収益（Corporate Profit）

国民所得ベースで企業収益を捉えたもので、企業の概念には営利法人のほか、私的年金基金や一部の非営利団体なども含まれる。

計数としては、①在庫評価・資本減耗調整済の企業収益、②在庫評価・資本減耗調整前の企業収益（税引き前）、③在庫評価・資本減耗調整前の企業収益（税引き後）などが発表されている。いずれも企業会計と国民所得統計における「企業収益」の概念の差を調整する目的で、在庫と資本減耗の調整が施されている。具体的には、在庫評価調整とは、価格変動に伴う在庫の評価損益を調整するものであり、資本減耗とは、減価償却費に固定資本の偶発損分を加えたものである。通常は、②の計数が分析対象となっている。この統計には企業のキャッシュ・フローも記載されており、設備投資の動向を分析する材料になる。米国での企業収益に関する、これ以外の統計としては、「四半期財務報告」（Quarterly Financial Report、QFRと略称）が商務省センサス局から発表されている。

統計名と発表機関	企業収益。商務省経済分析局
発表周期と時期など	四半期。当該四半期の翌々月に速報が、さらにその翌月に改訂値が発表される。
ポイント	マクロの企業収益の動向をみるデータ。

公表機関ウェブサイトアドレス

IHS マークイット	https://www.markiteconomics.com/
NFIB	https://www.nfib.com/surveys/small-business-economic-trends/
リッチモンド連銀	https://www.richmondfed.org/
カンザスシティ連銀	https://www.kansascityfed.org/
フィラデルフィア連銀	https://www.philadelphiafed.org/
ニューヨーク連銀	https://www.newyorkfed.org/
ISM シカゴ	https://www.ism-chicago.org/

図表Ⅳ-19 その他の企業景況感指数

統計名	発表機関	ポイント
NFIB中小企業楽観指数 Small Business Optimism Index	全米独立企業連盟（NFIB）	翌月第2火曜発表。雇用関連データのみ、雇用統計の前日に公表される。中小企業の景況感を示す。雇用や設備投資の計画等、10項目がヘッドライン算出に利用される。 （NFIB＝National Federation of Independent Business）
リッチモンド連銀製造業指数 Survey of Manufacturing Activity	リッチモンド連銀	毎月第4木曜日に発表。管轄地域の製造業における景況感を示す。約200社の企業へヒアリングし、回答は90～95社程度。地域はバージニア州やノースカロライナ州などで、米国内総生産の約9％を占める。企業活動の拡大と縮小の分かれ目はゼロ。
カンザスシティ連銀製造活動指数 Manufacturing Survey	カンザスシティ連銀	毎月下旬に発表。管轄地域はカンザス州・コロラド州・ネブラスカ州・オクラホマ州・ワイオミング州・ニューメキシコ州の一部・ミズーリ州の一部。調査結果のサマリーには、企業のコメントも一部抜粋して掲載される。生産や出荷、受注等の指数を総合した合成指数の前月比増減が注目される。
フィラデルフィア連銀製造業景況指数 Manufacturing Business Outlook Survey	フィラデルフィア連銀	毎月第3木曜日に発表。フィラデルフィア地区（ペンシルバニア州、ニュージャージー州、デラウエア州）の製造業の景況感や経済活動を示す。0が景況判断の分岐点。新規受注・出荷・在庫・支払価格などの項目について、前月との比較及び6ヵ月後の予想に関して「拡大」回答から「縮小」回答を引いたディフュージョン・インデックスが算出される。ISM指数との相関が高く、地区毎の指数の中では最も注目される指標。毎月、特別質問を設けており、連銀の調査結果のページではその結果とレビューも掲載されている。
ニューヨーク連銀製造業活動指数 Empire State Manufacturing Survey	ニューヨーク連銀	毎月15日に発表。ニューヨーク州の製造業における景況感を示す。NYの約200の製造業の経営者に調査を依頼し、回答数は100社程度。仕入価格・販売価格・新規受注・出荷・雇用者数などの各項目について、前月との比較、及び6ヵ月後の予想を、「増加（または好転）」、「変わらず」、「減少（または悪化）」から選択してもらい、「増加（または好転）」と「減少（または悪化）」の差を指数化。「0」が景況判断の分岐点。2002年4月から発表を開始。データは01年7月まで遡及可能。比較的歴史は浅いが、速報性が高く、注目される。
シカゴPMI Chicago Business Barometer	ISMシカゴ MNI	毎月最終営業日に発表。シカゴ地区（イリノイ、インディアナ、ミシガン）の購買担当役員200名を対象に1ヵ月前と比較した景況感をアンケート形式で集計。製造業、非製造業ともに調査対象。シカゴ地区は他の地区と比較して自動車産業が多い。景気判断の分岐点は50。

（出所）各種発表機関

［5］個人消費に関する統計

　ＧＤＰ統計ベースでの個人消費については、すでに述べたので、それ以外で個人消費の動向をみるのに参考となる経済指標を解説する。

（1）小売売上高（Retail Sales）

　百貨店などの小売業の売上を、サンプル調査をベースに推計し発表しているものである。耐久財、非耐久財に大分類されているが、自動車販売のウェイトが高いのが特徴である。本統計は、速報値からの改訂幅が若干大きいという問題があるものの、米ＧＤＰの約7割は個人消費が占めているため、マーケットの注目度は非常に高い。

　また、インターネット通信販売の拡大基調により、小売売上高全体に占める比率は2000年の5％台から19年は12％程度まで上昇している。

統計名と発表機関	小売売上高。商務省センサス局
発表周期と時期など	月次。翌月の第2週。直近の2－3ヵ月分が改訂される。
	月々の動きよりも3－4ヵ月のトレンドを追ったほうがよい。
ポイント	自動車を除いた数値も注目される。コア小売売上高として、自動車・ガソリン・建材・外食を除いた数字への注目度も高い。

（2）乗用車販売台数

　米国の個人消費で一番変動の大きいのが耐久財である。なかでも乗用車購入は耐久財の3～4割を占めており、波及効果もあり重要である。このため、米国の景気変動を予測するには、乗用車販売台数と住宅着工件数をみていればよいとするエコノミストもいる。統計を読む際には、販売促進のための低利ローンなどのインセンティブの有無や、ニューモデル発売前後の販売の振れに注意する必要がある。

統計名と発表機関	乗用車販売台数。各メーカーが商務省の季節調整法を使って年率換算値を発表。WardsAuto や MotorIntelligence の集計データがよく利用される。
発表周期と時期など	月次（翌月初）

（3）個人所得・支出・貯蓄率

　個人所得は、消費の最大の決定要因である。社会保険料を控除した後の、個人が実際に受け取った所得であり、政府などからの移転所得も含むと定義されている。発表計数としては、個人所得の構成項目（賃金給与、自営、賃貸、利子・配当、移転所得など）や、可処分所得、個人消費支出、貯蓄、貯蓄率などがある。個人支出は個人消費支出、利払い、移転支出で構成されている。

　貯蓄率は、フローベースで見た可処分所得に対する貯蓄の比率である。米国においては、貯蓄率のトレンド的な低下がしばしば問題となる。貯蓄率に影響を与える要因には、①人口動態や老齢人口比率、②消費者信用制度の発達度、③税制や社会保障制度の充実度などがあり、単純な国際比較は難しい。米国の場合、1990年代後半に貯蓄率が低下し過剰消費が懸念されたが、リーマン・ショック後に、可処分所得の減少に加え消費マインドの悪化により上昇に転じ、最近はおおむね7〜8％前後で推移している。家計のモーゲージ残高と貯蓄率の推移を見ると、対照的な動きになっていることがわかる（図表Ⅳ−20）。

統計名と発表機関	個人所得・消費支出。商務省経済分析局
発表周期と時期など	月次。翌月下旬。直近の2−4ヵ月分が改訂される。

図表Ⅳ−20　米国の貯蓄率と家計モーゲージ残高の推移

（出所）　FRB、Bloomberg

(4) 消費者信用残高 (Consumer Credit)

　消費者信用は、消費財やサービスの購入のために個人に供与される信用である。不動産担保ローンは含まれない。計数は、クレジットカードなどの回転信用（リボルビング）と自動車ローン・学資ローンなどの非回転信用に分類される。

　米国では、耐久消費財の購入に限らず、クレジットカードの機能を利用した購買行動が一般化しているだけに、消費者信用の利用度は格段に高い。こうした事情から、個人消費の動向分析に、この統計は欠かせないものとなっている。

　1990年代前半から消費者信用残高の可処分所得に対する比率の上昇が顕著となっている（図表IV−21参照）。

統計名と発表機関 発表周期と時期など ポイント	消費者信用残高。FRB 月次。翌々月5日前後に発表。直近1−3ヵ月分を改訂。 米国では消費者信用の利用度が高いので個人消費の分析材料となる。

(5) 消費者信頼感指数 (Consumer Confidence Index)

　消費者に対するアンケート調査を基礎に消費者のマインドを指数化したもので、民間の経済研究所であるコンファランス・ボードが発表している。質問項目は、現在の状況（経済、雇用の2項目）と6ヵ月後の予想（経済、雇用、所得の3項目）である。各項目の回答は季節調整され、指数化される。信頼感指数はこれら5項目の平均である。その他、現在に関する2項目の平均が現況指数、将来に関する3項目の平均が期待指数として発表されている。図表IV−22は、同指数と個人消費の動きをみたものであるが、トレンドはフォローしているといえる。

(6) ミシガン大学消費者信頼感指数 (University of Michigan Surveys of Consumers Sentiment)

　(5)と類似の調査をミシガン大学が実施しており、ミシガン大学消費者信頼感指数として知られている。同指数のうち、先行きに関する回答は、景気先行指数に消費者期待指数として採用されている。また、同時に1年先、5年先のインフレ期待も調査されており、消費者のインフレ期待を知ることもできる。

公表機関ウェブサイトアドレス

コンファランス・ボード　https://www.conference-board.org
ミシガン大学　　　　　　http://www.sca.isr.umich.edu

図表Ⅳ-21　消費者信用残高／年率可処分所得

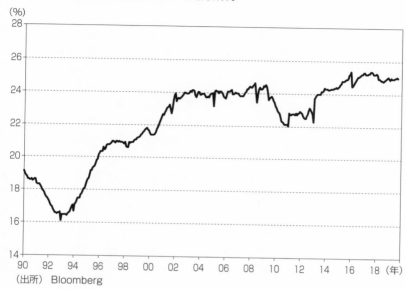

（出所）Bloomberg

図表Ⅳ-22　消費者信頼感指数と個人消費

（出所）Bloomberg

［6］住宅に関する統計

（1）住宅着工件数（Housing Starts）

　住宅着工件数は、月中に建設が開始された新設住宅戸数を示す統計である。計数は、季節調整済みの年率換算したベースで発表される。公共住宅の統計もあるが、通常は民間保有分を集計したものを住宅着工件数としている。内訳としては、一戸建て、集合住宅の区別と地域別（北東部、中西部、南部、西部）で発表されている。

　統計を読むうえでの注意点は、天候に左右されやすいので季節調整後でも月次の変動がかなりあることである。トレンドを判断するには、3ヵ月程度の移動平均をとるなどの工夫も必要であろう。

　景気循環との関連では、住宅投資の動向は重要である。住宅投資が活発になると、それに伴って家具や家電製品の購入も増加するなどの波及効果が出てくるからである。また、住宅投資は金利の動きにも左右される。

　過去の景気変動のパターンを分析してみると、「金融緩和→金利低下→住宅着工の増加→景気の本格的拡大・過熱→金融引き締め→金利上昇→住宅着工の減少→景気の後退」という現象がみてとれる。

（2）住宅建築許可件数（Building Permits）

　住宅の着工に先立ち、地方自治体などに許可申請を行わなければならない地域での許可発行件数を調査、発表したのが住宅建築許可件数統計である（全米でのサンプル数2万ヵ所）。発表形態は、着工件数統計と同様である。

　許可を受けたうちの約98％は実際に着工されているが、月末時点での未着工の件数も公表されている。また、大部分は許可を受けた月中に着工しているが、着工件数の先行指標になることもあり、景気先行指数にも採用されている。時限的な減税による駆け込み需要で件数が大きく変動することに注意する必要がある。

　ただし、月々の着工件数の予測においては、上述した天候などの特殊要因によって左右されるので、許可件数を説明変数に使っても、あまり精度は向上しないようである。

統計名と発表機関 発表周期と時期など ポイント	住宅着工件数、許可件数。商務省センサス局 月次。翌月の第3週。過去の2ヵ月分が改訂される。 景気に敏感である。許可件数は景気先行指標とされている。

図表IV-23　住宅着工件数と実質GDP

（出所）Bloomberg

図表IV-24　その他の住宅関連指標

統計名	発表機関	ポイント
中古住宅販売成約指数	全米不動産協会	月次。翌月下旬頃に発表。売買契約は成立しているが所有権の移転は未完了の件数。大部分は1～2ヵ月後には所有権移転が完了し、中古住宅販売件数としてカウントされるため、同指標の先行指標となる。
S&Pコアロジック/ケース・シラー住宅価格指数	スタンダード＆プアーズ	月次。翌々月最終火曜日に発表。住宅価格算出法をカール・ケースおよびロバート・シラーが作成したためこの統計名となっている。全米指数のほか、20主要都市と10主要都市の指数が発表される。中古の1戸建て住宅を対象にしている。10都市指数の先物がシカゴ・マーカンタイル取引所に上場されている。
FHFA住宅価格指数	連邦住宅金融局（FHFA）	月次。翌々月25日前後に発表。1戸建ての住宅価格指数であり、政府系金融機関のファニーメイとフレディマックから提供されるデータをもとに計算される。全米を9地域に分割し価格指数を発表。S&P/ケース・シラーが幅広い物件を含む一方、こちらは優良物件が多い。
MBA住宅ローン申請件数	抵当銀行協会（MBA）	週次。翌週水曜日に発表。住宅ローン申請件数は1990年3月16日を100として指数化され、季節調整されている。新規購入向けと借り換え向けの指数も公表されている。
NAHB住宅市場指数	全米ホームビルダー協会（NAHB）	月次。翌月半ば頃に発表。住宅建設業者の景況感を表す指数で、指数が50を超えると景気が良いと感じる業者が多いことを示す。内訳に、戸建て販売の現況と先行き6ヵ月見通し、購買見込み客足指数がある。

（出所）各種発表機関

(3) 新築住宅販売 (New Residential Sales)

　商務省センサス局より月次で公表されている。翌月25日前後に発表。販売件数は、月内に新築の一戸建て住宅について所有権譲渡の契約書署名を完了した件数。また、在庫件数（月末時点での売り出し件数。着工中や着工開始前の物件も含む）や平均価格・中間価格も公表される。実際に受け渡しが完了したかどうかは問われないため、景気変動に対して最も先行性が高い指標の1つ（図表Ⅳ−25参照）。

(4) 中古住宅販売件数 (Existing Home Sales)

　全米不動産協会より月次で公表されている。翌月25日前後に発表。所有権の移転を完了した件数（成約件数は図表Ⅳ−24を参照）。一戸建てのほか集合住宅も含まれる。在庫件数や平均価格・中間価格も公表される。米国では住宅売買に占める中古住宅販売は9割程度であるため注目が集まる。景気変動に対する先行性が比較的高いとされる（図表Ⅳ−25参照）。

(5) 住宅ローン延滞率・差し押さえ率

　抵当銀行協会（MBA）より四半期で公表されている。期終了後の翌々月中旬に発表。延滞率・差し押さえ率のほか、住宅ローン総件数も公表される。延滞率は1回でも支払いが滞ったローンが対象。90日以上の延滞率と差し押さえ率の合計は、「深刻な延滞率」とされる（図表Ⅳ−26参照）。

　ところで、実際に売り出されている新築住宅販売や中古住宅販売の在庫に対し、差し押さえ物件はまだ売り出し前で中古市場の在庫には含まれていないため、「影の在庫」と呼ばれる。住宅ローン総件数を90日以上の延滞率と差し押さえ率の合計で乗じると、「影の在庫」の大部分は把握できる。「影の在庫」の残りの部分は、抵当権者が差し押さえを実行したもののまだ売り出し前の物件となるが、この統計には該当データが含まれていない。

公表機関ウェブサイトアドレス

商務省センサス局	https://www.census.gov
全米不動産協会	https://www.nar.realtor/
スタンダード＆プアーズ	https://us.spindices.com/
抵当銀行協会	https://www.mba.org/
連邦住宅金融局	https://www.fhfa.gov/
全米ホームビルダー会	https://www.nahb.org/

図表Ⅳ−25　新築・中古住宅販売件数

（出所）　Bloomberg

図表Ⅳ−26　住宅ローン延滞率と差し押さえ率

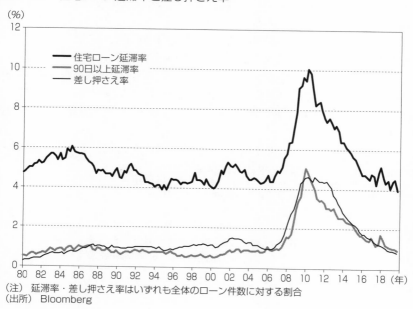

（注）　延滞率・差し押さえ率はいずれも全体のローン件数に対する割合
（出所）　Bloomberg

［7］労働・雇用に関する統計

　雇用関係の統計は、調査方法の違いから、家計調査(Household Survey)をベースにしたものと、事業所調査 (Establishment Survey)をベースにしたものに分けられている。作成はいずれも労働省労働統計局（ＢＬＳ）である。

　家計調査は、毎月12日を含む暦上の1週間に約6万世帯を対象として、商務省センサス局がヒアリング調査（ＣＰＳ：Current Population Survey)を行い、それを基礎にしている。一方、事業所調査は、農業を除く約68万9000の事業所を対象として、毎月12日を含む週（暦とは必ずしも一致せず）についての給与支払い帳簿（Nonfarm Payrolls)の調査を各州当局の協力のもとに行い、それを基礎にしている。

（1）失業率（Unemployment Rate）

　失業率は、「失業者÷労働力人口×100」で定義されており、前述の家計調査をベースとしている。日本と比較した労働力人口などの詳しい定義は、図表Ⅳ−27を参照。

　米国の失業統計では、実にさまざまなカテゴリーで雇用状況を知ることができる。主なものを列記すると、年齢別、性別、人種別、学歴別、失業期間の長さ別、失業理由別(失職、レイオフ、再参入など)、地域別、現在求職しているか否かなどである。また、職探しをあきらめた人や経済情勢のためにパートタイム就労をしている人を含む、広義の失業率（U6）も公表されている。

　ＦＲＢは「2つの使命（Dual Mandate)」として物価安定と雇用最大化を掲げており、失業率や後述の非農業部門就業者数の結果を受けて、政策を変更することが多い。とくに景気が低迷している場合には、本統計の発表日直後に金融緩和へ踏み切るのではないかとの思惑が高まる。しかし、失業率は景気の動きに遅行するので、非農業部門就業者数や新規失業保険申請件数のほうが先々の金融政策を予測するうえでは重要である。

　各国の雇用統計に関する定義は微妙に異なり、また労働慣習や人口動態などの固有の事情もあるため、一概に国際比較をすることができない。

統計名と発表機関 発表周期と時期など ポイント	失業率。労働省労働統計局（BLS） 月次。翌月第1週の金曜日。 政策変更の引き金になることが多い。とくに注目度が高いのは、①非農業部門就業者数（事業所調査）、②失業率（家計調査）、③時間当たりの平均賃金伸び率（事業所調査）。

公表機関ウェブサイトアドレス

労働省労働統計局（BLS）　　　https://www.bls.gov

図表Ⅳ-27　日米の家計調査データの比較

	米　国	日　本
発　表　機　関	労働省労働統計局（BLS）。調査は商務省センサス局が行う。（CPS：Current Population Survey）	総務省統計局（労働力調査）。
発　表　時　期	翌月第1金曜。	翌月末。
調　査　対　象	約6万世帯。16歳以上人口（刑務所・精神病院などの施設にいる者、軍役についている者を除く）。	約4万世帯。15歳以上人口。
調　査　期　間	毎月12日を含む1週間。	月末1週間（12月は20日から26日）。
調　査　方　法	調査員が直接聴取。	調査員が調査票を配布し、後日回収。
就業者の定義	①調査期間中に少しでも有給で仕事をしていた者。②休暇・病気・育児・葬儀・悪天候などによる休業者。③無給の家族事業で15時間以上仕事をしていた者（＝unpaid family worker）。	①調査期間中に収入を伴う仕事を1時間以上した者と、無給の家族従業者（＝従業者）。②仕事を休んでいた者（＝休業者）。
失業者の定義	①現在仕事がなく、過去4週間に仕事を探していた者のうち、仕事があればすぐ就くことができる者。②レイオフ中の者（求職活動の有無は問わない）。	現在仕事がなく、調査期間中に仕事を探していた者のうち、仕事があればすぐに就くことができる者（＝完全失業者）。
労働力人口の定義	就業者＋失業者。	就業者＋完全失業者。
非労働力人口の定義	①就業者と失業者を除く者（仕事がなく、かつ仕事を探していない者）。通学・退職・家事・障害者。②無給の家族事業で15時間未満の仕事をしていた者。	①仕事をしなかった者のうち、休業者・完全失業者を除く者（通学・家事・高齢者など）。②レイオフ中の者。
季　節　調　整	失業率は季節調整値。	完全失業率は季節調整値。

（出所）米労働省労働統計局（BLS）「How the Government Measures Uneplyoment」
　　　　日総務省統計局「労働力調査」

図表Ⅳ-28　米国の失業率と非農業部門就業者数

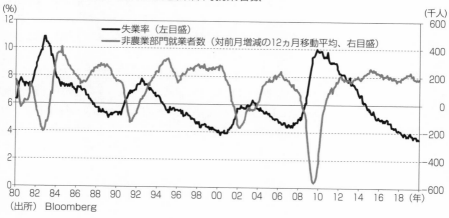

（出所）　Bloomberg

（2）非農業部門就業者数（Nonfarm Payrolls）

　事業所調査によって、非農業部門に属する事業所の給与支払い帳簿をもとに集計された就業者数をいう。前述の失業率統計とは就業者の概念が違い、給与が支払われているか否かが基準となる。したがって、経営者や自営業者などは実際に働いていても、就業者にはカウントされない。逆に、2ヵ所以上の事業所から給与の支払いを受けている者は、二重以上にカウントされてしまうことになる。計数は、業種別に細分類されており、とくに製造業の就業者数の動きに関心が集まっている。

　この統計が失業率とともにマーケットに注目されていることは、すでに説明した通りである。調査のベースが家計調査と違うので、月々の動きでは2つの指標がまったく反対の方向を示すことがある。景気判断が微妙な時期には、「どちらの統計を信用したらよいのか?」という論争がしばしば起きてきた。一般的には、非農業部門就業者数のほうがサンプル数も多く（約68万9000の事業所）、景気の動きに一致するため短期的にはより重視されるが、翌月には大幅に修正されることも多く、中長期的に見る場合は修正の少ない失業率が重視されることもある。

　金融政策との関連では、2015年12月3日にイエレンＦＲＢ議長が「月10万人弱の就業者増加ペースを確保できれば、労働力への新規参入を吸収できる。月20万人増は労働市場の緩み（スラック）を吸収するのに十分」と発言している。

　事業所調査では、上記以外に、週平均労働時間、時間当たり平均賃金、週当たり平均賃金などのデータが発表されている。これらは、個人所得やインフレ動向を分析するのに重要な手がかりを与えてくれる。とくに時間当たり平均賃金の伸び率は賃金インフレの指標とされている。

　なお、時間当たり平均賃金は民間部門の全従業員を対象としており、2007年3月がデータの始期である。それ以前については、生産・非管理部門従業員を対象としたデータが1965年1月を始期として公表されている。両者の違いは管理職が含まれているか否かである。全従業員対象の方が、賃金の絶対水準は高く（伸び率はまちまち）、労働時間も長くなる（図表Ⅳ－29参照）。

　賃金上昇率については、かつては好景気時に前年比4%程度まで加速していたが、リーマン・ショック後の景気回復期では2～3%に低迷しており、Ｆｅｄの利上げが遅れる一因となった。その背景としては、失業率（U－3）に現れない労働市場の緩みが指摘されている。その緩みを捉えるためには、失業者の範囲をより広義に捉えた失業率（U－6）や就業者数の人口に対する比率などを総合的に確認すべきであろう（図表Ⅳ－30参照）。

図表Ⅳ−29　民間部門の平均賃金上昇率と平均労働時間

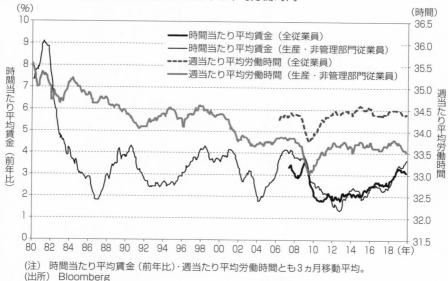

（注）　時間当たり平均賃金（前年比）・週当たり平均労働時間とも３ヵ月移動平均。
（出所）　Bloomberg

図表Ⅳ−30　就業者数の対人口比率と失業率

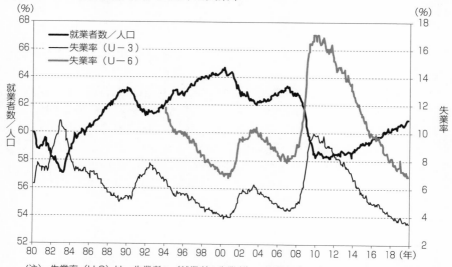

（注）　失業率（U-3）は、失業者÷（就業者＋失業者）。失業率（U-6）は、分子・分母双方に
　　　労働予備軍（求職をあきらめた人）と経済的理由によるパートタイム労働者を加える。
（出所）　Bloomberg

（3）失業保険新規申請件数（Initial Claims）

　失業した者が失業保険給付を初めて申請した件数を集計したものである。給付事務を取り扱う州事務所から労働省に報告され、季節調整を施したうえで発表される。

　本統計を読むうえでの注意点は、以下の諸点である。

①すべての労働者が失業保険でカバーされているわけではなく、失業者に対する保険受給者数（State Benefits）のカバレッジは50％以下と低い。この統計から判断されるよりも実際の雇用状況が悪化している場合がありうる。

②祝日や天災などの影響で、月次や週次の計数がかく乱される。例えば、祝日の前には計数は減少する。

③マーケットが注目するのは、前週比の増減であるが、前週の数値は翌週、ほぼ改訂される。

④不規則な動きをするために、アナリストは4週の移動平均をベースに分析することが多い。

　本指標は、景気の動きに敏感に反応するので、景気先行指数にも採用されている。経験則では、本指標は景気の谷（ボトム）に2～3ヵ月先行してピークをつける。

統計名と発表機関	失業保険新規申請件数。労働省雇用訓練局（ETA）
発表周期と時期など	週次。毎週木曜日。
ポイント	速報性に優れ、失業率の予測にも参考指標となる。

（4）ADP全米雇用報告

　ＡＤＰ（Automatic Data Processing）社が、雇用統計の2営業日前に前月の雇用者数（前月比増減）を発表する。

　2006年5月より正式公表された民間企業による統計。ＡＤＰ社は米国の給与計算アウトソーシング会社（全米約40万社の給与計算を代行）である。雇用統計前に発表されるため、近年注目度が高まっている。雇用統計との相関はそれほど高くなかったが、ＡＤＰ社は雇用統計との相関を高めるために継続的にモデルの改良を実施しており、徐々にではあるが、その相関は高まってきている。それでも15～18年の雇用統計の民間部門就業者数の前月比増減との差の絶対値の平均は約5万人で、最大13.9万人も数値に差があった事は留意しておきたい。

公表機関ウェブサイトアドレス

労働省雇用訓練局(ETA)　　https://www.doleta.gov
ADP全米雇用報告　　　　https://www.adpemploymentreport.com/

図表Ⅳ-31　失業保険新規申請件数と景気循環

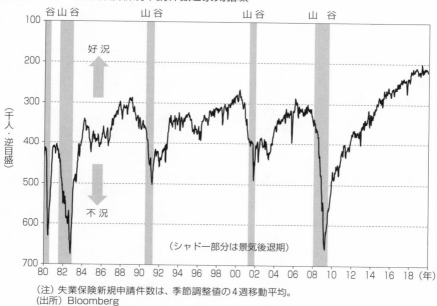

（注）失業保険新規申請件数は、季節調整値の4週移動平均。
（出所）Bloomberg

図表Ⅳ-32　その他の雇用関連指標

統計名	発表機関	ポイント
ISM景気指数	全米供給管理協会	質問項目の1つに雇用があり、企業の雇用センチメントがわかる。近年はサービス業の雇用変化が、全体に占める割合が高まっているため、ISM非製造業指数の雇用項目により注目すべきである。
NFIB中小企業楽観指数	全米独立企業連盟（NFIB）	月次サーベイに基づく、中小企業の景況感指数。個別項目の中に「求人」や「雇用計画」があり、注目されている。また、「労働報酬」は失業率との相関が高い。
消費者信頼感指数	コンファランス・ボード	質問項目に「十分な雇用がある」及び「雇用を探すのが困難」など雇用に関する項目が複数あり、消費者の雇用センチメントがわかる。
チャレンジャー人員削減数	チャレンジャー・グレイ・アンド・クリスマス社	月次。翌月初に発表。人材あっ旋会社による統計で、米企業が発表した人員削減数・新規雇用数を地域および業種ごとに集計し発表。
JOLTS求人件数	労働省労働統計局（BLS）	月次。翌々月10日前後に発表。求人労働移動調査（Job Opening and Labor Turnover Survey）。求人、採用、離職、解雇などの件数・全雇用者に対する比率が業種別に公表される。

（出所）各種発表機関

［8］物価に関する統計

　物価（インフレ）の動向は、金利を予測するうえで、きわめて重要である。当然のことながら、インフレ率が上昇すれば長期金利に上昇圧力がかかりやすくなるし、金融引き締め政策がとられる結果、短期金利も大幅に上昇するからである。金融政策当局も、物価の安定が最大の政策目標であるので、経済指標や商品価格の動向を注視している。

　ここでは、物価そのものの統計だけでなく、インフレの先行指標となるような統計についても詳しく解説する。

（1）生産者物価指数（Producer Price Index＝PPI）

　国内製造業者（財だけでなくサービス・建設を含む）の販売価格の指数である。製造業者の間接税を除いたネット収入を計測する。約2万7000の業者から約10万品目の販売価格を調査している。ＰＰＩの歴史を遡ると、1902年に初めて公表され、78年までは卸売物価（Wholesale Price Index）と呼ばれていたが、内容の誤解を避けるために呼称が変更された。また、2014年1月データよりこれまでの財に加えてサービスと建設まで対象が拡大したほか、政府向けや輸出向けの価格も取り込んだ。同時に指数の集計方法が最終需要－中間需要法（Final Demand-Intermediate Demand Aggregation System）へ変更され、米国経済のカバレッジがそれまでの2倍以上に拡大した。

　指数の構成も大きく変更され、変更前の最終財・中間財・原材料といった分類ではなく、最終需要、中間需要・加工品、中間需要・未加工品、中間需要・サービスの4つに分類されている（図表Ⅳ－34参照）。最終需要指数は、個人消費・設備投資・政府購入・輸出に向けた財・サービスを対象としている。中間需要は、他の商品の生産のために加工・消費されるものである。

　市場参加者が注目するのは最終需要である。しかし、価格変動は原材料から中間の生産段階、そして最終需要へと伝播していくため、「川上」の価格動向にも注意を払う必要がある。

　また、食料やエネルギー価格は季節的な要因で乱高下することがあるので、これらを除いたベースでみるべきだと主張しているエコノミストも多い。これは通常、コア・インフレ率（Core inflation rate）とか、基礎的インフレ率（Underlying inflation rate）と呼ばれている。

統計名と発表機関	生産者物価指数。労働省労働統計局（BLS）
発表周期と時期など	月次。翌月15日前後。主な指数は2009年11月＝100（基準時点が異なる指数が多い）。季調値は毎年1月分発表時に5年分改訂される。
ポイント	わが国の企業物価指数に近い統計。最終需要の価格や食品・エネルギーを除いたコア・インフレ率が重要。

図表Ⅳ-33　生産者物価（PPI）の変化率の推移

（注）　最終需要の2010年10月以前は完成品の数字で、データ不連続。
（出所）　Bloomberg

図表Ⅳ-34　生産者物価（PPI）の指数構成

（2018年基準）	合計ウェイト	財			サービス			建設
		食品（飼料）	エネルギー	その他	商業	運輸・倉庫	その他	
最終需要	100.0	5.7	5.3	21.8	20.4	4.7	40.4	1.7
中間需要・加工品	100.0	8.3	18.6	73.1	－	－	－	－
中間需要・未加工品	100.0	35.1	43.3	21.6	－	－	－	－
中間需要・サービス	100.0	－	－	－	18.6	12.1	69.2	－

（出所）米労働統計局

公表機関ウェブサイトアドレス

労働省労働統計局（BLS）　https://www.bls.gov

（2）消費者物価指数（Consumer Price Index＝CPI）

　都市地域の全消費者を対象とした小売・サービス価格の調査によって、消費者物価を算出している。これは、ＣＰＩ－Ｕ（CPI for all Urban Consumers。Urbanとは都市地域のこと）と呼ばれており、全人口の約93％をカバーしている。

　米国の消費者物価指数にはもう1つ、ＣＰＩ－Ｗ（CPI for Urban Wage Earners and Clerical Workers）と呼ばれる系列がある。これは、賃金労働者と事務職従事者の消費支出構成比を基準に消費者物価を算出しているものであり、賃金交渉や社会保障などの物価スライドの基準値として利用されている。同指数は全人口の約29％しかカバーしておらず、通常ＣＰＩという場合にはＣＰＩ－Ｕを指している。

　なお、ＣＰＩ－Ｕの集計は1978年からで、それ以前の消費者物価統計としてはＣＰＩ－Ｗしかない。ＣＰＩ－Ｕは83年以降、持家費用の項目を購入価格から帰属家賃に改訂しているので、それ以前の数値とは整合性を欠いている。また、2002年8月からはＣＰＩ－Ｕをチェーンウェイト方式で表示するＣ－ＣＰＩ－Ｕ（Chained Consumer Price Index For All Urban Consumers）が別途発表されている。

　物価調査は、全国75ヵ所の都市区域における約6000の住宅と約2万2000店のデパート、スーパー、小売店などを対象とし、約8万3000に及ぶ品目のデータを集計している。

　ＣＰＩは政治的にも注目度がきわめて高いため、その数値の妥当性について論議を招くことが多い。1996年には上院財政委員会が設置した諮問委員会（ボスキン委員会）がＣＰＩの上方バイアスを指摘するレポートを発表した。これに基づき99年1月より、従来の算術平均法に代わって幾何平均法が導入された。これによって価格の変動に伴う消費行動の変化がより正確に反映され、ＣＰＩでは年率で0.2％ポイント程度低下すると労働省は説明している。もっともこの方法が適用されるのはあくまで消費全体の約60％である。

　発表時期は通常、生産者物価よりも数日遅いが、インフレの趨勢をみる指標としては最も一般的であり、注目度は非常に高い。生産者物価と同様、変動の大きい食料品とエネルギーを除いたコア・インフレ率でみるのが好ましいとされている（図表Ⅳ－35参照）。

　ＣＰＩの構成比は図表Ⅳ－36に示しているが、日本と比較してサービス価格のウェイトが6割超と高いことが特徴となっている。サービス価格は、労働コストの占める割合が高いので、商品価格と比較して相対的に安定しているものの、硬直的な部分も多い。なおサービス価格では、住居のウェイトが全体の3割超と非常に高い。

　ＣＰＩを予測する際は、労働コストを示す指標である、雇用コスト指数（四半期ベースの統計）、時間当たり平均賃金（月次ベースの統計）などが参考となる。

統計名と発表機関	消費者物価指数。労働省労働統計局（ＢＬＳ）
発表周期と時期など	月次。翌月15日前後。82－84年平均＝100。
ポイント	生産者物価とともにインフレの最重要指標。食品とエネルギーを除いたベースでトレンドを把握する。

図表Ⅳ－35　消費者物価（CPI）の変化率の推移

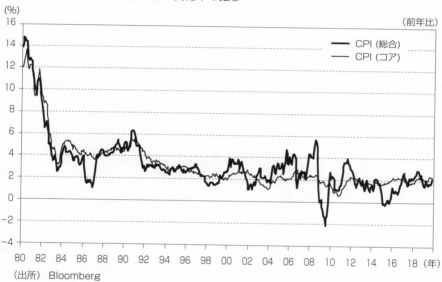

（出所）Bloomberg

図表Ⅳ－36　日米の消費者物価指数ウェイト比較

日本（2015年基準）		米国（2015-16基準）	
食料	26.2 %	食料・飲料	14.3 %
住居	20.9	住居	33.3
光熱・水道	7.5	光熱	4.7
家具・家事用品	3.5	家具・什器・家事サービス	4.3
被服及び履物	4.1	被服	3.0
交通・通信	14.8	交通	16.3
保健医療	4.3	医療	8.7
教育	3.2	教育・通信	6.6
教養娯楽	9.9	娯楽	5.7
諸雑費	5.7	その他	3.2
財	49.7	財	36.8
サービス	50.3	サービス	63.2

（出所）総務省統計局・米労働統計局

（３）個人消費支出(PCE)デフレーター (Personal Consumption Expenditure Deflator)

　ＧＤＰを構成する個人消費支出のデフレーターを指している。ＦＲＢが半期に一度、議会に提出する報告書(Monetary Policy Report to the Congress)のなかでは、インフレ見通しとして本指数が用いられているように、ＦＲＢ内では最も重視される物価指数である。ＦＲＢは2012年1月のＦＯＭＣ開催時に発表された「長期の目標及び政策戦略」(Longer-run goals and policy strategy)に関する声明の中で、「インフレの長期的な目標をＰＣＥ2％とする」としており、米国の金融政策を予想するうえでも不可欠な指標となっている。

　米国ではＣＰＩとの違いが議論になることがあるため、ここでＢＥＡ（経済分析局）の論文にしたがって解説しておく。ＰＣＥデフレーターとＣＰＩの違いとしては、①指数の計算方式の違い、②対象品目の違い、③対象品目に対するウェイトの違い、などが存在する。①については、ＣＰＩはラスパイレス方式（基準時点の数量を用いて、基準時点と比較時点の価格変化を加重平均で計算する方式）で計算するのに対して、ＰＣＥデフレーターはラスパイレス方式とパーシェ方式（比較時点の数量を用いて、基準時点と比較時点の価格変化を加重平均する方式）の幾何平均で計算されている（フィッシャー方式）。具体的な違いとしては、ラスパイレス方式ではウェイトが基準時点で固定されているため、価格変化に伴う消費者の購買行動の変化が考慮されていないことになる。一般的には、消費者は価格が低下したものをより多く購入する傾向があるが、この変化をラスパイレス方式では考慮に入れていないため、ＣＰＩには上方バイアスがかかると指摘されることが多い。②については、ＣＰＩは消費者が直接支払う支出だけを対象にしているのに対して、ＰＣＥデフレーターは、企業や国による消費者のためになされた支出（例えば保険制度による医療費負担など）も含む。③については、例えば「住居」の項目がＣＰＩでは30％以上のウェイトを占めるのに対して、ＰＣＥデフレータでは15％程度のウェイトしか占めない、といった違いがある。

　以上のような違いがあるため、ＣＰＩとＰＣＥデフレーターでは、必ずしも近い数値にならない可能性もあるし、一時的には方向が逆に動く可能性もあるが、長期的にみればほぼ同様の動きとなる（図表Ⅳ−38参照）。

統計名と発表機関	PCEデフレーター。商務省経済分析局
発表周期と時期など	月次。翌月下旬。
ポイント	PCE価格指数とも呼ばれる。FRBのインフレの長期的目標の指標となっている。

図表Ⅳ-37　PCEデフレーターとコアPCEデフレーター

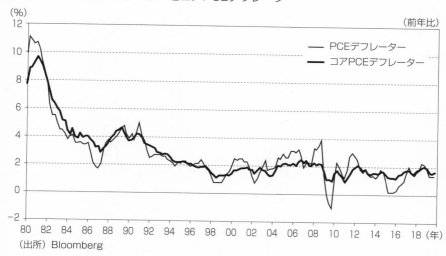

（出所）Bloomberg

図表Ⅳ-38　消費者物価（CPI）とPCEデフレーター

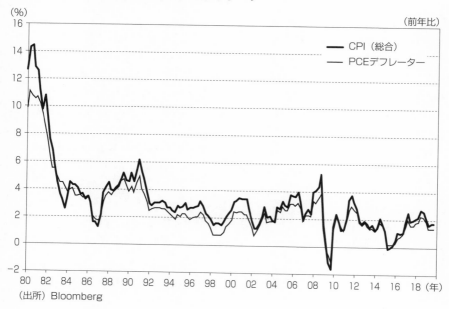

（出所）Bloomberg

（4）インフレの参考指標

①単位労働コスト

　労働コストの動向は、インフレの基本的な方向を決めるうえでは、きわめて重要である。そのうち、単位労働コスト（Unit Labor Costs）とは、単位当たりの生産に要する労働コストを示す指標である。算式は、

　　時間当たり報酬（Compensation Per Hour）÷労働生産性（＝生産高÷労働投入量）

である。報酬には、賃金や給与だけでなく、企業が負担する社会保険料の支払いも含まれている。この統計は、四半期ベースで労働省から発表されており、四半期終了後2ヵ月後の月初に速報値が入手可能である。

　単位労働コストがインフレの指標となるのは、労働コストの上昇が労働生産性の向上で吸収されているか否かを示すからである。労働生産性の向上を上回るピッチで労働コストが上昇すれば、企業収益が圧迫されるので、コストアップ分を価格に転嫁する動きが出てきて、インフレ圧力の上昇につながることになる。

　単位労働コストと消費者物価との連動性は強く、過去はピークとボトムがほとんど一致していたが、2007年以降は資源価格の急伸を背景にやや相関が崩れている。（図表Ⅳ−39参照）。単位労働コストは、景気総合指数の遅行指数の構成指標となっている。

②雇用コスト指数（図表Ⅳ−40参照）

　雇用コスト指数（Employment Cost Index）は、賃金や賃金以外のコストを含めた総合的な労働コストを示す指標である。労働省から、1、4、7、10月の月末に前四半期の計数が発表される。雇用コスト指数が優れているのは、最も包括的に労働コストの動向が把握でき、インフレ関連の統計予測を行う際に参考となるからである。金融当局もインフレの動向を把握するために、この指標の分析を重要視しているといわれている。

　計数は、「総合指数（Compensation Costs）＝賃金・報酬（Wages and Salaries）＋ベネフィット・コスト（Benefit Costs）」という形で構成されている。

③その他

　以上のほかに、設備稼働率、輸入物価、商品価格指数、GDPデフレーターなどがインフレ関連の統計指標としてあげられるが、それぞれ別項目での解説を参照されたい。

図表Ⅳ-39 単位労働コストと消費者物価（CPI）

（出所）Bloomberg

図表Ⅳ-40 雇用コスト指数（ECI）と消費者物価（CPI）

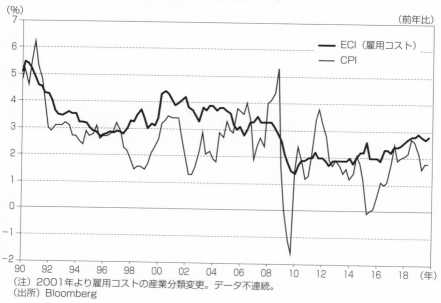

（注）2001年より雇用コストの産業分類変更。データ不連続。
（出所）Bloomberg

［9］貿易・国際収支に関する統計

（1）貿易収支（International Trade in Goods and Services）

　米国の貿易収支統計は、発表体系がきわめて複雑多岐にわたっており、注意すべき点が多い。以下では、統計の概要を簡潔に解説する。

①発表形式

・センサス・ベースと国際収支ベース —— 米国の貿易収支には、財の輸出入・収支データを商務省センサス局が通関統計に基づいて作成した数値（センサス・ベース）と、これを商務省経済分析局（ＢＥＡ）が修正した数値（国際収支ベース）がある。センサス・ベースからの修正点は次頁②の計上基準のほか、軍事関連取引の控除（サービスに計上）、通関を伴わない所有権移転の加算（個人贈答品郵送、海外公的機関が連銀に保有する金の売買など）。

・季節調整系列と原系列 —— サービス関連データは季節調整系列のみである。

・名目ベースと実質ベース —— インフレ調整後の実質値は輸出入・収支・商品別が発表される。デフレーターは労働省労働統計局（ＢＬＳ）が月次で発表している数値を基礎としている。

・その他、数値の発表形式については図表Ⅳ－41にまとめた。

図表Ⅳ－41　貿易収支統計の発表形式

			国際収支ベース 収支	輸出	輸入	センサス・ベース 収支	輸出	輸入
季節調整系列	財＋サービス		①	①	①			
		（3ヵ月移動平均）	②	②	②			
	財	相手国・地域別(四半期)	⑳	⑳	⑳			
		国際収支ベースとセンサス・ベースの比較	⑤	⑤	⑤	⑤	⑤	⑤
		最終用途別					⑥	⑥
		（実質ベース）					⑩	⑩
		商品細目別					⑦	⑧
		石油関連・非関連別				⑨	⑨	⑨
		（実質ベース）				⑪	⑪	⑪
		相手国・地域別(月次)				⑲	⑲	⑲
	サービス	サービス内訳		③	④			
原系列	財	国際収支ベースとセンサス・ベースの比較	⑫	⑫	⑫	⑫	⑫	⑫
		最終用途別					⑬	⑬
		相手国・地域別				⑭	⑭	⑭
		標準国際貿易分類(STIC)商品別					⑮	⑮
		先端技術商品(ATP)分野別・国別				⑯	⑯	⑯
		原油輸入(金額・量・価格)国別						⑰
		自動車輸出入(国別)					⑱	⑱

（注1）丸数字は該当数値が掲載されている公表資料(Exhibit)の番号(ただし同じ数値が複数の資料に掲載されているものがある)。

（注2）空欄は該当がないモノ(収支は掲載がなくても計算上求められるものがある)。

（注3）特記があるもの以外は名目ベース。

　なお、一般に報道される貿易収支・輸出入の数値は図表Ⅳ－41のシャドー部分、国際収支ベースの財とサービスの季節調整値（名目値）である。相手国別については季節調整値は四半期データであるため、全体の数値と比較する際は注意が必要である。

②財の輸出と輸入の計上基準

・センサス・ベース

　輸出 ——ＦＡＳ（Free Alongside Ship＝船側渡しのことで、商品を積み込む本船の船側までの費用を含み、積込み費用、運賃、保険料は含まない）基準

　（注）米国以外では、ＦＯＢ（Free On Board＝本船渡しのことで積込み費用を含み、運賃、保険料を含まない）で評価するのが一般的。当然のことながら、ＦＯＢのほうが積込み費用の分だけＦＡＳより大きくなる。

　輸入 —— Custom Value（通関時評価価格＝輸入税、保険料、運送費を含まない）基準

　（注）米国以外では、ＣＩＦ（Cost Insurance and Freight＝保険料、運賃が含まれるが、輸入税は含まれない）で評価するのが一般的。米国でも1988年12月まではＣＩＦベースが主要系列で、Custom Value基準と2通りの輸入額を発表していたが、89年1月から現行方式となった。現行方式の方が貿易赤字は4〜5％程度小さくなる。

・国際収支ベース

　輸出・輸入 ——いずれもＦＯＢで評価する。

③統計への計上時点

・輸出 —— 輸出貨物を積んだ船舶または航空機の出航（港）の日

・輸入 —— 貨物の輸入日

④統計上の米国地域の定義

　米国関税地域（50州、ワシントンＤＣ、プエルトリコ、米領ヴァージン諸島、自由貿易地域を含む）

⑤統計から除外される貨物

　大使館と本国との物資、貨幣用コイン、マネタリー・ゴールドなど。

統計名と発表機関 発表周期と時期など ポイント	貿易収支。商務省センサス局と経済分析局が共同で発表 月次。翌々月5日前後。 90年代後半以降、急拡大する米国の貿易赤字に伴って、本統計の影響度も大きくなっている。

《貿易収支の予測》

　貿易収支の予測に役立つ情報としては、輸入では財政収支統計の関税収入で、これは先行指標になる。原データは季節調整していないので、利用の際は工夫が必要である。原油輸入の動きも、量は米エネルギー省（ＤＯＥ）統計が、価格はＷＴＩ（West Texas Intermediate）原油価格が参考になる。通関ベースの入着原油価格は、おおよそ1ヵ月のタイムラグがある。

　輸出の予測に参考となるデータは限られており、製造業の出荷統計ぐらいである。輸出依存度の高い業種の出荷額の伸びは検討材料となろう。

《貿易統計を読むポイント》

　貿易収支は基本的な経済統計として重要であるうえに、「米国の双子」の赤字が為替マーケットのテーマになることもあり、その注目度は高い。

・輸出については、競争力があるとされている資本財の輸出に着目したい。よくドル安によって輸出が伸びるといわれるが、為替レートの変化よりも他国の景気拡大に依存するほうが大きい。

・輸出・輸入の数量ベースの動きを捉えて、トレンドをおさえる。簡便法としては、ＧＤＰ統計の商品の実質輸出・輸入の動きをみればよい。

・輸入の動きをどう捉えるかは、経済学的には輸入の所得弾性値（所得の変化率に対する輸入の変化率）をどうみるかにかかってくる。エコノミストの計測値にはかなりばらつきがあるが、弾性値は2前後というのが標準的な見方である。

《日米貿易統計の差異》

　日米間の貿易不均衡はつねに通商・政治問題化するテーマであるが、日本側と米国側が発表する貿易収支額の不突合額がかなり大きくなっている。このため、1995年に日本の大蔵省関税局と米国の商務省・関税局が92年のデータをもとに共同調査した結果が発表された。基本的な原因は両国の統計の計上方法の違い、とくに運賃、保険料の取扱いにあることが判明している。

公表機関ウェブサイトアドレス

| 商務省センサス局 | https://www.census.gov |
| 商務省経済分析局（BEA） | https://www.bea.gov |

図表Ⅳ-42　米国の貿易収支（国際収支ベース　財＋サービス）の推移

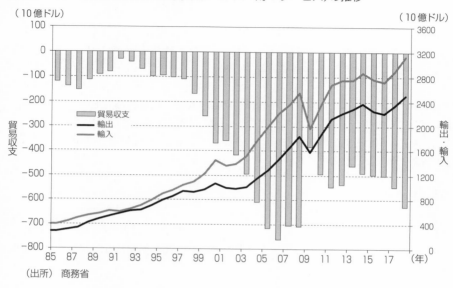

（出所）商務省

図表Ⅳ-43　米国の相手国別貿易収支の推移（センサス・ベース　財のみ）

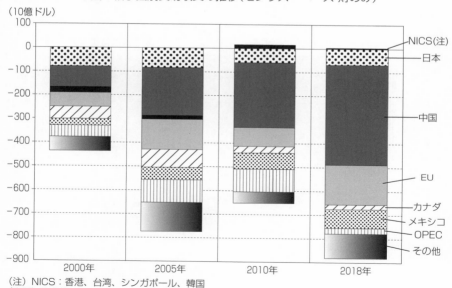

（注）NICS：香港、台湾、シンガポール、韓国
（出所）商務省

（2）国際収支（International Transactions）

　財の輸出入、サービスの収支、移転取引、資本取引などを集計した四半期ベースの統計。原系列（季節調整していないもの）と季節調整済みの系列が発表されているが、通常は後者のベースで議論している。また、補注（メモランダム）で、財の貿易収支や経常収支が記載されている。

　（1）で述べたように、国際収支ベースの貿易収支と、センサス・ベースの貿易収支とは、概念が違うので注意する必要がある。また、ＧＤＰ統計上の名目純輸出と国際収支統計の「財・サービス収支」の概念は、基本的にはほぼ等しいものの、四半期ベースで比較すると相当乖離が大きい。これは、政府の対外利払いや直接投資収益の調整などから生じている。

《日本の国際収支との相違点》

　次の点で、日本の国際収支とは違う。

①国際取引表だけが発表されており、日本のような国際収支表はない。

②日本でも季節調整済みの系列を発表しているが、原系列のほうが重視されており、この点では米国と逆である。

③米国では統計上の不突合がきわめて大きい。

統計名と発表機関	国際収支。商務省経済分析局（BEA）
発表周期と時期など	四半期。当該四半期終了後、3ヵ月後15日前後に発表。毎年6月に過去数年にわたる改訂を実施。
ポイント	対外不均衡や資本の流れをみるのには、基本的な統計。ただし、発表時期は遅い。

図表Ⅳ−44　米国の国際取引表（抜粋）　　　　　　　　　　（単位：10億ドル）

		2017年	2018年
経常収支			
1	財・サービスの輸出・所得の受取	3,445	3,736
2	財・サービスの輸出	2,353	2,501
3	財（国際収支ベース）	1,554	1,674
13	サービス	799	827
23	第一次所得　受取	933	1,084
24	投資収益	927	1,078
29	雇用者報酬	6	7
30	第二次所得　受取	159	150
31	財・サービスの輸入・所得の支払	3,884	4,227
32	財・サービスの輸入	2,903	3,129
33	財（国際収支ベース）	2,359	2,562
42	サービス	544	567
52	第一次所得　支払	708	830
53	投資収益	689	811
57	雇用者報酬	19	20
58	第二次所得　支払	274	267

59	資本移転等　受取	19	3
60	資本移転等　支払	0	0

金融収支			
61	対外金融資産残高の増減（金融派生商品除く）	1,167	311
62	直接投資	385	−78
65	証券投資	569	334
70	その他の投資資産	215	50
75	外貨準備	−2	5
84	対外金融債務残高の増減（金融派生商品除く）	1,549	736
85	直接投資	355	258
88	証券投資	793	316
93	その他の負債	402	162
99	金融派生商品　残高増減（ネット）	24	−21

100	誤差脱漏	63	42

備考			
101	経常収支（1−31）	−440	−491
107	資本移転等収支（59−60）	19	3
108	経常収支・資本移転等収支からみた純貸出・借入（101＋107）	−421	−488
109	金融収支からみた純貸出・借入（61−84＋99）	−358	−445

（資料）商務省

3　米国の財政収支の見方

　かつて米国の財政赤字は、1980年代に貿易赤字とともに「双子の赤字」と呼ばれた。その後90年代の景気回復時を迎え、98年度には29年ぶりに黒字に転じたものの、21世紀に入り再び財政赤字へ転落した。とくにリーマン・ショック以降は大規模な経済対策を実施したため、2009年度以降4年連続で財政赤字が1兆ドルを突破した。13年度以降、財政赤字は縮小したものの、17年のトランプ大統領就任後に再び拡大している。ここでは、複雑で理解しにくいといわれる米国の財政制度のしくみや最近の財政政策も含めた財政の歴史について解説し、合わせて財政収支と金利や為替レートとの関係についても考えてみたい。

[1] 米国財政に関する基礎知識

(1) 会計年度 (Fiscal Year)
　米国の会計年度は、10月から翌年9月までとなっている。例えば2020会計年度は、19年10月から20年9月までの期間となる。

(2) 月次の財政収支
　財務省は、毎月10日前後に月次の財政収支報告を発表する。統計の性格上、季節調整はされていないが、個人の所得税納付が4月に、法人税も3、6、9、12月に大部分が集中するなどの季節要因がある。また、曜日の配列や祝日により歳出入額は大きく変動することがある。このため、月次の変動の分析をしてもあまり意味はなく、赤字額などの計数を年度の累積額ベースで前年同期比に直してみたほうがよいであろう。

(3) 予算制度の概要
①予算の性格
　米国の予算においては、歳出は経常予算権限 (Current authority) による裁量的経費支出と、恒久予算権限 (Permanent authority) による義務的経費支出に分けられる。前者は毎年、歳出予算法を制定することにより決められ、後者は社会保障年金など支出の権限を与えるよう法律でいったん定められれば、あとは自動的に支出が認められる点に違いがある。

　歳入については、歳入法が制定されるだけで議会の議決を必要としない。歳入の見積りは、行政管理予算局（OMB＝Office of Management and Budget）や議会予算局（CBO＝Congressional Budget Office）などが作成するだけである。

②連邦予算の区分

　予算の区分の仕方には、連邦基金（Federal funds）と信託基金（Trust funds）という分け方がある。この2つを統合したものが統合予算（Unified Budget）で、一般的に財政収支と呼ばれている。連邦基金は、日本でいう一般政府予算にあたり、連邦政府の一般活動のための資金を扱う経理勘定である。信託基金は、社会保障などの特定の計画のための経理勘定であり、老齢者・遺族年金（OASI）や廃疾者年金（DI）などが該当する。

　連邦予算の区分のもう1つの方法は、オンバジェット（予算内）とオフバジェット（予算外）という分け方である。一般政府予算がオンバジェットであり、信託基金の大半はオフバジェットである。1985年12月の財政収支均衡法（通称グラム・ラドマン・ホリングス法）により、従来はオフバジェットであった連邦融資銀行などの7つの連邦機関の歳出がオンバジェット化された。同時に、社会保障信託基金の収支はオフバジェット化された。これは、同法で規定していた一律歳出削減の対象から社会保障信託基金を外すための措置であった。

図表Ⅳ－45　連邦政府財政の歳入・歳出の内訳

項　目	金額 （10億ドル）	構成比 （%）	費　目		金額 （10億ドル）	構成比 （%）
個人所得税	1,684	50.6%	裁量的支出		1,262	30.7%
法人所得税	205	6.1%		国防関連費	623	15.2%
社会保障税 　及び雇用者負担	1,171	35.2%		その他	639	15.5%
			義務的支出		2,523	61.4%
物品税	95	2.9%		社会保障費	982	23.9%
相続・贈与税	23	0.7%		医療保険費	582	14.2%
関税	41	1.2%		医療扶助費等	389	9.5%
FRS(*)からの収益	71	2.1%		その他	570	13.9%
その他	41	1.2%	純利払費		325	7.9%
合計	3,330	100.0%	合計		4,109	100.0%

（注）2018年度実績ベース。*FRSはFederal Reserve System。
（出所）2020年度予算教書年央改定

③予算過程（図表Ⅳ−46参照）

　第1段階は、OMBを中心に行われる大統領予算案の作成である。これは、当該会計年度の開始日を含む年の前年の春頃に着手され、大統領経済諮問委員会（CEA、Council of Economic Advisers）や財務省との共同作業を経て、翌年2月の大統領予算教書となり議会に提出される。

　予算教書の提出を受けて議会は、第2段階として前述の裁量的経費の予算権限を付与するための歳出予算法（12本）の審議を開始する。まず議会は、4月15日までに、歳出入総額や費目別の歳出額の目標額を設定する予算決議を採択する。その後、歳出予算法案は下院の歳出委員会で作成され、本会議での審議を経て、6月30日までに可決される。法案は同様の手続きを経て、上院に送付されることになっている。ただ最近では、上下両院で同時並行的に審議が進められ、両院が相矛盾した法案を可決した場合には両院協議会で調整され、本決定されるようになっている。

　第3段階では、議会が歳入法案、歳出法案を大統領に送付する。大統領は内容に異議がなければ署名し、法律が成立する。大統領が拒否権を行使した場合でも、議会が3分の2以上の多数で再可決すれば法律は成立する。こうして10月1日の新会計年度には、歳出予算法が成立していることになる。ただし、議会では共和・民主両党の間で、あるいは各議員の間でさまざまな衝突や駆け引きがあるため、10月1日に間に合わないこともある。

　なお、歳出法によって予算権限が認められた全額が当該年度内に支出されるわけではない。図表Ⅳ−47のように、翌年度以降に将来の支出分として繰り越すこともできるし、過去に付与された予算権限のうちの未使用分を当該年度に支出することもできる。

（4）連邦政府と地方政府の財政

　一般に米国の財政赤字というと連邦政府のそれを指すが、最近では州・地方政府の財政状態も議論の対象となることが多い。米国ではGDP統計で州・地方政府の支出状況をマクロ的にも捉えることができる。

図表Ⅳ-46　米国の予算過程

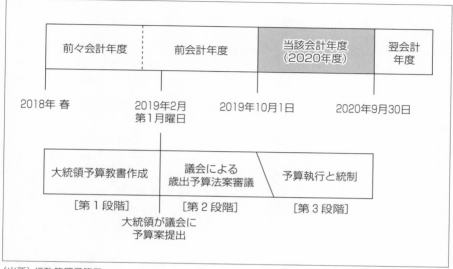

（出所）行政管理予算局

図表Ⅳ-47　2020年度の予算権限と予算支出の関係

（単位：10億ドル）

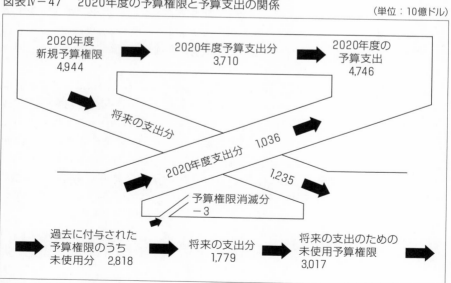

（出所）2020年度予算教書

［2］予算教書の読み方

　米国大統領は毎年、2月の最初の月曜日までに議会にあてて予算教書を提出することになっている。この予算教書には、翌年度分の財政収支見通しだけでなく、向こう10年度分の財政収支見通しも付されている。これは、予算過程の項でも述べたが、OMBやCEA、財務省の協働作業の結果をベースに大統領が最終決定したものである。

　しかし、大統領の予算教書が、議会の予算案に直結しているわけではない。米国では大統領に法案の提出権を認めていないので、予算教書の位置づけは、大統領が適切と考える予算の枠組みや基本的な方向性を議会に示し、勧告するといった程度のものでしかない。とくに政権与党と議会与党が異なる場合には、議会と大統領との意見の対立は鮮明になりがちである。しかし、議会で通過した法案に対しては大統領が拒否権を行使することができるため、実際は予算教書の内容を歳出法案に反映させていることが多い。

　予算教書で注目されることは、大統領が要求する政策の内容とそれを裏付ける予算が全体としてどのようになっているかである。予算教書では、来年度以降10年間の財政内容が示されており（図表Ⅳ-48参照、見通し期間前半を表示）、大統領が掲げる国防計画や医療改革、減税策などを実施した場合に、歳出、歳入、およびそれらの合計である財政収支が今後10年間でどのように推移すると想定しているかが明らかにされている。歳出に関しては、各省別に詳細が示されており、歳入に関しても財源ごとの詳細が示されている。

　また、予算教書には11年間の経済見通しが付されている。項目は、実質・名目GDP伸び率、GDPデフレーター、消費者物価上昇率、失業率、金利（3ヵ月TBと10年国債）である。この見通しは楽観的すぎる、と批判されることがよくある。また、CBO（議会予算局）の見通しとも比較されるが、①経済成長率は歳入の伸びを大きくしたいがために高めである、②金利見通しも国債利払い額の伸びを抑えたいがために金利低下予想が多い、などのバイアスがかかる傾向があるのは事実である（図表Ⅳ-48・49参照）。そのため、この見通し自体を重視するのは意味がなく、財政収支計算のためのラフな前提程度と捉えたほうがよいであろう。

図表Ⅳ－48　予算教書における財政収支の見通しと経済・金利予測

（単位：10億ドル）

予算年度	2018年 （実績）	2019年	2020年	2021年	2022年	2023年	2024年
歳出	4109	4479	4639	4836	5119	5321	5537
裁量的歳出	1262	1358	1345	1341	1352	1367	1394
国防関連費	623	680	664	673	678	688	701
その他	639	678	682	667	674	679	694
義務的支出	2522	2744	2872	3030	3252	3378	3514
社会保障費	982	1038	1094	1153	1219	1289	1365
医療保険費	582	644	702	761	859	889	918
医療扶助費等	389	406	422	445	469	498	523
その他	569	656	655	671	705	702	708
純利払い費	325	377	422	465	515	576	630
歳入	3330	3473	3629	3832	4088	4365	4687
財政収支	−779	−1006	−1010	−1004	−1031	−956	−850

（単位：%）

暦年	2018年 （実績）	2019年	2020年	2021年	2022年	2023年	2024年
実質GDP	2.9	3.1	3.2	3.1	3.0	3.0	3.0
CPI（4Qの前年比）	2.2	2.1	2.3	2.3	2.3	2.3	2.3
失業率（年平均）	3.9	3.7	3.6	3.7	3.9	4.0	4.1
3ヵ月TB	1.9	2.4	2.4	2.5	2.6	2.7	2.8
10年国債	2.9	2.6	2.8	3.1	3.4	3.6	3.6

（出所）　2020年度予算教書年央改定

図表Ⅳ－49　議会予算局の経済・金利予測

（単位：%）

暦年	2018年 （実績）	2019年	2020年	2021年	2022年	2023年	2024年
実質ＧＤＰ	2.9	2.7	1.9	1.6	1.6	1.7	1.8
CPI	2.5	2.1	2.6	2.6	2.5	2.5	2.4
失業率（年平均）	3.9	3.5	3.7	4.2	4.6	4.8	4.8
3ヵ月TB	1.9	2.8	3.2	3.2	3.2	3.0	2.8
10年国債	2.9	3.4	3.6	3.7	3.7	3.8	3.7

（出所）　議会予算局の財政・経済見通し（2019年1月）

［3］米国財政の歴史

（1）1980年代の財政動向 —— レーガノミックスの功罪

　米国の財政赤字が政治・経済問題として顕在化してきたのは、1981年にレーガン政権が誕生してからであった。レーガン大統領は経済再建計画を就任早々に発表。そのレーガノミックスと呼ばれた政策の内容は、①大幅な減税、②非軍事支出の削減、③政府の規制緩和（Deregulation）、④マネーサプライ管理によるインフレ抑制、の4本柱から成り立っていた。具体的に税制面では、81年8月に「経済再建租税法」（Economic Recovery Tax Act of 1981）を成立させ、減税により個人の勤労意欲を喚起するとともに、設備投資に対するインセンティブを与えて民間部門の活性化を図った。減税措置は、短期的には歳入の減少につながるとしても、長期的には経済成長や効率が高まることによって歳入の増加がもたらされ、財政赤字を縮小させることができると考えられていた。

　しかし、こうしたサプライサイド経済学的な考え方は、「強いアメリカ」を標榜し国防予算を増大させたレーガン政権下では、狙い通りの成果をあげられなかった。むしろ家計の過剰消費体質を生み、期待通りの税収増加をもたらすことなく財政赤字が拡大してしまった。また、社会保障関連支出の削減が、医療コストの上昇や人口高齢化による給付対象者増加により計画通り進まなかったことも、財政赤字拡大の構造的な要因として残った。83年には財政赤字は2000億ドルを上回り、名目GDP比でも6%に迫った。

　レーガン政権において財政赤字削減が大きな課題となるなか、85年12月に財政収支均衡法（Balanced Budget and Emergency Deficit Control Act of 1985。通称「グラム・ラドマン・ホリングス法」。以下、旧GRH法）が成立した。同法は91年までに財政赤字をゼロとすることを目標として掲げ、赤字が各年度の目標額を100億ドル以上、上回る場合には、歳出の強制的削減措置をとることを規定している点で画期的であった。

　しかし、旧GRH法が適用開始となった86年度の赤字額が目標を500億ドルも超過したうえ、旧GRH法では歳出削減額の決定機関として会計検査院（GAO）が大統領への勧告権をもっていたが、この点が憲法の三権分立に反するとの最高裁の判断（会計検査院は、組織的には議会の監督下にあり、立法府の一部とみなされるので、歳出削減額を決定するという行政権限を担うのは三権分立の趣旨に違反するとされた。86年7月判決）が示されるに及んで内容の見直しの機運が高まり、議会は87年9月に修正GRH法を成立させた。同法ではOMBが歳出削減額を決定する機

関として位置づけられ旧法の不備を補正した。

しかし、いずれのＧＲＨ法も財政赤字削減の効果的な手段にはならなかった。その理由としては強制歳出削減の対象にならない経費項目が拡大したこと、削減措置は予算の審議段階で収支見通しが赤字目標額を超える場合だけ適用され、実際の赤字額が目標額を上回ってもペナルティーがなかったことなどがあげられる。

図表Ⅳ-50　米国財政収支の推移（1977～2000年度）

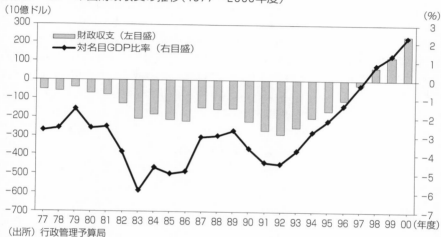

（出所）行政管理予算局

図表Ⅳ-51　財政支出額の推移

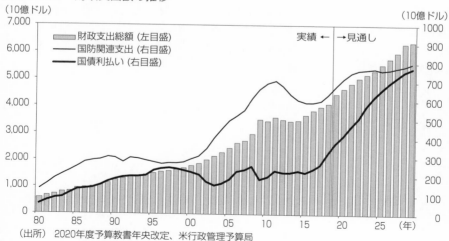

（出所）2020年度予算教書年央改定、米行政管理予算局

（２）1990年代の財政動向 ── 財政黒字化への道

　　GRH法の失敗を受けて、1990年には財政赤字削減に向けた新たな動きが進展し、議会では90年11月に包括財政調整法（The Omnibus Budget Reconciliation Act of 1990、OBRA90）を制定、91～95年度で4919億ドルの赤字削減を企図した。この内訳は、歳入面では増税により1466億ドルの増収を見込む一方、歳出面では3453億ドルを削減する計画であった。とくに、OBRA第13章の予算執行法（Budget Enforcement Act of 1990、BEA90）では、裁量的支出については上限（CAP制）を定め、これを超えた場合には強制削減措置を実施、義務的支出と歳入については、義務的支出が増加する、あるいは歳入が減少する法案に対しては、他の法案で当該赤字増加分を相殺するように支出減ないしは収入増の措置を取らなければならないという新ルール（pay-as-you-go、PAYGO）を設けた。OBRA90はこのBEA90を軸として、財政規律の徹底を図る画期的な内容となっていた。

　　しかし、BEA90の制定当初は、①米景気が後退局面入りし税収が伸び悩んだこと、②金融機関の倒産などにより預金保険関連支出が急増したこと、③医療保険関連支出など義務的支出の増加傾向に歯止めがかからなかったこと、などから財政赤字は悪化し、92年度には過去最悪の2900億ドル台に達した。

　　こうしたなか、93年1月に誕生したクリントン政権は、高所得者への所得税増税、歳出削減などを主内容とした財政赤字削減案を提案し、93年9月には93年包括財政調整法（OBRA93）が成立した。同法では、今後5年間での5000億ドルの財政赤字削減を目指すとともに、BEA90で導入されたCAP制とPAYGOルールを98年まで延長した。さらに97年には歴史的な97年財政収支均衡法（The Balanced Budget Act of 1997、BBA97）が制定され、引き続き財政再建が図られた。こうした財政再建に向けた努力と折からの戦後最長の景気拡大も功を奏し、ついに98年度、69年度以来約30年ぶりに財政の黒字化が達成された。

図表Ⅳ－52　米国財政収支の推移と見通し

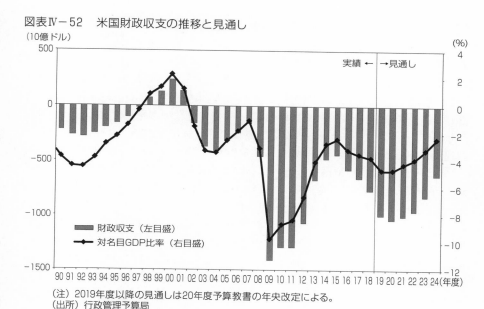

（注）2019年度以降の見通しは20年度予算教書の年央改定による。
（出所）行政管理予算局

図表Ⅳ－53　連邦政府債務残高と法定上限の推移

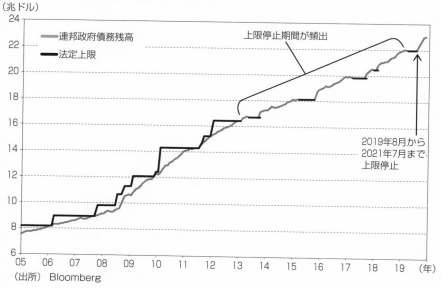

（出所）Bloomberg

（3）21世紀の米国財政 ── 赤字再転落と今後の試練

　クリントン政権が予想を上回るスピードで財政赤字解消をなしえたのは、政府が赤字削減への断固とした姿勢を堅持したこともさることながら、① 冷戦構造の終焉に伴う軍事国防費の削減、② 金利低下に伴う財務コストの低減、③ 株価上昇に伴うキャピタルゲイン税の増大、というファンダメンタル面からの恩恵によるところが大きく、良好な経済環境に支えられて1998年以降も着実に財政黒字を続けた。

　しかし、ITバブルに支えられた史上最長の好景気が2001年3月に終わり、景気減速感が漂いはじめると、再び財政赤字危惧が台頭しはじめた。01年1月に誕生したブッシュ政権は大統領選挙において公約した減税を推し進め、最終的には01年から向こう10年間で1.35兆ドルの減税法案（Economic Growth and Tax Relief Reconciliation Act、EGTRRA）を可決させる一方、9月11日の同時多発テロへの対応としての緊急歳出法案、その後の航空業界支援策、さらに02年3月には失業者対策を中心とした経済対策法案を相次いで発動し、緊急財政支出が急増した。その結果、1998～2001年度まで続いた財政黒字は02年度には1578億ドルの赤字を計上するに至った。その後も03年にはイラク戦争勃発、04年には景気刺激のための大規模減税、05年には大型ハリケーン「カトリーナ」のメキシコ湾直撃など、財政支出がかさみ財政赤字は拡大を続けた。06～07年度にかけては堅調な経済を背景に一旦は赤字が縮小傾向となったものの、08年度にはサブプライム問題や一連の金融危機を受けて景気が大幅に減速し、景気対策のための戻し減税、金融機関への公的資金の注入、失業者への給付金負担増、金融安定化法案の可決などから米財政は一気に悪化した。

　09年1月にはオバマ政権が発足、直後の2月に過去最大規模（総額7872億ドル）の「米国復興・再投資法（American Recovery and Reinvestment Act of 2009、ARRA）」が策定されたが、本格的な景気回復には至らず、追加的に企業減税やインフラ投資、ブッシュ減税延長等が実施された。その結果、財政収支は一段と悪化、09年度の財政赤字は初めて1兆ドルを突破した。

　財政収支の悪化に加え10年の欧州ソブリン問題の深刻化を受けて、米国でも財政再建を打ち出すこととなった。11年2月に提出された12年度の予算教書では、歳入構造の是正や裁量的支出の5年間凍結が打ち出された。

　11年8月には米国の債務上限額の引き上げを巡り議会審議が遅れたことからデフォルト懸念が生じ、S&Pは米国債の格下げ（AAA→AA＋）に踏み切った。さらに年末にかけては財政調整法に基づく財政赤字削減策で合意が得られなかったことを受けて12年度から10年間の歳出に上限を定めた「予算管理法（Budget Control Act of 2011、BCA）」が制定された。このため、12年末に「財政の崖」への懸念が高まっ

た。「財政の崖」とは、前述の自動的な歳出削減や、過去の景気対策で実施された減税の終了等により、13年1月以降民間負担が大幅増となることをいう。

13年1月1日の土壇場で、富裕層の増税・中間層の減税恒久化などで与野党がまとまり「財政の崖」は回避されたが、その後も医療保険制度改革（オバマケア）を求めるオバマ政権と歳出削減を求める議会多数派の共和党との間で対立が続いた。10月1日には、暫定予算が可決できず、18年ぶりに政府機関の一部が閉鎖される事態となった。

一方でオバマ政権下におけるGDP比での財政赤字推移を見ると、景気が09年に底を打つなか、その後は株価上昇と雇用拡大が継続したため、財政赤字GDP比は改善基調で推移し、09年度の約10％を底にオバマ政権2期目の14〜16年度には同比率が2％台まで改善した（図表Ⅳ－52参照）。

しかし、17年1月にトランプ政権が誕生すると、トランプ大統領は選挙の公約に掲げていたインフラ投資、減税、国防関連の歳出拡大といった拡張的な財政政策を断行し、17年末には10年間で1.5兆ドルという過去最大規模の減税案を成立させた。こうした大型減税を景気拡大期に実施するのは歴史的にも極めて異例のことである。これにより改善傾向にあった財政赤字は、景気拡大期にも関わらず再び悪化し、19年度にはGDP比で5％近くまで拡大した。

トランプ政権は、大型減税やインフラ投資の拡大が経済の成長率を高め、それが税収増加につながるため、長期的に見れば財政はむしろ改善すると説明している。しかしこれは、高成長を通じていずれ税収増加につながるとの説明で大型減税を実施し、最終的に財政赤字を拡大させてしまったレーガン政権第1期と重なる。19年8月には、12年度に成立した前述の「予算管理法」を修正することで、今後2年間の歳出上限を3200億ドル引き上げることと、債務の上限を2021年7月まで凍結する法案が成立。目先の「財政の崖」や米国債のテクニカル・デフォルトのリスクは回避したものの、財政赤字がさらに拡大することは確実な状況である。

［4］財政赤字と金利の関係

　財政赤字の増加が長期金利に与える影響としては、①国債の発行量の増加に伴う国債市場での需給悪化からの金利上昇、②政府の財政プレミアム（債務不履行リスク）拡大に伴う金利上昇、③紙幣流通量増加に伴うインフレ期待の上昇からの金利上昇、などが考えられる（逆に、財政赤字が減少する場合は、理論的には金利低下圧力がかかる）。ただし、財政赤字拡大の背景次第で影響は変わってくるため、一概にはいえない部分も多い。

　図表Ⅳ－54は長期金利と財政収支の関係をみたものである。両者の間には、過去にはある程度の相関関係があったが、近年はその相関が崩れてきている。21世紀以降に財政赤字が拡大したにもかかわらず、長期金利が低下基調で推移している背景としては、①世界的な過剰流動性に伴う資産需要（国債も含む）の高まり、②1980年代に比べて米国の成長率およびインフレ率が大きく低下していること、③新興国景気の減速などの世界景気への不安や規制強化を受けて相対的に低リスクの資産への需要が高まったこと、などが考えられる。

　米国の財政収支の動向は、国内金利のみならず、それらを通じて世界的な資金フローにも影響を与えると考えられるので、マーケット・ウオッチャーには引き続き重要なテーマである。

［5］財政赤字と為替の関係

　財政赤字の増加が為替相場に与える影響としては、①紙幣流通量増加に伴う自国通貨安、②政府の財政プレミアム拡大懸念からの自国通貨安、③金利上昇に伴う外国からの資金流入による自国通貨高、などが考えられる。ただし、こちらも金利への影響と同様、財政赤字拡大の背景次第で影響は変わってくるため、一概にはいえない部分も多い。

　図表Ⅳ－55はドルと財政収支の関係をみたものである。長期的にみると両者の間の相関は高い。一時、「米国の双子」の赤字（経常赤字と財政赤字）拡大懸念から、ドル安が進んだ局面もあったが最近では、①財政に関しては、日本や欧州など、その他の諸国も同様に懸念されること、②以前に比べ貿易赤字額の規模が縮小していることから、「米国の双子」の赤字への不安はやや薄らいでいる。

図表Ⅳ-54　米国の財政収支と実質長期金利

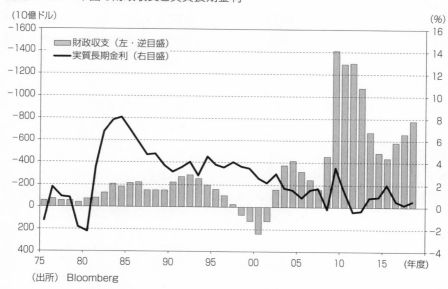

（出所）　Bloomberg

図表Ⅳ-55　米国の財政収支と実効ドル相場

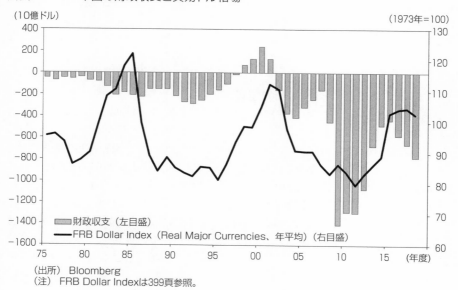

（出所）　Bloomberg
（注）　FRB Dollar Indexは399頁参照。

4　米国の経済政策動向

（1）大統領の経済学

　戦後の政権別の経済パフォーマンスをみたのが図表Ⅳ－56である。これはハーバード大学のバロー教授が作成したものであるが、従来のミザリー・インデックス（窮乏化指数。インフレ率と失業率を加えたもの）を拡大して、金利や経済成長率も加味していて面白い。2つの指数で、ともにトップの成績を誇るのがレーガンの1期目。逆に、最下位に近いのはフォードとカーターであるが、この時期は第1次石油危機後のインフレ悪化が原因である。また、リーマン・ショック後の世界的な景気悪化、その後の欧州ソブリン問題等を受けた景気後退等もあり、オバマ政権1期目の評価も低い。

　大統領が就任すると新しい考え方で経済や外交・内政関係に手をつけようとするが、議会も最初の3ヵ月ほどは大統領の主導権を尊重するのが通例である。これが大統領と議会のハネムーンと呼ばれる期間である。世界恐慌に直面していたフランクリン・ルーズベルト大統領は、「最初の100日間（the first hundred days)」でニューディール政策の基盤をなす主要法案を矢継ぎ早に制定させた。

　レーガン大統領は、サプライサイド経済学とマネタリズムを融合させて、レーガノミックスと呼ばれるほどの、経済政策の根本を変える試みをした。これに対して、ケインズ経済学を政策の主柱にしたのは、1960年代のケネディとジョンソン民主党政権であったが、これは当時ニューエコノミックスと呼ばれた。

（2）経済政策における政党間の差異

　一般的に民主党は、リベラル、中小企業重視、弱者救済、規制強化、保護貿易主義、大きな政府（市場へ積極的に介入）、福祉優先の政策イメージがある。これに対して共和党は、保守的、大企業優先、経済格差肯定的、規制緩和、自由貿易主義、小さな政府（市場原理を尊重し政府の介入や規制を排除）志向が強いとされる。一時期はこうした色分けが薄れていた時期もあったが、リーマン・ショック後に、再びこのような違いが明確になる場面が見られた。しかし、近年では大統領個人の考えが従来の党の方針を変えることもある。例えば共和党は歴史的には自由貿易を支持する政党であったが、トランプ大統領は従来の方向性を一変させ、あらゆる通商協定は米国の産業を守るものでなくてはならないという保護主義的な考え方のもと、世界的な貿易摩擦問題を生じさせた。

（3）注目されるシンクタンクの存在

　新しい政権が誕生すると経済政策を担当するブレーンを引き連れてホワイトハウス入りするのが一般的である。この際、注目されるのが、ブレーンとなるような人材を擁しているシンクタンクである。このため、大統領個人の考え方よりも、ブレーンの人たちの考え方のほうが重要になることが多い。官僚組織がしっかりしている日本と大きく違う点であろう。有名なシンクタンクとしては、民主党系とされるブルッキングス研究所がある。現にクリントン政権誕生の際には、同研究所にいたエコノミストが主要な経済ポストを占めた。保守系では、アメリカン・エンタプライズ研究所（ＡＥＩ）、ヘリテージ財団、国際経済に強いピーターソン国際経済研究所（ＰＩＩＥ）などが有名である。

図表Ⅳ－56　戦後における政権別の経済パフォーマンス

政　権　名		期　間	インフレ①	失業率②	金利③	経済成長④	ミザリー・インデックス⑤	順位⑥	拡大ミザリー・インデックス⑦	順位⑧
トルーマン　Ⅱ期 民主党		49－52	－5.2	0.6	0.3	－2.1	－4.5	2	－6.3	2
アイゼンハワー　Ⅰ期 共和党		53－56	－1.7	1.2	0.6	－0.3	－0.5	7	－0.2	11
Ⅱ期		57－60	0.6	1.4	0.5	0.3	2.0	16	2.8	16
ケネディ・ジョンソン 民主党		61－64	－0.3	0.2	0.3	－1.7	0.0	8	－1.5	7
ジョンソン　Ⅱ期		65－68	1.6	－1.2	2.0	－2.2	0.4	11	0.2	12
ニクソン　Ⅰ期 共和党		69－72	0.5	1.4	0.3	0.0	1.9	15	2.2	14
ニクソン・フォード		73－76	4.8	1.1	0.4	0.4	5.8	18	6.7	17
カーター　　　　民主党		77－80	4.0	－1.2	5.6	2.8	2.8	17	8.2	18
レーガン　Ⅰ期 共和党		81－84	－7.6	1.4	－0.9	－0.1	－6.1	1	－7.2	1
Ⅱ期		85－88	－1.0	－1.0	－2.4	－0.9	－2.1	4	－5.3	3
ブッシュ		89－92	0.3	0.8	－2.5	0.8	1.1	14	－0.6	9
クリントン　Ⅰ期 民主党		93－96	－0.2	－1.5	－0.3	－0.3	－1.7	5	－2.3	5
Ⅱ期		97－00	－0.6	－1.0	－1.3	－1.5	－1.6	6	－4.3	4
ブッシュ　Ⅰ期 共和党		01－04	－1.0	1.5	－0.9	0.7	0.5	12	0.3	13
Ⅱ期		05－08	0.6	－0.5	－2.0	1.0	0.1	10	0.3	8
オバマ　Ⅰ期 民主党		09－12	－2.2	3.2	－0.5	2.0	1.0	13	2.5	15
Ⅱ期		13－16	－1.0	－2.2	0.4	0.8	－3.1	3	－1.9	6
トランプ　　　　共和党		17－	0.9	－0.9	－0.7	0.4	0.0	9	－0.4	10

（注）① CPIの4年間平均－前政権最終年のCPI上昇率%　⑤ ①＋②
　　　② 失業率の4年間平均－前政権最終年の失業率%　⑥ ミザリー・インデックスによるランク（1が最良）
　　　③ 長期国債利回り（期末－期初）%　⑦ ⑤＋③＋④
　　　④ 3%－4年間平均の実質経済成長率%　⑧ 拡大ミザリー・インデックスによるランク（1が最良）
（出所）Asian Wall Street Journal 1992.10.5　Robert J.Barroの論文に加筆修正。Bloomberg

5　経済予測や情報収集のコツ

（1）景気予測に関する情報

　米国の景気予測や月次の経済指標の予測値に関する情報を入手することは比較的容易である。日本経済新聞社も定期的に内外のエコノミストや銀行などの景気や金利見通しを掲載している。さらに詳しく知りたい向きは、Wall Street Journal紙なども有用である。

　公式の経済見通しとしては、図表Ⅳ-57にあるように、政府、議会予算局（CBO）、連邦準備制度（Fed）、ＩＭＦ、ＯＥＣＤが利用可能である。政府の予測は、財政の項で説明したように、財政見通しの前提条件として作成していることもあり、楽観的なバイアスがかかりやすい点に注意すべきである。ＣＢＯの見通しは、より中立的との評価が一般的である。

　民間の予測期間の見通しを集計し発表しているのがブルーチップ予測である。毎月ニューズレターとして発行されているが、有料である。予測のコンセンサスがどのあたりにあるのかを知るにはよい材料である。アトランタ連銀のＧＤＰナウ（181頁参照）のサイトでは、ブルーチップのＧＤＰ予測コンセンサスとＧＤＰナウの推移が比較されている。

　アンケート方式で著名エコノミストの景気・金利見通しを紹介しているものには、Wall Street Journal紙やReuters、Bloombergなどの通信社がある。

（2）情報収集

　米国の経済統計や指標は、インターネットを通じて容易に入手することができる。なかでも使い勝手の良いウェブサイトを紹介する。

①主要な経済指標を公表している、商務省経済分析局（BEA）、商務省センサス局、労働省労働統計局（BLS）、FRBのウェブサイトは不可欠である。時系列データを入手するのに多少の手間がかかる。

②「Survey of Current Business（SCB）」は、BEAが月次で公表。膨大な情報にあふれている米国経済の調査・分析の入り口として使える。以前は月報として紙媒体で発行されていた。1921年7月以降のSCBを閲覧できる。

③セントルイス連銀の経済調査サイト「FRED」では、89の情報源から集めた60万超の系列のデータをダウンロードしたりグラフ化することもできる。

公表機関ウェブサイトアドレス

商務省経済分析局（BEA）	https://www.bea.gov/
（BEA内）SCB	https://apps.bea.gov/scb/index.htm
商務省センサス局	https://www.census.gov/
労働省労働統計局（BLS）	https://www.bls.gov/
FRB	https://www.federalreserve.gov/
セントルイス連銀FRED	https://fred.stlouisfed.org/
ブルーチップ予測	https://lrus.wolterskluwer.com/store/blue-chip-publications/

図表IV－57　米国経済の見通し

	実績	政府（OMB） （2019年7月時点）		議会予算（CBO） （2019年8月時点）		連邦準備制度 （2019年12月時点）		IMF （2019年10月時点）		OECD （2019年11月時点）	
	2018年	2019年	2020年	2019年	2020年	2019年	2020年	2019年	2020年	2019年	2020年
実質 GDP	2.9	3.2	3.1	2.6	2.1	2.2	2.0	2.4	2.1	2.3	2.0
PCEコア デフレータ	1.9	－	－	1.7	2.2	1.6	1.9	－	－	－	－
CPI	2.4	1.9	2.3	1.9	2.4	－	－	1.8	2.3	1.8	2.2
失業率	3.9	3.7	3.6	3.7	3.7	3.6	3.5	3.7	3.5	3.7	3.5
経常収支 GDP比率	－ 2.4	－	－	－	－	－	－	－ 2.5	－ 2.6	－ 2.5	－ 2.5

（注1）単位は％。失業率と経常収支GDP比率以外は前年比伸び率。
（注2）連邦準備制度はFOMCメンバー予想の中央値。
（出所）各機関公表資料

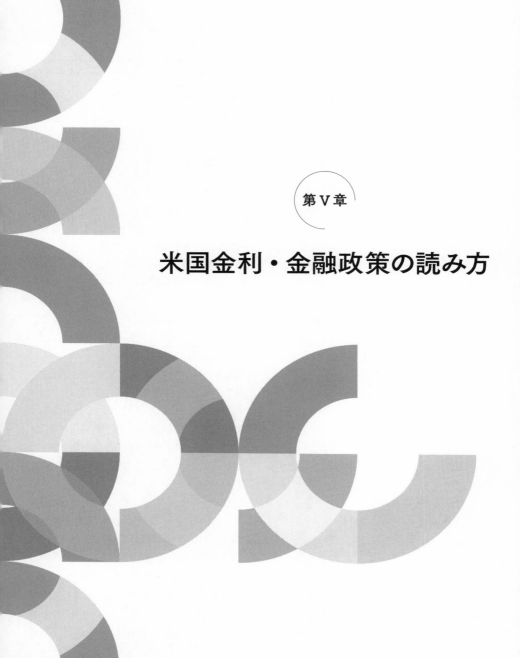

第Ⅴ章

米国金利・金融政策の読み方

1 米国の金融政策

[1] Fed（連邦準備制度）の組織 —— その1

　米国で、日本の日銀に相当するのが連邦準備制度（Federal Reserve System）、略してＦｅｄ（フェッド）。連邦準備銀行ではなく連邦準備制度であるのは、これが複数の組織体から成り立っているからである。現在の組織が創設されたのは1913年。先進諸国の中央銀行としては最も新しい部類に入る。誕生がこれだけ遅かったのは、米国が建国以来、分権主義を標榜し、中央集権的な組織に対して抵抗感があったためである。現在も、その組織には地方分権主義の名残りが見られる。

　連邦準備制度理事会（Board of Governors of the Federal Reserve System）は、金融政策の基本方針決定に中心的役割を果たす組織で、ワシントンにある。これをＦｅｄと呼称することもある。日本では一般にＦＲＢと呼ばれる。

　構成メンバーの理事（Governor）は、議長（Chairman）と副議長（Vice Chairman）を含めて7名。大統領が任命し、上院の承認を得て正式に就任する。任期は14年。議長・副議長についても、理事選任と同様の手続きを踏む。任期はいずれも4年。政治の関与を極力避ける工夫が施され、理事の任期は2年おきに1名が交代するよう設定されている。大統領の任期は最長8年なので、各理事が辞任しない限り、ひとりの大統領が指名できる理事は4名までである。また、議長と副議長の任期も大統領の任期と一致していない（図表Ｖ－1参照）。

　理事会の主たる任務は、①金融政策の実施、②金融システムの安定性の維持、③金融機関の監督・規制、④送金や決済システムの安全性の促進、⑤消費者保護と地域の発展を促進すること、などである。米国の金融政策形成において最も重要な組織であり、それだけに議長をはじめとした各理事の発言は注目されることが多い。

　理事会の監督下、全米12の地区ごとに連邦準備銀行（Federal Reserve Bank）が置かれている。これらの地区連銀は、形式的には独立した株式会社であり、独自の取締役会を有する。取締役は9名で、Ａクラス3名は加盟民間銀行から選出され、Ｂクラス3名は加盟民間銀行が銀行業以外の各分野から選出、Ｃクラス3名は理事会が任命する。取締役会は総裁（President）を任命、これを理事会が承認する。

中央権力としての理事会の影響力が強いとはいえ、地区連銀の構成には米国の地方分権主義の流れが色濃く残っている。

　現在でも公定歩合の変更は、各地区連銀が個別に理事会に申請する形をとっており、新しい公定歩合の適用が地区によって１日程度異なることもある。Ｆｅｄに加盟する民間銀行は、直接的には地区連銀に加盟しているのであり、その地区連銀に出資し、権利義務を負い、その監督に服する。地区連銀総裁は、後述のように理事と並んで公開市場操作の基本方針決定に参加する。なお、例えばニューヨーク連銀のことをニューヨーク・フェッドというように呼ぶこともある。

　Ｆｅｄの金融政策の目的として、連邦準備法（Federal Reserve Act）第２A条で、①最大の雇用、②物価の安定、③穏やかな長期金利が規定されているが、通常は①と②が主要な目的とされ、「２つの使命（２つの責務、Dual Mandate）」と呼ばれる。

図表Ⅴ-1　FRBメンバーの任期と大統領の任期（2020年1月現在）

［2］Fed（連邦準備制度）の組織 ── その2

　民間の銀行は、連邦準備制度への加盟いかんにかかわらず、所轄地区連銀に準備預金を積み立てる義務と、そこから借入を受ける特権を有する。したがって、すべての民間銀行は実質的に地区連銀の管轄下、つまり連邦準備制度の枠内にある。加盟銀行は、前述のように地区連銀に出資するとともに、取締役の3分の2を選出する。その一方で、地区連銀の検査・監督を受けることになる。

　公開市場委員会（Federal Open Market Committee）、略してFOMCは日銀の政策委員会に相当する最高意思決定機関である。年8回、約6週間ごとにワシントンの理事会会議室で、原則火曜日～水曜日の2日間開催される（ただし、緊急時には電話会議が行われる）。金融調節の代表的手段である公開市場操作の基本方針は、ここで決定される。投票権を有する参加者は、理事会から理事全員（7名）、地区連銀から総裁5名（1名はニューヨーク連銀総裁が常任、4名はその他11地区の連銀総裁が1年交代の輪番で務める）の計12名。その他の地区連銀総裁7名は、投票権のないオブザーバーとして出席。議長はFRB議長、副議長はニューヨーク連銀総裁が務める。議決は単純多数決で、決定された公開市場操作の基本方針は、実際の執行機関であるニューヨーク連銀に向けて指令される。

　FOMC声明文には、賛成者と反対者の名前が明示される。反対意見については、理由が記載される。一般に理事にはFed内部の出身者が少ないのに対し、地区連銀総裁にはFed生え抜き、またはFedでキャリアを積んだ者が多い。このため、概して理事には景気を重視する者が多く、地区連銀総裁には強硬なインフレ・ファイターが多い。金融引き締めを主張して多数意見に反対する意見が出るとすれば、それは往々にして地区連銀総裁のなかからである。とくに議会は、つねに景気刺激を望んでいるので、FOMCの議決に不満を示すことがままある。国の行政機関として金融政策の意思決定を行うFOMCに、民主的選出過程を経ていない地区連銀総裁が参画することには疑義があると批判する議員もいる。確かにこの主張にも一理あるが、理事選任が大統領の任命という政治色を帯びた人事であるのに対し、総裁は地方金融・経済界の代表として選出される。したがって、むしろ政治的に中立かつ中央銀行の一員としての職務に忠実なテクノクラートが多いのである。

図表Ⅴ-2　理事会・地区連銀の所在地と管轄

①ボストン
②ニューヨーク
③フィラデルフィア
④クリーブランド
⑤リッチモンド
⑥アトランタ
⑦シカゴ
⑧セントルイス
⑨ミネアポリス
⑩カンザスシティ
⑪ダラス
⑫サンフランシスコ

★ 理事会（ワシントン）
● 地区連銀

図表Ⅴ-3　Fedの組織と金融政策の形成過程

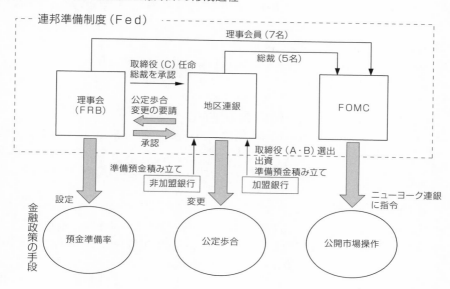

[3] 米国の金融政策を読み解く材料

(1) FOMC声明文

　FOMC開催日に即日公表される。内容は非常に簡潔で、全体で5～6段落程度、各段落とも5～10行にまとまっている。2009年に量的緩和策が導入されてから、①経済・物価状況の認識、②成長と物価のリスクバランス、③今後の金融政策運営、④今回の③の決定に対しての賛成者の名前と反対者の名前および主張、⑤公定歩合の変更情報（あれば）、というような流れになっている。

　みるべきポイントとしては、前回声明文と比較し、その6週間でFOMCの認識がどのように変化したかということを把握することが重要である。

(2) 議長会見

　2019年より、FOMCが終了すると毎回、FRB議長の会見が行われるようになった。声明文公表の約30分後に開催される。会見ではまず、経済や金融状況に関する認識や決定事項等について議長が説明を行い、その後、記者からの質問を受ける。声明文の変更点や経済見通し等、政策運営の見通しを左右する重要な材料に関する追加的な説明や、FRB議長自身の考え方が示されることもあるため、声明文の内容以上に市場を動かすこともある。なお、FOMC後に議長会見が行われるようになったのは11年4月からで、歴史は浅い。

(3) 経済見通し・適正な金融政策の見通し

　11年4月より、FOMCは四半期ごとに経済見通し（Economic Projection）を公表している。また、12年1月からは、四半期ごとにFOMC参加者の予想する適正な金融政策についての見通しの公表も行われるようになった。これらは声明文と同時に発表される。

　経済見通しでは、GDP成長率、失業率、物価（PCEデフレーター、コアPCEデフレーター）について、2～3年後の第4四半期の予想と長期予想が示される。全参加者の予想レンジ、予想の上下3名を除いた中間予想値が公表される。15年9月からは、併せて中央値も公表されている。金融政策の見通しでは、FOMC参加者が適正と考えるFF金利の見通しについて、今後2～3年の年末時点の予想と長期予想が示される。どの参加者の予想であるかは示されないが、各参加者の見通しが点の分布図で示されることから、「ドット・チャート」とも呼ばれる（図表V-4参照）。

　これらの見通しは、FOMC参加者がどのような経済の見通しのもとで、どのような金融政策運営を適正と考えているかを推し量るうえできわめて有用な材料である。

こうした見通しが数字で示されるため、前回公表時点との修正も一目瞭然であり、場合によっては声明文以上に強いメッセージとなる。

（4）ベージュブック（地区連銀経済報告）

　ベージュブックは、各地区連銀による管轄地域の経済状況報告をまとめたものであり、年8回、ＦＯＭＣの2週間前に一般に公開される。表紙がベージュ色であることから、ベージュブックと呼ばれる。まず全体の要約が記載され、以降は12の地区連銀の報告が続く形式であり、全体の要約は各地区連銀が輪番制で担当している。ベージュブックはＦＯＭＣが経済状況を認識し、政策運営を判断するうえで重要な材料となる。そのため、各地区連銀の報告が前回時点からどのように変化しているかが注目される。

公表機関ウェブサイトアドレス
FOMC　https://www.federalreserve.gov/monetarypolicy/fomc.htm

図表Ⅴ－4　FOMC参加者のFF金利予測（2019年12月11日公表）

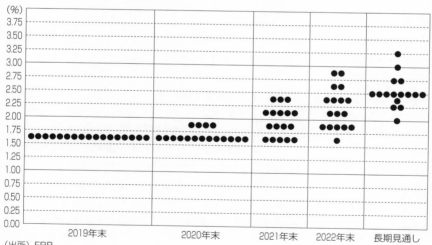

（出所）FRB

(5) FOMC議事録

FOMCの議事録（Minutes）は、金融当局内部の議論と公式見解が明らかになるという意味で、きわめて貴重な資料である。米国金利の先行きを予測するため、これを熟読するという市場参加者は多い。以前は、次回のFOMCが開催される週の金曜になって初めて前回の議事録が公開されていた（約6週間後）が、2004年12月開催分のFOMC議事録以降は、FOMCの3週間後に公開されるようになったため、注目度も上がった（詳細な記録であるTranscriptsは5年後に公表される）。そこで以下、議事録の構成と読み方を簡単に紹介する。

① 経済情勢

委員会開催に先立って、メンバーに手渡されたベージュブックに基づき、前回のFOMC以降の全米経済情勢が、雇用・生産・販売・出荷・在庫・貿易・物価の順に述べられる。

② 金融政策の回顧

前回採択された金融政策の基本方針を振り返った後、実際にどのような政策が実行に移されたか、それを受けて金融市場や為替市場がどのように反応したか、さらにマネーサプライはどんな推移をたどったか、などが報告される。

③ 経済予測

事前に配布されたグリーンブック（理事会調査統計局が作成した経済予測資料）の内容が紹介される。これがメンバーの議論の基礎となる。

④ メンバーの議論

以上を踏まえて、メンバーの活発な議論が展開される。分量的には、この部分が全体の半分以上を占めており、内容的にも興味深い点が多い。まず、景気見通しについての議論の過程が明らかになる。少数意見の内容も匿名で明記される。次に、金融政策の変更の是非について議論がなされる。最後に結論として、金融緩和または引き締め、もしくは現状維持が政策として採用されたことが述べられる。また、当面の政策変更の方向性（バイアス）についても結論が出される。

⑤ ニューヨーク連銀向け国内政策指令（Domestic Policy Directive）

上記の結論に基づく金融政策の基本方針が、公開市場操作の執行機関であるニューヨーク連銀に向けて発せられる。

⑥ 経済予測サマリー（Summary of Economic Projection）

2007年10月開催のFOMCから四半期に1度、FOMC参加者による今後の成長率、失業率、インフレ率の見通し（3年間）が『Summary of Economic Projection』として議事録に添付されることとなった。11年4月より、四半期ごとに

ＦＯＭＣ声明文と同時に公表されるようになった（248頁参照）。

（6）Monetary Policy Report to the Congress

　理事会とＦＯＭＣは年2回、2月と7月に上院・下院それぞれに対し、翌々年までの経済見通しと金融政策の基本方針を報告している。年4回、ＦＯＭＣ終了後にも経済見通しが公表されているが、この報告では直近の経済見通しについてより詳細な情報が追加される。

　議会にこの報告書を提出する際、ＦＲＢ議長（＝ＦＯＭＣ議長）は議会証言を行う。内容は文書化され、一般に公表される。また、議長は議員からの質問に対し答弁し、これらの発言内容は、マスコミによって詳細に報道される。議長は先々の金融政策見通しを話すことが多いので注目度は非常に高い。

（7）その他議会証言・要人発言

　理事や地区連銀総裁は、記者会見や講演などの場でさまざまな発言を行う。地区連銀総裁の場合、現在ＦＯＭＣのメンバーであるかどうかにより発言の重みが変わる。ボルカー議長やグリーンスパン議長の時代はその権限やカリスマ性が絶大であったため、議長の発言の重みが他を圧倒したが、バーナンキ議長以降、合議制の色彩が強くなり、他の理事・総裁のコメントも相対的に重視されるようになった。その中でもとくにＦＲＢ副議長とＮＹ連銀総裁の発言は重要である。

　ただし、注意を要するのは、各理事・総裁の個人的な経歴・性格に基づく傾向である。例えば、かつてレーガン大統領によってボルカー体制のなかに送り込まれた理事は、概して金融緩和を主張する傾向があった。また、一般に地区連銀の総裁は、Ｆｅｄ内部でのキャリアを積んでいるため、インフレ抑制を強調するきらいがある。

　Ｆｅｄは、政府や議会からたびたび政治的圧力を受けるが、中央銀行としての独立性は比較的高いと考えられている。したがって、Ｆｅｄ部外者の金融政策に関する発言は、あまり重大に受けとるべきではない。

　また、金融政策に関する要人発言は時期が制約されている。ＦＯＭＣの10日前から（通常、ＦＯＭＣは火曜日より開催されるため、前々週の土曜日から）、金融政策に関連した発言が禁止される。この間を「ブラックアウト期間」という。これは、金融市場が先取りして動くことで、政策発表の効果が薄まることを避けるために設けられている。

［4］Fedの金融政策手段

（1）公開市場操作（Open Market Operation）

　金融政策の複数の手段のうち、最も機動的なものが公開市場操作（Open Market Operation、オペ）である。ＦＯＭＣで決定されたＦＦ金利（Federal Funds Rate、フェッドファンドレート）の誘導目標に沿うように、オペを実施する。なお、ＦＦ金利は、日本のコールレートに相当するオーバーナイト中心の短期金利である。

　かつてＦｅｄはＦＦ金利の誘導目標の変更を行ってもその事実を直ちに公表しなかったため、オペ動向は政策意図を探るうえで重要な手がかりであった。しかし、1994年2月4日のＦＦ金利の高め誘導（引き締め）以降、政策変更があった場合は即日ＦＯＭＣの声明が公表されることとなった。このため、オペに対する注目度は昔に比べて低下している。

　オペはニューヨーク連銀が債券を市場で買う（買いオペ）か、または市場で売る（売りオペ）形で行われる。前者は債券購入の対価としての資金を市場に供給することで金融緩和効果をもたらし、後者は逆に債券売却の対価としての資金を市場から吸い上げることで金融引き締めの効果をもたらす。

　買いオペ・売りオペとも大きく分けて2種類の方法がある。1つはレポ（買戻し条件付き売り・売戻し条件付き買い）、もう1つはアウトライト（買い切り・売り切り）である。レポの場合は短期的な措置であるが、アウトライトの場合はより長期的な影響がある。2008年後半以降の量的緩和導入後は、かなりの頻度でアウトライトの買いオペが実施された。

（2）公定歩合（Discount Rate）

　公定歩合（Discount Rate）とは、連銀が金融機関に資金を貸し出す際の金利である。かつては短期金利の指標であるＦＦ金利よりも低く設定されていたため、銀行は公定歩合で資金を借り、市場においてＦＦ金利で運用すれば利益が出ることになるため、借りる際の手続きが煩雑であった。また、金融機関も予期せぬ資金需要などで想定以上の資金が必要になったときでも、連銀貸出に頼るという汚名を嫌って、無理をしてでもインターバンク市場で資金を調達するため、ＦＦ金利が一時的に跳ね上がるケースも見られた。

　こういった問題を解決するため、ＦＲＢは2002年10月に連銀窓口貸出制度を改革し、公定歩合をＦＦ金利よりも高い水準に変更し、03年1月より適用することを決定した。こうすることで、利ざや稼ぎ目的の運用を困難にすれば、審査を簡素化でき、想定外の資金調達が必要になった金融機関も比較的容易に連銀からの借り

入れを利用できるようになり、不意のＦＦ金利の跳ね上がりも回避できる。また、経営状況が健全な金融機関に対しては、ＦＦ金利よりも1%高い水準で連銀貸出金利を設定し、本金利のことを「プレイマリークレジットレート」と命名した。一方、経営状況が劣る金融機関にはＦＦ金利に1.5%上乗せする「セカンダリークレジットレート」を適用する。

　新制度実施後、金利を変更する場合は、これまでの公定歩合と同様、連邦準備制度を構成する12の地区連銀が個別にＦＲＢに申請し、ＦＲＢが最終決定する。なお、08年の金融危機(詳細は258頁《サブプライム問題と金融危機》を参照)を受けて、Ｆｅｄは潤沢な流動性を供給するために、プライマリークレジットレートを従来よりも低めに設定しており、19年10月現在2.25%（ＦＦ金利の誘導目標は1.5〜1.75%）となっている。

（3）預金準備率（Reserve Requirements）

　あらゆる銀行は、連邦準備制度に加盟しているか否かにかかわらず、預金平均残高の一定量を必要準備（Required Reserve）として所轄の地区連銀に積み上げる義務を負う。必要準備の積み立ては、遅行積み立て方式（ＬＲＲ、Lagged Reserve Requirements）による。これは、隔週月曜に終わる2週間の預金平均残高を対象に、一定の料率（準備率）の準備金をその翌々週の木曜から始まる2週間の平均残高として積み立てるものである。また、必要準備額以上の準備金は超過準備（Excess Reserve）と呼ばれる。以前は連銀に積み上げた準備金については無利息であったため、銀行は必要最小限の必要準備のみを積み上げようとし、その過不足の調整を銀行間市場であるフェッドファンド市場で実施していた。そのため、その需給の歪みによりＦＦ金利が乱高下することもあった。しかし2008年の金融危機以降は、信用不安が高まったこと、Ｆｅｄが短期金融市場に過剰に資金を供給し続けていること、Ｆｅｄが準備金への付利を開始したこと、などからフェッドファンド市場の流動性は低下している。

（4）超過準備への付利金利（Interest on Excess Reserve）

2008年10月、Ｆｅｄは準備金への付利を開始した。06年10月にすでに11年10月からの付利開始が決まっていたが、金融危機対応で前倒しされた。そのなかの、超過準備への付利金利は英語の頭文字をとって「ＩＯＥＲ」と呼ばれ、金融政策手段の1つとなっている。一方、必要準備に付利するＩＯＲＲ（Interest on Required Reserve）は、準備保有に要する金融機関の潜在的な負担を除くことを目的としている。

ＩＯＥＲを導入したＦｅｄの意図は、①ＦＦ金利の動きを安定化させること、②余剰資金を持つ銀行から資金を吸収し、金融危機対応で新たに導入したさまざまな貸出制度（詳細は261頁の図表Ⅴ－10参照）における資金源とすること、と考えることができる。

①について補足すると、08年の金融危機を受けてＦｅｄは短期金融市場に大量の資金を供給してきたが、これにより実際のＦＦ金利は誘導目標水準を下回ることが多くなった。準備金に金利を付与すれば、銀行はこの金利を下回る水準で市場に資金を放出しようとは思わないため、理論上はこの超過準備に対する金利が実際のＦＦ金利の下限となる。しかし実際は、Ｆｅｄにアクセスできない政府系金融機関（ＧＳＥ、270頁参照）などが大量の資金をフェッドファンド市場で運用しているため、日々のＦＦ金利は付利金利を下回ることが多かった（図表Ⅴ－5参照）。

ところが最近ではＧＳＥなどの運用の多様化も進んだことから、ＦＦ金利は徐々に付利金利近くまで上昇してきたため、18年6月、Ｆｅｄは付利金利をＦＦ金利誘導目標レンジの上限から5ｂｐ低く設定した（従来はＦＦ金利誘導目標レンジの上限。「ｂｐ」については272頁参照）。19年11月現在、付利金利はＦＦ金利誘導目標レンジ上限より20ｂｐ低い水準に設定されている（図表Ⅴ－6参照）。

（5）翌日物リバースレポ（Overnight Reverse Repurchase Agreement）

Ｆｅｄが金融機関から米国債を担保として資金の借り入れを行い、それに対して利息を支払い、翌日には反対売買を行う取引。本リバースレポの対象である金融機関は預金取扱金融機関に限らず、より広範な金融機関であり、ＧＳＥなども含まれる。Ｆｅｄは政策金利であるＦＦ金利を誘導目標レンジ内に収めるために本リバースレポを利用しており、レポレートはＦＦ金利誘導目標レンジの下限に設定されている。ＧＳＥなどの金融機関から見れば、本制度は余剰資金の運用手段となる。金融機関はこのリバースレポ金利を下回る水準で市場に資金を放出しようとは思わないため、本レートをＦＦ金利誘導目標レンジの下限に一致させることで、ＦＦ金利をターゲット内に誘導する目的がある。

図表Ⅴ－5　FF金利と準備預金付利金利（2008年9月～09年8月）

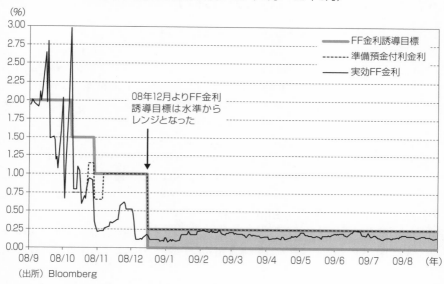

（出所）Bloomberg

図表Ⅴ－6　FF金利と準備預金付利金利（2018年1月～19年11月）

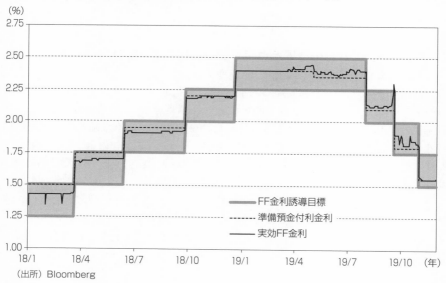

（出所）Bloomberg

［5］金融政策の変遷（ボルカー以降）

（1）サタデーナイト・スペシャル（1979年10月）

　1979年8月、ポール・ボルカーがFRB議長に就任した。その頃米国内では、ドル急落を受け、インフレ圧力が高まりつつあった。インフレ対策を重視するボルカーは、同年10月6日（土曜日）、異例の緊急FOMCを招集、FF金利に代わり非借入準備（準備預金から連銀借入を引いたもの）を操作目標と決定。マネーサプライの急激な伸びを抑制するため、FF金利の水準にかかわりなくオペによる引き締めを行い、準備預金を調整することを意図した。この措置は、後に「サタデーナイト・スペシャル」と呼ばれた。この結果、短期金利は急上昇、翌年米国はリセッション入りしたが、82年になるとインフレは沈静化し、その後も米景気は拡大を続けた。

（2）ボルカー時代の終焉（1980年代後半）

　ボルカーは、インフレ・ファイターとして名を馳せたが、その硬直的な引き締め姿勢と秘密主義はレーガン政権との軋轢を招いた。レーガン再選後、過半数の理事がレーガン派で占められると、ボルカーの影響力は徐々に低下していった。その間、プラザ合意（1985年9月）によるドル高是正のインフレ効果を原油価格の急落が相殺する形で、金利は86年半ばまで低下。しかし、原油が下げ止まり、景気が順調に拡大を続けると、金利は上昇に転じた。ボルカーはその後、金融政策の主導権を握れないまま、87年8月に辞任することとなった。

（3）グリーンスパンの登場とクラッシュ（1987年10月）

　1987年8月、FRB議長に就任したアラン・グリーンスパンが最初に直面した試練は、ブラック・マンデーだった。同年10月19日に起きた株式大暴落に対して、グリーンスパンは、積極的かつ機動的な金融緩和措置をとり、市場に流動性を供給、世界的な信用不安の発生を防ぎきった。新議長の手腕は高く評価され、市場の信任を一気に勝ち取った。ボルカーと対照的に、グリーンスパンのポリシーは柔軟かつ民主的な姿勢を旨としており、特定の指標に固執して劇的な政策転換を行ったりすることはなかった。

　90年半ば以降の景気後退に対して、グリーンスパンは再三金融緩和を行い、経済のファイン・チューニング（微調整）を行った。当時の景気後退を「バランスシート・リセッション」（過剰債務によるバランスシート悪化がもたらした景気後退）と位置づけ、何よりも信用秩序の維持を優先した。

（4）情報公開と予防的引き締め（1994年2月）

　1989年2月に公定歩合を引き上げて以降、Ｆｅｄは一貫して金融緩和策を維持した。この間、米景気は拡大を続けていたが、雇用の伸びは低迷し、回復感に乏しい働きだった。しかし、94年に入ると雇用も増勢に転じたため、2月4日には金融引き締めが実施され、緩和策に終止符が打たれた。この政策変更は議長声明をＦｅｄが公表する形で行われた点、画期的だった。従来Ｆｅｄは政策変更の事実を明示せず、市場参加者はＦＦ金利の推移やオペ動向によって事後的に判断するしかなかったからである。これ以降、政策変更の事実は、即日発表されることとなった。

　その後Ｆｅｄは、予防的引き締めとして翌95年2月にかけて1年間に7回、計3％の利上げを実施したため、景気は減速、インフレの伸びも頭打ちとなった。

（5）「根拠なき熱狂」と金融危機への対応（1990年代後半）

　1995年2月に最後の引き締めを行った後、グリーンスパンはインフレ圧力沈静の兆候さえあれば緩和の用意があることを言明した。同年7月にはインフレ圧力が十分後退したとして利下げに踏み切り、翌年1月までに0.75％の利下げを行った。

　景気の再加速に伴い株式市場は活況を呈したが、バブルの兆候を察知したグリーンスパンは、「根拠なき熱狂（irrational exuberance）」という表現で警告を発し（96年12月）、翌年3月、低インフレ維持のため予防的引き締めに踏み切った。

　しかし、同年10月に入ってアジア通貨危機が世界的な株式暴落を招いたため、金融政策を中立に変更。98年8月にはロシア通貨危機に続いて、9月にヘッジファンドＬＴＣＭ（Long-Term Capital Management）が破綻。金融危機発生に対して、Ｆｅｄは民間金融機関による緊急融資を指導した。さらに海外経済の混乱が米国に及ぼす影響を抑えるため、3ヵ月連続で利下げを実施。一連の措置により国際金融市場の混乱は終息に向かい、グリーンスパンの名声はさらに高まった。

（6）「ニューエコノミー」論と株式バブルの発生

　金融市場の緊張が緩和し、世界景気の下振れ懸念が払拭されたことから、Ｆｅｄは再び引き締め姿勢に転じた。1999年6月以降、翌年5月にかけて6回、1.75％の利上げが行われた。この間、ＩＴ革命による生産性の向上が高成長と低インフレを両立させるという「ニューエコノミー」論が台頭した。グリーンスパンは生産性の伸びには限界があることを指摘した一方で、ＩＴ革命による生産性向上自体の可能性には理解を示したため、ＬＴＣＭ危機後の下げを取り戻していた株式市場はさらに騰勢を強めた。株式バブルを決定的なものとしたのはコンピュータの2000年問題の存在であった。同問題から派生するシステミックリスクに対処するためＦｅｄをはじめとする各国中央銀行は99年末に向けてベースマネーの供給を拡大させたが、このことが金融引き締めの効果を相殺させただけでなく過熱気味の株式市場および景況感をさらにあおる形となり、2000年春に株式バブルの大天井を形成するに至った。

（7）株式バブルの崩壊と高まる世界同時不況リスク

　懸念されていた2000年問題を混乱なく乗り切ったことから、2000年初より各国中央銀行は過剰流動性の吸収に動き出した。これが1999年からの金融引き締め効果を顕在化させることとなり、00年春をピークに世界的な株式・ＩＴバブルは崩壊局面を迎えることとなった。99年から2年間続いた原油高の影響でインフレ率が高止まりを続けるなか、Ｆｅｄは00年11月までインフレ警戒バイアスを続けたが、同年末には景気配慮型にバイアスを変更、01年初には異例の緊急ＦＯＭＣを開催し、0.5％の緊急利下げを行った。この利下げを含めてＦｅｄは1年間で計4.75％の大幅な利下げを断行したが、これはバブル崩壊による急速な景気後退に配慮した措置であった。ナスダック株価の6割を超える大幅下落や米国同時多発テロ（01年9月11日）などの外的ショックも急速な利下げを後押しする要因となった。これらの大幅な利下げに加え、大型減税などの財政政策が奏功し、米国景気は比較的短期間でリセッションを脱し02年にはプラス成長に戻ったが、世界的なＩＴバブル崩壊により米国も含めた主要国の需給ギャップはいずれも拡大したため、Ｆｅｄは03年6月までにさらに0.75％の利下げを行い、ＦＦ金利1％という50年代以来の低金利水準にして、以後の推移を見守る姿勢をみせた。

図表V-7　最近の金融政策変更

政策変更発表日	FF金利		政策変更の背景など（注）
	変更幅	変更後	
15. 3.18	0	0〜0.25	「労働市場のさらなる改善を確認し、中期的にインフレ率が2％目標に戻ると合理的な自信が持てた時に、FF金利の目標誘導レンジ引き上げが適切に」
15.12.16	+25	0.25〜0.5	「今年に入り労働市場は著しく改善し、中期的にインフレ率が2％目標に戻ると合理的な自信がある」「経済状況は緩やかな利上げしか正当化しない形で進むと予想」
16. 6.15	0	0.25〜0.5	「労働市場の回復ペースが鈍化した一方で、経済活動は加速した」「FF金利誘導目標水準は一定の間、長期の見通しを下回るだろう」
16. 9.21	0	0.25〜0.5	「利上げの論拠は強まったが、目標への進展が続くさらなる証拠を待つ」「3名の連銀総裁が反対票を投じ、0.5〜0.75への利上げを支持」
16.12.16	+25	0.5〜0.75	「労働市場の状況とインフレ率の実績と見通しを考慮して利上げを決定」「世界経済および金融市場の動向を精査していく」
17. 3.15	+25	0.75〜1	「労働市場の状況とインフレ率の実績と見通しを考慮して利上げを決定」
17. 6.14	+25	1〜1.25	「経済情勢がおおむね予想通りに進むことを条件に、年内にバランスシートの正常化計画を開始する方針」
17. 7.26	0	1〜1.25	「経済情勢がおおむね予想通りに進むことを条件に、比較的早期にバランスシートの正常化計画を開始する方針」
17. 9.20	0	1〜1.25	「米南部を襲った大型ハリケーンの影響は一過性のものであり、景気や物価の基調は変わらない」「10月にバランスシートの正常化計画を開始する」
17.12.14	+25	1.25〜1.5	「ハリケーンによる被害と被災地復興は国内経済の見通しを著しく変えることはなかった」「労働市場の状況とインフレ率の実績と見通しを考慮して利上げを決定」
18. 3.21	+25	1.5〜1.75	「経済見通しはここ数ヵ月間で強まった」「労働市場の状況とインフレ率の実績と見通しを考慮して利上げを決定」
18. 6.13	+25	1.75〜2	「さらなる緩やかな利上げを予想」→文言削除「労働市場の状況とインフレ率の実績と見通しを考慮して利上げを決定」
18. 9.26	+25	2〜2.25	「金融政策のスタンスは引き続き緩和的」→文言削除「労働市場の状況とインフレ率の実績と見通しを考慮して利上げを決定」
18.12.19	+25	2.25〜2.5	「引き続き世界経済と金融情勢を注視し、経済見通しへの影響を精査する」「労働市場の状況とインフレ率の実績と見通しを考慮して利上げを決定」
19. 1.30	0	2.25〜2.5	「FF金利を漸進的に幾分引き上げる」「経済見通しリスクはおよそ均衡」→文言削除「政策決定に関し、辛抱強くなるだろう」
19. 7.31	−25	2〜2.25	「経済見通しに関する不確実性は高まっている」「バランスシート縮小は予定より2ヵ月前倒しの8/1に終了」
19. 9.18	−25	1.75〜2	「反対票を投じたうち、1名が50bpの利下げを主張、2名が金利の据え置きを主張」「IOERをFF金利上限から20bp下の1.80％へ引き下げ」
19.10.30	−25	1.5〜1.75	「今後の政策について熟考する」「適切に行動する」の文言を削除し、「適切な政策を精査する」に変更、「2名が金利据え置きを主張」

（注）FOMC声明文からの抜粋

（8）デフレ懸念の台頭と景気回復への道

　20世紀終盤は、中央銀行による「インフレ抑制」がテーマであったが、21世紀初頭は、2001年1月の緊急緩和措置以来、逆にデフレ懸念が重要な関心事となった。03年以降の景気回復局面においても、Ｆｅｄが実質マイナス金利であるＦＦ金利1％を「相当な期間（considerable period）」据え置きつづけることを表明した理由は、まさにこのデフレ懸念があったためである。

　04年に入ると、こうした大胆な金融緩和策が功を奏し、デフレ懸念は払拭された。そして雇用増加を伴う景気回復が確認された04年6月から、超低金利から中立水準へ向けての「慎重な（measured）ペース」での利上げが始まった。この頃から、ＢＲＩＣｓ（ブラジル、ロシア、インド、中国）、アジア、東欧を中心としたエマージング諸国の急速な経済拡大に伴って、原油や銅などのエネルギー価格および金属価格が急騰したことで、再びインフレ懸念が台頭した。しかしＦｅｄは、インフレ圧力は認めながらも、コアの消費者物価が低位安定していたことを理由に、毎回のＦＯＭＣごとに0.25％の「慎重な（measured）ペース」での利上げを継続し、05年12月末時点でＦＦ金利を4.25％まで上昇させた。その結果、景気に与える影響を最小限にとどめ、堅調なペースでの経済成長を保ちつつ、インフレを抑制することに成功したかにみえたが、超低金利時代の負の資産である住宅バブルは、堅調な経済を背景にますます巨大なものへと成長した。

（9）バーナンキ議長の登場と住宅バブルの崩壊

　2006年2月、これまで実に18年以上もＦＲＢ議長を務めたグリーンスパンに代わって、ベン・バーナンキ議長が就任した。就任当初は、資源価格の上昇から引き続きインフレ懸念が高かったため、グリーンスパン流を引き継ぎ、毎回のＦＯＭＣで0.25％ずつの利上げを実施し、ＦＦ金利を5.25％まで引き上げた。当時は、景気、物価ともに比較的安定しており、順調な滑り出しとなったが、06年後半に入ると、かねてから懸念されていた米国住宅市場がいよいよ悪化し始めた（詳細は258頁の《サブプライム問題と金融危機》を参照）。

　バーナンキ議長をはじめＦｅｄのメンバーの多くは、07年半ばになってもサブプライム・ローン問題が実体経済へ及ぼす影響は限定的との見方を示し、引き続きインフレ懸念も高かったことから利下げ実施にはためらいがあった。しかし、07年9月、クレジット市場の急激な悪化を背景についに利下げに踏み切った。その後も段階的に利下げを行うものの、クレジット・スプレッドが拡大していくなか、利下げの効果は薄く、08年1月には世界的な株価の急落を受けて0.75％の緊急利下げを行うなど、大胆な利下げで08年5月にはＦＦ金利を2％まで引き下げた。しかし、原油価

格が140ドルまで上昇し、物価指数も軒並み上昇を続けるなか、これ以上の利下げは難しく、短期金融市場の悪化に対しては、新しい貸出制度をつくり（261頁の図表Ⅴ−10参照）積極的に流動性を供給することで対応した。

　08年後半に入ると、世界的な景気減速が顕著になり、グローバル・リセッション懸念が高まるなか、原油をはじめ資源価格が暴落、個人消費も低迷し、物価指数は一転、前月比マイナスが続いた。市場ではインフレ懸念は急速に後退し、逆にデフレ懸念が高まった。こうした状況のもと、08年9月には大手金融機関であるリーマン・ブラザーズが破綻し、市場センチメントが急速に悪化したことを受けてＦｅｄは利下げを再開、08年12月には、ついにＦＦ金利をＦｅｄ設立以来初めてゼロ％近辺（誘導目標0〜0.25％）まで引き下げた。その間、Ｆｅｄは利下げ以外でもＣＰの買い取り制度やターム貸出制度（図表Ⅴ−10参照）を作るなど、金融市場の安定化を図るも、市場の混乱はなかなか収束せず予断の許さない状況が続いた。

フォワードガイダンス

　フォワードガイダンスとは、中央銀行が先行きの金融政策に一定の示唆を与えることである。とくに、政策金利がゼロに近くなり、「これ以上引き下げられない」という制約に直面した時に、追加の緩和手段として、将来にわたり金融緩和を続けるとコミットすることで、長期金利の低下をうながす効果がある。時間軸政策の手段として用いられる。

図表Ⅴ−8　Fedのフォワードガイダンスの変遷

導入時期	内容
2008年12月	「for some time」…事実上のゼロ金利政策導入時
2009年3月	「for an extended period」
2011年8月	2013年央まで
2012年1月	2014年央まで
2012年9月	2015年央まで
2012年12月	数値目標 ⇒ 向こう1〜2年のインフレ見通しが2.5％を超えず、インフレ期待が抑制されている限り、失業率が6.5％に低下するまで事実上のゼロ金利政策を継続する（提唱者の名から、エバンズ・ルールとも呼ばれる）
2014年3月	「considerable　time」
2014年12月	「patient」
2015年3月	「patient」削除 ⇒ フォワードガイダンスの撤廃

《サブプライム問題と金融危機》
　2008年、世界経済は未曾有の金融危機に直面した。短期金融市場は信用不安から完全に機能が麻痺し、各国政府・中央銀行は積極的に市場に流動性を供給するものの、事態は大きく改善することなく悪化の一途をたどり、住宅関連機関や金融機関をはじめ多くの企業が破綻した。ここではその発端となった米国サブプライム・ローン問題と、その後に金融危機にまで発展した背景について解説する。

　サブプライム・ローンとは信用度の低い個人向けの住宅ローンのことである。03年から06年にかけて、米国では低金利や住宅価格の上昇を背景に、新種の住宅ローンが続々と登場し、金融機関は比較的信用力の低い借り手に対して多くの信用を供与した。米国ではこれら住宅ローンをそのまま銀行が保有しつづけることは少なく、多くはモーゲージ担保証券（MBS、270頁参照）として証券化され、幅広い投資家に販売される。さらに複数のMBSを担保資産として再証券化した債務担保証券（CDO、Collateralized Debt Obligation）なども組成される。これらMBSやCDOは格付け機関によって格付けされ、市場で取引されている。03年から06年にかけては、世界的な過剰流動性・金余りを背景に金融市場のボラティリティ（変動性）が低下し、クレジット・スプレッドも縮小していたため、投資家はより高いリスクを求めレバレッジ（借入により元本以上の投資を行い、少ない変動で多くの利益を狙うこと）を増やしていった。しかし、06年頃からそれまで持続不可能といわれたペースで上昇していた米国の住宅価格の伸び率がいよいよ鈍化する。それに伴って、サブプライム・ローンの延滞率も急上昇することとなった（図表V−9参照）。

　07年に入ると、米住宅市場の悪化を反映してサブプライム関連資産の価格が大きく下落した。とくにリスクの高いCDOに投資していたヘッジファンドなどの巨額損失がクローズアップされるようになり、それらヘッジファンドに大量の資金を融資していた欧米金融機関の収益も懸念されはじめた。また、これら金融機関は住宅ローンの貸し付け、証券化商品の組成、販売といった一連の住宅関連業務を行っていたため、これら資産を在庫として大量に保有していた。そうしたなか、米格付け機関がサブプライム関連資産を大量に格下げしたこと、モノラインと呼ばれる金融保証会社（証券化商品の元利払いなどを保証）の経営状況が悪化したことなどから、サブプライム関連資産の売りが加速し、さらに価格が下がる悪循環となった。また、短期金融市場では各金融機関が手元流動性の確保を優先させたためLIBORレート（266頁参照）が急上昇し、事態は一気に深刻化した。

　08年に入っても、米住宅市場の悪化やサブプライム関連資産価格の下落はつづき、欧米金融機関が次々に大幅な評価損を発表していくなか、インターバンク市場では信用不安が高まり、金融機関は徐々に資金繰り困難に陥った。資金繰りが困難

になると金融機関は保有資産の売却により資金を確保せざるを得なくなり、流動性が薄くリスクの引き受け手も不在のなか、大量のクレジット資産が市場で売却され、資産価格の下落が加速し、さらなる評価損を計上、信用状態はさらに悪化するといった悪循環が止まらない流れとなった。そして、08年3月、ついに米大手金融機関のベア・スターンズが破綻した。その間、Ｆｅｄは大幅な連続利下げによる金融緩和を行う一方、市場に流動性を供給するプログラムを次々に発表した（図表Ｖ－10参照）。しかしこれらの対策は一定の効果を生むものの、事態を収束させるには至らなかった。

　その後、一旦は落ち着きかけた信用問題であったが、08年夏以降に再燃、金融危機は加速し、米大手金融機関リーマン・ブラザーズの破綻（9月15日）などを経て、ついに米政府は米金融機関への資本注入を行った。このようにサブプライム問題は、100年に一度ともいわれる世界的な金融危機にまで発展したのである。その後、09年以降、米政府とＦｅｄの政策により危機は徐々に収束に向かった。

図表Ｖ－9　住宅ローン延滞率と住宅価格の推移

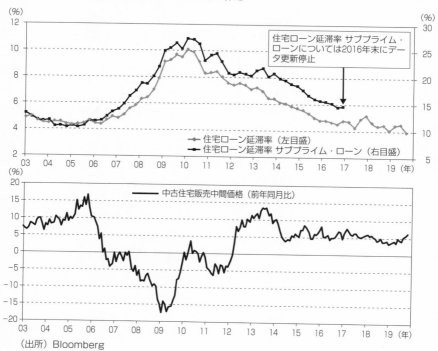

（出所）Bloomberg

（10）量的緩和の導入と長期景気低迷

　2008年後半の金融危機では、米住宅市場が壊滅的な打撃を受け、MBS（270頁参照）価格が暴落したことにより、Fedは08年11月、6000億ドルを上限にエージェンシーMBS（政府機関保証MBS）とエージェンシー債（270頁参照）を買い入れることを発表した。当時は政府系金融機関支援や米住宅市場支援が目的だと考えられたが、これがいわゆる量的緩和の幕開けであった。その後09年に入っても株価の下落と経済の低迷が続いたことから、09年3月のFOMCでは、米国債の購入と、エージェンシーMBSの購入額大幅増額が発表された。一般的にはこの発表が量的緩和（Quantitative Easing、QEと略される）の開始といわれる。量的緩和の目的は長期金利とモーゲージ金利を引き下げることで、低金利により経済の活性化と株価や住宅といった資産価格の上昇を狙ったものである。この3月のFOMCをきっかけに、株価や多くの経済指標は反転したものの、米国の成長率や失業率は思ったほど改善しなかったことから、Fedは10年11月のFOMCで量的緩和の第二弾（QE2と呼ばれることが多い）を決定し、6000億ドルの米国債の購入を発表した。

　その後、景気は一旦持ち直したように見えたが、10年終わり頃から本格的に悪化し始めた欧州危機の影響で再び世界経済の大幅減速懸念が高まり、Fedはさらなる対応を迫られた。この頃から、Fedのバランスシートを拡大させる量的緩和がもたらすドル安や商品価格の上昇に対する批判が内外で高まったこともあり、11年9月には比較的残存期間の長い米国債（主に残存6〜30年）を購入する一方、比較的残存期間の短い米国債（主に残存2〜3年）を売却するといったオペレーションツイストと呼ばれる政策を発表した。本政策の目的は、QE同様に長期金利を低下させ経済を活性化させることである。

　しかし、12年には欧州危機の影響に加えて、それまで世界経済を牽引してきた中国経済が減速したこと、米国内でも失業率の高止まりと低成長が続いたことから、Fedは12年9月のFOMCで量的緩和の第三弾（QE3）を決定し、毎月400億ドルのエージェンシーMBSを無期限で購入することを発表した。さらに同年12月には、オペレーションツイスト終了に伴い、毎月450億ドルの米国債を無期限で購入することも決定した。

　なお、Fed自身は量的緩和のことをLarge-Scale Asset Purchases（LSAPs）、オペレーションツイストのことをMaturity Extension Program（MEP）と呼ぶことが多い。

図表Ⅴ-10　Fedの貸出制度一覧

	対　象	貸出の種類	貸出期間	必要な担保	借入コスト	導入時期
公開市場操作	プライマリー・ディーラー	資金	オーバーナイト～65日	国債、エージェンシー債、エージェンシーMBS	FFレート近辺	1913年
連銀窓口	預金金融機関	資金	オーバーナイト～90日	AAA格付け債券全般	プライマリー・クレジット・レート	1913年
国債貸出	プライマリー・ディーラー	国債	オーバーナイト	国　債	50bp	1999年
ターム入札ファシリティ（TAF）	預金金融機関	資金	28日 or 84日	AAA格付け債券全般	入札	2007年12月
プライマリー・ディーラー信用ファシリティ（PDCF）	プライマリー・ディーラー	資金	オーバーナイト	投資適格債券全般	プライマリー・クレジット・レート	2008年3月
ターム証券貸出ファシリティ（TSLF）	プライマリー・ディーラー	国債	28日	投資適格債券全般	10bp or 25bp（担保の質に依存）	2008年3月
ABCPマネーマーケット・ファンド流動性ファシリティ（AMLF）	預金金融機関	資金	ABCPの満期	高格付けABCP	プライマリー・クレジット・レート	2008年9月
コマーシャル・ペーパー資金調達ファシリティ（CPFF）	高格付けCP発行体	資金	3ヵ月	期間3ヵ月の高格付けCP（ABCPを含む）	3ヵ月オーバーナイト・インデックス・スワップ+100bp（ABCPは3M OIS+300bp）	2008年10月
ターム物資産担保証券ローンファシリティー（TALF）	適格担保を有する米国企業や米国の投資ファンドなど	資金	3年（一部5年）	各種ローンを裏付けとするAAA格の資産担保証券	3年物（一部5年物）LIBORスワップレート+100bp	2009年3月

（出所）FRB

図表Ⅴ-11　Fedの総資産残高と内訳の推移

（兆ドル）

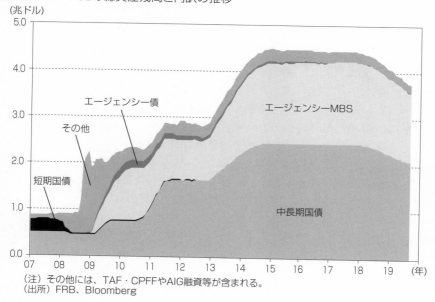

（注）その他には、TAF・CPFFやAIG融資等が含まれる。
（出所）FRB、Bloomberg

（11）資産買入縮小とイエレン議長の正常化への道

　2013年に入り、米国経済はシェールガスブームもあり景気は順調な回復を示していた。そして13年5月、バーナンキFRB議長は、持続的な回復を示す米雇用市場を背景に議会証言にて近い将来の量的緩和の縮小を示唆した。しかし、12年9月に開始した無期限量的緩和（QE3）から1年足らずの縮小観測は、のちに「Taper Tantrum」と呼ばれる暴力的な値動きを米金利市場や新興国通貨市場にもたらした。米金利の上昇は、13年9月まで続き、米10年債利回りは1.6％台から3.0％まで1％を超す金利上昇となった。結局、Fedは「財政の崖」懸念でしばらく緩和縮小開始を躊躇っていたものの、13年12月に毎月100億ドルの資産買入縮小を発表した。その後、Fedは会合毎に縮小を進め、14年12月に資産買入は終了した。

　また、バーナンキの後任のジャネット・イエレン議長は、金融政策正常化に向けたステップとして、徐々にフォワードガイダンスの修正を試みた。まず、14年3月のFOMCにおいて、ゼロ金利解除の先行きを示す指針として用いられていた数値基準のフォワードガイダンス（失業率6.5％）に実際の失業率が近づいたことからこれを削除し、新たに「かなりの間（considerable time）」という文言を導入した。そして14年12月のFOMCで「辛抱強く（patient）」に文言を変更し、さらに利上げに近づいているというメッセージを市場に送った。そして、15年3月のFOMCでは、「辛抱強く」の文言も削除し、ついにフォワードガイダンスを撤廃した。同時に、今後の利上げ時期は、「データ次第（data dependent）」という文言を取り入れた。

　この間、米雇用市場は月平均20万人強の雇用を生み出し続け、失業率は14年後半には節目の6.0％も下回った。一方、米国を除く世界経済の状況は芳しいものではなかった。14年に入り、欧州経済はディスインフレ環境が鮮明となり、新興国は成長鈍化に苦しんでいた。こうした景気格差が為替市場でのドル高の流れを加速させ、ドル高が輸入インフレの低下を通じて米国のインフレを抑え込む形となった。また、産油国の供給過剰問題と新興国の需要減少が相まって、原油価格の下落が鮮明となり、14年秋から15年初頭には原油価格が1バレル100ドルから50ドル台へと急落していった。ドル高と商品価格の下落は米インフレ環境に下向きの影響を与え続け、Fedの利上げを遅らせる要因となった。そして、最後にFedの正常化の前に立ちはだかったのは、中国経済の減速懸念であった。15年8月に中国人民銀行が突如人民元の切り下げを発表。中国が大きな資本流出に直面するという懸念から、世界的な株安を引き起こした。結果として、利上げが期待された15年9月会合で、Fedは「国際情勢（international developments）」の懸念を強く表明し、利上げを見送った。しかし、その後は幸い、米雇用市場は引き続き好調を維持したこともあり、15年12月のFOMCにて06年6月以来となる利上げを実施した。

(12) 正常化プロセスの推進とパウエル議長の登場

　9年半ぶりに利上げを実施したＦｅｄであったが、2016年に入ると中国の景気減速懸念が高まり、中国株が大きく下落するなか世界経済の減速もあって、Ｆｅｄは一旦利上げを休止する形で金利据え置きが続いた。しかしそういった一時的な減速の動きが終息した後、同年11月に米大統領選挙で世間の予想に反してトランプ氏が当選した。トランプ氏は、公約としてインフラ投資や大型減税策などを掲げていたことから株価が大きく上昇し、景気回復が確認された16年12月には1年ぶりに再び25ｂｐの利上げが実施された。それ以降18年12月まで、3ヵ月に1度のペースで25ｂｐずつの利上げが実施された。同時に大きく拡大していたバランスシートも段階的に縮小させる政策が実施され、Ｆｅｄは金融政策の正常化プロセスを推進した。その間、18年1月にイエレンＦＲＢ議長は退任し、後任としてジェローム・パウエルＦＲＢ理事が議長に就任した。

　19年に入ると、米経済は好調を維持したものの、米中貿易摩擦問題、世界経済の減速、米国内のインフレ率の低下もあり、金融市場は近い将来のＦｅｄの利下げを織り込むようになった。こうした状況下、Ｆｅｄは同年7月、世界的な景気減速とインフレ率低迷を理由に、25ｂｐの利下げに踏み切った。以降、9月と10月にも25ｂｐずつの保険的利下げを実施し計75ｂｐの利下げを行っている。

図表Ⅴ-12　FF金利・物価とマネタリーベース残高

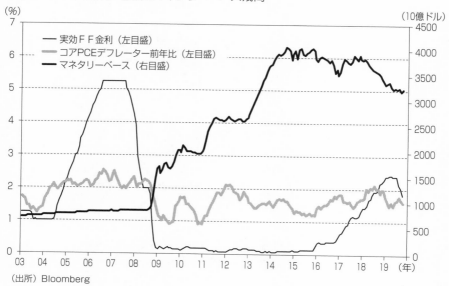

(出所) Bloomberg

2　米国の金融市場

［1］短期金融市場

　フェッドファンド（Federal Funds）市場は、日本のコール市場に相当するインターバンク（銀行間）のマーケットである。銀行の地区連銀への預け金を原則無担保で貸借するもので、ブローカーが仲介する。ほとんどがオーバーナイト物（期日が翌営業日）で、かつては各銀行が積み立てるリザーブの過不足を相互に調整する場として機能していたが、Fedの量的緩和以降は取引量が低下している。その金利はフェッドファンドレート、略してFFレート、FF金利と呼ばれる。

　Fedへの預け金は、即日使用可能な資金なので銀行間の証券の決済にも使われる。Fedによるオペは国債、エージェンシー債、モーゲージ債（MBS）を対象とするが、決済はFedへの預け金の振替で行われるため、その効果は、フェッドファンド市場の需給を通じてFF金利に直ちに反映される。

　Fedが1日遅れで発表する実効レート（effective rate）は、その日出合いのあったレートを出来高で加重平均したもので、基準レートとしてしばしば引用される。

　CD（Certificate Deposit）は、銀行が短期資金を調達するために発行する譲渡可能な預金証書。発行銀行の信用力が高ければ高いほど、調達コストであるCDレートは低くなる。優良銀行の3ヵ月物CDレートは、3ヵ月LIBORレートとの連動が強い。短期金利の指標の1つとして用いられる。

　プライムレートは、銀行が優良企業に対して適用する短期貸出金利。各銀行が個別に設定するが、基本的にはFF金利誘導目標（レンジの場合は上限）＋3%で設定されており、大手銀行ではほぼ同一のレートとなる。2008年の金融危機時のように、利下げによりプライムレートは下がるものの、信用不安によりCDレートは下がらないという現象が起きることがある。

　TB（Treasury Bill）は、財務省が発行する割引債。Tビルとも呼ばれる。4週間物・8週間物・3ヵ月物・6ヵ月物・1年物の5種類がある。信用力は当然のことながら最も高く、3ヵ月物で比べても金利は最も低い。特徴は、全世界的にみても安

全性の高い運用手段であること、発行量が大きいこと、流通市場が完備し流動性が高いこと、Ｆｅｄのオペの対象になっていること、など。発行は、公募入札（オークション）で行われる。日程は、3ヵ月物・6ヵ月物が毎週月曜、4週間物・8週間物が原則毎週木曜、1年物が4週ごとの火曜日。登録債方式（ブック・エントリー方式）であるため、保有者は受領証を受け取るのみで、現物の受け渡しは行われない。直近に発行された銘柄が指標として扱われる。

　ニューヨーク連銀がオペを行う際に取引の相手方となるのがプライマリー・ディーラー（政府公認証券ディーラー）である。オークションに直接参加するためには、その地位が必要である。一時40社を超えたが、金融環境の悪化や金融機関の合併などから、近時はむしろ減少傾向にある（2019年9月現在24社）。

図表Ⅴ-13　主要短期金利の推移

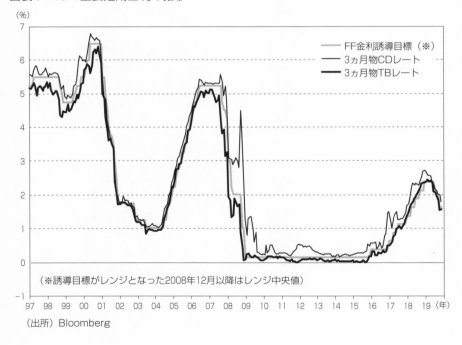

（出所）Bloomberg

CP（Commercial Paper）は、金融機関や優良企業が振り出す短期の無担保約束手形。企業にとっては、銀行からの借入の代替手段である。発行企業は、債券格付機関（[6]金利スプレッド（4）クレジット・スプレッドを参照）から格付けを受ける。

レポ（Repos）は、リパーチェス・アグリーメント（Repurchase Agreement）の略。日本の債券現先に相当する。債券の買戻条件付き売却であるが、あらかじめ売却価格・買戻価格・経過利息が決まっているので、実質的には債券担保の短期資金貸付である。元来は債券の在庫を大量に抱えた証券会社が短期の資金調達手段として始めたものである。担保付きなので、通常、金利は無担保物よりも低い。

Ｆｅｄが行うオペのうち、買いオペは、プライマリー・ディーラーを相手とする売戻条件付き債券購入であり、売りオペは逆に、買戻条件付き債券売却である。ただし、英語の用法としてはディーラー側からみた用語で、前者を買戻条件付き（Repurchase）、後者を売戻条件付き（Reverse）と呼んでいる。

ユーロドル（ユーロダラー）は、米国外の市場で取引される米ドルのことであるが、米国にはオフショア市場としてＩＢＦ（International Banking Facility）があり、これもユーロドルの範疇に入る。取引は預金の形態をとり、期間はオーバーナイトから1年物まであるが、中心となるのは3ヵ月物と6ヵ月物である。米国外の銀行が参加することから、通常、金利はＴＢはもとよりＣＤよりも高い。

ＬＩＢＯＲ（London Inter-Bank Offered Rate、「ライボー」と発音する）は、しばしばさまざまな金融取引の基準となる非常に重要な指標レートである。インターコンチネンタル取引所（ＩＣＥ）が毎営業日、ロンドン時間午前11時に、ドルＬＩＢＯＲについては指定18銀行から期間別（3ヵ月、6ヵ月など）の対銀行貸出金利を集計し、上下4行の数字を除いた10行の金利を平均してＬＩＢＯＲを算出している。なお、ＬＩＢＯＲは不正操作問題で2021年末に廃止される予定で、代替指標の選定が各国で進められている（321頁参照）。ドルについては、担保付翌日物調達金利（ＳＯＦＲ）が候補として存在感を高めている。

［2］市場が織り込む短期金利の先行き

　フェッドファンド（以下、ＦＦ）金利先物（30Day Federal Funds Futures）は、ニューヨーク連銀が発表する日次の実効ＦＦ金利の平均値（30日ベースで計算）を参照するデリバティブ商品で、シカゴ商品取引所（ＣＢＯＴ）に上場されている。取引限月は毎月の36限月で、取引最終日は限月の最終営業日、他の金利先物商品と同様に、100から参照金利を差し引いた価格ベースで建値される。

　原資産である実効ＦＦ金利は、ＦＯＭＣの誘導対象であることから、これを参照するＦＦ金利先物には、市場参加者が予想する将来の実効ＦＦ金利の水準、つまり市場が予想する将来のＦＯＭＣの金融政策運営が反映される。これを用いて、将来のＦＯＭＣにおける市場が織り込む利上げ・利下げ確率を計算することも可能である。

　またＦＦ金利先物以外にも、先行きの金融政策に対する市場期待を抽出するツールの1つとして、一定期間のＦＦ金利と固定金利を交換するＯＩＳ（Overnight Index Swap）カーブに織り込まれているフォワードレートを参考にすることもできる（146頁参照）。

図表Ⅴ-14　ＦＦ金利先物とＯＩＳが織り込む短期金利の先行き

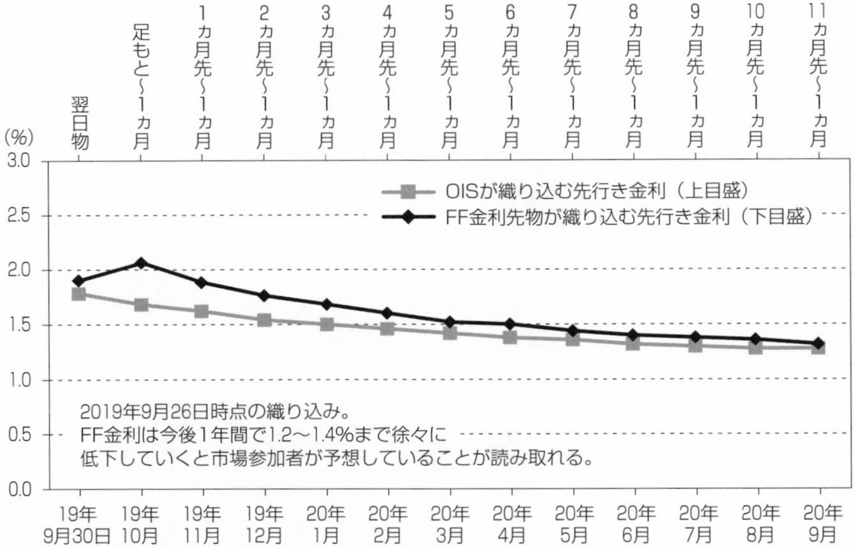

（出所）Bloomberg

［3］米国債市場

　財務省が発行する債券は、トレジャリー（Treasury）と総称されている。満期によって呼称が異なり、1年以下の割引債はTB（Treasury Bill）、1年超10年以下の利付債はTノート（Treasury Note）、10年超の利付債はTボンド（Treasury Bond）という。また、1997年より元本がインフレ率に応じて調整される物価連動国債（TIPS、Treasury Inflation Protected Securities）も発行され、近年市場が拡大している。

　TBについては、264頁参照。Tノート、Tボンド、TIPSは、年2回利払いで財政赤字補てんのために発行される。中長期の投資手段としては、安全性・流動性・発行量の観点からみて世界随一の地位を占めている。

　現在、定期的に発行されているのは、Tノートが2年物、3年物、5年物、7年物、10年物で、Tボンドが30年物、TIPSが5年物、10年物、30年物となっている。また、2014年より2年物変動利付債（FRN）も発行されている。それぞれ直近に発行されたものが指標銘柄となる。

　発行はTBと同じくオークションによる。2年債、3年債、5年債、7年債、10年債、30年債は毎月発行されるが、10年債、30年債については、2、5、8、11月以外はリオープン（前回発行された新発債の追加発行）形式で発行される。また、TIPSについては、5年債が4、8、12月発行（4月以外はリオープン）、10年債が1、3、5、7、9、11月発行（1、7月以外はリオープン）、30年債が2、6、10月発行（2月以外はリオープン）となっている。かつては日本勢が大量に落札していたが、最近は日本、中国などアジアを中心とする海外中銀の割合が多い。オークションの成否は、しばしば金利動向を大きく左右する。

　入札では、高い入札価格（低い利回り）から順に落札されるが、発行価格は、落札のストップ・レートにおける価格が適用されるため、最低落札価格で落札者全員が購入できる（ダッチ方式）。入札結果には、割当価格（利回り）、応札利回りの範囲、応札倍率（割当額／応礼額、ビッドカバーと呼ばれる）、間接入札比率（主に各国中銀の落札分とみなされる）などの情報が盛り込まれている。入札の成否は、過去数回程度の平均値との比較で論じられることも多い。

　トレジャリーのイールドカーブ（利回り曲線）は、指標銘柄の利回りを結んだものである。金利の期間構造に関する純粋期待仮説にしたがえば、短期金利の先高感が強くなると、右肩が上がり（スティープニング）、短期金利の先安感が強くなると、右肩が下がる（フラットニング）。イールドカーブの形状は、金利の水準と並んで日々注目されている。

　なお、1998年度から4年間、米国の財政収支が黒字化したことで、一時トレジャリーの発行量は急減したが、2002年度以降再び赤字に転落し、08年の金融危機を受けて発行量が急増した。

図表Ⅴ-15　トレジャリー利回り推移

（出所）Bloomberg

図表Ⅴ-16　トレジャリー・イールドカーブの推移の例

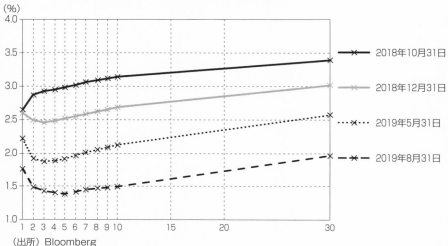

（出所）Bloomberg

［4］エージェンシー債市場

エージェンシー（Agency）債とは、政府系金融機関（GSE、Government Sponsored Enterprise）と呼ばれる政府関連機関が発行する債券のことを指す。債券の発行規模や後に解説するMBS市場との関連から、連邦住宅抵当公社（Fannie Mae、ファニーメイ）や連邦住宅貸付抵当公社（Freddie Mac、フレディマック）が有名であるが、それ以外にも連邦住宅貸付銀行（FHLB）や農業信用制度（Farm Credit System）などが発行する債券も含まれる。GSEは、連邦政府の一機関ではないためエージェンシー債には明確な政府保証は付いていないが、市場では暗黙の政府保証があるとみなされることもある。高い信用に加え流動性も高く、Fedによる日々のオペの対象にもなっているため、市場では国債に準じる取り扱いとなっている。

［5］モーゲージ証券市場

モーゲージ（住宅ローン）担保証券（MBS、Mortgage Backed Securities）とは、小口の住宅ローンをまとめて証券化し流動化した証券を指す。米国では、住宅購入者が住宅ローンを借りる場合（借り換えも含む）、銀行などの金融機関にて住宅ローンを申し込むのが一般的である。住宅ローンを貸し出した金融機関は、多数の住宅ローンのなかからローンの金利・期間・債務者のクレジットスコア（個人の信用状態を点数化したもの）などが類似した特徴をもつ複数の住宅ローンを集めてファニーメイやフレディマックといった政府系機関を通じて証券化を行い、市場で売却している。政府系機関は投資家に対してMBSの元本と金利の支払いを保証しており、これらの機関が保証するMBSをエージェンシーMBSという。これら政府系機関がローンを保証する際には、一定の基準（ローン金額の上限、借り手の債務所得比率、その他必要書類など）があり、その基準を満たさないものを証券化する場合は民間MBSとなる。民間MBSはさらに信用力の違いなどによって、ジャンボ（Jumbo）、オルトA（Alt-A）、サブプライム（Subprime）などに分類される。MBS保有者（投資家）は、証券化の元となるローンの利払いと期限前返済を含む元本支払いの全額に対して、一定の割合を受け取る権利をもっている。

モーゲージ証券市場は、1980年代から飛躍的に成長し、2000年代前には発行残高が米国債を上回ったが、07年のサブプライム・ショック以降、残高は伸び悩んでいる（図表V－17参照）。

図表V-17　米国各債券市場の発行残高推移

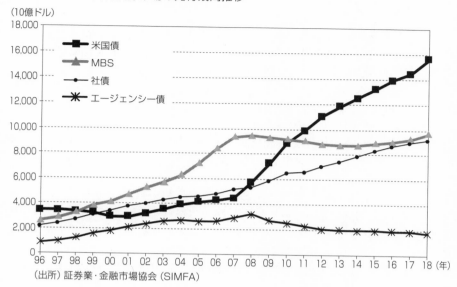

（10億ドル）

（出所）証券業・金融市場協会（SIMFA）

図表V-18　エージェンシーMBSと民間MBSの新規発行額の推移

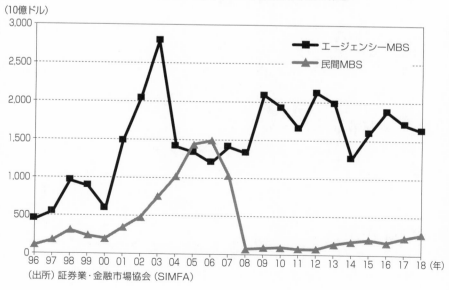

（10億ドル）

（出所）証券業・金融市場協会（SIMFA）

[6] 金利スプレッド

金利の先行きを探る手段として、各金利間スプレッド（金利差）の分析がある。ここでは、代表的なものを取り上げる（通常、スプレッドは、100分の1％ポイントであるベーシスポイント〈ｂｐ〉で表されることが多い）。

（1）TED（テッド）スプレッド

これはＴＢとドルＬＩＢＯＲのスプレッドである。

前述のように、ＴＢは米国政府の信用力を背景としているため、金利は最も低いが、ドルＬＩＢＯＲはロンドン市場で提示されるユーロカレンシーの金利で、外国のさまざまな銀行が参加するため、金利は相対的に高い。

このスプレッドは、市場の信用秩序が保たれている場合には縮小し、それが揺らぐ場合には拡大する。2008年の金融危機時には、過去最高の500bp近辺まで広がった（図表Ⅴ−19は月末値）。一般的には、金利低下が予想される局面では縮まり、金利上昇が予想される局面では広がると考えられる。

なお、1年超のＴノートやＴボンドと満期が対応するスワップ金利とのスプレッドは、スワップ・スプレッドと呼ばれる。

図表Ⅴ−19　TED（テッド）スプレッド

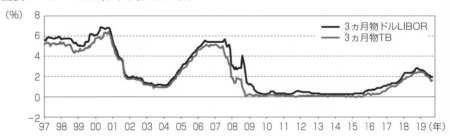

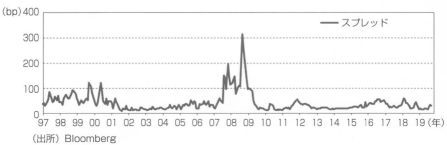

（出所）Bloomberg

（2）2年債と10年債のスプレッド

　2年債利回りは、短期金利とはいえないものの比較的年限が短いため、政策金利であるＦＦ金利の影響を直接受けやすい。このためＦｅｄの政策意図をすばやく反映する傾向がある。一方、10年債利回りは、代表的な長期金利の指標であり、期間が長いため投資家は10年債を償還まで持ち切る前提で購入することは少ない。むしろ先行きの相場観に基づき、場合によっては投機的な動機からこれを取引する。それだけに、市場心理、つまりインフレ懸念や今後の景気動向、またはＦｅｄに対する信任などを如実に表す。このスプレッドはいわばＦｅｄの自己評価と、それに対する市場の客観的評価の落差を示す。

　一般に長短金利差を表すイールドカーブは、順イールド（右上がりのイールドカーブ）の程度が、市場のインフレ懸念やＦｅｄへの不信感の強さ、もしくは将来の景気への楽観を表し、逆イールド（右下がりのイールドカーブ）の状態は、市場のインフレ懸念の鎮静とＦｅｄに対する信頼感、あるいは将来の景気への悲観を表すといわれる。近年ではインフレ懸念が高まることがほとんどないため、景気への楽観・悲観に比重をおいて解釈されることが多い。

　このほか、スプレッドとして注目される代表的なものは、2年債と30年債のスプレッド、5年債と30年債のスプレッド、10年債と30年債のスプレッドなどがある。これらは、それぞれＴＯＢ（トブ）スプレッド、ＦＯＢ（フォブ）スプレッド、ＮＯＢ（ノブ）スプレッドと呼ばれる。

図表Ⅴ-20　　2年債と10年債のスプレッド

（出所）Bloomberg

（3）ブレーク・イーブン・インフレ率

　同一年限の通常の米国債（固定利付債）と物価連動国債の利回り格差を、その年限におけるブレーク・イーブン・インフレ率という。ＢＥＩやＢ／Ｅインフレ率と表記されることも多い。通常の米国債（固定利付債）の利回りを名目金利、物価連動国債の利回りを実質金利というため、以下の式が成り立つ。

　ブレーク・イーブン・インフレ率＝名目金利－実質金利

　また、実質金利とは名目金利からインフレ率を引いたものであることから、ブレーク・イーブン・インフレ率＝期待インフレ率と見ることもできる。図表Ｖ－21は米国の10年のブレーク・イーブン・インフレ率の推移を示したものであるが、金融危機以前は2.5％程度で安定していた長期の期待インフレ率が、2008年の金融危機時には一気にゼロ近辺まで低下し、その後の景気回復とともに元の水準まで一旦は戻したものの、足元ではＦｅｄの積極的な緩和政策にも関わらず、期待インフレ率はむしろ低下基調で推移していることがわかる。

　物価を安定させることはＦｅｄの金融政策の目的の１つであることに加えて、ブレーク・イーブン・インフレ率はマーケットで観測される市場の期待インフレ率であり、各種統計と違い日々データが取得できることからＦｅｄからの注目も非常に高い。

図表Ｖ－21　ブレーク・イーブン・インフレ率の推移

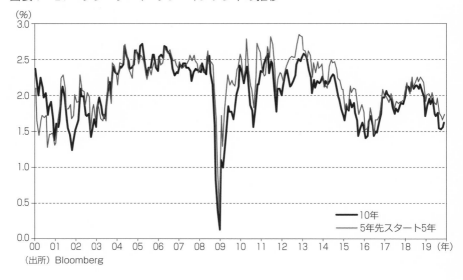

（出所）Bloomberg

（４）クレジット・スプレッド

　民間あるいは公共機関は政府よりも信用力が劣るため、債券を発行する際は国債よりも高い利回りをつけなければならない。このような債券と国債の利回りの格差をクレジット・スプレッド（信用スプレッド）という。個別の債券の信用力を目にみえる形で評価したものが格付け（レーティング）である。海外の代表的な格付機関には米国のMoody's（ムーディーズ）やS＆P（エスピー）、英米の2社が合併したFitch（フィッチ）がある。格付けには債券を対象としたもののほか、ＣＰや預金などの短期債務格付け、国のリスク（カントリーリスク）を除外して純粋に経営体質を評価した銀行の財務格付けなどがある。また国家を対象とした国債の格付けもある（例えば2011年以降の欧州危機時には、格付機関は欧州周辺国の国債の格付けを軒並み引き下げた）。一般的に引用されることの多い長期債務格付けの対照表は以下の通り（図表Ｖ－22参照）。格付けがＢＢＢ以上の債券を投資適格債と呼ぶ一方、ＢＢＢ未満の債券を投機的格付け債、またはジャンク債と呼ぶ。

図表Ｖ－22　格付け対照表

一般的な呼称	Moody's	S&P、Fitch
AAA（トリプルエー）	Aaa	AAA
AA（ダブルエー）	Aa1	AA＋
	Aa2	AA
	Aa3	AA －
A（シングルエー）	A1	A＋
	A2	A
	A3	A －
BBB（トリプルビー）	Baa1	BBB＋
	Baa2	BBB
	Baa3	BBB －
BB（ダブルビー）	Ba1	BB＋
	Ba2	BB
	Ba3	BB －
B（シングルビー）	B1	B＋
	B2	B
	B3	B －

　クレジット・スプレッドは格付けや通貨が同じでも業種や個別の発行体によって違いがある。一般的な傾向としては、景気が後退する局面ではスプレッドが拡大し、とくに格付けが低いものほど、それが加速する傾向がある。また金融危機が起こると同様の現象がみられる。2001年のリセッション、08年の金融危機、11年の欧州危機などはその例である（図表Ｖ－23参照）。

　前述のＴＥＤスプレッドは銀行のクレジット・スプレッドと考えることもできる。1年超についてはスワップレートが使われるが、これは元本交換を伴わない取引であることや、通常スワップを取り組む金融機関同士は、一定期間ごとにスワップ等のデリバティブから発生する損益と同価値の担保を交換し（Credit Support Annex契約）、お互いの信用リスクを削減することから、

リスクが比較的小さく、おおむねＡＡＡの社債スプレッド並みの水準となっている。一方、個別銀行のクレジット・スプレッドについては、08年の金融危機以降、銀行の格下げが相次いだことや、リーマン・ブラザーズの破綻によって、金融機関の信用不安が払しょくされていないことから、クレジット・スプレッドは金融危機前に比べて大きく拡大している。

　また、エージェンシー債（270頁参照）と国債のスプレッドはＴＡＧ（タグ）スプレッドという。エージェンシー債に明確な政府保証はないが、市場では暗黙の政府保証があるとみなされることもあり、こちらはおおむねＡＡＡの社債スプレッドよりも、さらに低い水準となっている。

図表Ⅴ－23　クレジット・スプレッド

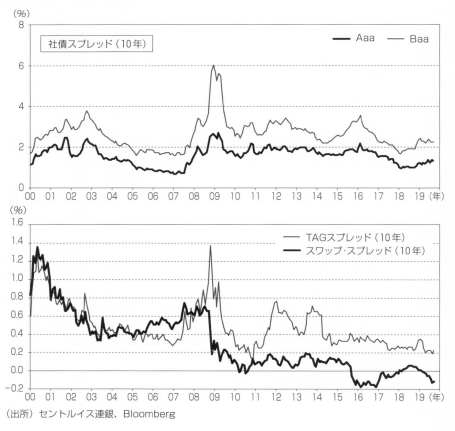

（出所）セントルイス連銀、Bloomberg

第VI章

ユーロ圏経済・金融の見方

1 欧州の統合

[1] EUの通貨・経済・財政について

（1）欧州統合とユーロ誕生

　ヨーロッパを戦場とする2度の世界大戦の後、欧州統合の機運は急速に高まった。その第一歩が、独仏両国の血を引く仏外相ロベール・シューマンの提唱によるECSC（欧州石炭鉄鋼共同体）設立である（1952年）。加盟国は独、仏、伊、ベネルクス3国（オランダ、ベルギー、ルクセンブルク）。その後58年にこの6ヵ国によりEEC（欧州経済共同体）、EURATOM（欧州原子力共同体）が発足、さらに67年、これら3共同体が実質的に統合し、EC（欧州共同体）と総称された。この時点で関税同盟（域内関税の撤廃、対外関税の統一）は完成したが、非関税障壁（規格・規制の差異など）により、市場統合の効果は小さかった。

　一方、ブレトン・ウッズ体制で安定していた為替相場は、60年代後半に入って米国の軍事支出増加によるドルの信認低下で揺らぎ始めると（428頁参照）、欧州でもポンド危機やフラン危機が相次いで発生。欧州経済を守るために、域内為替相場の安定化が模索され、72年に通貨間の変動幅を一定限度内で管理する「欧州為替相場同盟（通称スネーク）」が導入された。各国のファンダメンタルズや金利水準の違いなどから同制度の維持は困難で、一部の国が離脱して事実上崩壊したが、欧州各国の為替安定化への意欲は根強く、79年には欧州通貨制度（EMS）を発足させ、バスケット通貨である欧州通貨単位（ECU、エキュー）から通貨が大幅に乖離した場合の各国中銀による為替介入を義務化し（為替相場メカニズム、ERM）、制度を強化した。

　87年に単一欧州議定書が定められると、財、サービス、資本、人が自由に移動する「単一市場」を目指す動きは加速し、非関税障壁が次々と撤廃された。また、89年に経済通貨同盟（EMU）が承認され、①財政・経済政策の協調、②中央銀行の協力体の設立、③共通通貨の導入、の3段階での通貨統合計画が示された。93年までに「単一市場」はおおむね実現し、マーストリヒト条約（EU条約）に基づき、従来のECの権限に安全保障と司法協力が加わったEU（欧州連合）が設立され、通貨統合に向けた本格的な調整も始まった。95年にはEU加盟国は15ヵ国にまで拡大、98年6月にECB（欧州中央銀行）が業務を開始し、99年1月には英、デンマーク、スウェーデン、ギリシャを除く11ヵ国により単一通貨「ユーロ（Euro）」を導入。2002

図表Ⅵ-1　EUの主な組織（2019年10月現在）

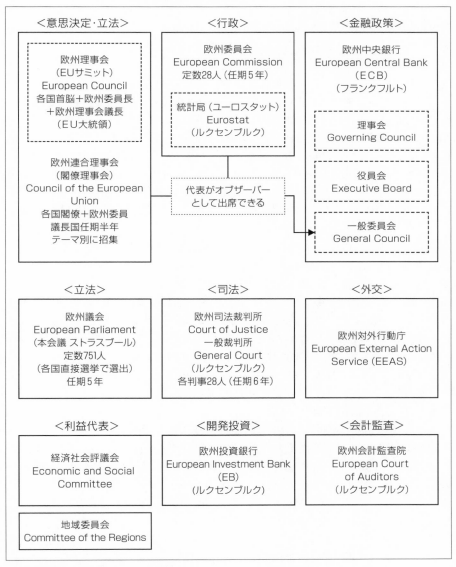

（注）特記なきものはブリュッセルに所在
（出所）EU (https://europa.eu/)・駐日欧州委員会代表部 (https://eeas.europa.eu/delegations/japan_ja)
　　　各ウェブサイトより作成

年1月にユーロの現金流通が始まり、同年3月には旧通貨との併用期間が終了し、欧州単一通貨制度が実現した。04年5月には、東欧を含む10ヵ国が一挙に加盟する第6次EU拡大によりEU加盟国は25ヵ国になり、19年10月現在で28ヵ国にまで拡大している（図表Ⅵ－2）（なお、20年1月末に英国が初の離脱国となった）。

（2）EUと通貨ユーロへの参加について

　EU条約では、EU加盟国は単一通貨ユーロを導入することが想定されているが、EU加盟にはコペンハーゲン基準、ユーロ導入にはマーストリヒト基準を満たすことがそれぞれ条件となる（図表Ⅵ－3）。マーストリヒト基準は、欧州通貨で最も信認の強い独マルクと同様に統一通貨の信認を維持するために、ドイツ主導で導入されたルールである。現在、28のEU加盟国のうち、ユーロ導入国は19にとどまり、適用除外が認められている英国とデンマーク以外の7ヵ国は導入条件を満たしていないため（マーストリヒト基準の未充足、もしくは、国内の支持不足）、自国通貨を維持している。

　一般に共通通貨の導入のメリットは、貿易を活発化させるための為替変動リスクや為替手数料の消滅であるが、一方で共通通貨の導入に慎重な国が多いのは、①貿易の活発化には自由貿易協定だけで十分有効であること、②為替レート変動に対する各種ヘッジ手段が利用可能であること、③共通通貨の導入によって自国の経済情勢に応じた金融政策と域内為替調整が失われること、などが主な要因である。実際に、ノルウェーはEUに加盟せずEEA（欧州経済領域）に加盟してEU単一市場へのアクセスを実現し、また英国は民族意識の喪失・国家主権侵害への懸念が根強いことを背景にユーロを導入していない（図表Ⅵ－2）。

（3）ユーロの構造問題

　ユーロ導入国は、前述の「金融・為替政策の独立性の放棄」に加え、マーストリヒト基準の財政規律（財政赤字GDP比が3％、政府債務GDP比が60％以内）も課されるため、一部の国だけが景気悪化した場合に、利下げ・通貨安誘導・財政政策のいずれも発動できないという、構造的な欠陥を持つ。それでも共通通貨という為替相場安定を選択したのは、高金利であった経済力の弱い国は、信用力の高まりで自国通貨より安い金利で資金調達でき、また欧州全体では生産性の高い企業や地域に資本と人材が流れ、経済が強くなる、という考えからであった。

　ユーロ導入後は欧州経済が好調で、構造的欠陥による問題が顕在化しないものの、EUによる各国の格差是正の仕組みと財政規律違反に対する制裁が不十分であったことから、問題は水面下で拡大した。とくに、2003年にドイツが着手した労働

図表Ⅵ－2　欧州各国のEU加盟の状況（2019年10月現在）

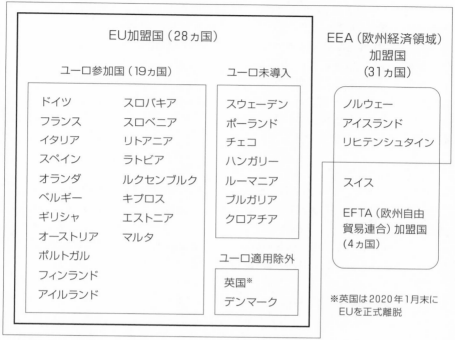

（出所）ECBウェブサイトより作成

図表Ⅵ－3　EUとユーロへの参加条件

コペンハーゲン基準 （EU加盟）	・法治国家、民主主義、基本権と人権の保護、少数派保護を保障する制度を有すること ・市場経済が機能し、EU内の競争と市場に耐えうること ・EUの政治、経済、金融同盟の目的に従い、義務を履行する能力を有すること
マーストリヒト基準 （ユーロ導入）	・インフレ率が、加盟国中で最も低い3ヵ国の平均から、過去1年にわたり1.5％以内にあること ・財政赤字／GDP比率が3％以下にあること ・公的債務／GDP比率が60％以下にあること ・長期金利が、加盟国中で最もインフレ率が低い3ヵ国の長期金利の平均から、過去1年にわたり2％以内にあること ・少なくとも2年間、欧州為替相場メカニズムで定められた変動幅以内に収まること

市場改革（雇用を維持するかわりに労働者の賃金上昇を抑制）で、ドイツ企業の競争力は大幅に強化され、欧州域内外問わず輸出を大きく伸ばしたが、欧州全体では大きな貿易黒字とならないためユーロ安を維持し、ドイツの好況は続いた（図表Ⅵ－4）。一方、ギリシャなど南欧諸国は競争力を高める構造改革を進めなかったが、ユーロ導入による金利低下を背景とした財政政策の拡大と欧州内外からの資本流入により、建設ブームで不動産価格の上昇が続き、実力以上の好景気を実現した。表面的には、両者に大きな成長格差はないものの、南欧の成長は持続可能なものではなく、競争力の格差（労働コストの差異）が域内経常収支の拡大を生み、後の欧州債務危機（284頁参照）へとつながった。

（4）EUの財政政策

　EUでは通貨統合の当初から財政規律遵守をユーロ加盟の条件の1つとしてきたが、1997年の安定成長協定（SGP）の合意で、財政赤字の発生に対する対処を具体化させた。これは、加盟国が均衡またはプラスの中期財政目標に沿った運営を実施し、そこから乖離した場合にEUが効果的措置を講ずるよう勧告し（予防措置、SDP）、財政規律に違反した場合には警告や制裁（罰金）を課す（是正措置、EDP）、というものであった。

　安定成長協定は加盟国に対し、好況期に財政抑制をせず、不況期に過度の財政緊縮を強いて、景気循環を増幅させるという問題点があり、2005年に景気変動要因を考慮するルール改正がなされた。さらに、加盟国の財政政策を連携・調整するプロセス（以下のヨーロピアン・セメスター）を導入し、財政赤字の監視だけでなく、財政赤字につながりうるマクロ不均衡（各国間の競争力の格差）を早期に発見・是正する体制を構築した。そして、後述する欧州債務危機（284頁）の過程で、2011〜13年の経済ガバナンス法と財政協定を成立させ、規律違反への制裁を厳格化するなど、制度を強化した。

　現在のEUの財政政策の手続きは、EUの各機関が財政政策と構造改革計画の分析・提言・監視をする年前半（ヨーロピアン・セメスター）と、合意を得られた政策を各加盟国が実行に移す年後半（ナショナル・セメスター）から構成される。まず欧州委員会が年次成長調査（AGS）で成長や雇用の促進に向けた優先課題を定め、経済政策を協調させるよう、加盟国への戦略的アドバイスを提示するとともに、加盟国の経済指標からなるスコアボードで乖離状況からマクロ経済不均衡を分析した「経済警戒報告（AMR）」を公表。加盟国はこれを踏まえて、中期財政計画を提出し、欧州委員会が各国の提出プログラムを査定して策定する、国別勧告（CSR）が承認されると、加盟国がCSRを考慮したうえで予算案の策定し実行に移る（図表Ⅵ－5）。

図表VI-4 ユーロ圏主要国の単位当たり労働コスト

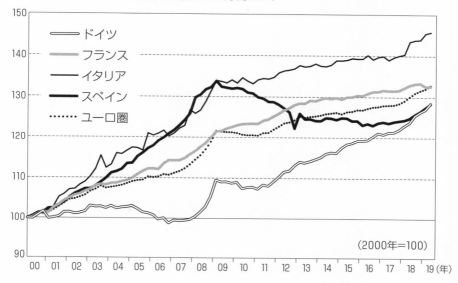

凡例:
ドイツ
フランス
イタリア
スペイン
ユーロ圏

(2000年＝100)

横軸: 00 01 02 03 04 05 06 07 08 09 10 11 12 13 14 15 16 17 18 19 (年)

図表VI-5 ヨーロピアン・セメスターの流れ

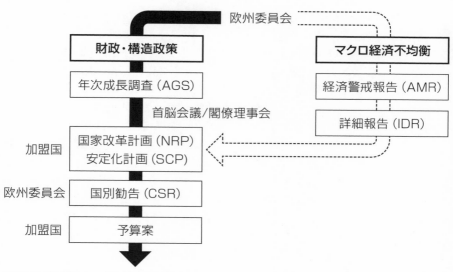

欧州委員会

財政・構造政策

マクロ経済不均衡

年次成長調査（AGS）

経済警戒報告（AMR）

首脳会議/閣僚理事会

詳細報告（IDR）

加盟国　国家改革計画（NRP）
　　　　安定化計画（SCP）

欧州委員会　国別勧告（CSR）

加盟国　予算案

（出所）欧州委員会ウェブサイトより作成

［２］欧州債務危機

（１）ギリシャの財政赤字問題

　ＥＵ加盟国はＥＭＵ参加の5つの収斂基準を満たす必要があるが（図表Ⅵ－3参照）、2004年11月に、ギリシャの財政統計の粉飾が発覚し、実はユーロ加盟条件を満たしていなかったことが判明した。しかし、欧州景気の好調さと低金利を背景に、ドイツ、フランスの銀行や保険会社はギリシャを含む南欧諸国への積極的な貸付を続け、ギリシャの債務粉飾問題の決着はしばらく先延ばしされることとなった。また、当時のドイツは構造改革の遅れによる景気後退で、02年以来4年連続でＥＭＵ基準に抵触する事態が発生。不況時の財政発動を阻害しないための適用除外規定により、「安定成長協定」の制裁措置は発動されず、健全な財政によりユーロの信認を維持する理念への疑念も強まった。

　そして、08年以降の世界的金融危機によって状況は一変した。各国当局は銀行への公的資金注入を余儀なくされ、さらに景気刺激策を打ち出したことで各国の財政状況は急激に悪化した。

（２）債務危機の伝染

　一連の欧州債務危機は、ギリシャの新たな粉飾問題から始まった。2009年10月に誕生したパパンドレウ新政権は、前政権による財政赤字粉飾を告発（投資銀行との不適切なデリバティブによる粉飾）。ソブリンリスク（国家の信用リスク）への懸念が欧州全体で強まり、経済の脆弱な南欧とアイルランドはＧＩＩＰＳ（ギリシャ、イタリア、アイルランド、ポルトガル、スペインの頭文字、当初はＰＩＩＧＳとも）と総称され、これらの国債が大きく売り込まれた。10年4月、米大手格付機関のＳ＆Ｐはギリシャ国債を一挙に3段階格下げし、投資不適格のＢＢ＋とした。

　このような状況を受け、10年5月、ＥＵはＩＭＦとの共同でギリシャに対し1100億ユーロの支援策を実施。さらに、欧州金融安定化のための支援パッケージとして、ＥＵ加盟国で設立される欧州金融安定化ファシリティ（ＥＦＳＦ）により5000億ユーロが拠出され、ＩＭＦが最大2500億ユーロを提供することで合意した。同日、ＥＣＢも新たに証券市場プログラム（ＳＭＰ）の導入を発表し、ギリシャ、スペイン、ポルトガルなどの国債に対し買い切りオペを実施した。しかし、事態は収束せず、アイルランド、ポルトガル国債は、投資家の国債売却による暴落で、格付機関が格下げするという、負のスパイラルに陥った。そのためＥＵとＩＭＦは、10年11月にアイルランドへの総額850億ユーロの支援策、11年5月にはポルトガルへの総額780億ユーロの支援策などを次々と合意していった。

図表Ⅵ-6　EU各国の財政赤字対名目GDP比率

（単位：％）

欧州連合(EU28)	ユーロ圏(EA19)		2007	2009	2011	2015	2017	2018
		ドイツ	(0.3)	3.2	0.9	(0.9)	(1.2)	(1.9)
		フランス	2.6	7.2	5.2	3.6	2.8	2.5
		イタリア	1.3	5.1	3.6	2.6	2.4	2.2
		ベルギー	(0.1)	5.4	4.3	2.4	0.7	0.7
		オランダ	0.1	5.1	4.4	2.0	(1.3)	(1.5)
		ルクセンブルク	(4.2)	0.7	(0.5)	(1.4)	(1.4)	(2.7)
		アイルランド	(0.3)	13.8	12.8	1.9	0.3	(0.1)
		スペイン	(1.9)	11.3	9.7	5.2	3.0	2.5
		ポルトガル	2.9	9.9	7.7	4.4	3.0	0.4
		オーストリア	1.4	5.3	2.6	1.0	0.7	(0.2)
		フィンランド	(5.1)	2.5	1.0	2.4	0.7	0.8
		ギリシャ	6.7	15.1	10.3	5.6	(0.7)	(1.0)
		キプロス	(3.2)	5.4	5.7	1.0	(1.7)	4.4
		マルタ	2.1	3.2	2.4	1.0	(3.4)	(1.9)
		スロベニア	(0.0)	5.8	6.6	2.8	(0.0)	(0.8)
		スロバキア	2.1	8.1	4.5	2.7	1.0	1.1
		エストニア	(2.7)	2.2	(1.1)	(0.1)	0.8	0.6
		ラトビア	0.5	9.5	4.2	1.4	0.5	0.7
		リトアニア	0.8	9.1	9.0	0.3	(0.5)	(0.6)
			0.6	6.2	4.2	2.0	0.9	0.5
		英国	2.7	10.1	7.5	4.6	2.4	2.3
		スウェーデン	(3.4)	0.7	0.2	(0.0)	(1.4)	(0.8)
		デンマーク	(5.0)	2.8	2.1	1.2	(1.7)	(0.8)
		ポーランド	1.9	7.3	4.9	2.6	1.5	0.2
		チェコ	0.7	5.5	2.7	0.6	(1.6)	(1.1)
		ハンガリー	5.0	4.7	5.2	2.0	2.4	2.3
		ブルガリア	(1.1)	4.0	2.0	1.7	(1.1)	(1.8)
		ルーマニア	2.7	9.1	5.4	0.6	2.6	3.0
		クロアチア	2.5	6.3	7.5	3.3	(0.6)	(0.6)
			0.9	6.6	4.6	2.4	1.0	0.7

（注）括弧は黒字、シャドー部分は赤字3%超過。なお、EU28・EA19にはシャドーを付していない。
（出所）ユーロスタット

図表Ⅵ-7　ユーロ圏主要国の10年国債利回り推移（2007～12年）

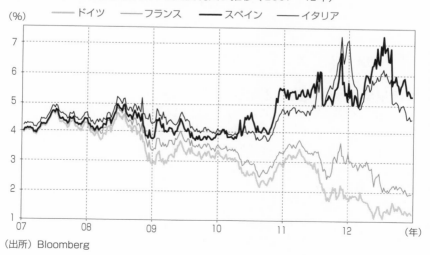

（出所）Bloomberg

（3）スペイン、イタリアへの「伝染」とユーロ崩壊懸念

　もともと、スペインの財政状況はユーロ圏でも比較的良好で、債務残高の対GDP比は2010年でも60.1%と、81.0%のドイツより少なかった。しかし、国内の不動産バブル崩壊後の景気の急激な落ち込みによる歳入不足から、不良債権処理の進展に疑問符が投げ掛けられていた。また、イタリアもプライマリーバランスは黒字を維持するなど、財政状況は悪くはなかったが、相対的に弱い経済力とユーロ圏最大の債務残高（10年の対GDP比115.3%）そのものを懸念する動きが強まった。

　このようにユーロ圏3、4位の経済大国にまで債務危機が及ぶと、欧州金融安定化ファシリティ（EFSF）を含む支援パッケージでは不十分であるとの懸念が生じ、ユーロ自体の存続が危ぶまれた。こうした中、スペイン・イタリア政府は緊縮財政法案を発表し、ECBも証券市場プログラム（SMP）で、スペイン国債、イタリア国債を買い入れ、マーケットの信頼向上を図ったが、格付機関による格下げの連鎖は止まらなかった。

　また、ギリシャは10年5月にEUから支援を受けたが、世界景気低迷の状況下で経済、財政は弱体化し、支援から1年後にはギリシャの財政資金が枯渇し、第2次支援や債務再編まで取り沙汰されるようになった。この過程でEU、ECB、ユーロ加盟各国の意見が対立。とくにドイツや北欧諸国では対ギリシャ追加支援への反対の声が多かったが、11年10月に、対ギリシャ向け総額1300億ユーロの第2次支援の枠組みが発表された。しかし支援には厳しい緊縮財政策が条件であったため、ギリシャは第2次支援受け入れにあたり国民投票の実施を表明。これが実質的にギリシャのユーロ残留を問うものと受け止めた市場は、ユーロ崩壊への懸念から激しく動揺した。ギリシャの政権の交代により、国民投票の回避と財政緊縮法案の成立を受けて、12年2月に第2次支援が合意されたが、欧州重債務国の国債、欧州各国の株式やユーロが大きく売り込まれた。

（4）欧州全域への「伝染」とドラギECBの誕生

　欧州の債務問題に解決が見られない中、2011年10月にベルギー・フランス系大手金融機関デクシアがギリシャ債権絡みの多額の損失から事実上破綻、両国政府の管理下に置かれた。この一件は欧州債務危機（ソブリンリスク）が欧州金融危機（民間金融機関のリスク）に転化され、さらに欧州各国政府が危機に陥った民間金融機関の救済を迫られるという負の連鎖を想起させるきっかけとなった。欧州金融市場は機能不全状態に陥り、これまで比較的債務危機の影響を受けることがなかったフランス、オランダ、ベルギー国債までもが大きく売り込まれることとなった。11年12月、S&Pがドイツをも含むユーロ圏15ヵ国の国債のネガティブ・ウオッチ（格

下げ方向で検討）を発表したが、直後のECB理事会で、就任直後のマリオ・ドラギECB総裁が期間3年の長期資金供給オペ（LTRO）の導入を決定した（304頁参照）。民間金融機関の流動性不足の解消とともに、欧州国債の需給改善の期待感から、欧州重債務国の国債利回りは一時的に大きく低下することとなった。

　一方で12年に入っても格下げは続き、S&Pが1月にはイタリア、4月にはスペインをBBB+に格下げし、欧州主要国が初めてA以下に転落した。また、スペイン国内第4位の大手行バンキアの実質国有化も、国家財政を悪化させるという連想からスペイン国債の売りにつながった。スペイン政府からの支援要請を受けたEU首脳は、13年6月までの暫定措置であった欧州金融安定化ファシリティ（EFSF）を引き継ぐ欧州安定化メカニズム（ESM）による銀行への直接資本注入と、ECBの下に単一の銀行監督メカニズムを創設することで合意。ドラギECB総裁が12年7月、「ユーロ存続のためにできる措置は全て取る」と言明し、9月に財政支援を要請する国に向けた国債購入プログラム（OMT、Outright Monetary Transactions）を発表した。ESM発足とOMT導入など、恒久的で強力なセーフティネットが整備されたことで、市場のセンチメントは一気に改善し、欧州の債務危機は収束に向かっていった。

図表Ⅵ-8　重債務国の中銀による金融機関向け貸出残高

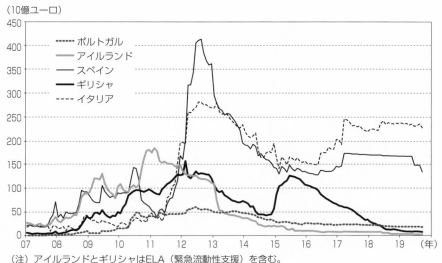

（10億ユーロ）

（注）アイルランドとギリシャはELA（緊急流動性支援）を含む。
（出所）各国中銀、Bloomberg

［3］ EU分裂のリスク

　1980年代からの欧米各国主導のグローバリズムには、安定的な経済成長と雇用創出が期待されてきたが、金融危機の発生による長期的な低成長や所得格差の拡大で、世界的に反グローバリズムの気運が高まっている。とくに2016年は、英国のEU離脱（314頁参照）、米大統領選でのトランプ氏当選など、自国第一主義を掲げるポピュリズムの台頭を印象づける年となった。こうした政治の不透明さの高まりで、政治イベントへの市場の注目度が大きくなっている。

（1）反EUの気運

　EUが進めてきたグローバリズムは、欧州南北地域の経済格差を生み、欧州債務危機を引き起こした。また、債務危機後の経済の長期低迷に加え、EUの指導で各国が実施した財政緊縮と労働改革で、南欧各国は失業率の高止まりと非正規雇用による低所得化という、深刻な状況に陥っている。こうした経済不安からくる政治不信に加え、2011年の「アラブの春」以降に中東・北アフリカからEUへの難民・移民が大量発生し、受入スタンスの違いによる各国の対立、移民対応への財政負担、治安の悪化や雇用を奪われる懸念の高まりなど、大きな社会問題となった。これら経済格差や移民増加に対する不安や不満が、「反EU」、「反移民」を掲げるポピュリズム政党への支持につながった。

（2）ポピュリズムの躍進

　2017年5月、フランスでは任期満了となるオランド大統領の後継者を選ぶ選挙が実施され、極右政党である国民戦線党首のルペンと無所属中道のマクロンで決選投票が行われた。ルペンは「EU離脱について国民投票を行う」との公約や、「通貨フランスフラン復活を検討」の発言など、反ユーロ思想の持ち主であった。15年のパリ同時多発テロの発生や治安の悪化による仏国民の反移民感情の高まりを背景に、ルペンは支持率を急速に伸ばした。一方で、マクロンは現状路線維持を表明する親ユーロ派であったが、39歳という若さを武器にメディアのサポートをうけた。選挙の結果はマクロン圧勝で、16年以来のポピュリズムの勢いを一時的に歯止めをかけた。

　また18年3月には、イタリア上下院議員の総選挙が実施され、ベルルスコーニ元首相（ファルツ・イタリア）やサルビーニ（同盟）が率いる中道右派連合（右派ポピュリズム）、与党の民主党を中心とした中道左派連合、ディマイオが率いる「五つ星運動」（左派ポピュリズム）の三つ巴の争いとなった。13年以降にイタリアに流入した移民は60万人を超え、失業率が11％と高止まりする状況から、移民政策や国内景気浮

揚政策が選挙の争点となった。選挙結果は事前予想通り、反ＥＵ・反移民を掲げる政党が議席数を大きく伸ばし、過半数を獲得した政党はないものの、第1党が中道右派連合、第2党が五つ星運動となった。その後、年金改革や移民政策、対ＥＵ関係などで政策が一致する五つ星運動と同盟により、左右両派のポピュリスト連立政権が誕生した。新政権はＥＵの財政規律に違反する予算案を提示し、制裁をちらつかせる欧州委員会との対立の末に予算案を修正するなど、反ＥＵの政策運営を行った（2019年8月に連立が崩壊し、9月に五つ星運動と民主党の連立政権が成立）。

　経済規模・人口で欧州最大のドイツでも、反移民を主張する右派政党「ドイツのための選択肢（ＡｆＤ）」が、既存政党への不満の受け皿として支持を集めている。17年9月の総選挙で国会の議席を初めて獲得したうえ、キリスト教民主・社会同盟（ＣＤＵ／ＣＳＵ）、ドイツ社会民主党（ＳＰＤ）に次ぐ第3党に躍進した。

流動性カバレッジ比率（LCR）

　バーゼルⅢは、2008年に発生したような世界的な金融危機の再発を防止するため導入された金融規制である。自己資本比率規制が厳格化されたほか、銀行の流動性に関しての新たな規制が導入された。流動性カバレッジ比率（LCR：Liquidity Coverage Ratio)はそのうちの1つで、金融危機の発生で資金流出超が30日間続いても対応できるように、銀行に十分な流動資産を保有することを義務付けるものである。LCRは以下のように計算される。

LCR＝適格流動資産 ÷ 30日間のストレス期間の純資金流出額

　LCRは15年の60%以上から段階的に引き上げられ、19年に100%以上とされた。
　LCRの分子の適格流動資産には、掛け目100%の「レベル1資産」として中央銀行への預金が含まれる。市中銀行は顧客による預金引き出しに備えて中央銀行に準備預金（リザーブ）を積んでいるが、LCR規制がリザーブを保有する動機として追加されることで、短期金融市場（マネーマーケット）の動き方に変化が生じている可能性がある。LCR規制だけが原因ではないにせよ、実際に米国で19年9月に短期金利が急上昇し、Fedは短期資金の供給などの対応を迫られた。また、19年10月に米大手銀行JPモルガン・チェースのダイモンCEOは「流動性規制の要件を満たすため、資金を準備預金として維持するしかなかった」と語っている（ブルームバークの報道）。

2 ユーロ圏の経済・指標の見方

[1] ユーロ圏の経済指標の読み方

　ユーロ圏の経済指標は、主としてユーロスタット（欧州委員会統計局、Eurostat）およびECBにより発表されている。通貨・銀行統計はECBが所管し、国際収支統計・資金循環統計は両者が分担、その他の統計はユーロスタットが所管している。PMIなどサーベイに基づく指数は、民間情報ベンダーや欧州委員会経済・金融総局が発表している（図表Ⅵ－14参照）。これらの指標は基本的に統一基準に基づいてユーロ圏各国で作成された数値を合成したものである。各国の数値が改訂されれば、それに応じてユーロ圏の指標も改訂されることになる。

　以下、マーケットで注目度の高い指標について概説する。

①消費者物価

　ECBの政策動向を占ううえでマーケットが最も注目する指標。正式名称はHICP（Harmonised Indices of Consumer Prices）。消費者物価指数は国ごとに作成基準が異なるため、比較がしづらい。そこでこれらとは別に統一基準に基づく物価指数を各国ごとに集計し、合成したものである。ECBの金融政策の目標や、EMU参加の条件である物価安定の評価の指標として用いられる（302頁「(3)金融政策の基本方針」参照）。なお、現在の基準年は2015年。エネルギーと食品・アルコール・たばこを除いた数値はコアHICPと呼ばれるが、ECBはエネルギーと非加工食品を除いたベースを重視している。

　速報値（flash estimate）は当月末に発表される。これはその段階で入手できるユーロ加盟国の速報値を集計したもの。総合、コア、食品・アルコール・たばこ、エネルギー、非エネルギー工業製品、サービスのデータが発表される。確報値は翌月の中旬から下旬にかけて発表される。品目や国別の内訳が明らかとなる。

②GDP

　四半期ベースの数値がユーロスタットより発表される。翌期1ヵ月目の月末頃に発表される暫定値と2ヵ月目中旬頃に発表される速報値では内訳は公表されず、3ヵ月目上旬頃に項目別・業種別の内訳を含めた確報値が発表される。国際基準2008SNA

図表Ⅵ－9　ユーロ圏の消費者物価上昇率

（前年比％）

（出所）Bloomberg

図表Ⅵ－10　ユーロ圏のGDP統計

（単位：％）

	実質GDP	個人消費	政府消費	固定投資	在庫投資	純輸出	輸出	輸入
99年	2.9	3.3	1.8	5.9	−0.1	−0.5	5.7	7.8
00年	3.8	2.9	2.4	4.6	0.2	0.5	13.2	12.1
01年	2.2	1.8	2.4	1.0	−0.1	0.6	4.0	2.5
02年	0.9	0.7	2.1	−1.4	−0.2	0.6	2.2	0.5
03年	0.6	1.2	1.8	1.1	0.0	−0.6	1.0	3.0
04年	2.3	1.7	1.3	2.4	0.0	0.5	8.1	7.0
05年	1.7	2.0	1.5	2.8	−0.2	−0.2	5.2	6.1
06年	3.2	2.0	2.0	5.4	0.3	0.2	8.7	8.5
07年	3.0	1.8	2.2	5.1	0.3	0.1	6.9	6.9
08年	0.4	0.3	2.6	−1.1	−0.2	0.2	0.9	0.4
09年	−4.5	−1.1	2.4	−11.0	−1.3	−0.5	−12.4	−11.4
10年	2.1	0.9	0.8	−0.3	0.9	0.7	11.1	9.7
11年	1.7	0.1	−0.1	1.6	0.4	0.9	6.5	4.3
12年	−0.9	−1.1	−0.3	−3.2	−1.1	1.5	2.3	−1.2
13年	−0.2	−0.6	0.3	−2.4	0.3	0.3	1.9	1.4
14年	1.4	0.9	0.8	1.4	0.4	0.1	4.8	4.9
15年	2.1	1.9	1.3	4.8	0.0	−0.2	6.6	7.6
16年	1.9	2.0	1.9	4.0	0.0	−0.4	2.9	4.1
17年	2.5	1.7	1.3	3.5	0.2	0.5	5.5	5.0
18年	1.9	1.4	1.1	2.3	0.0	0.4	3.3	2.7

（注）前年比伸び率、ただし在庫投資・純輸出は前年比寄与度。なお、在庫投資は貴重品のネット取得を含む。
（出所）ユーロスタット

に依拠している。季節調整と休日調整がなされており、前期比の数値が注目される。実質GDPは2010年基準で算定されている。

③購買担当者指数（PMI）

　ＩＨＳマークイット社によるユーロ圏内の製造業3000社、サービス業2000社の役員を対象としたアンケートに基づき、製造業ＰＭＩとサービス業ＰＭＩ、双方を合成した総合ＰＭＩが当月下旬に8～9割の回答回収時点で速報値として発表される。翌月初には確報値が発表される。50が景気動向の分岐点となる。実質GDPとの連動性、速報性が高いため、市場での注目度は高い。そのほかの景況感指標には、欧州委員会が発表しているEconomic Sentiment Indicator（ＥＳＩ）がある。各国調査機関（独ｉｆｏ、仏ＩＮＳＥＥなど）からデータ提供を受けて統計を作成している。鉱工業信頼感、サービス業信頼感、消費者信頼感、建設業信頼感、小売業信頼感で構成される。ＩＨＳマークイット社のＰＭＩよりも発表が1週間程度遅いが、1985年からのデータがあり、長期系列を見るうえでは有用である。

④鉱工業生産

　月次データがユーロスタットより翌々月中旬頃に発表される。通常は季節調整値の前月比が注目される。GDP同様、休日調整される。建設業は含まれない。指数の基準年は2015年で、国別のウェイトはドイツが最大で36.34％、2番目はイタリアで16.56％、フランスが15.52％と続く。ユーロスタットのウェブサイトで時系列データを探す際は、Short-term business statistics（ＳＴＳ）から入る。

⑤失業率

　月次データがユーロスタットより翌月末に発表される。月次調査が行われていない国のデータは失業者数から推計する。ＥＣＢの政策目標は「物価の安定」のみだが（Single Mandate）、物価の安定を達成するには高水準の雇用を必要とするためＥＣＢも注視している。同一の基準により個別国の失業率も公表されているため、ユーロ圏内での雇用状況の格差を確認することができる。

⑥貿易収支

　月次データがユーロスタットより翌々月中旬に発表される。内訳としてユーロ圏外向けモノの輸出額、ユーロ圏外からのモノの輸入額、ユーロ圏内の国同士での取引額に分かれる。季節調整がなされている。個別国の貿易データを見る際は、圏外（extra）か圏内（intra）かに注意する必要がある（図表Ⅳ−13参照）。

公表機関ウェブサイトアドレス

ユーロスタット　　　　　https://ec.europa.eu/eurostat/
欧州委員会 経済データベース　https://ec.europa.eu/info/business-economy-euro/indicators-statistics/economic-databases_en
ECB　　　　　　　　　　https://www.ecb.europa.eu/
IHS マークイット社　　　https://www.markiteconomics.com/

図表Ⅵ-11　ユーロ圏の実質GDP成長率と購買担当者指数（PMI）

（出所）Bloomberg

図表Ⅵ-12　ユーロ圏の失業率

（出所）Bloomberg

図表Ⅵ-13　ユーロ圏の貿易収支と輸出入総額

(単位：10億ユーロ、%)

	ユーロ圏外 貿易収支	輸出総額（前年比）		輸入総額（前年比）		ユーロ圏内 取引総額（前年比）	
04年	59	1,146	9.2	1,086	9.4	1,252	7.5
05年	0	1,236	7.9	1,237	13.9	1,333	6.5
06年	−34	1,383	11.9	1,417	14.6	1,465	9.8
07年	−7	1,503	8.7	1,510	6.6	1,578	7.7
08年	−63	1,566	4.2	1,629	7.9	1,609	2.0
09年	11	1,287	−17.9	1,275	−21.7	1,319	−18.0
10年	−11	1,546	20.2	1,557	22.1	1,504	14.0
11年	−21	1,747	13.0	1,768	13.5	1,644	9.3
12年	82	1,879	7.6	1,797	1.7	1,636	−0.5
13年	153	1,897	0.9	1,744	−2.9	1,623	−0.8
14年	186	1,941	2.3	1,755	0.6	1,642	1.2
15年	243	2,043	5.3	1,800	2.6	1,690	2.9
16年	272	2,049	0.3	1,777	−1.3	1,713	1.4
17年	241	2,195	7.1	1,954	9.9	1,846	7.7
18年	193	2,278	3.8	2,085	6.7	1,944	5.3

(出所) ユーロスタット

図表Ⅵ-14　ユーロ圏の主な経済指標

公表機関	名　称	頻　度	発表時期
IHSマークイット社	PMI（総合、製造業、サービス業）	月次	当月下旬（速報値）、翌月初（確報値）
欧州委員会経済・ 金融総局	消費者信頼感指数	月次	当月下旬（速報値）、当月末（確報値）
	景況感指数（ESI）	月次	当月末
	業況判断指数（BCI）	月次	当月末
ユーロスタット	消費者物価指数（HICP）	月次	当月末（推計値） 翌月中旬～下旬（速報値）
	失業率	月次	翌月末～翌々月初
	生産者物価（PPI）	月次	翌々月上旬
	小売売上高	月次	翌々月上旬
	鉱工業生産	月次	翌々月中旬
	貿易収支	月次	翌々月中旬
	GDP	四半期	翌四半期1ヵ月目月末頃（暫定値） 翌四半期2ヵ月目中旬（速報値） 翌四半期最終月上旬頃（確定値）
	労働コスト	四半期	翌四半期の最終月中旬
ECB	マネーサプライ（M3）	月次	翌月下旬
	国際収支	月次	翌々月中旬～下旬

［2］ユーロ圏主要国の経済指標の読み方

（1）独仏伊西経済の重要性

　ユーロ圏のファンダメンタルズやECBの政策をみるうえで、ユーロ圏全域を対象とする指標へのマーケットの注目度が高いが、経済規模の大きさ（図表Ⅵ－15参照）、速報性の高さなどから、依然としてドイツ・フランス・イタリア・スペインのPMIやHICPなどの経済指標の注目度は高い。

図表Ⅵ－15　ユーロ圏のGDPと人口

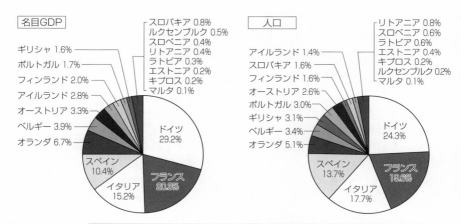

	名目GDP（10億ドル）	人口（百万人）
ユーロ圏（19ヵ国）	13,639	342
EU（28ヵ国）	18,737	513
米国	20,580	329
日本	4,972	127

（注）名目GDPは2018年通年、人口は2019年初（ただし、米国・日本は2019年央）。
（出所）ユーロスタット、IMF、国連

ドイツの公表機関ウェブサイトアドレス

連邦統計局(FSO)	http://www.destatis.de/
ブンデスバンク	http://www.bundesbank.de/
連邦経済技術省（BMWI）	http://www.bmwi.de/
連邦労働局(BfA)	http://www.arbeitsagentur.de/
ifo研究所	https://www.ifo.de/
欧州経済研究センター（ZEW）	https://www.zew.de/

（2）ドイツの経済指標

①GDP

　翌四半期の2ヵ月目中旬に連邦統計局（FSO）とブンデスバンク（ドイツ連邦銀行）から速報が発表される。また、同月下旬に詳報が発表される。前期比の数値は季節調整と休日調整がなされており、前年比の数値はこれらがなされていない。実質GDPは2010年基準のチェーン・デフレーターを使用して算出されている。英米に比べるとデータの発表が半月遅いが、その分改訂幅は大きくない。年間伸び率の暫定値は翌年1月初めに公表される。統一ドイツとしてのデータの発表は1995年から。

②製造業受注

　ドイツ経済における製造業の比重の高さから、注目度が高い指標。季節調整値の前月比が注目される。BMWiとブンデスバンクが発表する。国内と海外という2分類があり、国内受注は機械設備投資の、海外受注は輸出の、それぞれ先行指標とされている。

③ifo（イーフォ）景況感指数

　マーケットの注目度が最も高い指標。ifo研究所が約9000社（製造業、サービス業、建設業、卸売業、小売業）を対象に日本の短観と同様のサーベイを行うもの。各質問項目について、現況指数は「良い」「満足」「悪い」、期待指数は6ヵ月後の見通しを「良くなる」「変わらない」「悪くなる」の選択肢から回答。前者は「良い」と「悪い」、後者は「良くなる」と「悪くなる」の回答比率の差を算出し、2015年を100として指数化する。また、季節調整がなされている。一般に報道される景況感指数はこの両者の平均値を加工したものである。発表は当月下旬で、実質GDPとの連動性が高い（図表Ⅵ－16参照）。

④購買担当者指数（PMI）

　資材管理・購買・物流管理協会（BME）とIHSマークイット社が400社以上を対象としたサーベイに基づいて作成したPMI（190頁を参照）。ifo景況感指数より若干早く発表されるため注目度が高い。

⑤ZEW景況感指数

　ifo指数の約1週間前（翌月中旬）に発表されるため、注目度が高い指標。民間調査会社であるZEW（欧州経済研究センター）が集計する。ifoと異なり、サーベイの対象は機関投資家とエコノミスト（約300人）で、実体経済より金融市場の影響

を受けやすい。サーベイの質問項目はドイツのみならず、ユーロ圏、日、英、米につき景気の現況と、景気・インフレ・金利・株価の見通し等、多岐にわたっているが、マーケットで注目されるのはドイツの向こう6ヵ月の景気見通し。「改善」「変化なし」「悪化」の選択肢から回答、「改善」と「悪化」の回答比率の差で示される。ifoのような指数化や季節調整はなされない。

⑥雇用統計（失業者・失業率）

　ブンデスバンクと連邦労働局（BfA)が当月末に発表。失業者数、失業率、求人数などが季節調整値と季節調整前値で公表される。ユーロ圏の失業率よりも1ヵ月早く発表され、注目度が高いのは前月比失業者数増減（季節調整値）。

⑦CPI（消費者物価指数）

　2015年を100とした指数で、注目度が高いのは前年比。当月末頃に速報値が、翌月中旬に確報値が発表される。原計数は連邦統計局が、季節調整値はブンデスバンクが算出する。同時にEU統一基準であるHICPも算出される。

図表Ⅵ－16　ZEW景況感指数・ifo景況感指数と実質GDP

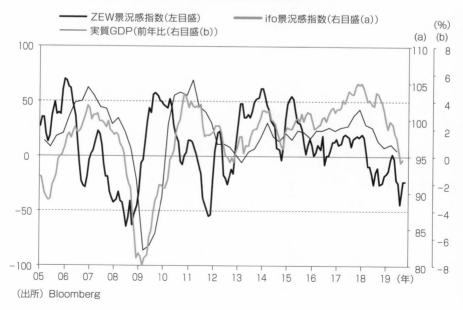

（出所）Bloomberg

図表Ⅵ-17 フランスの主な経済指標

指　標	周　期	公表時期	備　考
GDP	四半期	翌四半期2ヵ月目中旬（速報値）、 翌四半期3ヵ月目下旬（確報値）	詳細内訳は確報値を待つ必要。
鉱工業生産	月次	翌々月中旬	振れの激しいエネルギーと食料品を除いた製造業生産が注目される。
家計消費支出	月次	翌月下旬	家計のモノへの消費を集計。季節調整された前年基準の実質値で、前月比が注目される。
失業率	四半期	翌四半期3ヵ月目上旬	
企業信頼感指数	月次	当月最終週	民間企業約4000社を調査。四半期（1・4・7・10月）で詳細サーベイ実施（稼働率・雇用見通しなど）。
消費者信頼感指数	月次	当月最終週（8月分は翌月上旬）	約2000世帯を電話調査。質問項目は暮らし向きや財政状態・購買意欲など。
PMI（総合、 製造業、サービス業）	月次	当月下旬（速報値）、翌月初（確報値）	IHSマークイット社が公表。

（注）備考に記載した以外、公表機関はすべてINSEE（フランス国立統計経済研究所）。

図表Ⅵ-18 イタリアの主な経済指標

指　標	周　期	公表時期	備　考
GDP	四半期	翌四半期2ヵ月目中旬（速報値）、 翌四半期3ヵ月目上旬（確報値）	詳細内訳は確報値にて公表。
鉱工業生産	月次	翌々月中旬	季節調整データの前月比と休日調整データの前年比に注目。
小売売上高	月次	翌月下旬	名目ベースの指数。季節調整の前月比と調整前の前年比をみる。
失業率	月次	翌月末〜翌々月上旬	季節調整データを前月と比較。
消費者・企業 信頼感指数	月次	当月下旬	季節調整データが公表される。
PMI（総合、 製造業、サービス業）	月次	翌月初	IHSマークイット社が公表。ドイツ・フランスと異なり、速報値は公表されない

（注）備考に記載した以外、公表機関はすべてISTAT（イタリア国家統計局）。

公表機関ウェブサイトアドレス

INSEE（フランス国立統計経済研究所）	https://www.insee.fr/
ISTAT（イタリア国家統計局）	https://www.istat.it/
INE（スペイン統計局）	https://www.ine.es/
スペイン雇用・社会保障省	http://www.mitramiss.gob.es/
IHSマークイット社	https://www.markiteconomics.com/

図表Ⅵ-19　スペインの主な経済指標

指　標	周　期	公表時期	備　考
GDP	四半期	翌四半期1ヵ月目下旬（速報値）、翌四半期2ヵ月目下旬（確報値）	詳細内訳は確報値にて公表。
鉱工業生産	月次	翌々月上旬	前年比伸び率に注目。季節調整データ・休日調整データも公表される。
小売売上高	月次	翌月下旬	物価変動を控除した実質ベースで公表される。前年比伸び率に注目。季節調整データ・休日調整データも公表される。
失業者数	月次	翌月上旬	雇用・社会保障省が公表。失業保険申請ベースの失業者数で、前月との差に注目。
失業率	四半期	翌四半期1ヵ月目下旬	
PMI（総合、製造業、サービス業	月次	翌月初	IHSマークイット社が公表。ドイツ・フランスと異なり、速報値は公表されない。

（注）備考に記載した以外、公表機関はすべてINE（スペイン統計局）。

図表Ⅵ-20　フランス・イタリア・スペインの実質GDP成長率

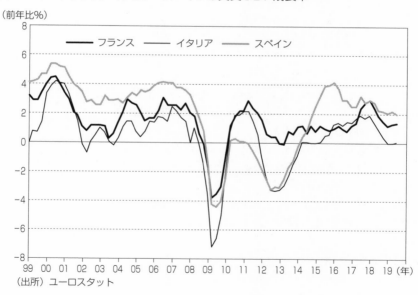

（出所）ユーロスタット

3 ユーロ圏の金利・金融政策の見方

[1] ECBの金融政策

(1) ユーロシステムの政策目標と任務

　欧州中央銀行制度（ESCB、European System of Central Banks）のうち、ユーロに加盟していない9ヵ国中銀を除いた組織を「ユーロシステム」と呼んでいる（図表Ⅵ－21太枠内）。政策目標と任務は以下の通りである。

　　　政策目標　　物価の安定
　　　基本任務　　①ユーロ圏の金融政策の策定・実施
　　　　　　　　　②外国為替オペの実施
　　　　　　　　　③ユーロ圏各国の外貨準備の維持・管理
　　　　　　　　　④決済システムの円滑運営の促進
　　　追加任務　　①ユーロ圏の銀行券発行
　　　　　　　　　②必要な統計情報の収集
　　　　　　　　　③銀行監督と金融システム安定のための政策の円滑運営を促進
　　　　　　　　　④EUおよび国際的な関係機関との連携

　ユーロシステムを含むESCBはECB（欧州中央銀行）とNCBs（各国中央銀行）からなるEUの中央銀行組織である。その仕組みは範を仰いだ米国の連邦準備制度（Fed）によく似ている。ただし米国が連邦国家とはいえ連邦政府組織を中心とする州の連合体であるのに対し、EUはいまだ主権国家の寄せ集めに過ぎない。このため、ESCBの権限や機能も自ずと制約を受けざるをえないのが現状である。

(2) ECBの組織

①政策理事会（Governing Council）

　最高意思決定機関。FedのFOMCに相当する。原則的に2週間ごとに開催される。ECB役員会6名とユーロ参加国の各国中央銀行総裁19名の計25名で構成される。2015年1月より、金融政策を決定する会合は6週間毎とされ、年8回開催される。また、効率的な政策決定を企図して、各国中銀総裁の理事会での投票権は月ごとの

輪番制となっている。なお、投票内容は公表されていない。ECBの金融政策を読み解く材料としては、理事会終了後に実施される総裁の記者会見が注目されるほか、議事要旨（Account of the monetary policy meeting）が約1ヵ月後に公表されている。

　　主要任務は、①ESCBに与えられた任務を確実に遂行するために必要なガイドラインを定め、諸決定を行うこと、②EUの通貨政策（金融政策・政策金利・準備の供給などに関する諸決定を含む）を策定する、③銀行監督に関する諸決定を行い監督理事会の政策を承認することである。

図表Ⅵ-21　ESCBの組織

（注）理事のカッコ内は出身国

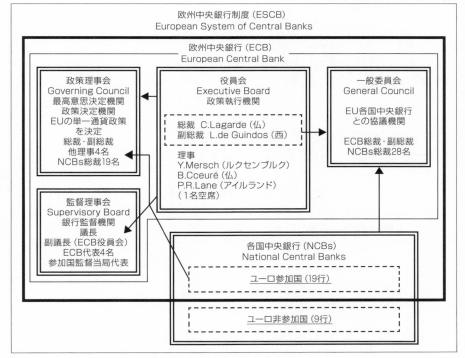

（出所）ECBウェブサイトより作成（2019年11月1日時点）

②役員会（Executive Board）
　政策執行機関。Ｆｅｄの理事会に相当する。総裁・副総裁・4名の理事（欧州議会と理事会との協議のうえ、閣僚理事会の勧告に基づいて、首脳レベルの合意により任命される）で構成される。主要任務は、①ＥＣＢ理事会が策定したガイドライン、諸決定に基づき金融政策を実施すること、②ＥＣＢ理事会によって委任された諸権限を行使することである。

③一般委員会（General Council）
　ユーロ圏とそれ以外のＥＵ加盟国との間を調整するＥＳＣＢ固有の機関。年4回、3、6、9、12月の金融政策決定会合ではない理事会の翌日に開催される。総裁・副総裁・ＥＵ加盟国の各国中央銀行総裁28名の計30名で構成（注：2020年1月末の英国のＥＵ離脱で1名減）。

④監督理事会（Supervisory Board）
　銀行監督の機関。3週間に1回開催される。銀行同盟によりＥＣＢに銀行の単一の監督権が新たに付与されたことから、金融政策運営と切り離して銀行監督任務にあたるために設立された。2014年11月より単一監督制度が開始された。

（3）金融政策の基本方針
　1998年10月13日、ＥＣＢ理事会は金融政策の主たる方針として以下の3項目を採択した。
　①単一通貨政策の一義的目的である「物価の安定」の量的定義
　②通貨量の伸び率の参考値を設定することによる通貨の役割の重視
　③将来の物価動向に関する見通しの幅広い評価　（ＥＣＢプレスリリースより）
　同時に「物価安定」を「ユーロ圏の前年比ＨＩＣＰ伸び率2％以下」と定義した。その後、世界的にデフレ懸念が高まったことから、2003年5月8日に「2％以下で2％に近い伸び率」と定義し直した。また、マネーサプライ伸び率の長期性を強調し、伸び率参考値をとりやめた。

図表Ⅵ-22　ECBによる政策金利変更

発表日	変動幅	主要リファイナンス金利	下限（中銀預金金利）	上限（限界貸出金利）	コリドー（MRO金利と下限/上限の差）
1999.　1.1 **	−	3.00	2.00	4.50	−1.00/+1.50
1.4 **	−	3.00	2.75	3.25	±0.25
1.21	−	3.00	2.00	4.50	−1.00/+1.50
4.8	−50	2.50	1.50	3.50	±1.00
11.4	+50	3.00	2.00	4.00	±1.00
2000.　2.3	+25	3.25	2.25	4.25	±1.00
3.16	+25	3.50	2.50	4.50	±1.00
4.27	+25	3.75	2.75	4.75	±1.00
6.8	+50	4.25 *	3.25	5.25	±1.00
8.31	+25	4.50 *	3.50	5.50	±1.00
10.5	+25	4.75 *	3.75	5.75	±1.00
2001.　5.10	−25	4.50 *	3.50	5.50	±1.00
8.30	−25	4.25 *	3.25	5.25	±1.00
9.17	−50	3.75 *	2.75	4.75	±1.00
11.8	−50	3.25 *	2.25	4.25	±1.00
2002.　12.5	−50	2.75 *	1.75	3.75	±1.00
2003.　3.6	−25	2.50 *	1.50	3.50	±1.00
6.6	−50	2.00 *	1.00	3.00	±1.00
2005.　12.1	+25	2.25 *	1.25	3.25	±1.00
2006.　3.2	+25	2.50 *	1.50	3.50	±1.00
6.8	+25	2.75 *	1.75	3.75	±1.00
8.3	+25	3.00 *	2.00	4.00	±1.00
10.5	+25	3.25 *	2.25	4.25	±1.00
12.7	+25	3.50 *	2.50	4.50	±1.00
2007.　3.8	+25	3.75 *	2.75	4.75	±1.00
6.6	+25	4.00 *	3.00	5.00	±1.00
2008.　7.3	+25	4.25 *	3.25	5.25	±1.00
10.8	−50	3.75	3.25	4.25	±0.50
11.6	−50	3.25	2.75	3.75	±0.50
12.4	−75	2.50	2.00	3.00	±0.50
2009.　1.15	−50	2.00	1.00	3.00	±1.00
3.5	−50	1.50	0.50	2.50	±1.00
4.2	−25	1.25	0.25	2.25	±1.00
5.7	−25	1.00	0.25	1.75	±0.75
2011.　4.7	+25	1.25	0.50	2.00	±0.75
7.7	+25	1.50	0.75	2.25	±0.75
11.3	−25	1.25	0.50	2.00	±0.75
12.8	−25	1.00	0.25	1.75	±0.75
2012.　7.5	−25	0.75	0.00	1.50	±0.75
2013.　5.2	−25	0.50	0.00	1.00	±0.50
11.7	−25	0.25	0.00	0.75	−0.25/+0.50
2014.　6.10	−10	0.15	−0.10	0.40	±0.25
9.4	−10	0.05	−0.20	0.30	±0.25
2015.　12.3	−10 ***	0.05	−0.30	0.30	−0.35/+0.25
2016.　3.10	−10 ***	0.00	−0.40	0.25	−0.40/+0.25
2019.　9.12	−10 ***	0.00	−0.50	0.25	−0.50/+0.25

（注）*は変動金利入札の最低入札金利（Minimum Bid Rate）
　　　**は1998年12月22日に設定されたユーロ移行経過措置（日付は実施日）
　　　***は中銀預金金利の変動幅

(4) 金融政策の手段

①公開市場操作

　主たる金融政策の手段は、1週間物の主要リファイナンスオペレーション（MRO、Main Refinancing Operation）である。世界的金融危機に対応し08年10月14日の入札より固定金利による全額応札方式に変更された。この1週間物のレポレートが政策金利として使われている。また、長期資金供給を目的とした長期リファイナンスオペレーション（LTRO、Longer-Term Refinancing Operation）が3ヵ月物として2007年8月から導入された。

②常設ファシリティ

　限界貸出金利（Marginal Lending Facility Rate）が上限金利、中銀預金金利（Deposit Facility Rate）が下限金利となって、翌日物金利が推移するコリドー（122頁参照）を形成している。14年6月に中銀預金金利をマイナス0.10％に引き下げ、物価安定を狙って主要中銀の中で初めてマイナス金利政策を導入した。それ以降、4度の利下げを実施し、19年11月現在はマイナス0.50％である。直近の利下げ時（19年9月）に、超過準備の一部にマイナス金利を付さない2段階の階層化を導入した。

③フォワードガイダンス

　将来における金融政策の方針を表明するもので、伝統的な政策手法だけでは物価の安定が困難な状況となったため、13年7月に「長期にわたり利上げしない」とのフォワードガイダンスを導入。直近では19年9月に「物価の目標にしっかりと見通しが収束していくまで利上げしない」としている。

④流動性供給

　2008年以降、信用緩和の一環として長期の資金供給を強化し、6ヵ月物、1年物、3年物のLTROが実施された。とくに、欧州債務危機時に実施された3年物のLTRO（入札日は11年12月21日、12年2月29日）は、その合計金額が1兆ユーロと大規模な資金供給となった。この資金供給は、銀行の資金繰り負担の軽減や銀行既発債の償還資金への充当、イタリア、スペイン等の周辺国債利回りの低下圧力等に大きな効果をもたらした。

　さらに14年6月には用途を融資に限定した、4年物のターゲットLTRO（TLTRO、Targeted Longer-Term Refinancing Operation）を導入し、銀行の融資拡大を後押しした。16年3月（TLTROⅡ）と19年3月（TLRTOⅢ）にも追加実施を決定し、資産購入プログラムと並んで主要な信用緩和策として活用されている。

図表Ⅵ－23　ＥＣＢの総資産残高の推移

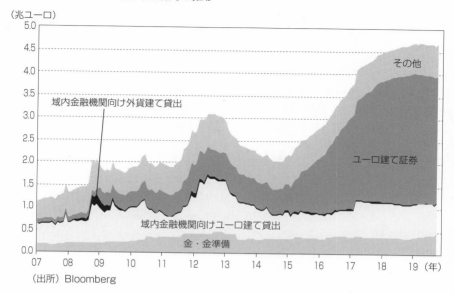

（兆ユーロ）

その他

域内金融機関向け外貨建て貸出

ユーロ建て証券

域内金融機関向けユーロ建て貸出

金・金準備

（出所）Bloomberg

マイナス金利を導入する欧州の中銀

　　2008年の金融危機以降の緩慢な景気回復の下、ＥＣＢの度重なる強力な金融緩和により、周辺国は自国為替レートの押し上げによる物価低下（デフレ）圧力に晒され続けた。そのため、09年7月にはスウェーデンが政策金利をマイナス0.25％に引き下げ、自国通貨高を防ごうとした。また、11年欧州債務危機以降の深刻な景気低迷後は、ＥＣＢ自身もデフレ圧力回避のため、14年6月にマイナス金利の導入を決定した。さらに、15年1月のＥＣＢの量的緩和（ＱＥ）導入を受け、スイスおよびデンマークとスウェーデンも相次いで利下げを行い、大幅にマイナス金利を拡大させた。今後もＥＣＢがさらにマイナス金利を拡大した場合には、周辺国の金利も呼応してマイナス金利が拡大する可能性がある。なお、スウェーデンは19年12月に副作用を警戒してマイナス金利を解除している。

（5）証券の購入プログラム

ECBは、2008年9月以降欧州債務危機が深刻化するなか、さまざまな証券購入プログラムを導入した（図表Ⅵ−24参照）。とくに、欧州債務危機時に導入された2つの証券購入プログラムが欧州債務危機の沈静化に大きな役割を果たした。1つ目は、債券市場の機能不全への対応、金融政策の波及メカニズムの回復を目的として、10年5月に導入された証券市場プログラム（SMP、Securities Markets Program）である。しかしながら、SMPはECBには本来禁止されている国家財政のファイナンスに該当するものではないかとの疑問や不透明性（購入対象銘柄、期間、総額等は非開示）の問題点も指摘されていた。

そこでECBは12年9月の理事会で、SMPに替えて、厳格かつ明示的な条件の下で行われる新たな国債購入プログラム（OMT、Outright Monetary Transactions）を導入した。購入金額には制限を設けず、その対象は残存期間1〜3年の国債とした。また、ECBがOMTを通じて保有する国債に優先弁済権はなく、民間投資家と同等の扱いを受けるということもSMPのスキームとは異なるものとなった。OMTは流通市場での国債購入という点ではSMPと似ているが、発行国政府に財政改革等の合意とその実施を強制するという意味で市場への影響は大きいと考えられている。そのため、実際にはOMTを申請した加盟国はなく利用実績はないものの、OMTプログラムが欧州債券市場の安全網の役割を果たしている。

OMT導入もあり欧州債務危機が収束した後も、ECBはインフレ期待の低下を背景に量的緩和の目的として証券購入プログラムをいくつか導入した。15年1月に導入された公的セクター買取プログラム（PSPP、Public Sector Purchase Program）は、当初16年9月、またはインフレ期待の持続的調整が確認できるまでとして実施されたが、18年12月まで継続され合計2兆ユーロ以上を購入した。その後も償還金の再投資を実施することで緩和効果を持続させたが、世界の政治をめぐる不透明感でユーロ圏景気の下振れリスクが高まり、また、物価上昇率も目標の2％を大きく下回っていることから、19年9月、月額200億ユーロの資産購入を11月より再開することを決定した。

図表Ⅵ-24　ECBの証券購入プログラム

プログラム名			実施期間	買取規模・条件等
証券市場プログラム（SMP）			2010年5月～2012年9月	1857億ユーロ買取
OMT			2012年9月～	買取上限なし。利用実績無し。対象は1～3年国債
資産購入プログラム（AAP）	資産担保証券買取プログラム（ABSPP）		2014年10月～2018年12月	260億ユーロ買取
	カバード・ボンド買取プログラム（CBPP）	CBPP1	2009年7月～2010年6月	600億ユーロ買取
		CBPP2	2011年11月～2012年10月	164億ユーロ買取（目標400億ユーロ）
		CBPP3	2014年10月～2018年12月	2607億ユーロ買取
	公的セクター買取プログラム（PSPP）		2015年3月～2018年12月	2兆1085億ユーロ買取。対象はユーロ圏国債（除くギリシャ国債）、地方債、政府機関債
	社債買取プログラム（CSPP）		2016年6月～2018年12月	1772億ユーロ買取
			2019年11月～	毎月200億ユーロの買取予定

（注）ABSPP、CBPP、PSPP、CSPPは買取目標額がないため、18年12月時点の残高を買取規模とした。
（出所）ECBウェブサイトより作成

図表Ⅵ-25　ECBの政策推移

期間	市場イベント	金利政策	流動性供給
2008年7月		利上げ（政策金利 4.0→4.25％）	
2008年9月～2009年5月	リーマン・ブラザーズ破綻	計7回利下げ（政策金利 4.75→1.0％）	1年物LTRO導入
2011年3月～2011年7月		計2回利上げ（政策金利 1.0→1.5％）	
2011年10月～2013年11月	欧州債務危機	計5回利下げ（政策金利 1.5→0.25％）	3年物LTRO導入
2013年7月	Fed テーパー・タントラム	フォワードガイダンス導入（以下、FG）「長期にわたり利上げ無し」	
2014年6月～2014年9月		計2回利下げ（政策金利 0.25→0.05％、預金金利0.0→マイナス0.2％）、FGを削除	TLTRO I 導入
2015年12月～2016年3月		計2回利下げ（政策金利 0.05→0.00％、預金金利マイナス0.2→マイナス0.4％）、FGを再開	TLTRO II 導入
2018年7月		FG変更「2019年夏まで利上げ無し」	
2019年3月		FG変更「2019年末まで利上げ無し」	TLTRO III 導入
2019年6月		FG変更「2020年6月まで利上げ無し」	
2019年9月	米中貿易摩擦、英国のEU離脱の不透明感	利下げ（預金金利マイナス0.4→マイナス0.5％）と金利階層化を導入 FG変更「物価上昇率の見通しが目標の2％弱に近づくまで利上げ無し」	TLTRO III の条件緩和（期間2年→3年、マイナス金利適用可能に）

［2］ユーロ圏の金利

（1）短期金利

　1999年1月のユーロ導入までに各国通貨の短期指標金利（ドイツのコールレートなど）は3％に収斂した。これがEuribor（ユーリボー）の始まりで、以降、この金利がユーロの短期金利として注目されている。ドルのFF実効金利（Effective Rate）と同様の指標金利としてはEONIA（Euro Overnight Index Average、イオニア）がある。これは1日の取引レートを出来高で加重平均したもので、当日中に発表される。

（2）長期金利

　ユーロの長期金利の指標はユーロ参加国が各々発行する国債である。なかでも信用力や発行量の点で最も重視されているのがドイツ連邦債（Bund、ブンズ）である。

　フランス国債（OAT、オーツ）は本来ブンズに準じた地位を占めていたが、欧州政府債務危機に際して格付けが最上格から引き下げられ、ブンズとの10年債利回り格差は一時1.5％近くまで拡大した。また、欧州危機以降では、ユーロ圏各国の国債は信用力に応じて以下のように三極化した（図表VI－7参照）。

　①最高の信用力を誇るドイツ、オランダ等のグループ

　②①に準じる信用力を持つフランス、ベルギー等のグループ（セミコア）

　③重債務国グループ（GIIPS、284頁参照）

　各国長期金利の格差は、2012年のECBのOMT導入やESM発足により縮小に向かい、さらに15年の量的緩和でのECBの国債購入の影響もあり、大幅に縮小したものの、信用力の差は依然利回り格差に反映されている。また、284頁に記載したような各国の政治イベントに対しても非常に敏感に反応している。

　ECBの量的緩和は18年12月で終了したが、以降も長期金利は低下傾向が継続した。景気減速・物価上昇率低迷を背景にECBが緩和的な姿勢を継続していることに加え、ユーロの国債が他の通貨の国債に比べて金利低下圧力がかかりやすい点もある。とくにドイツ国債は、①ECBの大量保有により市場の流通量が極端に少ないこと、②金融規制強化に伴い安全資産である国債の保有需要が高まったこと、を背景に、その傾向が顕著である。また、ECBは各国の債券の発行済残高に対して保有上限を33％と設定しているが、18年中旬には同上限に達し、量的緩和の存続が難しくなった。ECBでは19年11月より量的緩和を再開するにあたり、保有上限のルール見直しが検討されている。

　ユーロの長短金利の推移とファンダメンタルズの関係については図表VI－26参照。

図表Ⅵ－26　ユーロ圏のファンダメンタルズと金利動向

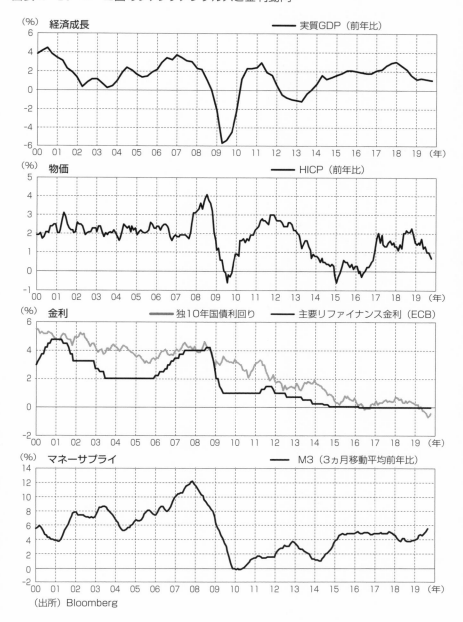

（出所）Bloomberg

第VII章

英国経済・金融の見方

1　英国経済の見方

（1）英国経済の推移

　第2次世界大戦後の労働党政権以降、歴代政権によってなされた福祉政策の充実と重要基幹産業の国有化は1970年代に入るとさまざまな弊害をみせ、財政赤字・経常赤字拡大に苦しむこととなり、ついに76年にはIMFによる緊急融資（欧州初）を仰ぐに至った。その惨状は「英国病」と称され、失業やインフレ、頻発するストライキに社会は麻痺状態に陥った。

　79年に誕生したサッチャー保守党政権は構造改革を断行、マネーサプライのコントロールによるインフレ抑制と、国有企業の民営化および公共支出削減を主体とした「小さな政府」志向による財政赤字削減に踏み切った。その結果、インフレ率は急激に低下して財政収支は黒字に転じ、経済が立ち直りをみせる一方で、失業率の上昇と所得格差の拡大に悩まされることとなった。また同政権下では「金融ビッグバン」と称される金融市場改革が行われ、ロンドンの金融市場としての国際的地位の復活および向上に寄与することとなった。

　90年のサッチャー退陣後は景気後退により大幅な財政赤字を計上、92年にはポンド危機が発生しERM（278頁参照）から脱退を余儀なくされたものの、90年代後半はブレア労働党政権のもと、緊縮財政と景気回復があいまって財政赤字は縮小した。一方で「小さな政府」政策による公共サービスの低下が著しく、同政権以降は政府支出の拡大などによる福祉政策の見直しが行われた。

　また同政権下での好調な経済と世界的な低金利を背景として、英国でも住宅ブームが発生し価格上昇を続け、景気は大いに拡大することとなった。しかし2007年半ばの米国サブプライム危機をきっかけに住宅価格は大きく下落、個人消費が冷え込むとともに、住宅関連融資の比率の高かった金融機関が相次いで破綻するなど金融業は大きな打撃を受けた。ブラウン労働党政権は、経済の急減速を受け08年11月に減税を柱とする大規模な景気刺激策を打ち出し、経済はひとまず持ち直した。その一方で巨額の財政赤字が英国財政への信認を揺るがす事態を招いた。

　10年5月に誕生したキャメロン保守党・自民党連立政権は、信認回復に向け増税と歳出削減の両面から財政緊縮を進めた。12年のロンドン・オリンピック前後で景気上振れと反動があったが、超緩和的な金融政策の支援もあり、13年以降18年までは保守党政権のもとでプラス成長が続いた。

図表Ⅶ－1　英国経済の推移

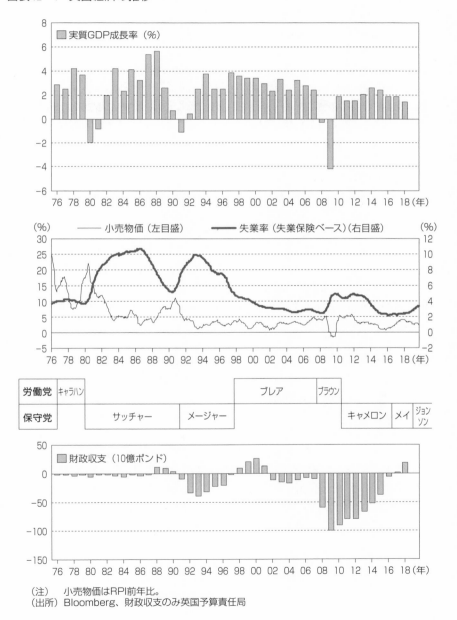

（注）　小売物価はRPI前年比。
（出所）Bloomberg、財政収支のみ英国予算責任局

（2）EU離脱（Brexit）の交渉の状況と英国経済への影響

　英国における反EU派の広がりの背景も、移民増加に起因する賃金の低下や、医療・教育など公共サービスの品質低下であった。親EU派の首相キャメロンは、英国に燻るEUへの不満を一掃し、政治基盤を強化する思惑で、EU離脱を問う国民投票を2016年6月に実施。思惑は外れ、約52％の国民が離脱を支持したことで、キャメロンは辞任に追い込まれた。後任選びでは候補者が次々と辞退し、唯一の候補者であるテリーザ・メイが歴代2人目の女性首相となるなど、政治的不透明さが高まった。また、EU残留への投票が62％を占めたスコットランドでは、英国連邦からの独立の可能性を自治政府首相が示唆し、14年の国民投票では否決された独立問題が再燃した。

　17年6月に始まった離脱交渉では、英領北アイルランドとEU加盟国アイルランドの国境に検問所を置くなどの厳格な管理（ハードボーダー）は双方とも避けたく、バックストップ（経過措置としての北アイルランドへの関税同盟と単一市場の適用）を設けることで合意。一方で、このバックストップが無期限であることから、英国議会では離脱協定が否決され、欧州理事会が再交渉をしない方針としたことで、「合意なき離脱（No deal Brexit）」の可能性が高まった。19年10月末でのEU離脱に拘るジョンソン首相は、バックストップを削除した新協定案をEUと合意したが、北アイルランドはEUの単一市場ルールに留まるため、英国議会は採決を見送り、20年1月末へ離脱期日は延期された（図表Ⅶ－2）。

　また、今後実施される離脱後のEUと英国の関係に関する本格的な協議では、「関税同盟と単一市場から離脱し、移民の制限と関税設定権を得たうえで、単一市場の規則には同調して加盟国と変わらない条件」を英国は目指しているが、一方のEUでは、他の加盟国の英国に続く離脱の芽を摘むためにも、この「良いとこ取り」の要求を27ヵ国一致で拒絶している。

　EU離脱が英国経済に深刻な悪影響を及ぼす懸念から、16年6月の国民投票以降でポンドはユーロに対して20％近く下落。イングランド銀行（322頁参照）は政策金利を0.25％へ引き下げるとともに、合意なき離脱の場合は「GDPが8％縮小、住宅価格は30％下落」との見通しを示した。実際に、英国が単一市場へのアクセスを失うことを懸念した企業が、英国から欧州大陸へ拠点を移転し始めており、英国の景気が冷え込む一方で、通貨安により物価は上昇するという、スタグフレーションの様相を呈した。

図表Ⅶ-2　EU離脱交渉の経緯

2016／6	国民投票で52％がEU離脱を支持。
2016／7	キャメロン首相が辞任、メイ首相が就任。
2017／3	英国が正式にEU離脱を通知（原則2年以内に離脱協定を締結）。
2017／6	欧州理事会との交渉開始…第一段階　（①英／EU市民の権利、②EU分担金の清算、③アイルランド国境問題）
2017／12	交渉が第二段階に進展　（①暫定・移行措置、②英国とEUの将来の関係）
2018／11	欧州理事会が離脱協定案を承認。離脱協定を再交渉しないことを確認。
2019／1	英国議会で、離脱協定が大差で否決。アイルランド国境管理の経過措置を期限付とする修正案を可決。
2019／3	英国議会で、合意なき離脱（No deal Brexit）を否決。離脱日の延長を可決し、19年10月まで延期。
2019／7	メイ首相が辞任、ジョンソン首相が就任。
2019／9	保守党議員の造反もあり、10月末の「合意なき離脱」を阻止するEU離脱延期法が成立。ジョンソン首相はこれに反発し、議会を離脱期日直前まで閉会する異例の措置に踏み切ったが、最高裁は違法と判断し、議会は再開。
2019／10	英国とEUが新しい離脱協定案で合意も、英国議会が合意案の採決を見送ったことで時間切れとなり、英国は離脱延期をEUに申請。 欧州理事会は期限間際の28日に、英国のEU離脱期限を20年1月末まで延期することを承認。 英国議会は12月12日に総選挙を実施することを決定。
2020／1	総選挙で保守党が圧勝したことでEU離脱法が成立し、欧州議会も承認したことから、1月31日に英国はEUを離脱、年末までの移行期間に入った。貿易協定交渉が今後の焦点に。

（3）経済指標の読み方

　英国は名目ＧＤＰ規模で世界第6位（343頁参照）の経済大国であり、経済指標の速報性の高さや、米国・欧州経済との連動制の高さから、市場参加者の英国経済への関心は引き続き高い。また、経済指標のほとんどが国家統計局（ＯＮＳ）から発表される。

　英国人は概して持ち家志向が強いため、住宅価格の上昇による資産効果は大きく、個人消費との相関性が指摘されている。英国では住宅ローンの多くが固定金利（長期金利）ではなく変動金利（短期金利）で設定されるため、住宅市場が金融政策変更の影響を直接的に受けやすいことも特徴的で、金融当局は住宅価格の動向にきわめて敏感である。

①ＧＤＰ

　世界各国のＧＤＰ統計の中で最も早く発表されてきたが、2018年から公表方法が変更され、当該四半期終了後の翌々月中旬に速報が、3ヵ月後に確報が発表されるようになった。注目されるのは前期比および前年比の伸び率。速報の時点で業種別・需要項目別などの内訳が発表される。また、2018年から公表が始まった月次ＧＤＰ推計値は、生産面から推計されたものであり、トレンド把握には有用だが、四半期ベースのデータに比べて振れ幅が大きい。

②購買担当者指数（ＰＭＩ）

　製造業指数の発表は翌月第1営業日。購買・供給研究所（Chartered Institute of Purchasing and Supply、ＣＩＰＳ）とＩＨＳマークイット社が製造業約600社を対象に月次で実施する。50が景気の分岐点。2019年11月より当月下旬に速報値が公表されている。

　製造業指数のほかに、翌月第2営業日に発表される建設業指数、第3営業日に発表されるサービス業指数がある（図表Ⅶ－4参照）。速報性が高いため、注目度も高い。

③ＣＢＩ製造業サーベイ

　ＣＢＩは英国産業連盟（Confederation of British Industry）の略称。当月の下旬に発表され、速報性が高い。季節調整はされていない。2013年6月公表のＣＢＩ調査ガイドによると、雇用者数ベースで製造業の約12％をカバーし、平均回答数は424社。月次調査で受注・輸出受注・在庫・生産予測・価格見通しが質問されるが、1・4・7・10月は四半期調査として質問項目（企業景況感・投資見通し・雇用見通し・稼働率など）が増える。

図表Ⅶ-3 英国の経済成長率推移

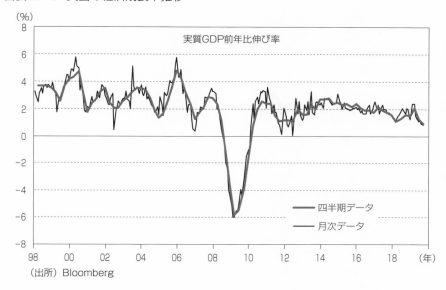

（出所）Bloomberg

図表Ⅶ-4 PMI指数推移

（出所）Bloomberg

④雇用統計

翌月中旬に発表される失業保険申請件数は、速報性が高いため注目される。また、失業保険ベースの失業率が同時に発表されているが、それよりも1ヵ月遅れて発表されるILO（国際労働機関）ベースの失業率のほうが、注目度が高い。ILOベースの失業率は3ヵ月移動平均で表示される。

週平均賃金については、賃金交渉妥結のタイミングやボーナス支給時期の影響で振れが大きいため、3ヵ月移動平均の前年比が注目される。

⑤小売売上高

翌月中旬に発表される。個人消費がGDPの7割弱を占めるため、注目度が高い。集計対象は、大手から中小まで5000の企業である。自動車は含まれない。金額ベースの指数を小売価格デフレーターで実質化して、数量ベースの指数が算出される。変動が大きい自動車燃料を除くベースの前月比が注目される。

⑥CPI（Consumer Prices Index、消費者物価）

翌月の中旬に発表される。季節調整されず、前年比が注目される。EUの統一基準で加盟28ヵ国ごとに作成される。イングランド銀行（BOE）のインフレ目標は、CPIで前年比2.0％である。また、エネルギー・食品・タバコを除くコアCPI、帰属家賃を含むCPIHも同時に発表される。とくにCPIHは国家統計局（ONS）により将来的な主要消費者物価指数に位置付けられている。

次項のRPIとCPIの違いは、①RPIは地方税や住宅関連費用（持ち家の減価償却、家財保険、不動産手数料）を含むのに対し、CPIは含まない、②RPIは構成項目を算術平均するのに対し、CPIは幾何平均を用いる、③RPIは高額所得者や年金生活者の世帯を調査から除外するのに対し、CPIは全世帯対象。ONSによれば②の差異によりCPIはRPIより0.5％程度低くなる。また①の差異により住宅価格の上昇時はRPIがCPIより高めに出やすい。

⑦RPI（Retail Prices Index、小売物価）

CPIと同時に発表。季節調整されないため、前年比に着目する必要がある。ローン利払い（Mortgage Interest Payments、MIPS）が含まれるため、金利変動の影響を受けやすい。このためMIPSを除いたRPIXが基礎的インフレ率（underlying inflation）とみなされており、かつては金融政策におけるインフレ目標もこれを使用していた。

図表Ⅶ-5　英国の失業保険申請件数と失業率

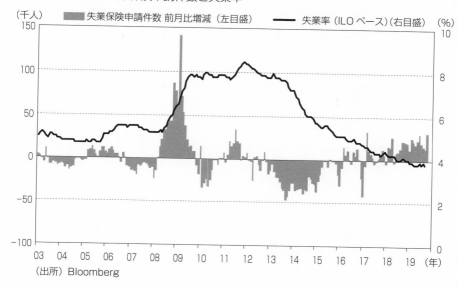

（出所）Bloomberg

図表Ⅶ-6　英国のインフレ動向（前年同月比）

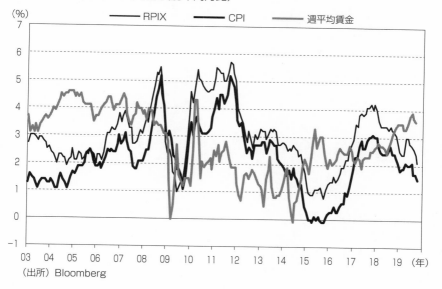

（出所）Bloomberg

⑧ＰＰＩ（Producer Price Index、生産者物価）

　ＣＰＩと同時に発表。２つの系列がある。産出（output）は製造業者の国内向け出荷価格。季節調整されない。投入（input）は製造業者の資材仕入れ価格。季節調整される。実際の取引された価格ではなく、価格表の上での希望価格を反映しているとみられるため、好況時にはインフレを過小評価し、不況時にはインフレを過大評価する傾向がみられる。

⑨住宅価格

　政府の公式統計としてＯＮＳとHM Land Registry（王立土地登記所）がそれぞれ価格指数を発表しているが、歴史が浅いこともあり注目度は低い。広く利用されているのは民間の住宅指標で、最大手の住宅金融組合Nationwideが翌月初め前後に発表する指標（季節調整値）の注目度が高い。その他、不動産情報サイトを運営するRightmove社が当月中旬に発表する価格指数（02年からのデータで全英不動産仲介業者の9割以上の取引を網羅）、ＲＩＣＳ（王立勅許鑑定士協会）が翌月中旬に発表するサーベイ（鑑定士による今後の価格予想の上昇回答と下落回答の比率の差）などがある。

⑩マネーサプライ

　現在注目されているのはＭ４。これは流通現金に民間部門保有預金を加えたもの。ＢＯＥが月次データを翌月末頃に発表する。もっとも英国でも金融自由化に伴ってマネーサプライ自体の指標としての信頼性は揺らいでおり、ＢＯＥは特定のレンジ設定を1997年8月以降行っていない。その点、同時に発表されるＭ４貸出（金融機関の民間向け貸出残高）のほうが景気・インフレの先行指標として有用であろう。

公表機関ウェブサイトアドレス

国立統計局（ONS）　　　　　http://www.ons.gov.uk/
英国産業同盟（CBI）　　　　　https://www.cbi.org.uk/
イングランド銀行（BOE）　　http://www.bankofengland.co.uk/
予算責任局（OBR）　　　　　http://budgetresponsibility.org.uk/
債務管理局（DMO）　　　　　https://www.dmo.gov.uk/

図表Ⅶ－7　住宅価格と金融政策

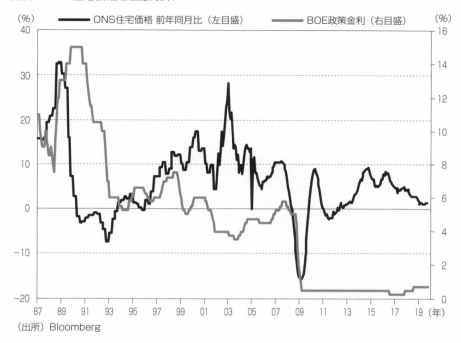

（出所）Bloomberg

LIBOR廃止問題

　LIBOR（ライボー）は、ロンドンにおける銀行間預金市場出し手レート（London Inter-Bank Offered Rate）の略である。対象通貨は、ユーロ、英ポンド、日本円、米ドル、スイスフラン。金利デリバティブ商品の基本的な原資産の1つであり、変動金利指標の中心的な存在である。しかし、複数の銀行が虚偽の金利を申告していた、いわゆるLIBOR不正操作問題が2012年に発覚した。金利指標の改革が進められるなか、英金融行為規制機構（FCA）は2021年末以降、LIBORの公表を保証しない旨を表明した。これにより2021年末までにLIBORは廃止される見込みとなり、代替指標をどうするか、膨大な既存のデリバティブ契約をどのように変更するか、システム対応は、と課題が山積している。日銀によると、LIBORに関連する取引の市場規模は全世界で220兆ドルもあり、新指標への移行が進まないことで、大混乱を警戒する声もある。

2 英国の金利・金融政策の見方

(1) イングランド銀行

英国の金融政策は、イングランド銀行（Bank of England、以下ＢＯＥと略)の専管事項である。ＢＯＥの設立は1694年。中央銀行としてはスウェーデンのリクスバンク（1668年創立)に次ぐ歴史を誇り、オールド・レディの愛称で呼ばれる。

ＢＯＥは1946年に労働党が政権を獲得した際に国有化され、金融政策についても政府が一般的な指令権をもつようになった。その後ＥＲＭ（278頁参照)への参加・離脱を経て、97年に労働党ブレア政権が発足するとＢＯＥの独立性強化などの改革が宣言され、98年6月に改正ＢＯＥ法が施行された。その後、2007年に米国サブプライムローン問題が波及し英ノーザンロック銀行が国有化されたことから金融監督体制が見直され、金融システムのリスクに対応するために13年4月に金融安定政策委員会（Financial Policy Committee、ＦＰＣ)がＢＯＥ内に設置された。

ＢＯＥの総裁は女王の任命を受け、任期は8年である。金融政策決定機関としてはＭＰＣ（Monetary Policy Committee、金融政策委員会)がある。メンバーは総裁、3名の副総裁（各々、金融政策、市場・銀行、金融安定を担当）、1名の行内委員（チーフエコノミスト）、4名の外部委員（財務大臣が直接任命)の合計9名。ＭＰＣは年8回、それぞれ3日間にわたって開催される。政策変更の有無は3日目の正午に発表され、市場の注目を集める。議事録も同時に公表される。ＢＯＥの金融政策を読むための材料として注目されてきた「インフレ報告」は、19年11月より「金融政策報告（Monetary Policy Report)」に名称を変更し、物価見通しだけでなく経済見通しの比重を高めた内容となっている。金融政策報告は、インフレ報告と同様に2、5、8、11月のＭＰＣの結果発表と同時に公表される。なお、ＭＰＣの開催月は前後する場合があるため（例えば、2020年最初の金融政策報告のＭＰＣは1月30日の予定)、ＢＯＥのウェブサイト等で確認しておくとよい。

（2）金融政策の変遷

　ＢＯＥは政府から独立した地位を占め、インフレ・ターゲティングを採用している。近年の金融政策は現在に至るまで以下のような変遷をたどった。

　簡単にまとめると、①1979〜83年は、ハウ財相のもとでスターリングＭ３を主目標としたマネタリズム色の強い政策、②83〜84年は、ローソン財相のもとでＭ０を主目標としたマネタリズムに近い政策、③85年以降は、為替相場の安定を優先する脱マネタリズム的政策、④92年秋に欧州通貨危機によりＥＲＭを離脱し、為替よりも国内景気やインフレ抑制を重視する金融政策、⑤98年のＢＯＥ法改正後は、独立性を高めたＢＯＥの下でのインフレ・ターゲティングによる金融政策、と概括できよう。

　ＥＲＭ離脱直後の92年10月には金融政策に対する信認を維持するため、経済・金融政策の新たなフレームワークとして、①中期的なインフレ率の目標値として、小売物価指数（ＲＰＩ）を採用（実際に目標としたのはモーゲージ金利払い部分を除くコア部分＝ＲＰＩＸ）、前年比１−４％の範囲内を目標レンジとすることとし、②政策発動（金利操作）の前提となる判断材料として、為替レート、Ｍ０、市場金利とその相互関係、住宅価格などの資産物価などをあげ、その達成状況をＢＯＥ「インフレ・レポート」で公表する、などの措置を決定した。しかしながら依然として財務大臣が金融政策を決定する枠組みに変化はなく、ＢＯＥ総裁は助言のみが可能であった。

　一方で、マネーサプライについては、「十分な先行性を有しないが、将来のインフレ率の予測について補足的には役割が期待できる」との観点からＭ０の位置付けをターゲットレンジからモニタリングレンジに格下げするとともに、Ｍ４にもモニタリングレンジを設定した。

　93年２月、財務大臣とＢＯＥ総裁との間で金融政策に関する月例会議開催が決定。93年12月、英国下院の財務委員会が金融政策の決定権限をＢＯＥに委譲すべきだとの報告書を提出。これを受けて94年４月、財相・ＢＯＥ総裁月例協議の議事録が翌月の協議後約２週間（当該協議後約６週間）で公表されることとなった。この結果、金融政策の透明度が高まるとともに、しばしば総裁の助言に反して財務大臣が金融政策を決定することが明らかとなり、ＢＯＥ独立への世論形成に役立った。

　この背景には、欧州通貨統合への参加にあたって中央銀行の独立性確保が義務づけられていることも大きい。改正ＢＯＥ法施行（98年６月）により財相・総裁月例協議が廃止されＭＰＣが政策決定機関となったことは、ＢＯＥ独立の仕上げであった。

　なお、マネーサプライについては97年８月にモニタリングレンジの公表が中止されていたが、改正ＢＯＥ法によって正式に目標から外されることとなった。

（3）政策金利

　政策金利は商業銀行の所要準備に支払われるオフィシャル・バンク・レートで、ＭＰＣはこの金利を操作する。2006年5月のＢＯＥオペ改革により、従来のレポレートに替えて導入された。ＢＯＥの政策金利は、バンク・レート、最低貸出金利（Minimum Lending Rate）、市場介入金利と市場貸出金利によるバンド調整、レポレート、オフィシャル・バンク・レートと、変遷してきた。

　13年8月にＢＯＥはオズボーン財務相からの要請を受けてフォワードガイダンスを導入し、「失業率が7％に低下するまで政策金利を現行0.5％で維持する」としたが、失業率の予想以上の改善を受けて14年2月にフォワードガイダンスを見直し、幅広い指標で生産能力の余剰を判断するとして、事実上撤回した。その後も買取資産の再投資継続に関するフォワードガイダンスを何度か示しているが、他の中銀に比べ、政策手段としての活用度合いは限定的である。

（4）インフレ・ターゲティング

　前述の通り1992年10月、インフレ率を政策目標とするインフレ・ターゲティングが導入され、ＲＰＩＸ（モーゲージ金利払い部分を除く小売物価指数）の前年比を指標としたインフレ・ターゲットが設定された。その後、2003年12月より、ＲＰＩＸに代わってＣＰＩが指標となっている。ＢＯＥによれば、インフレ・ターゲティングの効用は以下の3点である。

　　①中間目標（マネーサプライ）ではなく、最終的な政策目的であるインフレ抑制を
　　　直接目標とすること。
　　②インフレ期待の明確な指標を提供できること。
　　③中央銀行が目標を達成しているかどうかが一般にわかりやすいこと。

　マネーサプライの指標性が失われるにしたがい、英国以外でもスウェーデン、フィンランド、カナダ、ニュージーランドなどがインフレ・ターゲティングを採用している。ＢＯＥは透明性（信頼性と説明可能性）こそがこの仕組みの鍵であるとしている。現在設定されている上下1％の許容範囲を逸脱した場合、ＢＯＥ総裁はＭＰＣ開催後に公開書簡を財務大臣宛に送付し、逸脱の理由、今後の対策、目標に戻るまでの期間、金融政策との整合性について説明することになっている。さらに3ヵ月後に依然許容範囲を超えていた場合、総裁は再度書簡を送らねばならない（1997年6月12日付ゴードン・ブラウン財務大臣のエディ・ジョージＢＯＥ総裁宛書簡による）。

　なお、インフレ・ターゲットの水準は原則的に毎年3月頃の財務大臣による予算演説で見直されることとなっている。

図表Ⅶ-8　MPCメンバー（2019年10月時点）

			就任	任期	経　歴	政策スタンス
総裁		Mark Carney	13.7	21.6	カナダ中銀総裁(08〜13)、米投資銀行役員	中立
副総裁	（金融政策）	Ben Broadbent	14.7	22.5	財務省エコノミック・アドバイザー、大学教授	中立
	（市場・銀行）	Dave Ramsden	17.9	22.9	財務省エコノミック・アドバイザー、財務省局長	中立
	（金融安定）	Sir Jon Cunliffe	13.11	23.10	EUの英国代表、首相顧問、財務省局長	ハト派
行内委員(チーフエコノミスト)		Andrew Haldane	14.6	20.6	BOE生え抜き（エコノミスト、金融安定担当理事等）	タカ派
外部委員		Dr Gertjan Vlieghe	15.9	21.8	前総裁のアドバイザー、ヘッジファンドのエコノミスト	中立
		Jonathan Haskel	18.1	21.8	大学教授、統計理事会の役員、FCA委員	中立
		Michael Saunders	16.8	22.8	米投資銀行エコノミスト	タカ派
		Silvana Teneyro	17.7	20.7	大学教授、モーリシャス中銀委員、FRB職員	ハト派

（注）カーニー総裁は任期前の2020年3月に退任し、金融行為規制機構(FCA)のアンドルー・ベイリー長官が後任に就く予定。
（出所）BOEウェブサイトより作成

図表Ⅶ-9　インフレ・ターゲットの変遷（財務省発表）

発表日	政策運営方法・ターゲット	変更の背景
1992. 10. 8	RPIXの前年比を1〜4%の範囲内とする	インフレ・ターゲティングの導入
1995. 6. 14	2.5%以下	レンジの下限を明記せず
1997. 6. 12	2.5%（上下1%の許容範囲）	ターゲットの明確化（レンジ目標を廃止）
2003. 12. 10	CPI前年比2.0%（上下1%の許容範囲）	ターゲットの指標をRPIXからCPI（旧称HICP）に変更（同年4.9予算案で変更の意向は表明済み）

（5）非伝統的金融政策

①資産買取ファシリティ（ＡＰＦ、Asset Purchase Facility）

　2008年9月のリーマン・ブラザーズ破綻による金融危機の深刻化とその後の実体経済の悪化に対応するため、ＢＯＥは大幅な連続利下げを実施、09年3月に政策金利は0.5％にまで引き下げられた（図表Ⅶ－12参照）。09年1月には信用市場改善を目的として資産買取ファシリティ（ＡＰＦ）が財務省より発表され、ＢＯＥはこのファシリティのもとで民間金融機関が保有するＣＰや社債の買い取りを決定した。しかし中期的に2％のインフレ・ターゲットを維持するためには追加的な対応が必要との判断から、3月には量的緩和政策を導入し、買取対象資産を長期国債に拡大した。買取枠は当初の750億ポンドから段階的に引上げられ、2012年7月には3750億ポンドにまで拡大している（図表Ⅶ－10参照）。

　ＢＯＥは量的緩和政策の波及経路を次のように説明している。まず、資産（長期国債）の買い取りによって民間部門に通貨を供給するとともに債券価格を上昇させる。その結果、銀行貸出の増加や、利回り低下による借入コスト低下、富の増加（資産効果）を通じて民間部門の支出と収入が増加する。こうした景気刺激効果によりインフレ目標（年率2％）を達成するというものである。

②流動性供給ファシリティ

　欧州債務危機の深刻化により英国金融市場が機能不全に陥ることを恐れたＢＯＥは、2010年6月にタームレポファシリティ（ＩＬＴＲ、Indexed Long-Term Repo）、11年12月に拡大担保タームファシリティ（ＥＣＴＲ、Extended Collateral Term Repo）を導入し、適格担保を拡大し流動性供給を強化した。さらに12年6月にＥＣＴＲで期間の延長と応札金利の引き下げを実施、14年1月にＩＬＴＲの適格担保を追加拡大し、利便性を向上させた。同時にＥＣＴＲはContingent Term Repo Facility（ＣＴＲＦ）へ名称変更され、平常時用のＩＬＴＲと緊急時用のＣＴＲＦへの再編で、参加銀行の利用を促した。

③融資促進のための資金調達スキーム（ＦＬＳ、Funding for Lending Scheme）

　2012年7月に、ＢＯＥは財務省と共同で融資促進のための資金調達スキーム（ＦＬＳ）の導入を発表した。ＢＯＥの窓口借入ファシリティ（ＤＷＦ）参加の民間銀行は適格担保をＢＯＥに差し入れ、それより信用力の高いＴビル（割引短期国債）と交換する。民間銀行はこのＴビルを担保としてより低利の資金調達を行うことができ、貸出金利を押し下げることが狙いである。14年に中小企業向け与信を増やすために改正された。新規利用は18年1月で終了。

図表Ⅶ−10　APFによる資産買取累計金額と買取枠の推移

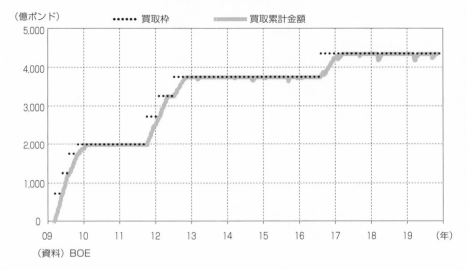

（資料）BOE

図表Ⅶ−11　BOEによる量的緩和の波及経路

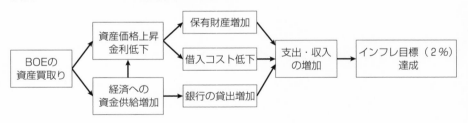

（出所）BOE "Quantative Easing Explained Leaflet"

（6）長期金利

　長期金利の指標は英国国債。券面に金縁があったことからギルトエッジド（gilt edged）、略してギルツ（Gilts）と呼ばれている。近年は景気低迷、低インフレや金融緩和策の影響で、利回りは歴史的低水準で推移している。また、Brexitの不透明さからBOEが緩和的な姿勢を維持しており、実質金利が大幅なマイナスとなっている。

図表Ⅶ－12　長期金利と政策金利推移

（出所）Bloomberg

図表Ⅶ－13　長期国債発行残高と主要投資家の保有残高

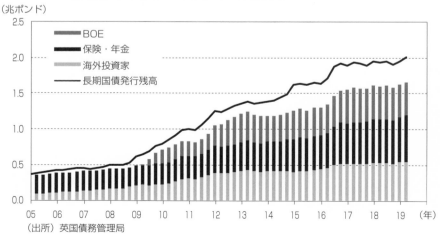

（出所）英国債務管理局

第Ⅷ章

オセアニア経済・金融の見方

1 オーストラリア経済・金融の見方

[1] オーストラリア経済

(1) オーストラリア経済の特徴

　オーストラリア連邦は、769万㎢（日本の約20倍）という世界第6位の広大な面積を領有しながら、人口規模では世界第55位（2499万人）、ＧＤＰ規模では世界第13位（1.43兆米ドル）にランクされる中規模国家である（人口・経済データはいずれも世界銀行「World Development Indicators（2018年）」）。1人当たりＧＮＩ（購買力平価換算）は4万9980国際ドルで世界第21位。先進国のなかでは中位に位置する。

　オーストラリアといえば、鉄鉱石や石炭、アルミニウムをはじめとする鉱産物、小麦、羊毛、肉牛、乳製品などの農産物のイメージが強い。しかし2017／18年度（17年7月〜18年6月）における総付加価値の構成比をみると、サービス業部門が71.4％を占める一方、鉱業部門と農業部門は8.8％と2.8％を占めるにすぎない。

　なお、04年以降の資源価格高騰により、鉱業部門の構成比は03／04年度の4.4％から10／11年度には9.9％へ拡大したが、14年後半以降、新興国の景気減速懸念から資源価格が下落したため、15／16年度は04／05年度以来の低水準の6.3％となった。その後、17／18年度には、8.8％まで回復している。金融・保険業は拡大傾向が続いており、04／05年度の8.5％から、17／18年度は9.5％になっている（図表Ⅷ－2参照）。

　もっとも、オーストラリアの品目別輸出構成をみると、一般的なイメージに違わず、鉱産物が約6割を、農林水産物が約1割強を占める構造となっている。そのためオーストラリア経済は、1次産品市況や気象条件に左右されやすい傾向がある。実際、同国の実質ＧＤＰ成長率は、大干ばつに見舞われた1982／83年度、1次産品価格が低迷した90／91年度にはマイナス成長を記録した。また、オーストラリア外務貿易省が公表している統計書「Composition of Trade」によると、サービス輸出を除いた商品輸出額の上位は、2018年では1位が石炭、2位が鉄鉱石、3位が天然ガスとなっている。オーストラリア通貨の豪ドル（通称「オージー（Aussie）」）相場と国際商品市況の連動性が高いことも、その証左といえる。

図表Ⅷ－1　オーストラリアの実質GDP成長率の推移

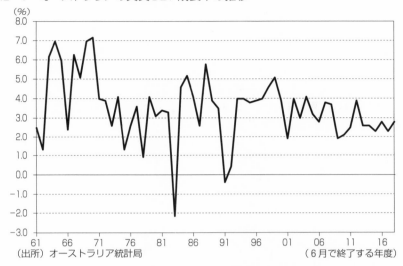

（出所）オーストラリア統計局　　　　　　　　　　　　　（6月で終了する年度）

図表Ⅷ－2　オーストラリアの主要産業の名目GDP構成比率の推移

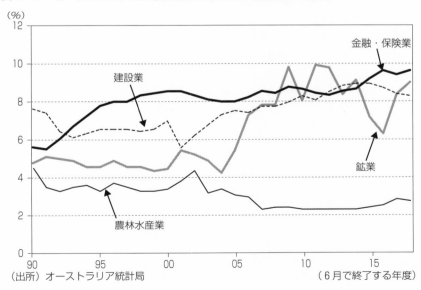

（出所）オーストラリア統計局　　　　　　　　　　　　　（6月で終了する年度）

（２）経済指標の読み方

　一国の経済を最も広範囲に把握できるのはGDP統計だが、公表時期が遅いため、速報性のある経済指標の動きを捉えておく必要がある。主要な経済指標については、図表Ⅷ－3の通り。

　最も早く公表されるのは、消費者信頼感指数（ウェストパック銀行・メルボルン大学）である。過去1年間と先行き1年間の家計の金融状況、先行き1年間と5年間の経済状況、大型の買い物をするのに良い時期かどうかが調査され、指数化されたものが公表される。

　次に早いのは、オーストラリア産業グループ（ＡiＧ）公表の製造業ならびにサービス業パフォーマンス・インデックスである。建設業のインデックスもある。総合指数は、生産（サービス業では売上）・新規受注・納入・在庫・雇用の各指数から計算され、指数が50を上回ったら、その産業は拡大傾向にあることを示す。上記の消費者信頼感指数も同様だが、これらは民間機関が公表しているため、詳細データを入手するのは有料となるが、最新レポートは各ウェブサイトにおいて無料で閲覧できる。

　オーストラリア統計局が公表している指標で速報性が高いのは、労働力統計である。市場参加者の注目度も高い。主要項目は、失業率・雇用者数（対前月比増減）・労働参加率で、季節調整後のデータをみる。

　速報性は高くないが、支出面でオーストラリア経済の5割強を占める家計消費の動向を捉えるうえで、小売売上高や住宅建設許可件数も注目度の高い指標である。これも季節調整後のデータで動きを判断する。

　このほかに、オーストラリアの輸出は鉱産物・農林水産物の比率が高いため、国際商品市況の動向もオーストラリア景気の先行きを読むのに欠かせない（第Ⅹ章「商品市況の見方」を参照）。また、オーストラリアの輸出先第1位は中国で、2018年の輸出総額の34．3％を占めている（外務貿易省「Composition of Trade」より）。そのため、中国の需要動向も重要である（第Ⅸ章「エマージング経済・金融の見方」を参照）。

豪州経済統計の公表機関ウェブサイトアドレス

オーストラリア統計局（Australian Bureau of Statistics、ＡＢＳ）
　　　　　　　　　　　　　　　　　　　https://www.abs.gov.au/
メルボルン大学（Melbourne Institute）　https://melbourneinstitute.unimelb.edu.au/
オーストラリア産業グループ（Australian Industry Group、ＡiＧ）
　（国内大企業で構成される企業団体）　　https://www.aigroup.com.au/
コンファランス・ボード（Conference Board、米大手調査機関）
　　　　　　　　　　　　　　　　　　　https://www.conference-board.org/
オーストラリア外務貿易省　　　　　　　https://dfat.gov.au/

図表Ⅷ-3　オーストラリアの主要経済指標

	指　標	公表機関	周　期	公表時期	備　考
生産関連指標	国民所得・支出・生産（National Income, Expenditure and Product）	オーストラリア統計局	四半期	期終了の翌々月第1水曜日	全国・州別のGDPを掲載。可処分所得、労働生産性などの諸指標も公表。
景気関連指標	先行指数（Westpac-Melbourne Institute Leading Index）	ウェストパック銀行・メルボン大学	月次	翌月中旬	
	景気先行指数（Leading Economic Index）	コンファランス・ボード	月次	翌々月20日頃	
物価関連指標	消費者物価指数（Consumer Price Index）	オーストラリア統計局	四半期	期終了の翌月第4水曜日	現行基準は2011/12年。インフレ・ターゲットを導入している豪州では注目度が高い。
	生産者物価指数（Producer Price Index）	オーストラリア統計局	四半期	期終了の翌月最終金曜日	現行基準は2011/12年。最終財（輸出除き）・中間財・原材料の各指数で構成。
家計関連指標	小売売上高（Retail Turnover at Current Price）	オーストラリア統計局	月次	翌月末～翌々月初	
	住宅建設許可件数（Dwelling Unit Approvals）	オーストラリア統計局	月次	翌月末～翌々月初	
	消費者信頼感指数（Westpac-Melbourne Institute Consumer Sentiment Index）	ウェストパック銀行・メルボルン大学	月次	当月第2水曜日	
労働関連指標	労働力（Labour Force）	オーストラリア統計局	月次	翌月第2もしくは第3木曜日	失業者数、失業率、労働参加率などから構成。
企業景況感関連指数	製造業パフォーマンス・インデックス（Australian Performance of Manufacturing Index）	AiG	月次	翌月第1営業日	
	サービス業パフォーマンス・インデックス（Australian Performance of Service Index）	AiG	月次	翌月第3営業日	
	企業景況感指数（Business Confidence Index）	ナショナル・オーストラリア銀行（NAB）	月次	翌月10日前後	
貿易関連指標	貿易収支（Trade Balance）	オーストラリア統計局	月次	翌々月上旬	原数値と季節調整値を公表。豪ドル相場を占ううえで重要。
	経常収支（Current Account）	オーストラリア統計局	四半期	翌々月末～翌々々月初	原数値と季節調整値を公表。豪ドル相場を占ううえで重要。

（出所）各公表機関

［2］オーストラリアの金融市場

（1）オーストラリア準備銀行（RBA）の金融政策

①オーストラリア準備銀行と準備銀行理事会

　オーストラリアでは、1911年創設のオーストラリア連邦銀行（Commonwealth Bank of Australia）を前身とする「オーストラリア準備銀行」（RBA、Reserve Bank of Australia）が「1959年準備銀行法」（Reserve Bank Act 1959）のもと、中央銀行として金融政策の決定および遂行の責任を負っている。

　RBAの最高意思決定機関は「準備銀行理事会（Reserve Bank Board）」である。

　同理事会は同法10条により金融政策の決定権限を与えられるとともに、通貨の安定、完全雇用の維持、国民の経済的繁栄・幸福に寄与することが義務づけられている。

　理事会は総裁1名、副総裁1名、財務次官1名のほか、財務大臣の指名を受けた6名の外部理事の計9名からなる。総裁および副総裁の任期は7年、外部理事の任期は5年であるが、いずれも再任が可能である。理事会会合は1月を除く毎月1回、第1火曜日に開催され、議事は多数決によって決定される。結果は当日のオーストラリア東部時間午後2時30分に公表される。また、第3火曜日には議事録が公表される。なおRBAは自らの経済情勢に関する判断および見通しについて、毎月の理事会会合後の声明で触れるとともに、四半期ごと（2、5、8、11月の各上旬）に出される「金融政策報告（Statement on Monetary Policy）」のなかで公表している。

②金融政策と政策金利

　RBAの金融政策手段は公開市場操作のみである。「キャッシュ・レート（Cash Rate）」が誘導目標の対象金利であり、誘導目標自体は「キャッシュ・レート・ターゲット（Cash Rate Target）」と呼ばれる（図表Ⅷ－5参照）。

　RBAは公開市場操作にあたり、インフレの抑制を金融政策の一義的な中期目標として位置づけたうえで、1993年以降、インフレ・ターゲット政策を採用している。その背景には、RBAが85年にマネタリー・ターゲット政策を放棄した後に導入した「裁量的金融政策」の失敗に対する反省があった。

　もっとも政府がインフレ・ターゲット政策の実施を正式に承認したのは、財務大臣とRBA総裁が「金融政策の遂行に関する声明書（Statement on the Conduct of Monetary Policy）」を結んだ96年のことである。以降、消費者物価指数（CPI）の対前年比上昇率を中期的な景気循環において平均2～3％に抑えることが金融政策の目標となっている。なお、現行の政策根拠は、2016年に締結された「第7次金融政策の遂行に関する声明書」である。

図表Ⅷ-4　　豪ドルとニュージーランド・ドルの対米ドル相場の推移

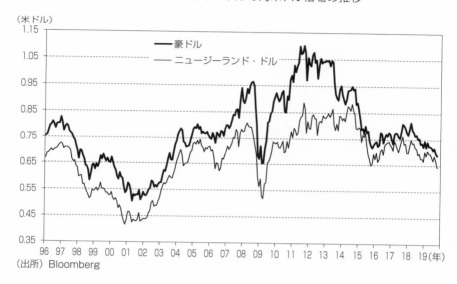

（出所）Bloomberg

図表Ⅷ-5　キャッシュ・レートとCPI対前年比上昇率の推移

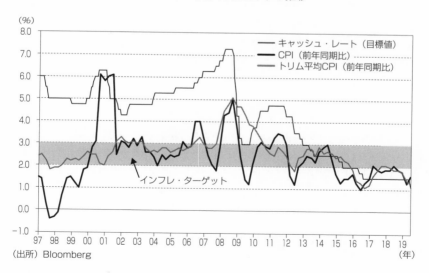

（出所）Bloomberg

（2）金融市場

　オーストラリアの短期金融市場（money market）の代表格は「キャッシュ市場（cash market）」であり、銀行間で翌日物資金が貸し借りされている（日本の無担保コール市場に相当）。そこで成立する金利がキャッシュ・レートでRBAの誘導目標の対象となっている。RBAの統計によると、2018年7月～19年6月の1日平均取引金額は約39億豪ドルであった。

　オーストラリアの債券市場（debt market）に特徴的なこととしては、1990年代後半から2008年の間に連邦政府財政の健全化に伴い、連邦政府債の債券全体に占める割合が低下をたどる一方、非政府債およびオフショア債の比率が急拡大したことがあげられる。しかし、08年の世界的な経済危機への景気対策により、オーストラリア政府債務が増加し、政府債の割合が上昇している（図表Ⅷ－6参照）。また各州の自立性および権限の強さを反映して、州政府債の発行額が多いことも特徴である。

　債券市場を長短の期間で分けると、短期については、売買高、残高ともに、「銀行手形（Bank Bill）」と「譲渡性預金（NCD）」から構成される金融機関発行分が他を圧倒している。そのうち銀行手形90日物は短期金融市場の指標金利となっている。一方、オーストラリア金融管理局（AOFM、Australian Office of Financial Management）が発行する短期国債（Treasury Notes）は00年頃から残高が減少したが、09年頃から増加に転じ、10年をピークにその後はやや減少している。

　長期については、政府債のほか、銀行債やモーゲージ担保債（MBS）を中心とする資産担保型債券（ABS）が重要なシェアを占める。また非居住者（国際機関や米国企業など）による豪ドル建て債「カンガルー債」の発行も近年目立つようになっている（図表Ⅷ－7参照）。

　他方、オーストラリアでは、オフバランス市場もよく発達しており、オーストラリア証券取引所（ASX、Austrarian Securities Exchange）を介した金利先物・オプション取引のほか、近年ではクレジット・デリバティブ取引も顕著な拡大を示している。なお、ASXには、キャッシュ・レートの月間平均の先物が上昇されており、米国のFF金利先物（267頁参照）のように、先行きの金融政策に対する市場期待を観測することができる。

図表Ⅷ－6　債券市場（国内発行）の残高推移

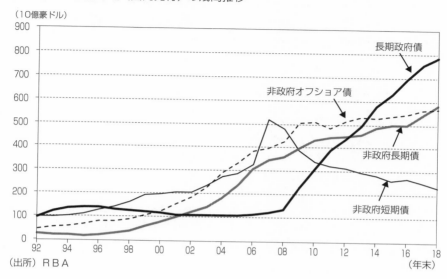

（出所）ＲＢＡ

図表Ⅷ－7　非政府長期債（国内発行）の残高推移

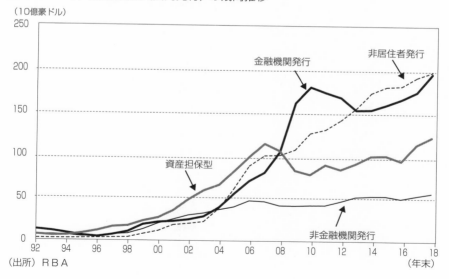

（出所）ＲＢＡ

2 ニュージーランド経済・金融の見方

[1] ニュージーランド経済

前掲の世界銀行統計によると、2018年におけるニュージーランドの人口は世界第120位の488万人、GDPは第51位の2050億米ドルで、いずれもフィンランドをやや下回る規模にとどまる（1人当たりGNIは3万9590国際ドル）。

ニュージーランド経済は外部依存度が高く、サービスを含む輸出および輸入の対GDP比は19年3月末年度でそれぞれ約30％弱に達する。財の貿易収支は近年赤字だが、サービス収支は旅行収支中心に黒字となっている。サービスを含む最大の貿易相手国は中国で、19年6月末年度の構成比は輸出が22.4％、輸入が16.1％である。これまで輸入についてはオーストラリアが継続して中国を上回っていたが、19年6月末年度に逆転した。中国とはサービスよりも財の輸出入が圧倒的に多い。なお、ニュージーランドの通貨であるNZドル（通称「キウイ（Kiwi）」）は豪ドルと連動して動くことが多い（図表Ⅷ－4参照）。

ニュージーランドのGDPを産業部門別にみると、第3次産業が66％、第2次産

図表Ⅷ－8　ニュージーランドの輸出入総額・主要商品別（2018年）

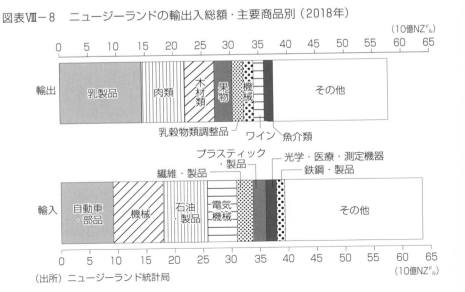

（出所）ニュージーランド統計局

業が19％を占める一方、第1次産業は7％にとどまる（17年3月末年度）。産業別には製造業（13％）と賃貸・不動産サービス業（17％）の比率が高い。もっとも同国経済は輸出の半分近くを酪農品、食肉、林産物、果実類などの1次産品に依存するため、農産品市況の影響を受けやすい。

図表Ⅷ-9　ニュージーランドの主要経済指標

	指　標	公表機関	周　期	公表時期
生産関連指標	国内総生産（GDP）	ニュージーランド統計局	四半期	期終了の翌々月下旬
物価関連指標	消費者物価指数（Consumer Price Index）	ニュージーランド統計局	四半期	期終了の翌月中旬
	生産者物価指数（Producer Price Index）	ニュージーランド統計局	四半期	期終了の翌々月中旬～下旬
家計関連指標	小売売上高（Retail Sales）	ニュージーランド統計局	四半期	翌々月下旬
	住宅建設許可件数（Number of New Dwellings Consented）	ニュージーランド統計局	月次	翌月末～翌々月初
	消費者信頼感指数（Consumer Confidence Index）	オーストラリア・ニュージーランド（ANZ）銀行＆ロイ・モルガン・リサーチ	月次	当月下旬
労働関連指標	完全失業率（Labour Force Unemployment Rate）	ニュージーランド統計局	四半期	期終了の翌々月上旬
企業景況感関連指数	製造業パフォーマンス・インデックス（NZ Performance of Manufacturing Index）	ニュージーランド銀行・ビジネスNZ	月次	翌月中旬
	企業景況感指数（Business Confidence Index）	オーストラリア・ニュージーランド（ANZ）銀行	月次	当月末
貿易関連指標	貿易収支（Trade Balance）	ニュージーランド統計局	月次	翌月下旬
	経常収支（Current Account）	ニュージーランド統計局	四半期	翌々月下旬

（出所）各公表機関

ニュージーランド経済統計の公表機関ウェブサイトアドレス

ニュージーランド統計局（Statistics New Zealand）　https://www.stats.govt.nz/
ビジネスNZ　https://www.businessnz.org.nz/
オーストラリア・ニュージーランド（ANZ）銀行　https://www.anz.co.nz/

［2］ニュージーランドの金融政策

　同国の中央銀行は1934年に政府の全額出資で設立された「ニュージーランド準備銀行（ＲＢＮＺ、Reserve Bank of New Zealand）」である。ＲＢＮＺは現在、89年銀行法のもと、政府から完全に独立した形で金融政策を実行している。

　ＲＢＮＺの金融政策手段は公開市場操作のみである。ＲＢＮＺは金融政策の運営について、90年以降、政府との間の「政策目標協定（ＰＴＡ、Policy Target Agreement）」に基づき、インフレ・ターゲット政策を導入している。導入当初の中期インフレ目標は消費者物価指数（ＣＰＩ）対前年比上昇率で0～2％だったが、96年12月に0～3％へ変更され、2002年9月の新ＰＴＡ調印以降は1～3％となっている。

　ＲＢＮＺの政策金利は1999年に導入した「オフィシャル・キャッシュ・レート（ＯＣＲ、Official Cash Rate、市中銀行向け貸し出し・預け入れの基準金利）」である。ＲＢＮＺは6週間ごと（年8回）にＯＣＲを見直ししている。また、ＲＢＮＺは年4回「金融政策報告（Monetary Policy Statement）」を公表し、そのなかで、約3年先までの景気・物価見通しを掲載している。

図表Ⅷ－10　オフィシャル・キャッシュ・レートとＣＰＩ上昇率の推移

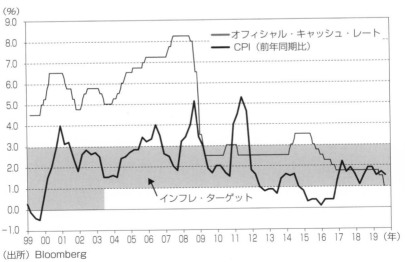

（出所）Bloomberg

第IX章

エマージング経済・金融の見方

1 エマージング経済

　近年、エマージング（新興国）経済の世界経済に及ぼす影響力が増しているが、なかでも、ブラジル（Brazil）、ロシア（Russia）、インド（India）、中国（China）の4ヵ国は、その頭文字をつないでBRICs（ブリックス）と呼ばれ、エマージング経済の大国として注目を集めている（南アフリカを加えてBRICSとも）。

　そのため、エマージング経済に関しては、専門書、一般書、ネットなどを問わず、巷間に膨大な情報が溢れているので、本章では、BRICs諸国経済の特徴を概観し、各国の経済・金融市場を分析・理解するための基礎情報をまとめるにとどめる。

　まず経済規模の大きさを確認しておくと、世界銀行の統計（図表Ⅸ－1参照）によれば、2017年における各国のGDPは、中国が世界第2位の12.1兆米ドルでBRICsのなかでも突出しており、米国に次ぐ大きさである。インドが2.7兆米ドルと、第5位に上がってきている。ブラジル（2.1兆米ドル）、ロシア（1.6兆米ドル）は少しランクが下がり、第8・11位となっている。PPP（購買力平価）で換算したGDPでみると、中国が米国を上回り第1位に、インドが第3位に浮上する。

　次に人口では、中国とインドの突出ぶりが顕著である。世界人口に占める割合はこの2国で36％、BRICs全体では41％と、生産要素の1つである労働力を豊富に有していることがわかる。2017年現在、人口が1億人を超える国は世界に13ヵ国しかなく、そのなかで先進国は米国（3.2億人）と日本（1.3億人）のみである。

　一方で、1人当たりGNI（国民総所得）は、PPP換算後でみても、最も高いロシアでさえ世界第59位、中国・ブラジルも第83位・第87位にとどまっている。インド（第128位）に至っては、世界の100位以内にすら入っておらず、マレーシアやタイといったアジアの中進国の後塵を拝している。

　このように大規模な人口を有するBRICs諸国の1人当たり所得水準は低いが、経済大国としての潜在力は十分にあるといえよう。現在、G7（先進7ヵ国グループ）のみで国際経済問題を解決することが困難になっており、BRICsを含むG20など、新しい国際協調体制が登場してきていることは、BRICsの存在感が格段に増してきていることの証左であろう。

図表Ⅸ-1　世界のなかのBRICs諸国（2017年）

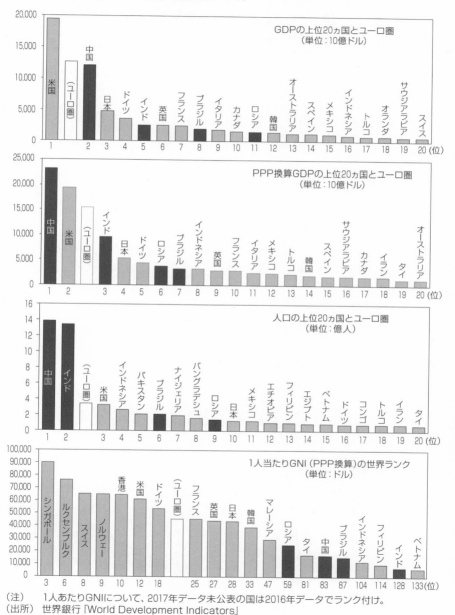

（注）　1人あたりGNIについて、2017年データ未公表の国は2016年データでランク付け。
（出所）　世界銀行「World Development Indicators」

2 中国経済・金融の見方

［1］中国の経済

　「改革・開放」が打ち出された1978年から2018年の間の平均実質GDP成長率は9.5％に達する（図表Ⅸ－2参照）。主に外資に牽引される形で、経済の工業化、さらにサービス化がすさまじい勢いで進み、1人当たりGDPは1978年のわずか385元から2018年には6万5000元まで増加した。

　しかし、中国にはきわめて大きな所得格差が存在し、1人当たり所得の上位20％は下位20％の10.7倍（17年）もの差がある。また、最近では経済成長率の低下傾向が続いており、高度成長期は終わりを迎えようとしている。

　中国経済をみるうえで、とくに重視されている指標は、GDP、鉱工業生産、固定資産投資、消費者物価指数、購買担当者指数（PMI）、貿易収支などである。李克強首相がかつて07年に、景気実態を表す指標として電力消費量、鉄道貨物輸送量、銀行融資残高を重視すると発言したとの話が伝わり、海外からはこれらが「李克強指数」として注目されることもある。なお、春節の休日が年によって1月から2月の間で動くため、統計の季節性が変則的なことに注意が必要。

図表Ⅸ－2　産業別名目GDPおよび実質GDP成長率の推移

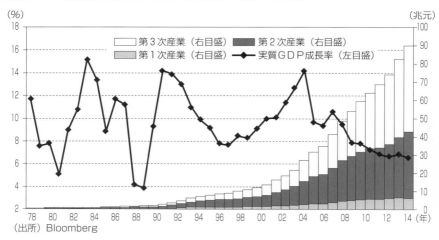

（出所）Bloomberg

図表IX-3　中国の主要経済指標

	指標	公表機関	周期	公表時期	備考
生産関連指標	GDP	国家統計局	四半期	期終了の翌月中旬	速報・確報の区別はないが、統計年鑑公表時等に予告なく修正されることがある。
	鉱工業生産（工業増加値）	国家統計局	月次	翌月中旬	
	固定資産投資	国家統計局	月次	翌月中旬	対象は都市部のみ。固定資本形成は中国のGDPの約4割を占める項目であり、四半期の経済成長率を予測するうえで重要。
景気関連指標	購買担当者指数（PMI）	国家統計局・物流購買連合会	月次	当月末頃	製造業・非製造業・総合の3指数が公表される。調査対象には大手国有企業が多い。
	財新購買担当者景気指数（財新 PMI）	財新・IHSマークイット社	月次	翌月初	製造業・サービス業・総合の3指数が公表される。調査対象には中小企業が多い。
物価関連指標	消費者物価指数（居民消費価格指数）	国家統計局	月次	翌月10日頃	景気の過熱感をみる材料の1つ。
	生産者物価指数	国家統計局	月次	翌月10日頃	
家計関連指標	小売売上高	国家統計局	月次	翌月中旬	複数の省で二重計上されているケースがあり注意。
	失業率	国家統計局	月次	翌月10日頃	都市部を対象。公表開始が2018年からで過去データが少ないのが難点。
対外経済関連指標	貿易収支	中国海関総署	月次	翌月10日頃	
	国際収支	国家外国為替管理局	四半期	期終了の3ヵ月後	主要項目の暫定値が2ヵ月後の中旬に公表される。
	外貨準備高	中国人民銀行	月次	翌月7日頃	
	対内海外直接投資（FDI）	商務部外国投資管理司	月次	翌月中旬	契約額と実行額の区別がある。過去に遡及して大幅に修正されることがあり注意。
金融指標	マネーサプライ（M2）	中国人民銀行	月次	翌月中旬	

（出所）各公表機関

中国経済統計の公表機関ウェブサイトアドレス

中国国家統計局　　　　　　　　　　　　http://www.stats.gov.cn/
中国物流購買連合会　　　　　　　　　　http://www.chinawuliu.com.cn/
中国人民銀行　　　　　　　　　　　　　http://www.pbc.gov.cn/
中国海関総署　　　　　　　　　　　　　http://www.customs.gov.cn/
中国国家外国為替管理局（外匯局）　　　http://www.safe.gov.cn/
中国商務部外国投資管理司（中国投資指南）http://www.fdi.gov.cn/

［2］中国の金融政策

（1）中国人民銀行

　中国では、「中国人民銀行（ＰＢＣ、People's Bank of China）」が唯一の中央銀行である。その設立は中華人民共和国建国の前年1948年に遡るが、70年代末までは、「単一銀行（mono-bank）制度」のもと、中央銀行機能のみならず商業銀行機能も独占していた。

　しかし78年に始まった改革・開放に伴い、商業銀行機能と政策金融機能が分離されて以降、人民銀行の役割は中央銀行業務に集約されていった。95年には「人民銀行法」が施行され、人民銀行は同法第2条により「中央銀行としての地位」を法的に確立した。また、その目的および政策目標も、「国務院の指導のもと、貨幣政策を制定・執行し、金融危機を防止・解消し、金融の安定を維持する」（同法第2条）こと、「貨幣価値の安定を保持し、かつこれをもって経済成長を促進する」（同法第3条）ことと明確化された。とはいえ、人民銀行は先進国の中央銀行とは異なり、政府から独立性を付与されていない。人民銀行はあくまで国務院（政治体制の違いから単純にはいえないが、強いていえば日本の内閣に相当）の一機関にすぎず、金融政策などの決定においては国務院の認可を要する。そのため、人民銀行の最高職である「行長」（日本語では日銀にならい「総裁」と訳される）の政策決定権限は日米欧に比べ相対的に小さいといえる。

　人民銀行には、同法第12条にしたがい、日銀・金融政策委員会に相当する組織として「貨幣政策委員会」が設置されている。同委員会は議長役の行長以下15名で構成され、原則年4回開催される。が、上述の通り、金融政策の最終的な決定権限は国務院にあり、その権限は企画・立案にとどまる。なお中国の金融政策の具体的な内容を示すものとしては、四半期ごとに出される「中国貨幣政策執行報告」が最も重要である（人民銀行のウェブサイト上で閲覧可）。

（2）中国人民銀行の金融政策

　人民銀行の金融政策は、窓口指導などからなる直接的なコントロールと、公開市場操作や法定準備預金制度を通じた間接的なコントロールに大別できる。

　うち直接的なコントロールには、「窓口指導」（中国語でも同じ。1998年に導入）と「預金・貸出基準金利の設定」が含まれる。窓口指導は、貸出管理のための政策手段であり、日本でも91年まで行われていたが、中国のそれは日本とはやや異なる。例えば中国の窓口規制には総枠規制がなく、過熱分野に対する貸出抑制、奨励分野に対する貸出奨励を金融機関に要請するにとどまる。なお、もう一方の直接

的コントロール手段である預金・貸出基準金利の設定に関しては、金利自由化が進むなか、その重要性は近年低下しつつある。2004年10月に貸出金利の、15年10月に預金金利の、それぞれ上限が廃止され、銀行金利が原則自由化された。

　間接的なコントロール手段としては、「公開市場操作」「法定準備預金制度」「人民銀行貸出」があげられる。うち公開市場操作は1998年にはじまり、現在では、国債や政策性金融債をオペ対象とし、現物・レポともに活発に取引が行われている。最近は短期金融市場の規模の拡大に伴い、7日物リバースレポと1年物ＭＬＦ（中期貸出制度、Medium-term Lending Facility）に焦点が集まってきている。2つ目の法定準備預金制度は、日本の準備預金制度に相当する金融調節手段であるが、中国に特徴的なこととして、2004年4月から金融機関ごとに格差の設けられた準備率が設定されていること、準備預金が有利子であることなどがあげられる。3つ目の人民銀行貸出は、公定歩合に対応する金融調整手段だが、現在は役割が低下している。

　人民銀行は、現代的な金融政策のもとで市場に基づいた金利制度を目指して改革を進めており、最近では、19年8月、ＬＰＲ（最優遇貸出金利、Loan Prime Rate）をＭＬＦ金利に連動させ、市中銀行はそれを参照して新規融資の金利を設定するように指示した。中国の金融制度改革は引き続き過渡期にあり、今後も目が離せない。

図表Ⅸ－4　中国の流動性供給金利と消費者物価

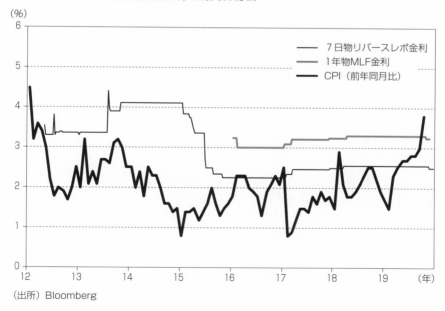

（出所）Bloomberg

[３] 中国の為替政策

（１）人民元改革の推移

　2005年7月21日、中国人民銀行はこれまでのドル・ペッグ制を放棄し、通貨バスケットに対する管理フロート制に移行するとの人民元改革実施を発表した。また、9月23日には、ドル以外の通貨に対する人民元レートの変動幅拡大を発表し、同時に対顧提示レートの売り・買い値幅も柔軟化した。引き続き米国から人民元切り上げの圧力がかかるなか、07年5月18日に対ドル変動幅を拡大した。08年のリーマン・ショック後、人民元の対ドルレートは事実上固定されていたが、10年6月から再び人民元は上昇し始め、12年4月に対ドル変動幅を±1.0％へ拡大した。その後も人民元改革は続き、14年3月に対ドル変動幅を±2.0％へ拡大した。この間、中国には貿易黒字と経済成長期待による投資資金が流入し、人民元に上昇圧力がかかり続けていたが、相場変動を緩やかにするための人民元売り・外貨買い介入により外貨準備は増加を続けた。

　しかし、14年に入ると投資資金は流出に転じ、人民元の変動を緩やかなものにするためにこれまでとは逆に外貨準備を取り崩し人民元買い介入を行った。人民元に下落圧力がかかるなか、15年8月11日に中国人民銀行は「ブラックボックス」と批判されていた人民元の為替レート基準値の算出方法変更を発表した。

　新しい算出方法では、各マーケットメーカーは前日の銀行間市場での終値に基づいたレートを中国外国為替取引センター（ＣＦＥＴＳ、China Foreign Exchange Trade System）に提示し、これを基に当日の基準値が設定される。この変更には、市場が為替レートを決定する方向へ近づいたと評価するもある。

　この突然の変更により、8月11日の基準値は1米ドル=6.2298元で設定され、前日の6.1162元から約1.9％の人民元切り下げとなった。1日当たりの対ドル変動幅±2.0％は維持されたものの、その後の市場変動を受け、8月13日の基準値は1米ドル=6.4010元となり、8月11～13日の3日間で約4.7％の切り下げとなった（図表Ⅸ－6参照）。

　人民元下落基調が続く12月11日に、中国外国為替取引センターは人民元の貿易加重指数（13通貨で構成）を発表し、投資家は対ドルだけなく通貨バスケットに対して人民元レートを見るべきと説明した。この発表から、シンガポールのような通貨バスケット制に移行するとの思惑も出ている。

　人民元の国際銀行間決済システム（ＣＩＰＳ、Cross-border Interbank Payment System）を導入するなど、人民元は存在感を急拡大してきたが、完全な国際化へ向けては依然過渡期にあるため、今後も各種の制度変更に注意しておきたい。

図表Ⅸ－5　中国人民元の対ドル為替レートの推移

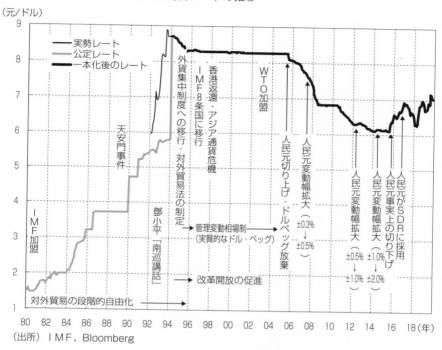

（出所）ＩＭＦ、Bloomberg

図表Ⅸ－6　米ドル/人民元レートの基準値と許容変動幅

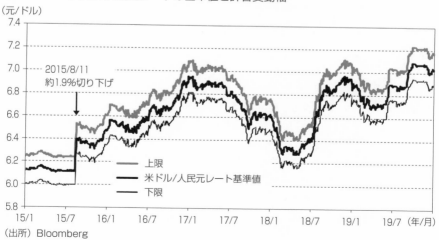

（出所）Bloomberg

（2）人民元の国際化

　IMF（国際通貨基金）への出資比率に応じ加盟国に配分する準備資産「SDR（特別引出権）」は、長らく米ドル、ユーロ、英ポンド、日本円の4通貨で算出されていたが、2015年11月30日にIMFは16年10月から人民元をSDR構成通貨に採用することを決定した。構成比率は米ドル41.73％、ユーロ30.93％、人民元10.92％、日本円8.33％、英ポンド8.09％となっている。人民元はSDR構成通貨となることで、主要通貨としての認定を狙っているとされている。

　国際銀行間通信協会（SWIFT）の発表によると、人民元は通貨別代金シェアで12年1月に第20位だったが、15年8月に日本円を上回り、米ドル、ユーロ、英ポンドに次いで、第4の国際通貨となった。ただし、翌月からはシェアを落とし、第5〜6位の位置で推移している。13年9〜10月に習近平国家主席が打ち出した「一帯一路（新シルクロード）」構想は人民元経済圏の拡大を狙い、また中国提唱の国際金融機関AIIB（アジアインフラ投資銀行、16年1月開業）も国際金融市場での存在感を高めるための布石であろう。

（3）人民元切り下げと米国債市場への影響

　15年8月の人民元切り下げにより人民元安が大きく進んだ一方で、中国当局は人民元の大幅な下落を避けるため7〜9月の間、推計で総額2290億ドルのドル売り・人民元買い介入を実施したことが、米財務省の半期外国為替報告書で明らかになった。中国の外貨準備高の推移を見ても、人民元買い介入が積極的に行われたことがわかる（図表IX−8参照）。人民元の国際化を進めるため自由化に向けた動きが見られる一方で、市場に基づく完全な変動相場を好まない姿勢も浮き彫りになった。

　この裏では米国債を売却して得たドルを介入の原資としているとの見方もある。自国通貨防衛の介入原資捻出による米国債売りは、米国長期金利の波乱要因となりそうだ。

《主要参考文献》
①「中国の金融はこれからどうなるのか」玉置知己・山澤光太郎　東洋経済新報社
②「中国経済入門（第2版）」南亮進・牧野文夫（編）　日本評論社
③「中国経済発展論」中兼和津次　有斐閣
④「入門 中国の証券市場」徐燁聡　東洋経済新報社
⑤「図説 アジアの証券市場 2004年版」日本証券経済研究所

図表Ⅸ-7　中国の国債収支動向

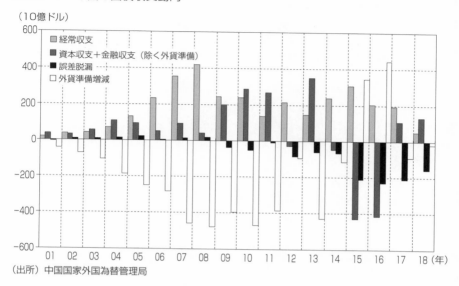

（10億ドル）

凡例：
- 経常収支
- 資本収支＋金融収支（除く外貨準備）
- 誤差脱漏
- 外貨準備増減

（出所）中国国家外国為替管理局

図表Ⅸ-8　中国の外貨準備高と米国債保有残高

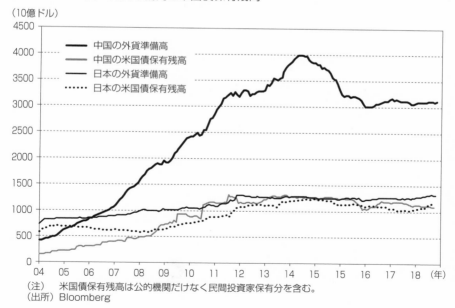

（10億ドル）

凡例：
- 中国の外貨準備高
- 中国の米国債保有残高
- 日本の外貨準備高
- 日本の米国債保有残高

（注）　米国債保有残高は公的機関だけなく民間投資家保有分を含む。
（出所）Bloomberg

3　インド経済の見方

　インドの人口は現在世界第2位だが、国連の推計によると2030年には中国（14.64億人）を抜いて世界第1位（15.04億人）になるといわれている。近年の経済発展は、主にIT産業とオフショア・コールセンターの成功に代表される。しかし、インド経済は他のBRICs諸国と比して農業の比率が高い（図表Ⅸ－9参照）。中国などと異なり、工業ではなくサービス業中心に発展した。

　インドは1947年に英国より独立したが、国内産業の保護を優先する経済運営をとってきた。しかし、91年の外貨危機を契機として、90年代に経済自由化政策が推進された。世界銀行のデータによると、海外からの直接投資額は95年の21億米ドルから2018年は421億米ドルへ増加したが、同年の中国への直接投資額は2035億米ドルと、インドは中国の5分の1に過ぎない。インド政府は引き続き外資規制緩和を図っており、今後の経済発展の潜在力は高いといえよう。1人当たりGNI（国民総所得）が中国の半分弱しかないことも、潜在力の高さと見ることができる（図表Ⅸ－1参照）。

　また、2014年に誕生したモディ政権は経済重視の姿勢を示し、その経済政策は「モディノミクス」と呼ばれている。19年5月にモディ政権は2期目に入り、雇用対策や貧困解消、農村部の環境改善などの課題に取り組んでいる。

　将来の経済発展に影を落としているのが、パキスタンと領有権を争うジャム・カシミール州から19年8月に特別自治権を廃止した問題である。これは単なる外交問題だけではなく、インド国内の政情不安にも結びついている。日本の外務省のデータは（ヒンズー教徒79.8％、イスラム教徒14.2％、キリスト教徒2.3％など）、インドの宗教の多様性を示す。パキスタンとの対立という地政学リスクに加え、国内のイスラム教徒の不安定な立場を背景とした治安への懸念は、外資導入の阻害要因となりかねない。

インド経済統計の公表機関ウェブサイトアドレス

インド中央統計機構（CSO：統計計画実行省の組織）	http://mospi.nic.in/
インド商工省	https://commerce.gov.in/
インド商工省・通商情報統計局	http://dgciskol.gov.in/
インド商工省・経済アドバイザーオフィス	https://eaindustry.nic.in/
インド証券取引委員会（SEBI）	https://www.sebi.gov.in/

図表Ⅸ－9　インドの産業別GDP構成比率の推移と国際比較

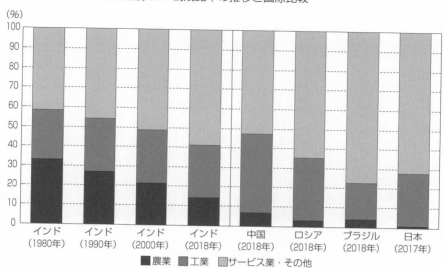

（出所）世界銀行 "World Development Indicators"

図表Ⅸ－10　インドの主要経済指標

	指　標	公表機関	周　期	公表時期	備　考
生産関連指標	GDP	中央統計機構	四半期	期終了の翌々月末	インドの会計年度は4〜3月。また、実数値の表示単位crore（クロー）は千万ルピーを示す。
	鉱工業生産	中央統計機構	月次	翌々月中旬	産業別（鉱業・製造業・電力業）指数のほか、財別指数も公表。
物価関連指標	消費者物価指数	中央統計機構	月次	翌月中旬	2012年に発表開始した、都市・農村を総合した指数。長期系列は労働局公表の工業労働者ベースがある。
	卸売物価指数	商工省・経済アドバイザーオフィス	月次	翌月中旬	速報性があるため、景気の過熱度合をみるのに注目度が高い。
対外経済関連指標	貿易統計	商工省・通商情報統計局	月次	翌月中旬	輸出入総額は継続的に公表されているが、商品別・国別データは途切れ気味。
	海外投資家証券投資額	インド証券取引委員会	日次	翌日	株式・債券の売買金額と純資本流入額が毎日公表されている。

（出所）各公表機関

4　ロシア経済の見方

　ロシアは原油や天然ガスなどの資源大国として、2003年以降のエネルギー価格上昇を享受し、高成長を続けてきた（図表IX－11参照）。しかし、08年後半の原油価格急落で、他の地域よりも株価が大幅に下落し、通貨ルーブルも売り込まれた。エネルギー価格に依存する経済体質はその後も続き、14年秋～16年初の原油価格急落時も経済成長は落ち込んだ。

　外交面では、14年3月にクリミアを併合し、欧州連合や米国との対立を招いたが、15年9月にシリアに軍事介入するなど中東での存在感を高めている。また、原油価格支援のための協調減産にも参加し、OPECプラスを構成している。

　一方、人口動態をみると他のBRICs諸国と比べてロシアの人口は先細りとなっており、人口減少問題は重要な課題となっている（図表IX－12参照）。

ロシア経済統計の公表機関ウェブサイトアドレス

ロシア連邦統計局　　　　https://eng.gks.ru/
ロシア中央銀行　　　　　https://www.cbr.ru/eng/

図表IX－11　原油価格とロシアの実質GDP成長率

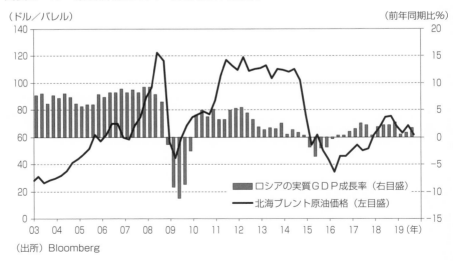

（ドル／バレル）　　　　　　　　　　　　　　　　　　　　（前年同期比％）

凡例：
ロシアの実質GDP成長率（右目盛）
北海ブレント原油価格（左目盛）

（出所）Bloomberg

図表Ⅸ−12　BRICs諸国の人口動態（2020年時点推計）

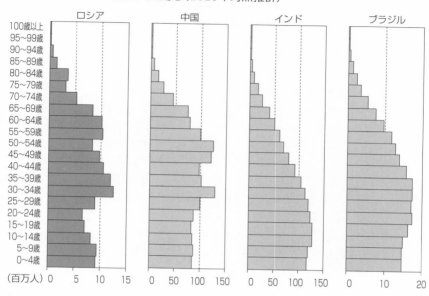

ロシア　中国　インド　ブラジル

（出所）　国連 "World Population Prospects : The 2019 Revision"

図表Ⅸ−13　ロシアの主要経済指標

	指　標	公表機関	周　期	公表時期
生産関連指標	GDP	連邦統計局	四半期	期終了の翌々月中旬頃（10-12月期は4月初）
	鉱工業生産	連邦統計局	月次	翌月中旬頃
	PMI（総合、製造業、サービス業）	IHSマークイット社	月次	翌月初
	製造業信頼感	連邦統計局	月次	当月末頃
物価関連指標	消費者物価指数	連邦統計局	週次・月次	週次は火〜月曜日の計数を水曜日に公表 月次は翌月上旬頃公表
	生産者物価指数	連邦統計局	月次	翌月中旬頃
家計関連指標	小売売上高	連邦統計局	月次	翌月20日頃
	失業率	連邦統計局	月次	翌月20日頃
	消費者信頼感	連邦統計局	四半期	期終了の翌月上旬頃
対外経済関連指標	貿易収支	ロシア中央銀行	月次	翌々月中旬頃
	国際収支	ロシア中央銀行	四半期	速報を期終了の翌月10日前後に公表
	外貨準備高	ロシア中央銀行	週次	翌週木曜日

5 ブラジル経済の見方

ブラジルは、1990年4月には消費者物価上昇率が6800％を超えるなど、長年にわたってハイパー・インフレに悩まされてきたが、94年導入の経済安定化プログラム「レアル・プラン」により、95～2002年のカルドーゾ政権下でインフレ収束・経済安定を実現した。しかし、ブラジル経済は通貨レアルの変動の影響を大きく受けるため、01年の隣国アルゼンチン情勢の悪化や、02年の左派労働党ルーラ候補の支持率上昇で、レアルが大幅下落すると、インフレ率は再び二桁の上昇率となった。しかし、03年にルーラ大統領が就任し、中道路線を堅持すると、これを好感してレアルが上昇し、インフレ率も落ち着きを取り戻した。

インフレ率が安定すると、海外から資本流入が活発化し、工業化が進展した。とくにフレックス燃料車（ガソリン以外の燃料を混入して走行できる自動車）を中心に国内の自動車販売台数が伸び、自動車生産台数も拡大を続けた。また、21世紀に入ると、ブラジルは、中国などの需要拡大を背景に、鉄鉱石などの天然資源や大豆などの農産物の輸出を大きく伸ばしたことから、貿易収支は大幅に改善して黒字に転換した。

11年にルセフ大統領が就任し、ルーラ前大統領の財政安定化政策を継承したが、経済改革は進まず、景気減速が続いた。国有企業の汚職問題や大統領弾劾を求めるデモの発生など、経済的にも政治的にも混迷が続き、ルセフ大統領は罷免、後継のテメル政権も政治の不透明感を払拭できなかった。19年1月には、極右で大衆迎合的なボルソナロ大統領が誕生した。

最後に、金融政策について簡単に触れておく。ブラジル中央銀行はインフレ・ターゲット制を採用しており、金融政策委員会（ＣＯＰＯＭ、Comitê de Política Monetária）を年8回開催し、政策金利であるＳＥＬＩＣ金利（99年3月に導入）を決定している。なお、ブラジル中央銀行は19年のインフレ目標を2.75～5.75％に設定している。

ブラジル経済統計の公表機関ウェブサイトアドレス

ブラジル地理統計院（IBGE）	https://www.ibge.gov.br/
ブラジル商工サービス省	http://www.mdic.gov.br/
ブラジル中央銀行	https://www.bcb.gov.br/

図表Ⅸ-14　ブラジルの消費者物価とSELIC金利の推移

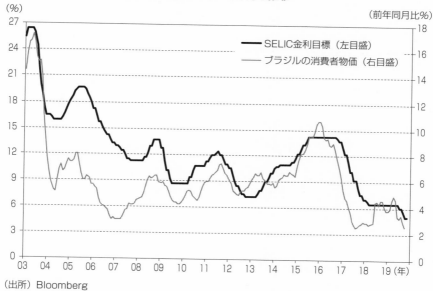

(出所) Bloomberg

図表Ⅸ-15　ブラジルの主要経済指標

	指　標	公表機関	周　期	公表時期	備　考
生産関連指標	GDP	地理統計院	四半期	期終了の翌々月末頃	
	鉱工業生産	地理統計院	月次	翌々月第2営業日頃	
	PMI（製造業）	IHSマークイット社	月次	翌月初	
物価関連指標	消費者物価指数	地理統計院	月次	翌月上旬頃	消費者物価は複数の指標があるが、指標となるのはIPCA（拡大消費者物価指数）。
家計関連指標	小売売上高	地理統計院	月次	翌々月中旬頃	自動車・建材を除くベース。
	失業率	地理統計院	月次	翌月下旬頃	
対外経済関連指標	貿易収支	開発商工サービス省	週次・月次	週次は翌週月曜日、月次は翌月初。	
	国際収支	ブラジル中央銀行	月次	翌月下旬頃	

(出所) 各公表機関

6 アセアン経済の見方

アセアン（東南アジア諸国連合、ＡＳＥＡＮ、Association of South East Asian Nations）は1967年にインドネシア、マレーシア、フィリピン、シンガポール、タイの5ヵ国で設立された。その後、ブルネイ、カンボジア、ラオス、ミャンマー、ベトナムが加盟し、現在の加盟国は10ヵ国である。

アセアンは、域内の経済成長や社会・文化的発展の促進、地域の政治・経済的安定の確保、域内諸問題の解決などを目的としている。連合としての特徴は、図表Ⅸ－16にあるように、アセアン加盟国は経済規模・所得水準だけでなく宗教も多様で、欧州連合と比較して共通項が少ないといえる。アセアン全体の経済規模は、図表Ⅸ－1（343頁）のＧＤＰランキングでは、4位のドイツと5位のインドの間に位置しており、10ヵ国が集まることで、国際的な影響力を発揮していくという側面もある。アセアンは、経済、安全保障、社会・文化の共同体形成を目指しており、2015年末にアセアン経済共同体（ＡＥＣ、ASEAN Economic Community）が発足し、貿易の自由化や市場統合により力強い経済発展を目指している。経済のグローバル化が進むなかで、近隣の中国・インドの台頭に対し、力を結集して対応しなければならないという危機感がその背景にある。しかし、非関税障壁の撤廃は遅れ、サービス分野の自由化も進んでいないため、単一市場への道のりはまだ遠い。

個性的な国々の集まりであるアセアンだが、全体の人口動態を見ると、経済成長を押し上げる力となる生産年齢人口の比率が上昇局面にあり、そのピークは中国よりも遅く、ピークアウト後の低下ペースも緩やかであることがわかる（図表Ⅸ－17参照）。エマージング経済の中でもＢＲＩＣｓ諸国より後発で、今後の経済成長期待が高い地域といえよう。また、これらの国々は地理的に近いことから、日本にとって重要な投資先となっている。

本項では360頁以降に、アセアン10ヵ国のなかでもとくに注目が高いと思われる、インドネシア、シンガポール、タイ、ベトナムの4ヵ国に焦点を当て、経済を分析するための基礎情報をまとめた。

関連機関ウェブサイトアドレス

アセアン　　　　　　　　https://asean.org/
日本アセアンセンター　　　https://www.asean.or.jp/ja

図表IX−16　アセアン加盟国の概要

	名目GDP （百万ドル）	1人当たりGNI （ドル、PPP換算）	人口 （百万人）	主な宗教	通貨単位
ブルネイ	13,567	85,790	0.4	イスラム教 (78.8%)	B$ (ブルネイ・ドル)
カンボジア	24,572	4,060	16.2	仏教	Riel (リエル)
インドネシア	1,042,173	12,650	267.7	イスラム教 (87.21%)	Rupiah (ルピア)
ラオス	18,131	7,090	7.1	仏教	Kip (キップ)
マレーシア	354,348	30,600	31.5	イスラム教 (61%)、仏教 (20%)	Ringgit (リンギ)
ミャンマー	71,215	1,566	53.7	仏教 (90%)	Kyat (チャット)
フィリピン	330,910	10,720	106.7	カトリック (83%)	Peso (ペソ)
シンガポール	364,157	94,500	5.6	仏教、イスラム教、キリスト教	S$ (シンガポール・ドル)
タイ	504,993	18,160	69.4	仏教 (94%)	Baht (バーツ)
ベトナム	244,948	7,030	95.5	仏教、カトリック	Dong (ドン)
合計	2,969,014	12,534	653.9		

（注1）ブルネイとミャンマーの1人当たりGNIは、IMFデータの1人当たりGDP（PPP換算）。
（注2）アセアン合計の1人当たりGNIは、国別データを人口で加重平均したもの。
（出所）世界銀行「World Development Indicators」、IMF「World Economic Outlook Database」、
　　　　主な宗教は日本の外務省のウェブサイトより

図表IX−17　生産年齢人口（15 〜 64歳人口）の比率

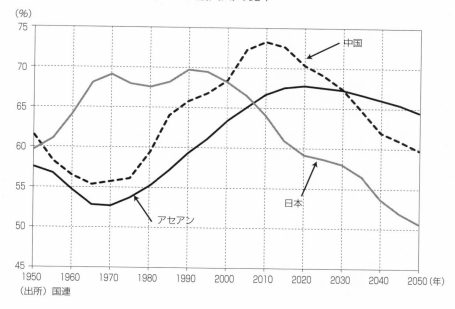

（出所）国連

[1] インドネシア

　インドネシアはアセアン最大の人口を有する。1人当たりGNIはアセアン平均に近い。主要産業は二輪車などの輸送機器製造やパーム油・ゴムなどの農林水産業で、観光業・鉱業などの比率も高い。2014年10月に就任したジョコ・ウィドド大統領はインフラ整備と社会保障の充実を目指しているが、世界景気鈍化が懸念されるなかで一次産品の市況が回復せず、経済成長率は減速傾向が続いている。政府は15年後半に7回もの経済対策を発表し、景気下支えを図っている。

　インドネシアの物価にはガソリン価格の上昇や通貨ルピアの下落で上昇圧力がかかっていたが、国際商品価格の下落などから15年後半に物価上昇率が減速し、以後は3％前後で推移している。なお、中央銀行はインフレ率の目標を3.5％±1％としている。

[2] シンガポール

　シンガポールの面積はアセアン最小で、人口もブルネイに次いで少ないが、1人当たりGNIは最大となっている。主要産業は電子産業などの製造業や金融サービス業、運輸通信業など。シンガポールの2018年の貿易依存度（名目GDPに対する輸出・輸入合計の比率）は231％と高いことから（日本は29％）、シンガポール経済は物流の中継拠点として、海外景気の影響を強く受ける傾向がある。そのため、2008年のリーマン・ショック後に大幅な落ち込みをみせた。

　シンガポールの中央銀行は通貨監督庁（MAS、Monetary Authority of Singapore）が担っており、シンガポール・ドルの名目為替実効レート（いわゆる通貨バスケット）を管理することで金融政策を調整している。経済の対外開放度が高く、輸入物価が国内物価に与える影響が大きいためである。MASは、消費者物価上昇ペースが鈍化した場合、通貨の上昇ペースを抑えることで緩和政策を実施する。

経済統計の公表機関ウェブサイトアドレス

インドネシア中央統計庁	https://www.bps.go.id/
インドネシア銀行	https://www.bi.go.id/
シンガポール統計局	https://www.singstat.gov.sg/
（他機関公表の経済統計へのリンクがまとめられている）	
シンガポール通貨監督庁（MAS）	https://www.mas.gov.sg/
シンガポール通商産業省	https://www.mti.gov.sg/
シンガポール労働省	https://www.mom.gov.sg/
シンガポール経済開発庁	https://www.edb.gov.sg/
International Enterprise Singapore	https://ie.enterprisesg.gov.sg/
シンガポール都市再開発庁	https://ura.gov.sg/

図表IX−18　インドネシア・シンガポールの実質GDP成長率・CPI上昇率

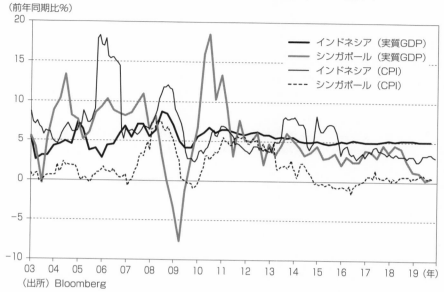

（前年同期比%）

（出所）Bloomberg

図表IX−19　インドネシア・シンガポールの主要経済指標

	指　標	公表機関	周　期		
インドネシア	生産関連指標	GDP	インドネシア中央統計庁	四半期
		製造業生産高	インドネシア中央統計庁	月次
		設備稼働率	インドネシア銀行	四半期
	家計関連指標	小売売上高	インドネシア銀行	月次
		失業率	インドネシア中央統計庁	2・8月
		消費者信頼感指数	インドネシア銀行	月次
	物価関連指標	消費者物価指数	インドネシア中央統計庁	月次
		卸売物価指数	インドネシア中央統計庁	月次
	対外経済関連指標	貿易統計	インドネシア中央統計庁	月次
シンガポール	生産関連指標	GDP	シンガポール通商産業省	四半期
		鉱工業生産	シンガポール経済開発庁	月次
	家計関連指標	小売売上高	シンガポール統計局	月次
		失業率	シンガポール労働省	四半期
	物価関連指標	消費者物価指数	シンガポール統計局	月次
		生産者物価指数	シンガポール統計局	月次
	対外経済関連指標	貿易統計	International Enterprise Singapore	月次
	その他	銀行融資	シンガポール通貨監督庁	月次
		民間住宅価格指数	シンガポール都市再開発庁	四半期

（出所）各公表機関

[3] タイ

　名目ＧＤＰでアセアンの約17％、人口では約11％を占め、1人当たりＧＮＩはアセアン平均を上回っている。主要産業は製造業で、コンピュータや自動車およびそれらの部品を多く輸出している。また農業就業者の比率も約4割と高い。内政は不安定で、2010年にデモ隊と治安部隊衝突し多数の死者を出した。11年8月にインラック政権が発足し、政情は安定したものの、反政府デモの拡大で治安が悪化するなか、14年5月に軍主導による評議会が全権掌握を宣言した。その後、国民投票により新憲法案が可決、19年3月に総選挙が実施され、5年ぶりに民政に復帰した。18年の国別対内直接投資で日本のシェアは37％と最大の投資元である。

　タイ中央銀行はコア消費者物価（未加工食料品とエネルギーを除く）で1.0～4.0％のインフレ目標を設定しており、政策金利である1日物レポ金利を操作している。なお、タイ中央銀行の統計サイトは各種統計が集約されており便利である。

[4] ベトナム

　1人当たりＧＮＩはアセアンの中で、ミャンマー、カンボジアに次いで下から3番目。社会主義共和国で、1986年からドイモイ政策（市場経済システム導入と対外開放）を採用し、経済発展を続けてきた。2011年の共産党大会では、20年までに近代工業国家に成長する目標が掲げられ、市場経済化が進められている。主要経済は農林水産業・鉱業・軽工業。就業者の約5割が農業に従事している。

　11年までは貿易赤字、高インフレや不安定な通貨ドンに悩まされてきたが、海外からの直接投資で生産設備が増強されたことを背景に、12年に入り貿易収支は黒字化、インフレが鎮静化し通貨ドンも安定的に推移し始めた。また、中央銀行が利下げに転じ、景気は緩やかに回復している。近年は自由貿易協定（ＦＴＡ、Free Trade Agreement）を積極的に結び、外資の製造業が多く進出している。

経済統計の公表機関ウェブサイトアドレス

タイ国家統計局	http://www.nso.go.th/
タイ中央銀行	https://www.bot.or.th/
タイ産業経済局	http://www.oie.go.th/
タイ通商経済局	http://www.price.moc.go.th/
ベトナム統計局	https://www.gso.gov.vn/
ベトナム中央銀行	https://www.sbv.gov.vn/
ベトナム自動車工業会	http://vama.org.vn/

図表Ⅸ-20　タイ・ベトナムの実質GDP成長率・CPI上昇率

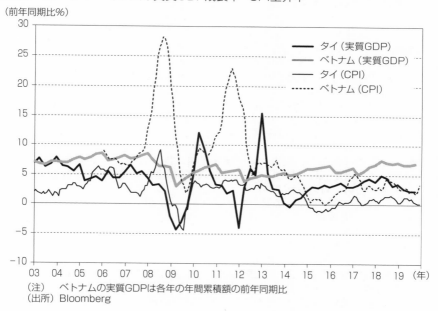

（注）　ベトナムの実質GDPは各年の年間累積額の前年同期比
（出所）Bloomberg

図表Ⅸ-21　タイ・ベトナムの主要経済指標

		指　標	公表機関	周　期
タ イ	生産関連指標	GDP	タイ国家経済社会開発庁	四半期
		製造業生産指数	タイ産業経済局	月次
		設備稼働率	タイ産業経済局	月次
		企業景況感指数	タイ中央銀行	月次
	家計関連指標	民間消費指数	タイ中央銀行	月次
		労働力調査	タイ中央銀行	月次
	物価関連指標	消費者物価指数	タイ通商経済局	月次
		生産者物価指数	タイ通商経済局	月次
	対外経済関連指標	貿易統計	タイ中央銀行	月次
		国際収支統計	タイ中央銀行	月次
ベトナム	生産関連指標	GDP	ベトナム統計局	四半期
		鉱工業生産指数	ベトナム統計局	月次
	家計関連指標	小売売上高	ベトナム統計局	月次
		国内自動車販売台数	ベトナム自動車工業会	月次
		失業率	ベトナム統計局	年次
	物価関連指標	消費者物価指数	ベトナム統計局	月次
		生産者物価指数	ベトナム統計局	四半期
	対外経済関連指標	貿易統計	ベトナム統計局	月次

（出所）各公表機関

政府系ファンド（SWF）

　近年、ソブリン・ウエルス・ファンド（Sovereign Wealth Fund、SWF）による活発な投資活動が目立っている。とくに2007年以降、欧米の金融機関への大型出資を次々に決めたことで、その存在が広く知られるようになった。

　SWFは政府系ファンドあるいは国富ファンドと訳される場合が多いが、一般的に政府系ファンドと呼ばれるものは、石油などの天然資源からの外貨建て国庫収入、外貨準備、政府の財政余剰などを原資として設立されている。

　その多くは情報開示が限定的であるため、運用資産の規模、投資対象先について明らかではない。ソブリン・ウェルス・ファンド・インスティチュート（SFWI）によると、19年11月時点の資産規模は8.1兆ドルとしているが、外貨準備に二重計上されている部分もある。さらに政府系ファンドは、その性質上、原資が外貨建てである場合が多いため、機関投資家よりもダイナミックに海外投資が行われていると考えられており、グローバルな経済活動に与えている影響度は相当程度高いものと考えられている。

　ところで、政府系ファンドの歴史は決して浅いものではない。例えばサウジアラビア通貨庁は1952年、クウェート投資庁は53年に設立されており、すでに50年以上の歴史のある投資家である。その後70年代から90年代にかけて、シンガポール、アラブ首長国連邦、リビア、ブルネイ、ノルウェーなどで設立が続いている。

　しかし、最も大きな動きがあったのは2000年代に入ってからで、原油をはじめとした天然資源価格高騰による国庫収入の増大、経常黒字拡大や外国為替介入による外貨準備高の増大がみられた資源国や新興国では、巨額の余剰資金が生まれたことで政府資金の積極的運用を目指す動きが活発化。中国、ロシア、カタール、韓国などで政府系ファンドが相次いで設立された。

　天然資源価格や新興国の経済状況によるが、今後もその存在感をますます高めていく可能性が高いといえよう。

図表IX－22　主な政府系ファンドと推定資産額

国	政府系ファンド名	2019年10月 推定資産額（億ドル）
ノルウェー	政府年金基金グローバル（GPF）	10,988
中国	中国投資有限責任公司（CIC）	9,406
アラブ首長国連邦	アブダビ投資庁（ADIA）	6,967
クウェート	クウェート投資庁（KIA）	5,920
サウジアラビア	サウジアラビア通貨庁（SAMA）	5,150
香港	香港金融管理局（HKMA）投資ポートフォリオ	5,094
シンガポール	政府投資公社（GIC）	4,400
中国	国家社会保障ファンド（NSSF）	4,379
中国	中国国家外国為替管理局（SAFE）投資会社	4,178
シンガポール	テマセク	3,754

（出所）Sovereign Wealth Fund Institute（http://www.swfinstitute.org/）

第 X 章

商品市況の見方

1　商品市場の基礎知識

　商品市況は、インフレ指標に先行して動くため、金利や景気などの転換点を見極める材料としてマーケット関係者の注目を集めるほか、近年では、これまで株式・債券投資を中心としてきた年金資金などの長期投資資金が商品を投資対象とするなど、その重要度が増している。また、2007年後半から09年前半の商品価格の高騰と急落など、商品価格の変動が景気や金融市場に不安定をもたらす場合もあるため、商品市場から情報を読み取る知識は、金融市場を予測するうえで必須といえよう。

［1］商品市場の概要

　商品（コモディティ）市場では、代表格の原油・金以外にも、貴金属・工業原料・農産物など、さまざまな原材料品が取引されている。図表X－1は、主要な商品について、その特徴をまとめたものである。

　各商品の価格変動要因は、その特徴に応じて異なる部分があるが、数多い商品をまとまったカテゴリーに分けて、共通の価格変動要因をつかんでおくと、商品市場の理解に役立つ。商品を分類する統一的なルールはないが、エネルギー、貴金属、産業用金属、農産物、畜産物といったカテゴリー分けが便利であろう。

　景気の関連では、生産活動を先行的に読む点において、産業用金属がとくに注目される。図表X－1では、銅、アルミニウム、ニッケルを取り上げたが、そのほかに亜鉛、鉛、錫などがある。

主要商品取引所ウェブサイトアドレス

東京商品取引所（TOCOM）	https://www.tocom.or.jp/
大阪堂島商品取引所	http://www.ode.or.jp/
CME グループ（CME、CBOT、NYMEX、COMEX）	https://www.cmegroup.com/
インターコンチネンタル取引所（ICE）	https://www.theice.com/
ロンドン金属取引所（LME）	https://www.lme.com/
欧州エネルギー取引所	http://www.eex.com/
上海先物取引所	http://www.shfe.com.cn/

図表X-1　主な商品の特徴

商　品	特　徴
エネルギー	
原油	「3　原油価格」(376頁以降)を参照
天然ガス	石油代替エネルギーとして、また環境にやさしいエネルギーとして注目されている。用途としては、主に発電や都市ガスに利用され、産業用への利用も増えてきている。天然ガスを冷却して液体化したものをLNG(液化天然ガス)と呼ぶ。気体の天然ガスよりもLNGは輸送・貯蔵がしやすい。天然ガスの主な産出国は、ロシア、米国、カナダ、イラン、カタール。主な上場先は、NYMEX、ICE、欧州エネルギー取引所など。
貴金属	
金	「4　金価格」(388頁以降)を参照
銀	宝飾品として使われるほか、熱や電気の伝導特性により機械・電子工業で利用されることが多い。主な産出国は、ペルー、メキシコ、中国。なお、供給量の約2割は「スクラップ回収」が占めているとされる。主な上場先は、COMEX、TOCOMなど。また、銀ETFがニューヨーク証券取引所などに上場されている。
非鉄金属	
銅	導電率が高く、加工が容易であるため、電線や自動車部品・電子部品などに用いられる。また、熱伝導性が高いため、鍋などの調理器具にも使用される。主な産出国は、チリ、中国、米国、ペルーである。主な上場先は、LME、COMEX、上海先物取引所、TOCOMなど。
アルミニウム	アルミ缶やアルミサッシのほか、鉄道車両や自動車の車体などの軽量化素材などに用いられる。アルミ生産量が多いのは、中国、ロシア、カナダ、インドである。アルミニウムはボーキサイトという鉱石に含まれているアルミナを原料としている。このアルミナを電気分解して、アルミ地金がつくられる。ボーキサイトの産出量が多いのはオーストラリア、中国、ギニア、ブラジルである。主な上場先は、LME、COMEX、上海先物取引所、TOCOMなど。
ニッケル	電池やハードディスク・DVDなど、幅広い用途に用いられる。合金に使われることが多い。50円硬貨に使用されている白銅は、ニッケルと銅との合金である。ステンレス鋼にも用いられる。ニッケル産出量が多いのは、ロシア、インドネシア、フィリピン、ニューカレドニアである。埋蔵量はインドネシアとオーストラリアが圧倒的に多い。主な上場先は、LMEなど。
穀物	
小麦	パン、うどん、パスタ、中華麺、菓子などの原材料で、重要な食料資源の1つである。農産物であるため、価格は天候などの影響も受ける。最近では、新興国の需要増加で在庫率が低下傾向にあるとされる。生産量の上位国は、中国、インド、米国、ロシア。欧州連合(EU)も地域全体では中国を上回る。主な上場先は、CBOTなど。
とうもろこし	食用よりも、家畜の飼料として消費される量が多い。世界的に食肉消費が増えると、とうもろこしの飼料としての需要も拡大することになる。また、バイオエタノールの原料として、とうもろこしの需要が高まっている。生産量が多いのは、米国、中国、ブラジル。主な上場先は、CBOTなど。

［2］商品先物市場

　商品にも、現物取引と先物取引があり、先物取引には現物を取り扱う企業だけでなく、投資家が資金運用手段として参加している。参加者が多様であることから、より多くの情報が集約される。また、先物取引は、将来のある時点での売買を現時点で約定するため、図表Ⅹ−3にもあるように、将来の価格に対する市場参加者の期待を確認できる。

（1）先物価格曲線
　先物取引の決済期限を限月というが、限月が現時点に近いものを期近物（きぢかもの）、遠いものを期先物（きさきもの）と呼ぶ。「先物価格曲線」は、価格を縦軸に、限月を横軸にとり、各限月の価格をプロットしたものを線で結んで描かれた曲線である。
　先物価格曲線が、期先物になるほど上昇する状況を「コンタンゴ（contango）」という。また、「順ザヤ」ともいわれる。通常、商品を購入して保有するには、倉庫費用、保険料、金利がかかるため、期先物のほうの価格が高くなる。逆に、期先物になるほど先物価格曲線が低下する状況を「バックワーデーション（backwardation）」「逆ザヤ」という。現物や期近物での買い意欲が旺盛であること（あるいは将来の需給緩和を反映した先安期待）を示す（図表Ⅹ−2参照）。
　市場参加者の将来の需給予測によって、先物価格曲線は、コンタンゴ、バックワーデーション、いずれの状況にもなりうるが、価格の絶対水準が高いときはバックワーデーションになりがちであり、低いときは逆である。しかし、金先物のように、傾きの差こそあれ、コンタンゴを維持する商品もある（図表Ⅹ−3）。

（2）CFTC建玉
　商品先物を分析するのに欠かせないのが、建玉分析である。米国の商品先物取引委員会（ＣＦＴＣ、Commodity Futures Trading Commission）は、米国内の商品先物取引所の監督責任を負っており、毎週火曜日時点の先物・オプション建玉の状況を金曜日に公表している。なかでも注目されるのが、取引参加者を、コマーシャル（商業部門、実需筋）、ノンコマーシャル（非商業部門、非実需筋、投機筋）に分類して、その建玉を公表している点である。投機筋の建玉が売り買いどちらかに著しく傾いた局面では、彼らが反対売買に動くことが警戒される。なお、2009年9月から、取引参加者の区分がより細分化されたデータも公表されている（図表Ⅹ−4参照）。

公表機関ウェブサイトアドレス

米国 商品先物取引委員会（CFTC）　　https://www.cftc.gov/

図表X−2　コンタンゴとバックワーデーション

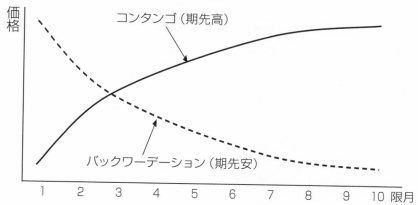

図表X−3　原油・金の先物価格曲線

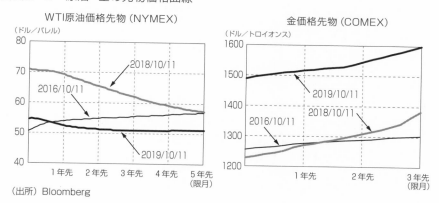

（出所）Bloomberg

図表X−4　商品先物のCFTC建玉報告者カテゴリー

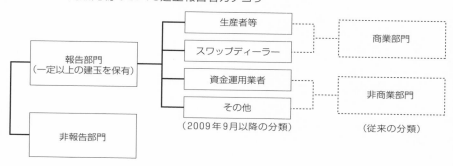

2　商品指数

［1］商品指数の概要

　国際商品指数の概要と特徴は、図表X－5の通りである。このほかに、ＩＭＦの指数や英国の経済週刊誌「エコノミスト」が独自に作成している指数があるが、マーケットの注目度は低い。また、商品を運用対象資産とする動きに伴い、運用パフォーマンス指標として多数の指数が開発されている。各種の指数を比較するうえでの注意点は、それらの特徴に十分留意することである。

　まず、採用している品名とウェイトづけに注目する必要がある。とくに原油や金は、他の商品と違った動きをすることがあるので、これらを含んでいるか否かを確認しておきたい。例えば、ＣＲＢ ＢＬＳ商品現物指数やトムソン・ロイター商品指数は、原油・石油製品関連および金を含んでいない。

　米国のエコノミストが好むとされるＪＯＣ－ＥＣＲＩ工業価格指数は、生産者物価（ＰＰＩ）の先行指標として使える点が重視されているが、データはＥＣＲＩのウェブサイトでクライアントのみが入手できる。

　前述したように、近年の商品指数は運用パフォーマンス指標として開発され、ＥＴＦ（上場投資信託）のベンチマークとなっているものが多い。物価の先行指標としては、1957年に作られ、均等ウェイトで固定されているトムソン・ロイター均等ウェイト商品指数が使いやすいように思われる。

公表機関ウェブサイトアドレス

トムソン・ロイター	https://thomsonreuters.com/
リフィニティブ	https://www.refinitiv.com/
バーチャート	https://www.barchart.com/cmdty/indexes/bls-indexes
ブルームバーグ	https://www.bloomberg.com/professional/product/indices/bloomberg-commodity-index-family/
S&P ダウ・ジョーンズ・インデックス	https://jp.spindices.com/
ECRI	https://www.businesscycle.com/

図表X-5　主要国際商品指数の概要

指数名	基準年(通貨)	構成品目数	構成品目と算出方法
トムソン・ロイター／均等ウェイト商品指数（リフィニング）	1967年＝100（米ドル建て）	17	エネルギー（17.65）＝原油、ヒーティング・オイル、天然ガス 金属（23.53）＝銅、金、プラチナ、銀 ソフト（29.41）＝ココア、コーヒー、綿、オレンジジュース、砂糖 農産物（29.41）＝とうもろこし、赤身豚肉、生牛、大豆、小麦 ・単純幾何平均 ・1957年に作成された最初のCRB指数を継承し、等ウェイトで算出される。
トムソン・ロイター／コアコモディティーCRB指数（リフィニング）	1967年＝100（米ドル建て）	19	原油（23）、ヒーティング・オイル（5）、RBOBガソリン（5）、天然ガス（6）、とうもろこし（6）、大豆（6）、生牛（6）、金（6）、アルミニウム（6）、銅（6）、砂糖（5）、綿（5）、ココア（5）、コーヒー（5）、ニッケル（1）、小麦（1）、赤身豚肉（1）、オレンジジュース（1）、銀（1） ・2005年6月に新指数に改定され、エネルギー比率が拡大。 ・加重算術平均。月次でリバランスを実施。
CRB BLS商品現物指数（バーチャート）	1967年＝100（米ドル建て）	22	工業原料（59.1）＝獣皮、獣脂、銅スクラップ、鉛スクラップ、鉄スクラップ、亜鉛、錫、黄麻布、綿、プリント・クロス、羊毛、ロジン、ゴム 食品原料（40.9）＝豚、子牛、ラード、バター、大豆油、ココア豆、とうもろこし、小麦（カンサスシティ・ミネアポリス）、砂糖 ・単純幾何平均 ・6つのサブ指数（金属、織物・繊維、家畜・製品、油脂・油、工業原料、食品原料）がある。
ブルームバーグ商品指数	1991年1月2日＝100（米ドル建て）	23	エネルギー（29.93）＝天然ガス、ブレント原油、WTI原油、ヒーティング・オイル、無鉛ガソリン、軽油 産業用金属（17.46）＝アルミニウム、銅、亜鉛、ニッケル 貴金属（17.40）＝金、銀 家畜（5.80）＝生牛、赤身豚肉 穀物（22.19）＝小麦、硬質赤冬小麦、とうもろこし、大豆、大豆ミール、大豆油 ソフト（7.21）＝砂糖、綿、コーヒー ・加重平均。毎年1月にウェイトのリバランス・再配分が実施される。年間ウェイトは毎年10月に決定される。上記は2020年のウェイト。 ・指数先物がシカゴ商品取引所（CBOT）に上場されている。
S&P GSCI商品指数	1970年1月2日＝100（米ドル建て）	24	エネルギー（62.63）＝WTI原油、ブレント原油、RBOBガソリン、ヒーティング・オイル、ガスオイル、天然ガス 産業用金属（11.16）＝アルミニウム、銅、鉛、ニッケル、亜鉛 貴金属（4.14）＝金、銀 農産物（15.41）＝シカゴ小麦、カンサス小麦、とうもろこし、大豆、綿、砂糖、コーヒー、ココア 家畜（6.65）＝肥育用肉牛、生牛、赤身豚肉 ・ウェイトは2019年のもの ・指数先物がシカゴ・マーカンタイル取引所に上場されている。
トムソン・ロイター商品指数	1931年9月18日＝100（英ポンド建て）	17	農産物＝小麦、綿花、コーヒー、羊毛、砂糖、ゴム、とうもろこし、米、大豆ミール、ココア、豚肉、菜種、菜種油 貴金属＝銅、錫、亜鉛、鉛 ・加重幾何平均 ・1930年国際取引量をベースにウェイト算定 ・英国が輸入する一次産品を中心に構成

［2］商品指数とインフレ・景気との関連

　図表Ⅹ−6、7からわかるように、商品指数は消費者物価（ＣＰＩ）や生産者物価（ＰＰＩ）に先行して動く傾向がある。商品指数の水準ではわかりにくいが、前年比で見ると物価上昇率との連動性が高いことがわかる。

　商品指数とインフレ指標との関係をみると、1990年代後半以降、とくに最終消費段階のＣＰＩへの影響度が低下してきている。この背景には、サービス産業の発展による最終消費に占める商品ウェイトの低下や、米国を中心にＩＴ（Information Technology）による生産性の向上が指摘できよう。

　商品指数と景気指標との関係については、通常、以下のように整理できる。

商品価格の上昇 → インフレ率の上昇 → 景気の本格的回復

　したがって、商品指数は景気の先行指標にもなりうる（図表Ⅹ−8参照）。実際、日本では日経商品指数（42種）が内閣府公表の景気動向指数の先行系列に採用されている。

図表Ⅹ−6　トムソン・ロイター均等ウェイト商品指数と日米消費者物価指数（CPI）

（出所）Bloomberg

図表X-7 トムソン・ロイター均等ウェイト商品指数と米国の生産者物価指数（PPI）

（出所）Bloomberg

図表X-8 トムソン・ロイター均等ウェイト商品指数と米国鉱工業生産

（出所）Bloomberg

［3］商品価格と金融市場

　商品市況は、債券・株など金融市場と密接に関係している。

　株価と商品価格はともに景気先行性があり、類似した動きを示す（図表Ｘ－9参照）。しかし、1973～74年のような極端なインフレ期や、97～98年のような生産性主導で企業収益が増加している時期は、逆方向に動くことに注意が必要である。

　インフレと景気との高い相関性から考えれば、商品価格と金利との相関度が高いのは容易に想像されるところである（図表Ｘ－10参照）。長期金利とトムソン・ロイター等ウェイト商品指数の相関関係は高く、70～90年代前半においては、トムソン・ロイター等ウェイト商品指数が長期金利の変動に半年程度の先行性があることがみてとれる。

　金融政策当局者も商品価格の動向に神経をとがらせている。ＦＲＢ理事であったエンジェルやヘラーも金融政策をファイン・チューニング（微調整）するのに商品価格指標を使うことに前向きであった。また、元ＦＲＢ副議長のジョンソンは88年2月に、金融政策を判断する参考指標として、為替相場やイールドカーブの形状とともに、商品価格指数の採用を提唱したことで有名である。

　これらの事実は、商品価格の動きがインフレ統計や債券相場（長期金利）に対して先行性をもっていることを政策当局者も認めていることを物語っている。

　しかし、近年、商品が債券・株式投資の代替として投資対象とされる動きから、商品と債券・株との相関関係が不安定化する傾向がみられる。

　2003年頃から商品価格が上昇基調を示すなか、投機マネーの影響拡大が指摘されるようになった。その背景には、それまでの商品市場の投機筋参加者はヘッジファンドや商品ファンドなどが中心であったが、年金資金などの長期運用資金が商品市場に流入するようになったことがある。

　そのため、市場参加者は商品価格と金融市場の関係について、経済成長を阻害するとの理由から商品価格上昇は債券価格上昇（金利低下）要因と受け止める傾向が強まっている。

　また、08年以降、世界的な金融不安を背景に各国の中央銀行が大量の流動性を供給したことから、金利低下と同時に、流動性が商品市場にも流入し、商品価格が上昇するという現象も発生している。

図表X-9 商品投資と米国株式投資のパフォーマンス比較

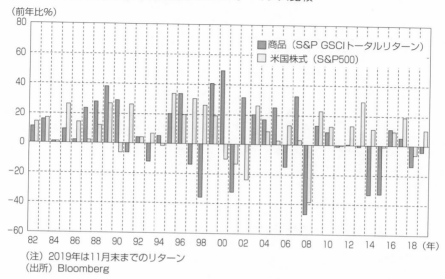

（注）2019年は11月末までのリターン
（出所）Bloomberg

図表X-10 トムソン・ロイター均等ウェイト商品指数と米国の長期金利

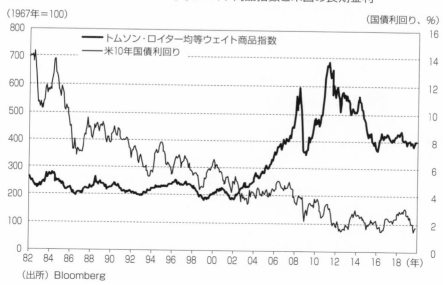

（出所）Bloomberg

3　原油価格

　原油価格の動向は、金利や為替のトレンドを考えるうえでは、非常に重要な要素である。原油価格の急騰や暴落が、世界経済や金融にいかに大きなインパクトを与えるかは、2度にわたる石油危機や1990年8月のイラクのクウェート侵攻・湾岸戦争の例もある。

　原油価格と世界経済というのは、あまりにも大きなテーマなので、ここでは原油価格の動向を考えるうえで参考となる基礎的な知識やデータに焦点を絞った。そのうえで、金利や為替レートとの関連も過去の動きを中心にチェックした。

［1］原油に関する基礎知識

（1）原油価格の基礎的な性質

　原油価格の長期的な歴史は、図表X−11に示した通りであるが、過去に大きな変動を繰り返してきた。石油アナリストの瀬木耿太郎氏によれば、百数十年に及ぶ世界石油産業の歴史のなかで、原油価格が暴落したのはただの2度しかないという。最初は、石油産業が誕生した直後の1860年から61年のことであった（60年1月のバレル当たり約20ドルから61年9月には10セントに暴落）。2度目は1985年12月から86年7月にかけてのことで、ドルが暴落に近い形で下げていく時期と合致していた。

　この2つの時期には、原油価格を管理するパワーをもった主体がいなかったという共通点がある。1860年は完全な自由競争の時代であった。また、1985年末からはOPECが原油価格の管理を事実上、放棄していた時期であった。

　そもそも原油価格は、強力な価格管理者が不在であると、暴落しやすい性質をもっている。

　なぜならば、原油生産の特質として、①油田開発コストが膨大で、償却費と金利の負担が重いため、生産業者は投下資本を早期に回収する必要性に迫られている、②いったん生産施設が完成すると、あとは自動的に原油が出てくるために、稼働率がいくらであろうと生産コストはほとんど変わらない、という事情がある。このため、生産業者は生産量を最大にしようとするので、供給過剰となり価格が下がる。価格が下がると、その分の収入減を補おうとして、さらに増産しようとするために価格が下落するという悪循環に陥ってしまう。これが暴落のパターンである。

図表X−11　原油価格の推移（1861年以降）

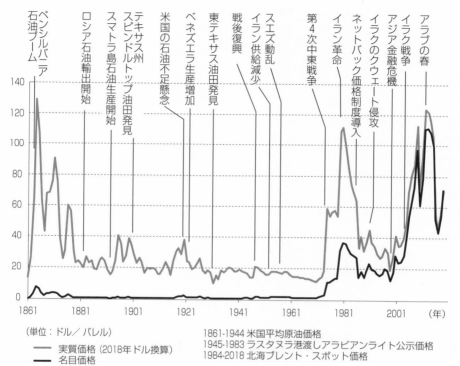

（単位：ドル／バレル）

　―――　実質価格（2018年ドル換算）
　―――　名目価格

1861-1944 米国平均原油価格
1945-1983 ラスタヌラ港渡しアラビアンライト公示価格
1984-2018 北海ブレント・スポット価格

（出所）BP Statistical Review of World Energy 2019

公表機関ウェブサイトアドレス

経済産業省	https://www.meti.go.jp/
資源エネルギー庁	https://www.enecho.meti.go.jp/
石油天然ガス・金属鉱物資源機構	http://www.jogmec.go.jp/
省エネルギーセンター	https://www.eccj.or.jp/
石油連盟	https://www.paj.gr.jp/
日本エネルギー経済研究所	https://eneken.ieej.or.jp/
国際エネルギー機関（IEA）	https://www.iea.org/
石油輸出国機構（OPEC）	https://www.opec.org/
BP	https://www.bp.com/
米国エネルギー省（DOE）	https://www.energy.gov/
米国エネルギー情報局（EIA）	https://www.eia.gov/
米国石油協会（API）	https://www.api.org/
ダラス連銀 Energy Survey	https://www.dallasfed.org/research/surveys/des.aspx

（2）原油価格略史

第2次世界大戦以降の原油価格の変遷をおおまかに区分すると、次のようになる。

①国際石油資本（メジャーズ）が価格支配（戦後〜1970年）

②ＯＰＥＣ中心の価格決定（1970〜85年）
　　第1次石油危機（1973年）→中東戦争が契機。　5ドルから12ドルへ。
　　第2次石油危機（1979年）→イラン革命が契機。　13ドルから24ドルへ。
　　イラン・イラク戦争（1980年）→26ドルから34ドルへ。
　　公式販売価格の史上初の引き下げ→需給緩和から価格低下。　34ドルから29ドルへ。

③価格暴落（85年末〜86年）
　　価格維持よりもシェア重視に移行。このため、供給過剰により価格暴落。

④市場の需給を中心に価格決定（1986年〜）
　　イラクのクウェート侵攻・湾岸戦争（1990年）→16ドルから34ドルまで急騰。
　　アジア通貨危機（1997年）→アジアの需要後退で25ドルから10ドルへ。
　　新興国の石油需要拡大や投資資金の流入（2003〜08年）→25ドルから140ドルへ。
　　世界的な信用収縮と景気後退懸念（2008年）→140ドルから40ドルへ急落。
　　世界的な金融緩和とドル安に加え、新興国の需要拡大（2009〜14年）→100ドル前後に上昇
　　世界的な石油供給過剰（※）（2014年〜）→100ドル前後から40ドル台へ下落
　　※米国のシェール革命による増産傾向、ＯＰＥＣの減産見送り

《参考文献》『石油を支配する者』瀬木耿太郎　岩波新書

（3）基本語句など
①主要油種・市場

　北米、欧州、アジア市場が原油の中心市場となっており、それぞれ指標となる油種（マーカー原油）はＷＴＩ、ブレント、ドバイ・オマーンである。以前はドバイ原油がアジアのマーカー原油だったが、産出量が減少したため、オマーン原油も用いられるようになった。

図表X-12　原油価格の推移（1972年以降）

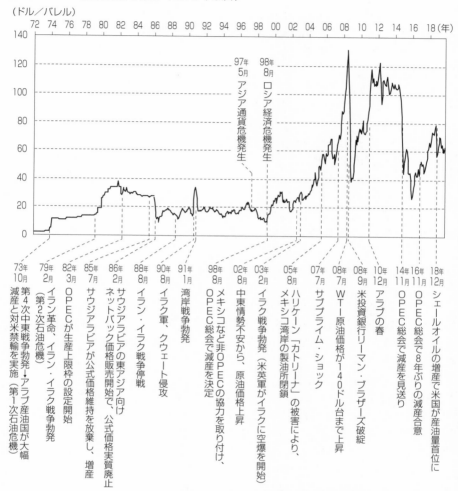

（ドル／バレル）

（注）原油価格について、1972〜85年はアラビアンライト公式販売価格、86年以降はOPEC原油
　　　バスケット価格（月次）を使用。
（出所）Bloomberg

原油価格の代表格は、ニューヨーク・マーカンタイル取引所・ＮＹＭＥＸ部門に上場されているＷＴＩ（West Texas Intermediate）の先物価格である。現物はテキサス州のローカル原油だが、1983年に先物が上場されて以来、原油相場の指標となっている。この先物取引量の2018年合計は306百万枚（1枚＝1000バレル）で14年の145百万枚より大幅に増加している。

　ロンドン市場では、北海ブレントの先物がインターコンチネンタル取引所（ＩＣＥ）に上場されている。現物は北海油田で生産される。18年合計の先物取引量は235百万枚と、14年（160百万枚）より約50％増加したものの、15年以降ＷＴＩに逆転されている。一方、価格は11年以降ブレントがＷＴＩより高い状況が続いている。ブレント価格高騰の背景として、「アラブの春」による欧州への石油供給不安などが指摘されている。米国でシェールオイルの生産が増え、国際需給よりも米国内の需給を反映しやすくなったことも一因とされる。

　アジア市場では、東京工業品取引所で中東産原油（ドバイ・オマーン）の先物取引が行われているほか、シンガポールでは店頭取引（ＯＴＣ）が活発である。また、中国はアジアの原油指標に向けて2018年3月に上海国際エネルギー取引所（ＩＮＥ）で人民元建て原油先物取引を開始した。

②単位

　よく知られているように、石油の計量に用いる単位は、バレルである。通常、生産量は日量当たりバレルで表される。1バレルは159リットルである。

③ＯＰＥＣ（石油輸出国機構）

　1960年9月に結成された産油国の団体。当初加盟は、サウジアラビア、イラン、イラク、ベネズエラ、クウェートの5ヵ国。以降、カタール（2019年より加盟停止）、インドネシア（2009～15年と16年12月以降、加盟停止）、リビア、アラブ首長国連邦、アルジェリア、ナイジェリア、エクアドル（1992～2007年の間、加盟停止）、ガボン（1995年に脱退したが2016年に再加入）、アンゴラ、赤道ギニア、コンゴが加盟。現在の加盟国は14ヵ国。主な目的は、加盟国の石油政策の調整・一本化、国際石油市場において価格の安定を確保するための手段の構築などである。本部はオーストリアのウィーンにある。定例総会は年2回開催され、臨時総会も招集されることがある。

　主な産油国でＯＰＥＣに加盟していない国は、米国、ロシア、メキシコ、中国、ノルウェー、オマーンなどである。近年、ＯＰＥＣの影響力の低下が指摘されているが、ロシアなど非ＯＰＥＣ国も参加する「ＯＰＥＣプラス」の存在感が高まっている。

図表Ⅹ-13 WTI原油先物価格とブレント原油先物価格

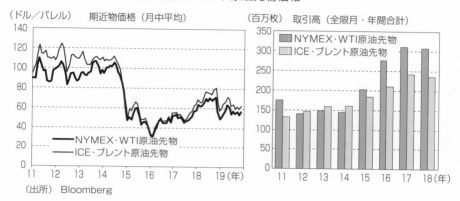

（出所）Bloomberg

図表Ⅹ-14 世界の原油生産動向

（単位：千バレル／日、構成比％）

年		1970	1980	1990	2000	2010	2014	2015	2016	2017	2018	構成比
OPEC		22,890	26,251	23,921	31,397	35,894	37,228	38,601	39,736	39,673	39,338	41.5
	（シェア）	(48%)	(42%)	(37%)	(42%)	(43%)	(42%)	(42%)	(43%)	(43%)	(42%)	
	サウジアラビア	3,851	10,270	7,106	9,121	9,865	11,519	11,998	12,406	11,892	12,287	13.0
	イラン	3,848	1,479	3,270	3,850	4,421	3,714	3,853	4,586	5,024	4,715	5.0
	ＵＡＥ	780	1,735	1,985	2,599	2,937	3,603	3,898	4,038	3,910	3,942	4.2
	クウェート	3,036	1,757	964	2,244	2,556	3,097	3,061	3,141	3,001	3,049	3.2
	イラク	1,549	2,658	2,149	2,613	2,469	3,239	3,986	4,423	4,533	4,614	4.9
	ベネズエラ	3,754	2,228	2,244	3,112	2,842	2,692	2,631	2,347	2,096	1,514	1.6
	ナイジェリア	1,083	2,058	1,787	2,174	2,533	2,276	2,201	1,900	1,991	2,051	2.2
	アンゴラ	103	150	475	746	1,812	1,701	1,796	1,745	1,676	1,534	1.6
	アルジェリア	1,054	1,134	1,367	1,549	1,689	1,589	1,558	1,577	1,540	1,510	1.6
	エクアドル	4	206	292	403	488	557	543	548	531	517	0.5
	リビア	3,357	1,862	1,424	1,475	1,799	518	437	412	929	1,010	1.1
	ガボン	109	178	270	276	233	211	214	221	210	194	0.2
	赤道ギニア	－	－	－	118	306	284	260	223	195	190	0.2
	コンゴ共和国	0	61	156	265	314	253	234	232	269	333	0.4
非OPEC		25,185	36,691	41,100	43,122	47,361	51,508	52,946	52,086	52,828	55,380	58.5
	（シェア）	(52%)	(58%)	(63%)	(58%)	(57%)	(58%)	(58%)	(57%)	(57%)	(58%)	
	米国	11,297	10,170	8,914	7,733	7,552	11,773	12,773	12,340	13,135	15,311	16.2
	ロシア	7,127	12,116	10,342	6,583	10,379	10,860	11,007	11,269	11,255	11,438	12.1
	その他	6,761	14,405	21,843	28,807	29,431	28,875	29,166	28,477	28,439	28,632	30.2
世界合計		48,075	62,942	65,020	74,519	83,255	88,736	91,547	91,822	92,502	94,718	100.0

（注） OPECの数字は、現在の加盟国を過去に遡って集計したもの。ロシアの1970・80年の数字は旧ソ連。
（出所）BP Statistical Review of World Energy 2019

④OPEC原油バスケット価格

　OPECが目安としている指標価格。2005年6月16日より算出方法が変更され、主要14油種の原油スポット価格を生産量・輸出量で加重平均して算出される。それ以前は7油種の単純平均を用いていた。

⑤ネットバック価格制度

　1985年9月にサウジアラビアが導入した価格設定方式。ネットバック価格とは、石油製品価格から精製コスト、適正利潤などを差し引いた理論価格。この方式では、精製・販売業者は原油価格の水準にかかわらず利潤が確保できるため、実質的には原油値引き販売方式といえる。これを契機に、他の生産国も独自の価格決定方式を実施したため、政府販売価格（GSP）体制は崩壊することとなった。

　80年代以降、生産調整による価格維持のため、OPECの盟主サウジアラビアが、生産の調整役（スウィング・プロデューサー）として減産を一手に引き受けていた。しかし、原油の供給過剰状態のなか、OPECの原油生産シェアが30％を割り込み、85年7月のOPEC定例総会でサウジアラビアはスウィング・プロデューサーの役割の放棄を宣言した。これが、85年末からの原油価格大暴落の素地をつくった。

⑥プライスバンド制

　2000年3月にOPECは、ベネズエラが提唱していた「プライスバンド制」を導入し、原油の目標価格帯を設置した。OPECの原油生産枠は、通常、総会で決定されるが、プライスバンド制では、総会を経ないで生産枠が変更される。原油バスケット価格で22〜28ドル／バレルを目標値とし、上限を20日連続して上回ると、自動的に日量50万バレルを各国比例配分で増産し、一方、下限を10日連続して下回ると、同量を減産する。しかし、03年以降、バスケット価格はこの価格帯に入ることがほとんどないまま上昇したことから、05年1月にプライスバンドは現状に適合しないとして停止された。

⑦シェールオイル

　シェールオイルは地中深いシェール（頁岩）層に埋まっている石油。採掘技術の進歩により、2000年代から米国やカナダで生産され始めた。シェールオイルの採算コストは中東産原油に比して高く、原油価格下落に脆弱とされるが、生産効率は上がってきており（図表Ⅹ−16参照）、原油価格の損益分岐点は1バレル50ドル前後といわれる。原油の採算水準については、ダラス連銀のエネルギー調査が参考になる。

図表Ⅹ-15　世界の原油埋蔵量・可採年数

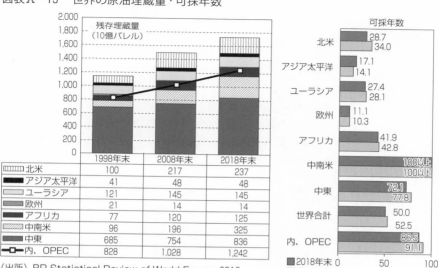

	1998年末	2008年末	2018年末
北米	100	217	237
アジア太平洋	41	48	48
ユーラシア	121	145	145
欧州	21	14	14
アフリカ	77	120	125
中南米	96	196	325
中東	685	754	836
内、OPEC	828	1,028	1,242

（出所）BP Statistical Review of World Energy 2019

図表Ⅹ-16　米国石油掘削リグ稼働数と原油生産量

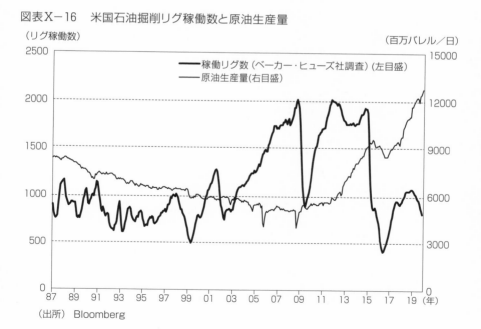

（出所）Bloomberg

［2］原油価格と金利・為替

　原油価格が変化した場合に、それが金利や為替などにどのような影響を与えるかについて考えてみると、おおまかにいえば、次のように要約できるであろう。

①原油価格の上昇は、当然のことながらインフレ率の上昇につながるので、金利は上昇する。価格下落の場合は逆に、金利は低下傾向となる。しかし、最近では、1970〜80年代と異なり、原油価格の物価への影響度は小さくなっているとの認識が広まっており、インフレよりも、原油価格上昇が家計の消費支出を圧迫することによる景気悪化効果が重視され、金利上昇が抑制される傾向がある。

②原油価格と為替との関係では、原油価格が上昇すると、輸入代金の決済通貨としてドルへの需要が高まるため、ドル高要因となる。とくに日本の場合は、経常収支の悪化をもたらすので、原油価格上昇は円安要因である。また、ユーロ圏は、物価上昇に敏感であり、金融政策以外での統一的な経済政策の採用が困難であるため、原油価格上昇はインフレ率上昇・景気悪化懸念を強め、ユーロ売り要因となる。ただし、オイルマネーがユーロ資産に流入すると、ユーロ高要因となる。

③原油価格と金利の関係は、原油価格と株価との関係に敷衍することができる。原油価格上昇→金利上昇→株価下落というのが通常のパターンである。また、企業の価格支配力が低下している局面では、原油価格上昇→企業のコスト上昇→価格転嫁できず企業収益の減少→株価下落というパターンもある。ただし、原油価格上昇によって業績が好転する石油・石炭業の株価は、他業種の株価とは反対の動きをすることが多い。

図表X-17 原油価格と日米長期金利

（出所）Bloomberg

図表X-18 原油価格と為替相場

（出所）Bloomberg

［3］原油価格の予測

　原油価格は、これまでみてきたように、金利や為替の予測をするうえで、非常に重要なファクターである。しかし、ＯＰＥＣの市場支配力の低下に伴い、市況商品・金融商品としての側面が強まっており、原油価格の予測自体も相当難しいことが指摘されている。また、確認埋蔵量の48％が政情の不安定な中東地域に集中しており、ＩＳ（イスラミックステート）問題など中東情勢緊迫化による「戦争プレミアム」も予測の困難な要素となっている。そこで、金融マーケットに参加し、金利や為替に関心をもつ者として、おさえておきたい事項を列記した。

①１年程度の短期的な原油価格の動きをみるうえで、需給要因においては、供給側の分析が重要である。とりわけ、ＯＰＥＣ内部での勢力バランスがどう動いているのか、また、各国が生産枠に従っているかどうかなどがポイントであろう。年2回開催されるＯＰＥＣ定例総会前後のマスコミの報道にも注意したい。

②サウジアラビアの石油政策の動向。1986年および88年の価格暴落は、いずれの場合も、同国の大増産がきっかけとなっている。同国の財政は、83〜2002年度の長期間にわたり赤字が続いた。また、アラブ随一の親米派として、中東情勢をめぐる米国との駆け引きなど、財政・国際情勢面からの分析も必要であろう。

③原油の需要予測としては、国際エネルギー機関（ＩＥＡ、International Energy Agency）のものが代表的であるが、このほか、米国のエネルギー省（ＤＯＥ）も需給や価格見通しを発表している（図表Ｘ−19参照）。

④非ＯＰＥＣの動向。世界最大の消費国であり、近年はシェールオイルにより生産量を拡大している米国の原油在庫動向が原油価格へ与える影響は大きい（図表Ｘ−20参照）。また、生産シェアを拡大してきた非ＯＰＥＣでは（図表Ｘ−14参照）、投資回収という制約のある民間会社によって生産されているため、生産調整が難しい。また、掘削技術の発展により可採埋蔵量が増加しており、原油の供給構造への影響が注目される（図表Ｘ−15参照）。ロシアなどが参加する「ＯＰＥＣプラス」の動静にも注意したい。

⑤需要側の分析として世界景気の動向。1997年のアジア危機の際に原油価格が下落したように、世界経済の成長率が石油需要に影響を与えている。また、近年台頭の著しい中国・インドなど新興国景気の動向が原油価格変動要因として注目されている。

図表X−19　世界の石油需給見通し

（単位：特記なきものは百万バレル／日）

			2018年	2020年	2025年	2030年	2040年	2050年	2018〜2050年 伸び率（年率）
WTI原油価格（ドル／バレル） （2018年ドル換算）			68.46	69.72	77.92	87.34	100.18	104.52	1.3%
生産			99.93	102.46	106.22	108.09	116.21	124.72	0.7%
	OPEC		39.09	38.39	39.97	41.27	47.13	53.70	1.0%
	非OPEC		60.84	64.08	66.26	66.81	69.08	71.02	—
		OECD	29.48	32.75	34.44	34.91	35.48	34.79	0.5%
		米国	17.63	20.71	22.09	22.70	22.43	20.08	0.4%
		メキシコ・チリ	2.18	2.08	2.13	2.15	2.61	3.51	1.5%
		欧州	3.89	3.89	3.94	3.70	3.33	2.92	—
		非OECD	31.37	31.33	31.82	31.90	33.59	36.23	0.5%
		ロシア	11.37	11.32	10.84	10.69	11.24	11.75	0.1%
		その他ユーラシア	3.37	3.28	3.48	3.62	3.65	3.47	0.1%
		ブラジル	3.51	3.99	4.19	4.65	5.33	6.18	1.8%
消費			99.93	102.46	106.22	108.09	116.21	124.72	0.7%
	OECD		47.71	47.99	46.95	46.24	46.21	47.25	0.0%
		米国	20.65	20.66	20.10	19.63	19.54	20.51	0.0%
		欧州	14.52	14.74	14.39	14.14	13.89	13.46	−0.2%
		日本	3.78	3.62	3.37	3.30	3.20	3.13	−0.6%
	非OECD		52.21	54.47	59.27	61.85	70.00	77.46	1.2%
		ロシア	3.75	3.85	3.82	3.67	3.61	3.53	−0.2%
		中国	13.87	14.81	16.56	17.08	17.18	16.42	0.5%
		インド	4.79	5.26	6.09	7.06	10.13	12.84	3.1%
		ブラジル	3.05	3.13	3.50	3.66	3.86	3.99	0.8%

（出所）米国エネルギー省エネルギー情報局 "Annual Energy Outlook 2019"

図表X−20　原油価格と米国原油在庫

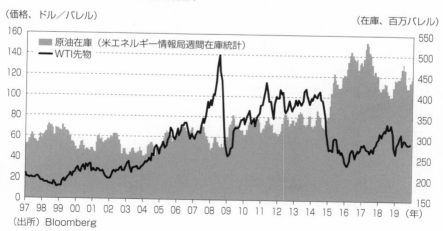

（価格、ドル／バレル）　　　　　　　　　　　　　　　　　　　　　　（在庫、百万バレル）

（出所）Bloomberg

4　金価格

　金が原油と並んで重要な商品であることはいうまでもないであろう。また、国際通貨制度のなかで、金本位制が資本主義の成立以来、長期間採用されてきたことからも、金は他の商品とはまったく違った性格をもってきた。第2次世界大戦後のIMF体制（ブレトン・ウッズ体制）のもとでは、加盟国の為替平価の基礎として金が共通尺度に採用され、金1トロイオンス＝35米ドルと決定された。これは、1971年8月の、いわゆるニクソン・ショックによる金とドルとの交換停止まで続いた。

　金価格の長期的な推移をみたのが、図表Ⅹ－22である。金価格はインフレ動向に敏感であり、先行して動くことが多い。とくに第2次石油危機当時は、金融資産がインフレによって目減りするとの懸念から実物資産へのシフトが世界的に起こり、金への需要も急増した。80年代以降はインフレから一転してディスインフレが進行したため、金価格もほぼ横ばいの動きとなった。しかし、2003年以降、投資資金の流入などの影響で、ディスインフレ下でも金価格が上昇し、08年3月には1トロイオンス＝1000ドルの大台を突破した。その後も世界的な信用不安や過剰流動性を背景に上昇したが、13年に米FRBの資産買入縮小観測をきっかけに下落に転じた。

（1）金価格と為替・金利・株価

　金価格の動きは、為替レート（ドル）とも深い関係がある。一般的に、ドルが強いときは金価格には下落圧力がかかりやすく、逆にドルが弱いときに金価格は上昇する傾向がある（図表Ⅹ－23参照）。上述の金価格とインフレの関係から、金価格が上昇しているときは、インフレ率が上昇しているので、金利は上昇、株価は下落する傾向がある。

図表Ⅹ－21　金価格と米国長期金利

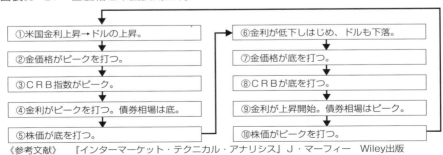

①米国金利上昇→ドルの上昇。	⑥金利が低下しはじめ、ドルも下落。
②金価格がピークを打つ。	⑦金価格が底を打つ。
③CRB指数がピーク。	⑧CRBが底を打つ。
④金利がピークを打つ。債券相場は底。	⑨金利が上昇開始。債券相場はピーク。
⑤株価が底を打つ。	⑩株価がピークを打つ。

《参考文献》　『インターマーケット・テクニカル・アナリシス』J・マーフィー　Wiley出版

図表Ⅹ−22　金価格と米国長期金利

（ドル／トロイオンス）　　　　　　　　　　　　　　　　　　　　（%）

　　　　　ロンドン金スポット価格（午後値決め）
　　　　　米10年国債利回り

（出所）Bloomberg

図表Ⅹ−23　金価格と為替レート

（ドル／トロイオンス）　　　　　　　　　　　　　　　　　　　（円／ドル）

　　　　　ロンドン金スポット価格（午後値決め）
　　　　　為替レート（ドル−円、逆目盛）

（出所）Bloomberg

389

（2）金の需給

　金の供給サイドをみると、供給量の大半を鉱山生産が占めている。また、2009年以降、鉱山生産量は緩やかな増加傾向にある（図表Ⅹ−24）。01年から続く金価格上昇や、鉱山開発が増産の背景にある。また、金価格の上昇は、中古金スクラップの供給量を押し上げた。

　需要サイドは、ほとんどが宝飾用需要となっている。また、国・地域別の需要をみると、インドの割合が圧倒的であるほか、最近では経済発展により中国の需要が拡大している（図表Ⅹ−24、25参照）。

　一方、投資対象として上場取引型金融商品（ＥＴＰ、Exchange Traded Products）を通じた金現物の購入が活発化している。金ＥＴＰは03年に商品化、証券取引所で売買されており、また、金の現物を裏付け（金の所有権を証券化）としているため、残高が増加すると、金の需要が拡大することになる。世界最大の金ＥＴＰであるExchange Traded Gold社のＳＰＤＲゴールド・トラストの金保有高は886トン（19年12月6日時点）と、12年12月の最大値1353トンの7割弱となっている。

　ネット公的購入のマイナスは、各国中央銀行が保有している金の売却を示し、1980年代にはほとんど実施されなかったが、90年代には供給量に影響を与えるようになった。その後、99年9月のワシントン協定で、欧州中央銀行・欧州各国中央銀行の保有金売却量にルール（99年から5年間、年間の売却量は400トン以下とすること）が設けられた。04年3月に第2次協定が締結され、参加国が変更したほか、期限を5年間延長し、年間売却量が500トン以下とされた。09年9月には第3次協定で期限の5年間延長と売却枠を年間400トン以下とすることが決定された。しかし、14年5月の第4次協定では期限の5年間延長が合意されたものの、10年以降、ネット公的購入は買入超が続いており、第4次協定は19年9月に期限を迎え、そのまま終了した。

公表機関ウェブサイトアドレス

World Gold Council　　　　　　　https://www.gold.org/
Exchange Traded Gold　　　　　　http://www.exchangetradedgold.com/
ロンドン貴金属市場協会（LBMA）　http://www.lbma.org.uk/

金の取引単位

　金の取引単位として、国際的には「トロイオンス」が、日本では「グラム」が使用されている。「トロイオンス（troy ounce）」は貴金属特有の取引単位で、1トロイオンスは31.1035グラムである。ちなみに、「オンス（ounce）」とは異なる単位であり、1オンスは28.35グラムである。「トロイオンス」の場合でも、単に「オンス」と呼ぶことがあるので、計測する対象を注意する必要がある。

図表Ⅹ-24　世界の金供給と金需要

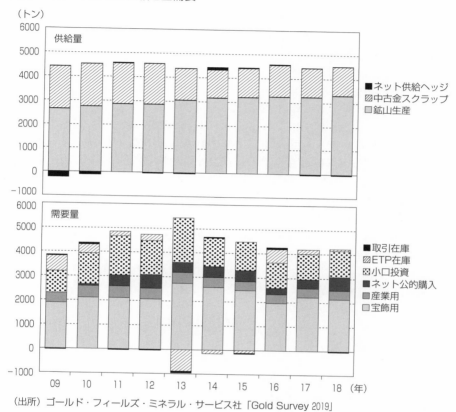

（出所）ゴールド・フィールズ・ミネラル・サービス社「Gold Survey 2019」

図表Ⅹ-25　国・地域別の金加工需要割合（2018年 金加工量）

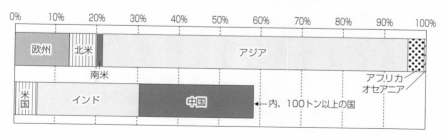

（出所）ゴールド・フィールズ・ミネラル・サービス社「Gold Survey 2019」

（3）金市場

　金は世界各地で取引されているが、金現物の主力市場は、ロンドン市場である。毎日2回、午前10時半と午後3時に、ロンドン貴金属市場協会（LBMA、London Bullion Market Association）の電子システムによるオークションで「値決め（フィキシング）」を行っている。これが金現物価格の指標となる。

　一方、金の先物取引の中心はニューヨーク市場となっており、ニューヨーク・マーカンタイル取引所・COMEX部門で活発に取引されている。むしろ、存在感では、現物中心のロンドンを凌駕する勢いである。2018年の世界の金需要量4154トン（ゴールド・フィールズ・ミネラル・サービス社「Gold Survey 2019」より）に対し、COMEXの金先物取引の出来高は約8030万枚で約25万トン（1枚＝100トロイオンス、1トロイオンス＝31.1035グラムで換算）に相当する。

　また、最近では資金運用対象として金先物が売買され、金価格変動要因の1つとなっていることが指摘されている。図表X－26は、米商品先物取引委員会（CFTC、Commodity Futures Trading Commission）から公表される、報告部門別のポジション（建玉）の推移を示したものである。金価格上昇局面で投機筋の買い持ちポジションが増加しており、金価格の高止まり局面では実需筋の売り持ちの割合が増え、投機筋の売り持ちが縮小していることがわかる。

図表X－26　COMEX投機筋（※）の金先物建玉残高の推移

（※）　スワップディーラー・資金運用業者・その他業者の合計を投機筋とした。
（注1）　2019年は11月26日までの平均。
（注2）　買い持ち、売り持ち建玉は、スプレッド取引分を含む。
（出所）　CFTC、Bloomberg

第XI章

為替市場の見方

1 外国為替相場の基礎知識

[1] 外国為替相場

（1）為替相場の建て方

　外国為替とは、自国通貨を対価として行う外国通貨との売買、ないしは外国通貨間の売買を意味する。その際に成立する異種通貨間の交換比率（Exchange Rate）が外国為替相場である。

　外国為替相場の表示方法（建て方）には、自国通貨建てと外国通貨建ての2種類がある。自国通貨建てとは、具体的には、「1米ドル＝115円」というように、外貨1単位と交換される自国通貨量で表す相場の建て方である。一方、外国通貨建てとは、「1円＝0.0087米ドル」というように、自国通貨を基準として、その1単位と交換される外国通貨量で表す方法である。

　外国為替相場自体はどちらの方法によっても同じであるが、実際の取引では、通貨によって建て方が慣行として決まっている。米ドル、英ポンド、ユーロ、豪ドル、ニュージーランドドルなどは外国通貨建てを採用しており、他の大部分の通貨は円も含めて自国通貨建てである。ただし、米ドルと英ポンド間は、「1英ポンド＝1.80米ドル」というように、英ポンドからみて外国通貨建て、またユーロは通例全通貨に対してユーロからみて外国通貨建てとなっている。

（2）為替裁定相場

　為替市場においては、同一時点では同一の為替相場が成立している。これは市場が異なっても同じで、東京市場と香港市場で円相場の水準が違っていれば、その相場の差を埋めるような取引が行われる。例えば、東京市場で1ドル＝125.00円という相場が成立しているときに、香港市場で1ドル＝125.20円という相場が建っていると仮定すると、投資家は東京市場でドルを買って、同時に香港市場でそのドルを売却すれば、20銭の利益をリスクなしに上げることができる。このような取引を裁定取引というが、こうした取引がもし可能であれば、東京市場でドルが円に対して上昇し、香港市場でドルが下落してしまうことになり、最終的には2つの市場では同一の水準で相場が形成されることになる。同様の裁定関係は、3つ以上の通貨間でも成立する。1米ドル＝80円、1ユーロ＝1.30米ドルという相場が建っている場合は、

裁定相場は、 1ユーロ＝104円（80×1.30＝104）となる。

（3）銀行間相場と対顧客相場

　銀行間相場（インターバンク・レート）は為替市場において、市場の実勢に基づいて、内外の銀行間の取引により決定されている相場である。

　一方、対顧客相場は、外為銀行（※）がさまざまな対顧客取引に適用する相場であり、原則として1日に1回、相場を公示している。対顧客取引の基準となるのが、「仲値」である。従来は午前9時55分現在の直物相場をもとに、対顧客相場の基準として各銀行が一律に仲値を決定、適用してきたが、金融取引の自由化が進展するなかで、 1990年9月からは各行が独自の判断で値決めをするようになった。実際にはほぼ横並びでレート決定される状態が長く続き、2001年5月頃より各銀行が独自レートを決定するようになった。

（※）1998年4月の新外為法の施行により、為銀制度が廃止され、外為銀行は認可不要となった。外国為替業務を営む銀行が外為銀行である。

　対顧客相場は、一度決めたら一日中変更しないのが原則であるが、相場が大きく変動した際には値決めを変更することになっている。具体的には、米ドルの銀行間相場が1円以上動いた場合には、 1件10万ドル以上の取引について市場連動性に移行して銀行間相場に基づき個別に値決めする。また、 2円以上動いた場合には、仲値を再設定することになっている。

　対顧客相場では、仲値が決定されると、以下の対顧客相場が決まる。

①電信売り相場（ＴＴＳ＝Telegraphic Transfer Selling Rate）……仲値に手数料（米ドルの場合は、通常1円）を加えたもの。

②電信買い相場（ＴＴＢ＝Telegraphic Transfer Buying Rate）……仲値に手数料（米ドルの場合は、通常1円）を差し引いたもの。

③ドル紙幣売り相場……ＴＴＳに為銀の金利、輸送コストを加えて決める。

④ドル紙幣買い相場……ＴＴＢから為銀の金利、輸送コストを差し引いて決める。

（4）直物相場と先物相場

　外国為替取引には、決済が2営業日後に行われる直物取引（スポット取引）と、決済が2営業日以外（当日、翌営業日、 1ヵ月先、 1年先など）に行われる先物取引（フォワード取引）がある。先物取引には、アウトライト・フォワード（約定日に定めた将来の受け渡し日に決済される）と為替スワップ（ある通貨の買いと売りを同時に

約定するが買いと売りの決済日は異なる）の2種類がある。直物取引を実施する際の為替相場を直物相場（スポットレート）、アウトライト・フォワードを実施する際の為替相場を先物相場（フォワードレート）といい、直物相場と先物相場の差を直先スプレッド、またはスワップポイントという。先物相場の決まり方は図表XI−1の通りで、理論的には直物相場と2国間の金利差により決定される。

　しかし、2008年に起こった金融危機以降は市場で取引されている先物相場が、直物相場と2国間の金利差により計算された理論値から乖離する傾向がある。この乖離部分を金利に換算したものを「通貨ベーシス」と呼ぶ（図表XI−1参照）。

　では、なぜこの通貨ベーシスのような理論値からの乖離が発生するのだろうか。その背景としては複数の要因が考えられる。1つ目の要因は社債などのクレジットプロダクトに求められるスプレッド水準が、各国で大きく異なることである。これは各国の投資家が企業に求めるスプレッド水準が異なることが背景であるが、仮にある企業が日本で円建て社債を発行した場合のコストを円Ｌｉｂｏｒ＋1.0％、米国でドル建て社債を発行した場合のコストをドルＬｉｂｏｒ＋1.5％とする。その時、もしもドル円の通貨ベーシスがゼロの場合、この企業はすべての資金調達を円で行い、為替先物市場を利用して円をドルに変換する方が経済合理的ということになる。逆に言えば、そういった裁定行動ができないように、あるいは多くの企業がそういった裁定行動を取ることにより、通貨ベーシスがゼロではなく−0.5％（1.0−1.5）近辺に落ち着く、ということができる。

　2つ目の要因は需給のミスマッチである。為替先物市場は、実務では通貨の資金繰りに利用されることが多いが、日本の一部の金融機関や投資家はこの為替先物市場を利用してドルの資金繰りを行っている。金融危機以降はこの為替先物市場を通してドルの資金繰りを実施する本邦勢が増える一方で、為替先物市場を利用して円の資金繰りを実施している参加者は比較的少なく、需給のミスマッチが発生している。つまり、実勢よりも「ある程度」高い金利を支払ってでも先物市場を利用してドルの資金を確保したい参加者が相対的に増えている。この「ある程度」が「通貨ベーシス」に相当する。

　3つ目の要因は昨今の規制の影響である。バーゼルⅢのリスクアセットの計算を実施する際には、各国（各通貨）の格付けなどに応じてリスクウェイトが変わってくるため、とくに四半期末などバランスシートが公開されるタイミングにおいては、主要通貨の中で格付けが低い（≒リスクウェイトの高い）日本国債や円資金の保有を可能な限り避けるという金融機関も存在する。

　そのほかにも通貨ベーシスが発生する要因は考えられるが、主に上記の3つの要因により通貨ベーシスが存在していると思われる。

図表XI－1　先物相場と通貨ベーシス

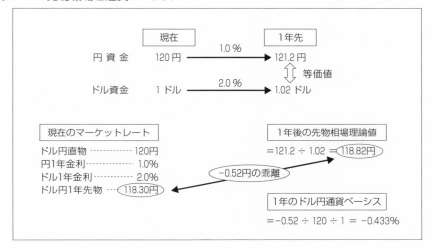

図表XI－2　ドル円の1年物通貨ベーシスの推移

（ベーシスポイント）

（出所）　Bloomberg

[2] 為替指数

(1) 為替指数とは

　為替レートの変動を考える場合に、例えばドルを取り上げると、対円、対ユーロ、対ポンドなど、さまざまな通貨に対して、異なった動きをするのが普通である。すなわち、対円ではドル高であるが、対ユーロではドル安に動いたりすることがある。また、その国の貿易取引額を考慮しないと、その通貨の真の実力を測ることができない。こうした観点から考えられたのが、実効為替レート（effective exchange rate）である。ウェイトづけは貿易取引量を基準とするのが一般的である。

　いろいろな機関が実効為替レートを発表しているが、その概要は図表XI－3の通りである。また、ドルの実効為替レートと2通貨間の為替レート（ドル円レート）の実績を一覧したのが、図表XI－4である。

　さらに、実効為替レートにインフレ率の格差を反映させようとしたものが、実質実効為替レートである。ここにおいても、インフレ率として何を採用するかによって、さまざまなバリエーションがありうる。例えば、ＩＭＦが先進18ヵ国とユーロ圏について発表している実質実効為替レートは、ユニット・レーバー・コスト（生産1単位当たりの賃金指数）を基準としている。

　為替指数の計算方法は、400頁を参照されたい。

(2) 為替指数論争の背景

　実効為替レートは、概念としては決して新しいものではないが、マーケットや実務家の間で注目を集めはじめたのは、1985年以降にドルのトレンド的な低落が始まった頃である。80年代前半は、異常なドル高が米国の貿易収支の悪化を招いたとして問題となった。その後、プラザ合意を転機として、先進各国はドル安を誘導したが、米国の貿易収支はいっこうに改善してこなかった。そこで議論になったのが、ドルは貿易収支の改善が期待できるほど十分に安くなったのかという点であった。ドルの価値を対円や対マルクという2通貨間の名目為替レートだけでなく、貿易取引量も加味した実効為替レートでみようという考え方が広まった。

　ところが、実効為替レートのベースでみても、ドルが十分に下がったかどうか、わからなくなってきたために、各機関の実効為替レート間の優劣を議論するまでに至ったのである。とくに、当時の指数はアジアＮＩＥＳ諸国（香港・韓国・台湾・シンガポール）を指数計算の対象に入れていなかったり、ウェイトが低かったりしたので、この点に関心が集中したようであった。

図表XI-3 主要な為替指数

公表機関	特　徴　な　ど
<u>BIS</u> Effective Exchange Rate Indices	利用される機会が多い。61ヵ国を対象とするBroadと27ヵ国を対象とするNarrowがあり、それぞれ名目(Nominal)・実質(Real)のレートが発表されている。2010年を100とする指数。貿易額を基にウェイト付けされている。ウェイト更新は3年毎。名目レートは日次で公表されている。 (→ https://www.bis.org/statistics/eer.htm)
<u>IMF</u> Effective Exchange Rate	主要26ヵ国の通貨とユーロを対象に、単位労働コストをベースに名目レートと実質レートが発表されている。2010年を100とする指数。工業製品・旅行サービス・1次産品の貿易取引ウェイトを反映。より広範な国について、CPIベースの指数を公表されている。 (→ http://data.imf.org/)
<u>FRB</u> Dollar Indexes	対象通貨はドルのみ。財の貿易のみのBroad、Major、Other Important Trading Patrners (OITP)と、2019年2月より公表を開始したサービス取引も加味したBroad、Advanced Foreign Economies (AFE)、Emerging Market Economies (EME)の6指数がある。それぞれ名目・実質の指数が公表されている。 (→ https://www.federalreserve.gov/releases/h10/summary/)
<u>ECB</u> Effective Exchange Rate	対象通貨はユーロのみ。1995年より3年毎の工業製品取引ウェイトを基準に算出。計算対象は主要19ヵ国で1999年1Qを100とする指数。名目レートは日次で公表されている。 (→ https://www.ecb.europa.eu/mopo/eaec/eer/html/index.en.html)

図表XI-4 ドルの実効為替レートと対円為替レート

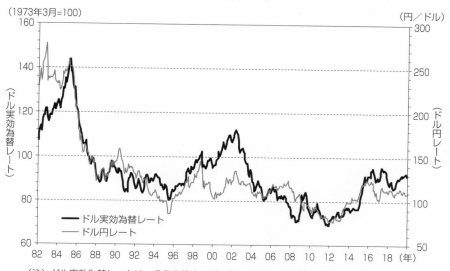

(注)ドル実効為替レートは、FRB算出の財の貿易加重ベースMajor指数。
(出所)Bloomberg

[3] 為替相場の変動

(1) 為替相場の騰落

通貨の価値が上昇することを「通貨が高くなる」、また下落することを「通貨が安くなる」と表現する。円が1ドル110円から100円になれば、「円高・ドル安」と、100円から110円になれば、「円安・ドル高」と表現する。

変動相場制に移行する以前のIMF体制のもとでは、ある通貨の平価変更は、価値上昇を「切上げ」、価値下落を「切下げ」と表現した。

(2) 為替相場変化率の計算方法

為替相場の変化を表現するのに、一般的に変化率を使うが、2つの方式があるので注意が必要である。例をあげて説明すると、

自国通貨建てで、円が1ドル110円から100円に上昇した場合には、

①IMF方式では、変化後のレートを基準に、

(旧為替相場の自国通貨額－新為替相場の自国通貨額)÷(新為替相場の自国通貨額)×100　　(110－100)÷100×100＝10.0%

の円高になったことになる。

②欧州方式では、変化前のレートを基準に、

(旧為替相場の自国通貨額－新為替相場の自国通貨額)÷(旧為替相場の自国通貨額)×100　　(110－100)÷110×100＝9.1%

の円高になったことになる。

通常は、①のIMF方式が使われている。

(3) 為替指数の計算方法

398頁で説明した実効為替レートの計算方法について、簡単な例をとり説明する。

図表XI-5　実効為替レートの計算例

貿易国	貿易ウェイト	名目為替レートの変化率	基準年100に対して変化後
米　国	0.5	30%円高	130
英　国	0.3	20%円高	120
ユーロ圏	0.2	10%円高	110

実効為替レート＝$130^{0.5} \times 120^{0.3} \times 110^{0.2} = 123$

この結果、円は外国通貨に対して平均23%増価したことになる。

［4］東京外国為替市場の規模と参加者

（1）外為市場の種類と参加者

　外国為替取引は、銀行間取引（インターバンク取引）と対顧客取引に大別される。広義の外国為替市場はこれら2つの取引を含んだものをいうが、狭義の外国為替市場は、銀行間取引のみを指すのが普通である（図表XI−6参照）。

　狭義の外国為替市場の参加者は、外為銀行（外国銀行の在日支店を含む）、ブローカー、通貨当局である。銀行間取引は、ブローカー経由で行われるものと、銀行間で直接行われるもの（ダイレクト・ディーリング）がある。なお、1998年4月の新外為法施行により、為銀制度が廃止され、外国為替業務が自由化された。しかし、銀行間市場は、プロフェッショナルの市場として存続している。

　一方、対顧客取引市場は、銀行との間で外貨売買取引を行う一般事業法人（商社、輸出入業者など）、機関投資家（生保、投信など）、個人などの参加者によって構成されている。

（2）東京外為市場の規模の拡大

　わが国の外国為替市場の規模は、1980年12月の外国為替管理法の施行を契機として、貿易高の増加や対外証券投資の活発化を背景に拡大した。さらに84年4月に実需原則が撤廃され、インターバンク取引量が飛躍的に伸びた（図表XI−7参照）。また、米ドル以外のダイレクト・ディーリング（DD）が84年7月以降開始されたことや、ブローカーが居住者と非居住者との取引の媒介を行う、インターナショナル・ブローキング（IB）が84年8月以降開始されたことも、東京市場拡大に拍車をかけた。

（3）市場規模の国際比較

　外国為替市場の規模を国際比較する調査は、1986年に始まる。もともとはニューヨーク連銀が独自に実施していた。同年、それに日本銀行とイングランド銀行が加わったのが最初である。2回目は89年に実施されたが、このときからBIS（国際決済銀行）が事務局となったために、参加国が一挙に増えた。この調査は、「外国為替およびデリバティブ取引にかかる中央銀行サーベイ（Central Bank Survey of Foreign Exchange and Derivatives Market Activity）」（通称「BISサーベイ」）と呼ばれ、3年ごとに世界で一斉に実施されている。最新の調査は2019年4月に行われ、世界53ヵ国・地域が参加した（図表XI−9、10参照）。また、日・米・英・加・豪・シンガポールでは、半年毎に外為取引高の調査が行われている。

公表機関ウェブサイトアドレス

BIS   https://www.bis.org/
東京外国為替市場委員会   https://www.fxcomtky.com/

図表XI-6　東京外国為替市場の参加者

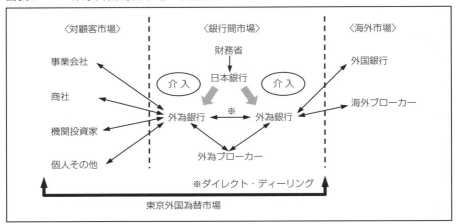

図表XI-7　インターバンク市場規模の推移

インターバンク相場（東京市場）ドル／円出来高状況 …… 1営業日平均（単位：百万ドル）

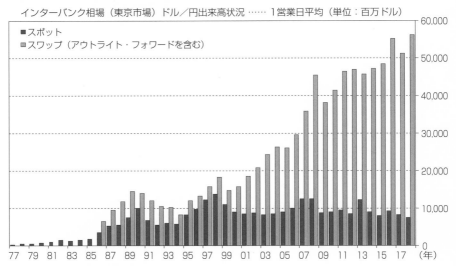

（注）　95年2月以前は9:00〜12:00および13:30〜15:30の出来高。それ以降は終日分。
（出所）日本銀行「金融経済統計月報」

図表XI－8　外国為替取引の時間帯

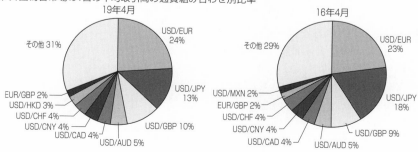

```
フランクフルト・パリ・
アムステルダム・
チューリヒ
        ニューヨーク    サンフランシスコ
  ロンドン
      22●24●2
    20          4
           ●      4
  16  東京時間  6
      16●    ●6
    14●  ●10
       ●12●10
  ウェリントン・
        雪重
            ●
```

図表XI－9　外国為替取引高

（単位：10億ドル）

国別 外為市場の1日平均総売買高

		19年4月	16年4月	13年4月
①	英国	3576	2406	2726
②	米国	1370	1272	1263
③	シンガポール	633	517	383
④	香港	632	437	275
⑤	日本	376	399	374
⑥	スイス	276	156	216
⑦	フランス	167	181	190
⑧	中国	136	73	44
⑨	ドイツ	124	116	111
⑩	オーストラリア	119	121	182
⑪	カナダ	109	86	65
⑫	オランダ	64	85	112
⑬	デンマーク	63	101	117
⑭	ルクセンブルク	58	37	51
⑮	韓国	55	48	48

（注1）国内での取引高の二重計上を調整(Net-Gross)
（注2）2019年4月の為替取引高(派生商品含む)の順に記載
（出所）BIS「外国為替およびデリバティブ取引にかかる中央
　　　　銀行サーベイ」

図表XI－10　BIS「外国為替およびデリバティブ取引にかかる中央銀行サーベイ」より

（1）外国為替市場の1日の平均取引高（スポット、フォワード、スワップ計）

（単位：10億ドル）

	19年4月	16年4月	13年4月	10年4月	07年4月
取引高合計(Net-Grossベース)	8,294	6,514	6,686	5,045	4,281
取引高合計(Net-Netベース)	6,590	5,066	5,357	3,973	3,324
うちスポット	1,987	1,652	2,047	1,489	1,005
フォワード	999	700	679	475	362
為替スワップ	3,202	2,378	2,240	1,759	1,714
通貨スワップ	108	82	54	43	31
オプション・その他	294	254	337	207	212
参加国・地域数	53	52	53	53	54

Net-Grossベース：全報告の取引高から、国内取引の二重計上分を控除
Net-Netベース：Net-Grossベースから、クロスボーダー取引の二重計上分を控除

（2）外国為替市場の1日の平均取引高の通貨組み合わせ別比率

19年4月

- その他 31%
- USD/EUR 24%
- USD/JPY 13%
- USD/GBP 10%
- USD/AUD 5%
- USD/CAD 4%
- USD/CNY 4%
- USD/CHF 4%
- USD/HKD 3%
- EUR/GBP 2%

16年4月

- その他 29%
- USD/EUR 23%
- USD/JPY 18%
- USD/GBP 9%
- USD/AUD 5%
- USD/CAD 4%
- USD/CNY 4%
- USD/CHF 4%
- EUR/GBP 2%
- USD/MXN 2%

2 為替需要の見方

　為替レート予測に関する重要なテーマは、為替市場での需給をどう捉えるかである。市場需給の分析が難しいことは第Ⅰ章で論じたが、為替の場合も同様である。ここでは、さまざまな角度から市場の需給をみるための統計や手法などを紹介する。

[1] 国際収支統計

（1）国際収支統計とは

　為替レートの動向を分析する際に、最も基本となるのが国際収支統計である。国際収支は、一定期間内の対外経済取引のすべてを記録したものである。「対外取引」は、取引当事者の国籍による区別ではなく、居住者と非居住者との間の取引を意味する。また、対外経済取引は、財やサービスなどの取引の「経常収支」、対外金融資産・負債の増減に関する取引の「金融収支」、財・サービス・金融資産以外の資産や資本移転の「資本移転等収支」の3種類に大別される。

　わが国の国際収支は、ＩＭＦが2008年に公表した「国際収支マニュアル第6版」に準拠している。「第5版」からの主な変更点は、金融関連項目が拡充されたこと、ＳＮＡとの整合性が向上したことなどである。以下では、わが国の国際収支統計の見方を解説する。

① 発表形式＝図表Ⅺ−11の通りである。外貨建ての取引は、原則として市場実勢レートで円に換算され、すべて円建てで表示される。
② 発表機関＝財務省国際局、日本銀行国際局。「外国為替及び外国貿易法」の規定に基づき、日本銀行が財務大臣の委任を受け作成している。
③ 発表周期＝月次の速報は、翌々月第6営業日。
　　四半期ごとの第2次速報は、各四半期最終発表月の翌々月。「マニュアル第6版」により導入された年次改訂は翌年4月に公表される。
④ 季節調整＝経常収支項目は米国センサス局法Ｘ−12−ＡＲＩＭＡに拠っている。季節調整に用いるデータは1996年1月から直近の12月までで、その後1年は予測値を用いて季節調整値を作成する。

図表XI−11　国際収支統計の発表形式と各取引の定義・概念

経常収支			経常収支＝貿易・サービス収支＋第一次所得収支＋第二次所得収支
	貿易・サービス収支		貿易・サービス収支＝貿易収支＋サービス収支
		貿易収支	貿易収支……輸出入ともFOB（Free on Board、本船渡し価格。積み込み費用は含む）建てで計上。貿易統計（通称「通関統計」）は、輸出はFOB建て、輸入はCIF（Cost Insurance & Freight、運賃・保険料込み）建てで計上している点に注意。
		一般商品	仲介貿易商品・非貨幣用金以外の財の取引
		仲介貿易商品	非居住者から購入した財貨を別の非居住者に転売する取引で、日本の国境を通過しないもの
		非貨幣用金	外貨準備で保有する金以外の金の取引
		サービス収支	
		輸送	サービス収支……輸送・旅行、その他居住者・非居住者間のサービス取引が計上される。
		旅行	
		その他サービス	
	第一次所得収支		
		雇用者報酬	第一次所得収支……生産過程に関連した所得（労働の対価として得た報酬）および財産所得（金融資産提供の対価として得た配当金・利子等）が計上される。
		投資収益	
		直接投資収益	
		証券投資収益	
		その他投資収益	
	第二次所得収支		経常移転により無償で提供された経済価値が計上される。
資本移転等収支			資本移転等収支＝資本移転＋非金融非生産資産の取得処分
	資本移転		無償による固定資産の提供や債務免除などが計上される。
	非金融非生産資産の取得処分		非生産・非金融資産（鉱業権、商標権、経済資産と認識される権利等）の取引が計上される。
金融収支			金融収支……居住者と非居住者の間の、金融資産負債の取引が計上される。直接投資以外は、居住者の属する部門に応じて、中央銀行・預金取扱機関・一般政府・その他部門に区分される。なお、為替や市況の変動による資産の評価増減など取引を反映しない保有額の増減は計上されない。
	直接投資		
	証券投資		
	金融派生商品		
	その他投資		
	外貨準備		通貨当局の管理下にある、すぐに利用可能な対外資産の増減が計上される。貨幣用金・SDR・IMFリザーブポジションを含む。
誤差脱漏			集計上の誤差が計上される。

なお、主要項目は、「経常収支＋資本移転等収支−金融収支＋誤差脱漏＝0」の関係になる。

（2）貿易統計と国際収支の違い

　貿易統計と国際収支統計には、図表XI−11で述べた輸入の計上基準以外にも、次のような差異がある。

①貿易統計は、税関を物が通ることによって計上するのに対し、国際収支は、所有権の移転を基準に計上する。貿易統計に計上されて、国際収支に計上されないものは、リース契約貨物や軍関係貨物など。逆に、貿易統計に計上されないが、国際収支に計上されるものは、購入後そのまま海外に保管されている金投資口座（財貨とみなされる金、不特定口座の取引は含まず）の設定・解約や、航空機などで海外で購入され、そのまま使用されているもの。

②計上時点の違いもある。貿易統計は通関時点（輸出は積載船舶の出航の日。輸入は輸入許可または承認の日）、国際収支は所有権移転の時点。

③以上のような違いから、輸入額は貿易統計のほうが多く（2014〜18年は平均3％程度）、輸出額も貿易統計のほうがやや多くなる傾向にある（図表XI−13参照）。

（3）資本移動に絡む国際収支統計利用上の注意点

①企業活動が国境を超えて展開されるなか、企業への資本参加も国際化している。出資の割合が議決権ベースで原則10％以上の場合、直接投資関係があるとされ、株式取得は証券投資ではなく直接投資に計上される（図表XI−15の直接投資）。

②証券投資は株式・投資ファンド持分と債券に分類され、さらに債券は中長期債・短期債に分けられる。中長期・短期の区分は、原契約の満期期間が1年超か1年以下かによる。なお、所有権が移転しない実態を踏まえ、2014年の統計改訂により、証券貸借取引が証券投資に計上されなくなった。

③2002年、05年の国際収支統計改訂により、金融派生商品として、オプション取引・先物および先渡取引・ワラント・通貨スワップの元本交換差額・金利スワップの取引にかかわる利子が計上されるようになった。

④ユーロ円インパクトローンは、非居住者による居住者向けの円建ての貸付で、本邦企業が邦銀海外店から取り入れる。しかし、その原資の大半は、邦銀の国内店から供与されている。国際収支統計上、本邦企業による同ローンの取り入れは、非居住者による居住者への貸付として、また、邦銀国内店から海外店への同ローンの原資送金は、居住者による非居住者への貸付として、金融収支の「その他投資」に計上される。なお、2001年より銀行部門の本支店勘定の計数が公表されるようになった。

⑤2014年の統計改訂により、銀行等の資金仲介サービスが「間接的に計測される

金融仲介サービス（ＦＩＳＩＭ、Financial Intermediation Services Indirectly Measured）」としてサービス収支に計上されるようになった。資金仲介サービスは貸付・預金金利の利鞘の一部として間接的に徴収されているため、これまでは計上されていなかった。

図表XI−12　国民経済計算体系（SNA）と国際収支統計

SNA（経常取引）				国際収支統計		
海外勘定	財貨・サービスの純輸出（外需）	GDPを構成	GNIを構成	貿易収支	貿易・サービス収支	経常収支
				サービス収支		
	海外からの所得の純受取（雇用者報酬・財産所得）			第一次所得収支		
	海外からの経常移転（純）（所得以外）			第二次所得収支		

（注）国際収支統計のサービス収支のうち、建設サービスはSNAの経常移転に、特許等使用料は財産所得に、公的その他サービスの一部は雇用者報酬に組み替えられている。また、間接的に計測される金融仲介サービス（FISIM）の調整がされている。
（出所）内閣府

図表XI−13　国際収支統計と貿易統計（輸入額の比較）

（兆円）

凡例：
貿易統計 輸入額
国際収支統計 輸入額

96 97 98 99 00 01 02 03 04 05 06 07 08 09 10 11 12 13 14 15 16 17 18（年）
（出所）日本銀行、財務省

（4）最近の国際収支の動き

　日本の国際収支は、1990年代後半から2007年にかけて経常収支黒字の拡大に伴い、金融収支は純資産増加幅の拡大傾向が続いた。08年の世界経済の急速な落ち込みに続き、11年以降のエネルギー輸入急増から、経常収支黒字は大幅に縮小した。同時に、金融収支は純資産増加ペースが鈍化した（図表XI－14・15参照）。

　97～98年は円高修正局面で経常黒字は増加したが、邦銀への信用不安からジャパン・プレミアムが拡大し、海外での資金調達が困難となり、国内店から海外店への送金が急増した。このため、金融収支のその他投資で純資産が増加した。その後、99年になると日本の金融システム不安が解消され、非居住者の対内株式投資が過去最高の取得超になったことから、証券投資の純資産増加が抑制された。

　2000～04年は米国でのITバブル崩壊に端を発した米株式市場の急落、世界的な超金融緩和政策とグローバル・デフレ懸念から債券買いが強まり、過去最大規模の対外債券投資が米国に向かった。また、03～04年は、日本経済回復期待から、対内株式投資が活発化したほか、急激な円高に対して大規模な円売り・ドル買い介入が実施され、外貨準備が急増した。

　経常収支の黒字は、05年以降も新興国経済の高成長に伴う海外需要増を背景に拡大した。また、個人を中心に、本邦投資家が国内の低金利を嫌って積極化した対外債券投資などの投資収益も、第一次所得収支の黒字拡大を通じて経常収支黒字の増加に寄与した。

　しかし、07年後半以降の米サブプライム住宅ローン問題や08年のリーマン・ショックによる金融市場の混乱と世界経済の減速による海外需要の後退から経常収支黒字は大幅に縮小した。10年には世界経済の回復による輸出の増加から3年ぶりに経常収支は黒字が拡大したが、11年3月の東日本大震災によるサプライチェーン（部品供給体制）の停止による輸出の減少や、原子力発電停止による代替発電用の鉱物性燃料輸入の大幅な拡大から、11年の経常収支黒字は縮小、貿易収支は48年ぶりに赤字に転落した。

　11年以降、年間ベースで貿易赤字にもかかわらず経常赤字とならなかったのは、第一次所得収支の黒字が拡大傾向を続けたためである。日本から海外への直接投資による純資産増加が加速傾向にあり、その投資収益が増加しているほか、これまでに蓄積された証券投資に係る配当・利子により、第一次所得収支の黒字は、1990年代後半から増加傾向にある（図表XI－16参照）。また、13～14年の第一次所得収支の黒字拡大は、円安の影響も大きい。

図表XI-14　経常収支の動向

（兆円）

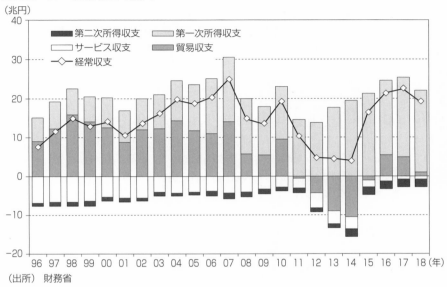

（出所）財務省

図表XI-15　金融収支の動向

（兆円）

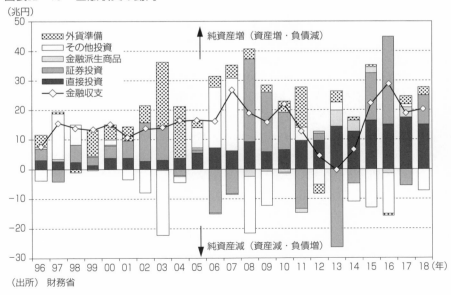

（出所）財務省

2013年以降、直接投資収益の寄与で第一次所得収支黒字が拡大し、15年には過去最大の21.3兆円となったが、その中に再投資収益も含まれている点に注意が必要である。直接投資収益はすべて国内に還流されるわけではなく、再投資収益として海外子会社に留保される部分があるため、為替需給への影響という点では、再投資収益は控除して考えるべきである。

　また、13年以降の経常収支の内容で大きく変化している点として、サービス収支の中の旅行サービス収支が改善していることが注目される。円安のほか、日本政府が観光立国へ向けた政策を推進していることもあり、来日した外国人旅行者数は12年の836万人から18年には3119万人となった。旅行サービス収支は、15年に初めて黒字に転換し、その後も黒字拡大傾向が続いている。しかし、外国人観光客は海外経済動向に加え国際政治の影響を大きく受けるため、一方的に旅行サービス黒字が増加すると見るのは早計であろう。

（5）国際収支の長期トレンド

　為替レートの長期トレンドを見るうえで、一時流行した考え方が、国際収支発展段階論である。この火付け役となったのは、内閣府（旧経済企画庁）の1984年度の経済白書である（図表XI－17参照）。これは英国の経済学者クローサー（G. Crowther）の提唱した発展段階説に基づいている。

　これを戦後の日本に当てはめてみると、50年代後半から60年代前半は「成熟した債務国」の段階、60年代後半は経常収支が黒字に転じ「債務返済国」の段階へ進み、さらに、70年代以降、経常黒字が拡大するにつれ対外資産が急増し、「未成熟の債権国」の段階に至っているといえる。こうした債権大国は、国際的な資本供給の役割を担っており、為替レートも高くなると考えられる。

　しかし、対外直接投資の増加で純資産が増加していることに表れているように、日本の企業が生産能力を国内から海外へシフトしてきたこともあり、2018年には貿易・サービス収支がほぼ均衡した一方で、投資収益（第一次所得収支）が大幅な黒字になった。日本の国際収支からは、次の段階である「成熟した債権国」との境界にいることが読み取れる。

公表機関ウェブサイトアドレス

財務省　「国際収支状況」　　　　　https://www.mof.go.jp/international_policy/reference/
balance_of_payments/index.htm
日本銀行　「国際収支（第5版）」　https://www.boj.or.jp/statistics/br/bop/index.htm
　　　　　「国際収支（第6版）」　https://www.boj.or.jp/statistics/br/bop_06/index.htm
内閣府 経済白書（昭和59年）　　https://www5.cao.go.jp/keizai3/keizaiwp/wp-je84/
wp-je84-000i1.html
日本政府観光局　　　　　　　　https://www.jnto.go.jp/jpn/

図表Ⅺ−16　第一次所得収支の動向

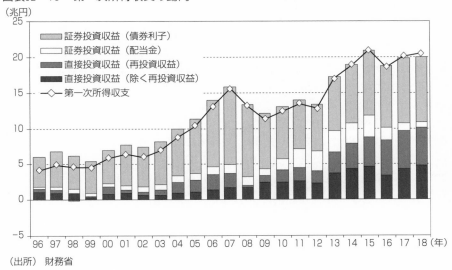

（出所）財務省

図表Ⅺ−17　国際収支の発展段階

	財・サービス収支	投資収益収支	経常収支	長期資本収支	英 国	米 国	(西)ドイツ	日 本
Ⅰ 未成熟の債務国 資本輸入国。財・サービスも赤字。	−	−	−	＋				1868-1880
Ⅱ 成熟した債務国 資本輸入国。財・サービスは黒字に転化。	＋	−−	−	＋		1871-1890		1881-1914
								1955-1964
Ⅲ 債務返済国 資本は純流出へ。財・サービスの黒字増加で経常収支も黒字に転化。	＋＋	−	＋	−		1981-1910		1914-1920
							1951-1970	1965-1969
Ⅳ 未成熟の債権国 債権国へ。経常収支黒字と長期資本の赤字続く。投資収益収支が黒字に転換。	＋	＋	＋＋	−−	1851-1890	1911-1940		
						1946-1970	1971-1982	1970-1983
Ⅴ 成熟した債権国 国際競争力が低下し、財・サービス収支が赤字に。	−	＋＋	＋	−	1891-1925			
					1948-1982	1971-1981		
Ⅵ 債権取崩し国 財・サービス収支の赤字が投資収支の黒字を上回る。	−−	＋	−	＋	1926-1944			

（出所）「経済白書」1984年版　　　　　　　　　　　　　　　（上段：戦前、下段：戦後）

［2］ 対内外直接投資

　日本の対外直接投資の動向も、為替需給を考察するうえでは大切な要因である。
直接投資は、ある国の投資家が国境を越えて他の国の企業の経営を支配するため
に行われる投資で、株式取得、再投資収益、資金貸借などが計上される。投資資
金が比較的短期で回収される証券投資と異なり、永続的権益を取得するため、投資
回収までの期間が長期にわたる。したがって、国際M＆A（合併・買収）の報道を
受けて、為替相場が反応することもしばしばある。国際収支統計は速報性で劣るが、
金融情報会社がまとめるM＆A情報を活用することが可能である（図表XI−20）。
　日本は経常収支黒字が拡大した1980年代より対外直接投資が増加し、対外直接
投資が対内直接投資を上回る状況が続いている（図表XI−18）。先進国の米国や
欧州向けに加え、新興国経済の台頭期にアジアへの投資も増加しており、地域別の
対外直接投資残高は北米向けに次いでアジア向けが多くなっている（図表XI−19）。

公表機関ウェブサイトアドレス

財務省　　　https://www.mof.go.jp/international_policy/reference/
　　　　　　 balance_of_payments/index.htm
日本銀行　　https://www.boj.or.jp/statistics/br/bop_06/index.htm/

図XI−18　直接投資の動向

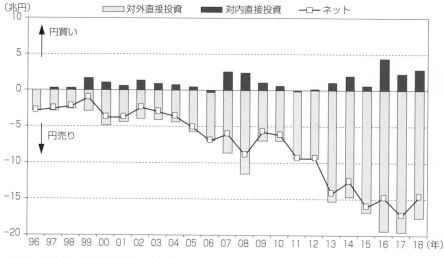

（出所）　財務省「国際収支統計」より作成

図表XI−19　地域別の直接投資残高（2018年末時点）

（単位：兆円）

	資産（日本→海外）				負債（海外→日本）			
		株式資本	収益再投資	負債性資本		株式資本	収益再投資	負債性資本
合計	181.7	123.4	40.1	18.2	30.7	16.5	7.3	6.9
アジア	51.4	31.3	16.3	3.8	5.9	4.3	0.5	1.1
北米	57.6	38.8	14.9	3.9	6.7	3.7	1.7	1.3
中南米	12.8	9.4	1.6	1.8	2.1	1.7	0.1	0.2
大洋州	8.2	6.2	1.7	0.3	0.6	0.1	0.0	0.5
欧州	49.7	36.5	5.1	8.1	15.2	6.6	5.0	3.6
中東	1.0	0.6	0.3	0.1	0.2	0.1	−	0.2
アフリカ	1.0	0.6	0.2	0.2	0.0	0.0	−	0.0
OECD諸国	120.7	84.1	23.8	12.8	23.3	11.0	6.8	5.6
ASEAN	25.3	15.6	7.4	2.3	3.0	2.3	0.2	0.6
EU	47.3	35.3	4.9	7.1	13.6	5.6	4.6	3.5
東欧・ロシア等	0.7	0.6	0.1	0.1	0.0	0.0	−	0.0

（出所）日銀「直接投資残高地域別統計」

図表XI−20　国際M＆Aの動向

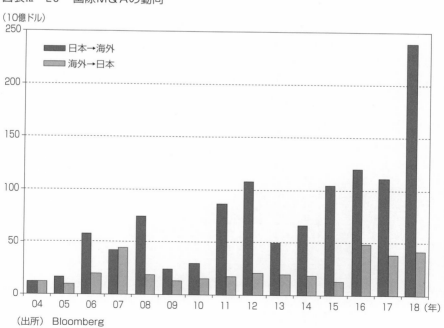

（10億ドル）

（出所）Bloomberg

［3］対外証券投資

　対外証券投資が旺盛だった1986年から89年は、毎年900億ドルにのぼる資金が海外の証券市場に流れ込み、ジャパンマネーとして世界の注目を浴びた。その後に続いた90年代はバブルの崩壊と膨大な不良債権の処理で、日本はまさに日が沈んだ状態で身を縮めるしかなかった。しかし、2000年以降復活したジャパンマネーは、投資先を分散し、再び積極的な動きをみせている。日本の低金利を嫌気し、相対的に高い金利を求めて対外債券投資が増加した。09～10年の円高局面でも債券投資が急増した。その後、13年以降の日銀の異次元緩和を背景とした円安傾向や、14年10月末に年金積立金管理運用独立行政法人（ＧＰＩＦ）が基本ポートフォリオの変更を発表し国内債券から株式・外国証券へウェイトを振り向けたことから、対外証券投資は活発化している（図表XI－22参照）。

　財務省より、投資家別の対外証券投資のデータが公表されているが、ＧＰＩＦの動向は銀行等（信託勘定）に含まれる（図表XI－21参照）。また、為替需給を分析する際、預金取扱機関の外債投資は外貨調達・外貨運用で円投型ではない場合が多いことに注意したい。

　対外証券投資残高を地域別・商品別に見たものが、図表XI－23である。週次の取引データの図表XI－22でも明らかだが、日本から海外への証券投資は債券中心の傾向がある。とくに中長期債が選好されている。地域別では北米・欧州の先進国への投資が多い。残高統計は年1回しか公表されないが、国際収支統計で月次の取引データを確認することができる。

図表XI－21　投資家別対外証券投資（取得－処分）　　　　　　　　　　　（単位：兆円）

暦年			2010	2011	2012	2013	2014	2015	2016	2017	2018
各部門計			23.6	5.8	14.2	− 9.5	6.1	26.2	26.3	11.8	18.0
公的部門			0.0	0.0	0.0	0.0	− 0.1	0.2	-0.2	0.0	0.0
預金取扱機関			10.4	0.9	8.4	− 2.9	− 4.7	6.3	3.6	− 5.3	− 1.0
その他部門			13.2	5.0	5.8	− 6.6	10.9	19.8	22.9	17.1	19.0
	その他金融機関		16.1	7.7	8.6	2.4	18.2	27.3	26.6	24.1	25.5
		銀行等（信託勘定）	3.2	1.6	0.6	− 3.3	3.8	9.7	4.1	4.7	8.7
		金融商品取引業者	5.3	5.8	6.2	6.4	9.6	8.4	7.9	11.1	11.9
		生命保険会社	3.6	0.0	3.7	− 0.4	2.4	2.4	11.1	3.5	4.3
		損害保険会社	− 0.1	− 0.1	0.0	0.0	− 0.1	0.0	0.0	0.0	0.0
		投資信託委託会社等	4.0	0.4	− 1.8	− 0.4	2.4	6.8	3.5	4.8	0.7
	その他		− 2.8	− 2.7	− 2.9	− 9.0	− 7.3	− 7.5	− 3.7	− 7.0	− 6.6

（注）取得―処分＝ネット取得超（対外純資産増加）
（出所）財務省「対外及び対内証券売買契約等の状況（指定報告機関ベース）」

図表XI-22　対外証券投資（週次、2005年以降の累積額）

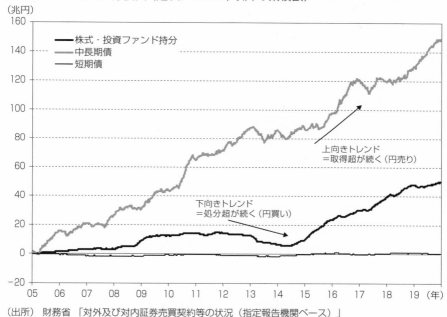

（兆円）

- 株式・投資ファンド持分
- 中長期債
- 短期債

上向きトレンド
＝取得超が続く（円売り）

下向きトレンド
＝処分超が続く（円買い）

（出所）　財務省「対外及び対内証券売買契約等の状況（指定報告機関ベース）」

図表XI-23　地域別の証券投資残高（資産サイド、2018年末時点）

（単位：兆円）

	証券投資 合計	株式・投資ファンド持分			債券				金融派生商品
			株式	投資ファンド持分			中長期債	短期債	
合計	450.8	180.8	78.5	102.3	270.0	265.4	4.6		32.2
アジア	15.3	8.1	7.5	0.5	7.2	6.2	1.0		2.4
北米	175.6	56.3	46.8	9.5	119.3	117.8	1.4		10.8
中南米	105.5	78.9	3.5	75.4	26.6	26.1	0.5		0.8
大洋州	17.1	2.7	2.2	0.4	14.5	14.4	0.0		0.8
欧州	127.2	33.8	17.6	16.2	93.5	91.9	1.6		17.4
中東	0.8	0.3	0.3	0.0	0.5	0.5	0.0		0.0
アフリカ	1.3	0.7	0.5	0.3	0.6	0.6	0.0		0.0
OECD諸国	321.7	92.4	67.6	24.8	229.2	226.1	3.2		29.0
ASEAN	5.0	1.6	1.3	0.3	3.4	3.1	0.3		1.8
EU	117.8	29.0	14.4	14.6	88.9	87.4	1.5		17.2
東欧・ロシア等	1.8	0.4	0.4	0.0	1.4	1.4	－		0.0

（出所）日銀「証券投資残高地域別統計」

[4] 対内証券投資

　図表XI−24は、対内証券投資の週次の買い越し額を2005年から累積して表示したものである。前頁の図表XI−22と比較すると、対外証券投資が中長期債に偏っているのに対し、対内証券投資は株式・中長期債・短期債にまんべんなく資金が流入していることがわかる。世界的に好景気だった2000年代半ばに日本の株式が買われた後、07〜12年の世界の金融市場が不安定な時期には、当初、資金の本国還流（リパトリエーション）で本邦証券は売り越されたが、低リスクを求めた資金が短期債に大量流入した。13〜14年はアベノミクス期待から日本株が買い越された。15年にチャイナ・ショックなどを背景に売り越しに転じた後、米利上げもあり、18年まで売り越し基調が続いた。

　対内証券投資残高を地域別・商品別に見たものが、図表XI−25である。海外から日本への証券投資は株式と債券が半分ずつとなっている。対外証券投資と比較すると、短期債の高水準の残高に目が引かれる。また、中長期債への投資も14年以降積極化している。日本の超低金利の債券でも保有する価値があると評価されているということだ。地域別では北米・欧州からの投資が多く、とくに北米は株式投資中心である。一方、欧州は株式・債券ともに相当の残高があるが、債券投資に比重が偏っている。欧州中央銀行がマイナス金利を導入していることが一因であろう。アジアに目を移すと、株式投資は少なく、債券投資中心となっている。一口に海外投資家といっても、地域・国によって選好する資産が異なっていることがわかる。

　海外投資家の動きについて、対内証券投資が為替市場の波乱要因になることもあるので、注意が必要である。海外投資家にとっては、為替差損益も投資判断の基準になっているので、外貨建てでみて、日本の市場はどう映るかを考えることも必要であろう。

　海外の機関投資家のなかには、世界の株式市場の規模を基準として行動する向きもある。米国の年金基金などがよい例であるが、こうしたところが日本株をオーバーウェイトにしているのか、アンダーウェイトにしているのかを見ておくのも、為替だけでなく株式市場の予想を立てるうえでの材料となる。

公表機関ウェブサイトアドレス

財務省「対外及び対内証券売買契約などの状況」　https://www.mof.go.jp/international_policy/reference/itn_transactions_in_securities/index.htm

日本銀行「国際収支統計」　https://www.boj.or.jp/statistics/br/bop_06/index.htm

図表XI－24　対内証券投資（週次、2005年以降の累積額）

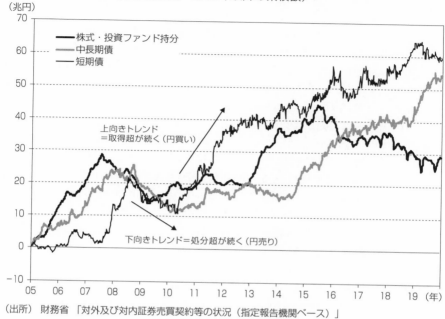

（出所）財務省「対外及び対内証券売買契約等の状況（指定報告機関ベース）」

図表XI－25　地域別の証券投資残高（負債サイド、2018年末時点）

（単位：兆円）

	証券投資 合計	株式・投資ファンド持分			債券			金融派生商品
			株式	投資ファンド持分		中長期債	短期債	
合計	351.3	176.3	172.9	3.4	175.0	102.6	72.4	30.7
アジア	43.9	11.3	11.0	0.3	32.6	18.2	14.4	2.2
北米	134.1	98.3	97.4	0.9	35.7	24.4	11.4	11.2
中南米	11.2	2.1	2.0	0.1	9.1	5.4	3.7	0.2
大洋州	5.4	2.5	2.4	0.1	2.9	0.9	2.0	0.8
欧州	140.3	57.3	55.3	1.9	83.1	49.2	33.9	16.4
中東	7.9	4.4	4.4	0.0	3.5	2.4	1.1	0.0
アフリカ	0.4	0.0	0.0	0.0	0.3	0.3	0.0	0.0
OECD 諸国	284.0	160.0	157.0	3.0	124.0	75.6	48.4	28.4
ASEAN	16.9	3.4	3.3	0.2	13.4	7.6	5.9	1.7
EU	127.3	52.1	50.5	1.6	75.2	43.1	32.0	16.2
東欧・ロシア等	0.8	0.0	0.0	0.0	0.8	0.3	0.5	0.0

（出所）日銀「証券投資残高地域別統計」

［5］対米証券投資

　米国財務省の"Treasury International Capital（TIC）System"では、米国居住者と非居住者間の証券取引の状況が確認できる。米国の巨額の経常収支赤字を埋めるため、海外から大量の資本が流入している。図表XI−26は、米国居住者と非居住者との間での長期証券の売買動向の推移である。国・地域別のデータも公表されているが、月次の取引データは直接の取引相手の国で地域区分されるため、第三国の保管口座を通じた売買は、真の取引者の国とは異なることに注意が必要である。

　また、国別の米国債保有額も毎月公表されている（図表XI−28参照）。月次データは、毎年6月時点の地域別残高データを基に、取引データから算出される。米政府勘定保有分を除いた米国債残高は19年6月末時点で16兆ドルあるが、その41%を海外投資家が保有している。そのため、2・5・8・11月の国債利金の支払いも、ドル売りの資金フローとしてマーケットで材料視されることがある。

　そのほか、TICデータは長期債や株の売買以外の資本流出入も網羅しており、米国への国際資本移動をモニターできる。

公表機関ウェブサイトアドレス

米財務省 TIC　　　https://www.treasury.gov/resource-center/data-chart-center/tic/
　　　　　　　　　pages/index.aspx

図表XI−26　非居住者との取引による資本流出入（12ヵ月移動合計）

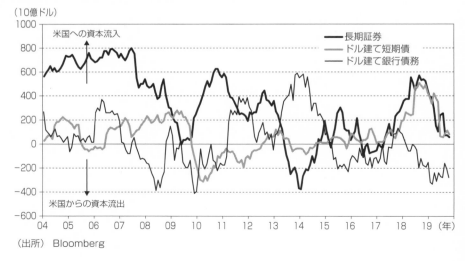

（出所）Bloomberg

図表XI-27 対米証券投資

(単位：10億ドル)

	米国居住者と非居住者との取引（ネット金額）									
	合計	証券種類別						海外投資家別		
		米国国債	米国エージェンシー債	米国社債	米国株式	外国債券	外国株式	海外公的機関	海外民間部門	国際機関等
2002年	574.6	119.9	195.1	182.3	50.2	28.5	−1.5	39.3	506.0	2.2
2003年	663.3	263.6	155.8	265.7	34.7	32.0	−88.6	134.9	584.6	0.4
2004年	763.6	352.1	226.4	309.5	28.5	−67.9	−85.0	235.6	677.8	3.1
2005年	839.1	338.1	219.3	372.2	82.0	−45.1	−127.3	120.4	885.1	6.0
2006年	892.3	195.5	286.5	510.8	150.4	−144.5	−106.5	196.6	944.5	2.1
2007年	776.6	198.0	219.0	393.4	195.5	−133.9	−95.3	187.7	817.6	0.5
2008年	489.1	314.9	−38.7	93.9	44.8	53.9	20.2	103.0	312.7	−0.8
2009年	452.0	538.4	−11.5	−40.8	152.7	−127.5	−59.4	127.9	513.7	−2.7
2010年	793.0	703.7	108.0	−13.2	109.7	−54.6	−60.6	132.2	778.9	−2.8
2011年	369.0	432.6	80.9	−45.2	25.1	−52.6	−71.7	170.7	314.3	8.4
2012年	612.9	416.4	133.0	−24.1	108.8	19.9	−41.1	225.9	408.2	0.0
2013年	−141.5	40.9	71.5	10.3	−43.2	−46.8	−174.2	78.8	3.5	−2.9
2014年	269.5	165.5	74.6	24.0	−16.0	129.2	−107.9	78.4	183.4	−13.7
2015年	318.9	−20.3	156.7	135.0	−114.9	276.5	−114.0	−218.0	381.2	−6.8
2016年	261.0	−325.8	265.9	124.7	−6.9	258.7	−55.7	−290.7	363.8	−15.2
2017年	532.3	20.0	135.1	131.5	118.8	233.2	−106.3	−105.1	518.2	−7.8
2018年	525.1	1.6	230.1	54.6	−129.7	324.7	43.9	−100.5	260.9	−3.8

（注）対米資本流入はプラス、資本流出はマイナス。
（出所）米財務省、Bloomberg

図表XI-28 米国国債保有状況

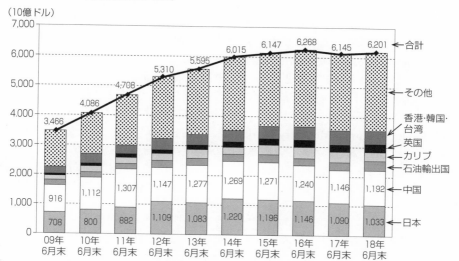

（出所）米財務省 TIC Capital Movements "Major foreign holders of U.S. Treasury securities"

［6］外為証拠金取引

　外国為替証拠金取引（ＦＸ取引）は、証拠金を外国為替証拠金取引業者に預託し、差金決済によって通貨の売買を行うものである。1998年の「外国為替及び外国貿易法」の改正による外国為替業務の自由化を機に、個人を中心に取引が広がった。低金利通貨である円を売って高金利通貨を買い持ちにすることで、2通貨間の金利差を享受する取引（キャリートレード）が活発化し、その取引規模が拡大するにつれ、外国為替相場に影響を与える需給要因の1つとしてその売買動向が注目されるようになった。外為証拠金取引には2種類の形態があり、東京金融取引所に上場されている取引所取引（くりっく365）と、外国為替証拠金取引業者と相対で行う店頭取引（店頭ＦＸ）に区分される。くりっく365は初心者が多く、店頭ＦＸは大きなポジションを大胆に動かす熟練者が多いといわれる。店頭ＦＸのポジション状況はQUICKなどの通信社が集計したものが利用できる（図表XI－29参照）。

公表機関ウェブサイトアドレス

くりっく365　　　　https://www.click365.jp/

［7］CFTC建玉

　ＣＦＴＣ（Commodity Futures Trading Commission、米国商品先物取引委員会）は、米国の先物取引を監督する連邦政府機関で、週次で先物建玉状況を公開している。ＣＭＥ（Chicago Mercantile Exchange、シカゴ・マーカンタイル取引所）に上場されているIMM通貨先物の建玉のうち、非商業部門と非報告部門を合計した建玉は、ヘッジファンドなどの投機筋のポジション状況を示しているとされ、市場関係者が注目している（図表XI－30参照）。これら投機筋に対し、実需筋は商業部門となる。ＩＭＭ（International Monetary Market）は、ＣＭＥのうち通貨・貴金属などを取引する部門のことである。なお、非商業部門のみを投機筋とする場合もある。

　投機ポジションは、比較的短期間のうちにポジションを変更する傾向があるため、一方向にポジションが傾いた局面では、反対売買によって相場が急に動くことが警戒される。

公表機関ウェブサイトアドレス

米国 商品先物取引委員会（CFTC）　　　https://www.cftc.gov/
シカゴ・マーカンタイル取引所（CME）　　https://www.cmegroup.com/

図表XI−29　外為証拠金店頭取引（円/ドル）のポジション状況（週次）

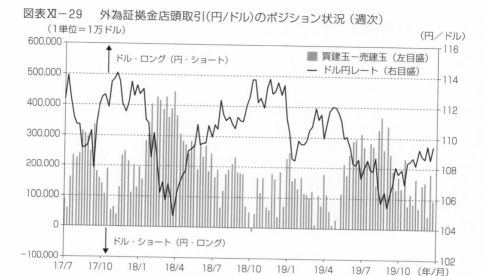

（注）　QUICKの店頭FX建玉統計は、主要8社について前週金曜日のデータが月曜日に集計・公表される。
（出所）　ポジションはQUICK、為替レートはBloomberg

図表XI−30　IMM通貨先物（円/ドル）非商業部門・非報告部門の建玉残高の推移

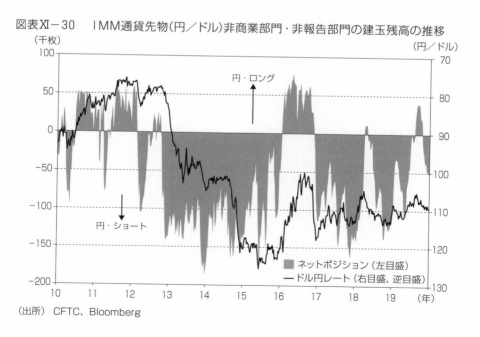

（出所）　CFTC、Bloomberg

[8] 対外資産負債残高表

　国際収支が一定期間のフロー（企業会計では損益計算書）の動きを示すのに対して、対外資産負債残高表はストック（企業会計では貸借対照表）の状態を示す。こうしたストックの分析も、為替需給の根幹の動きを示すものとして重要である。原理的には経常収支黒字（赤字）に対応して純資産が増加（減少）するが、実際は為替変動による評価替えや非居住者の本邦株式の時価評価による増減などが加味されるなどの調整項目が入るので、ストックの差額とフローは一致しない。

　日本の場合、本邦対外資産負債残高統計は、日本銀行国際局が作成し、財務省国際局が「本邦対外資産負債残高の概要」として発表している（年1回、5月下旬）。対外資産負債残高の国際的な比較は、図表XI−31の通りである。日本は1985年以来、最大の純資産国になっている。

　日本は2014年の統計から、国際収支マニュアル第6版に準拠している。残高の評価方法については、株・債券・金融派生商品等は市場価格で、貸付・借入等は名目価額で、直接投資は投資先企業の帳簿上の自己資本額によって評価される。残高の変動要因は、取引・為替・その他に分けられ、為替以外の市況変動はその他要因となる。

公表機関ウェブサイトアドレス

日本：「本邦対外資産負債残高」
　財務省　　https://www.mof.go.jp/international_policy/reference/iip/index.htm
　日本銀行　https://www.boj.or.jp/statistics/br/bop_06/index.htm/
米国：商務省経済分析局 "International Investment Position"
　　　　https://www.bea.gov/data/intl-trade-investment/international-investment-position

[9] 通貨当局の外貨保有状況

　通貨当局が保有する外貨の通貨別の構成がどのように変化しているかを把握することも、為替市場の動向をみる材料として重要である。図表XI−32はIMFが公表する外貨準備の通貨構成の状況である。これは通貨構成を公表している国のみを集計しているため、非公表の部分があることに注意が必要。なお、2000年代後半以降、中国の外貨準備が急増するなかで構成不明分が増加したが、15〜18年ころに中国の通貨構成は段階的に公表された模様である（図表XI−33参照）。

公表機関ウェブサイトアドレス

IMF "Currency Composition of Official Foreign Exchange Reserves (COFER)"
　　　　http://data.imf.org/COFER

図表XI-31 主要国の対外資産負債残高

(単位：兆円)

	日本		中国	ドイツ	スイス	フランス	イタリア	英国	米国
	18年末	17年末	18年末	18年末	18年末	18年末	18年末	18年末	18年末
対外資産	1,018	1,013	803	1,077	534	818	340	1,549	2,769
対外負債	676	684	570	817	435	867	351	1,588	3,817
対外純資産	342	329	234	260	99	− 48	− 10	− 39	− 1,048
対名目GDP比	62.6%	60.1%	15.9%	59.9%	127.5%	− 15.9%	− 4.6%	− 12.4%	− 46.4%

（注）為替換算レートは各年末時点のレート。対名目GDP比はIMFデータの名目GDPより算出。
（出所）各国中央銀行・外為当局、IMF、Bloomberg

図表XI-32 外貨準備の通貨構成比

(単位：兆円)

年末	2000	2005	2010	2011	2012	2013	2014	2015	2016	2017	2018
米ドル	71.1	66.5	62.2	62.7	61.5	61.3	65.2	65.7	65.4	62.7	61.7
円	6.1	4.0	3.7	3.6	4.1	3.8	3.5	3.8	4.0	4.9	5.2
英ポンド	2.8	3.7	3.9	3.8	4.0	4.0	3.7	4.7	4.3	4.5	4.4
スイス・フラン	0.3	0.1	0.1	0.1	0.2	0.3	0.2	0.3	0.2	0.2	0.1
ユーロ	18.3	23.9	25.8	24.4	24.1	24.2	21.2	19.1	19.1	20.2	20.7
加ドル	−	−	−	−	1.4	1.8	1.8	1.8	1.9	2.0	1.8
豪ドル	−	−	−	−	1.5	1.8	1.6	1.8	1.7	1.8	1.6
人民元	−	−	−	−	−	−	−	−	1.1	1.2	1.9
その他	1.5	1.7	4.3	5.3	3.2	2.8	2.8	2.9	2.3	2.4	2.5

（注）年末ベース
（出所）IMF "Currency Composition of Official Foreign Exchange Reserves (COFER)"

図表XI-33 世界の外貨準備高と通貨構成不明分

（兆ドル）

- ◆ 世界の外貨準備高
- □ うち通貨構成不明分
- △ 中国の外貨準備高

（出所）IMF "COFER"、Bloomberg

3 為替レートの決定理論

[1] 為替決定理論の概要

　為替レートが何によって決定されるかというのは、マーケット参加者にとっても、最も関心の高いテーマである。従来から、さまざまな理論がこのテーマに挑戦してきたが、最近の実証研究によっても為替レートを一貫して説明しうるものはないという。ここでは、ごく代表的なものを中心に説明することにする。

（1）購買力平価説

　カッセル（K. G. Cassel、スウェーデンの経済学者）が提唱した理論で、為替レートは2国間貨幣のそれぞれの国での購買力の比率によって決定されるというものである。ドル円レートを例に購買力平価の算式を示すと、

$$購買力平価 ＝ 基準時点のレート \times \frac{日本の物価指数}{米国の物価指数}$$

　ここで問題になるのが、基準時点をどう決めるかということと、物価指数に何を使うかということである。

　基準時点は通常、日米ともに経常収支が均衡していた1973年を使うことが多い。しかし、基準時点をずらすだけでも5〜10円の差は出てくる。

　物価指数のほうは、もっと影響が大きい。図表XI−34は、消費者物価（CPI）と輸出物価を使ってドル円レートの購買力平価を計算したものである。2019年11月時点で消費者物価ベースでは122円、輸出物価では57円と、計算結果に大幅な乖離が生じてしまう。

　これだけ大きな差が出てくると、実務家としては使えなくなってしまうが、中長期的なトレンドをつかむという位置づけであれば、意味はある。実際、チャートをよく観察すると、現実の相場は消費者物価ベースを円安の上限にし、輸出物価ベースを円高の上限にして、変動していることがわかる。また、2つの購買力平価の長期トレンドはいずれも円高・ドル安を示しており、これも、変動相場制移行後のドル円相場のトレンドと一致している。

　物価指数の基準点からの変化率で算出する購買力平価は相対的なものであるのに対し、実際の価格を比較して算出する絶対的な購買力平価もある。OECDが公表している購買力平価は、個別の製品・サービスのグループごとの市場価格から購買力平価を算出し、GDPレベルに集計されている。

　また、世界各国で販売されているマクドナルドのハンバーガーから算出されるビッグマック指数も絶対的な購買力平価であり、英エコノミスト誌が毎年1月と7月に公表している。世界各国の価格を比較することのできる商品として、スターバックスのカフェラテやアップルのiPod・iPhoneなどから購買力平価が計算されることもあるが、いずれもその国全体の物価を代表するものではないため、注意して利用したい。

公表機関ウェブサイトアドレス
OECD (PPP)　　　　　　　　　　　　https://www.oecd.org/sdd/prices-ppp/
エコノミスト誌ビッグマック指数　　　https://economist.com/content/big-mac-index

図表XI－34　ドル円レートの購買力平価

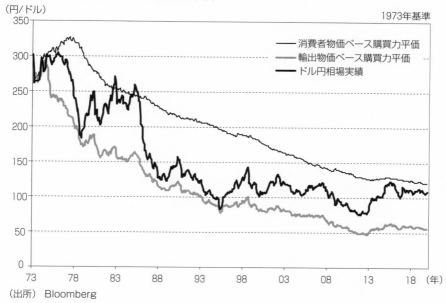

（出所）Bloomberg

（2）フロー・アプローチ

　為替レートは、経常収支、資本収支、公的介入の3つの取引によって生じる為替のフローの需給によって決定されるというのが、フロー・アプローチの考え方である。変動相場制に移行した当初、学者の間から提起された理論で、為替レートが変化することによって経常収支の不均衡是正は達成されるというものであった。

　この理論の背景には、資本収支は2国間の金利差で自動的に決まるとの前提があり、投資家が抱く為替相場の予想変化率（為替リスクのプレミアム）は軽視されていた。

（3）アセット・アプローチ

　変動相場制での経験は、フロー・アプローチが有効でないことを示した。為替レートによる経常収支の調整作用は働かず、国際的な不均衡が大きな問題となった。そこで登場した考え方がアセット・アプローチである。

①マネタリー・アプローチ

　為替レートは、2つの通貨で表示された資産（アセット）間の交換比率であり、通貨市場におけるストックの均衡するところで、レートが決まるとする理論である（図表XI−35参照）。この理論は、資本移動が自由であり、2つの債券が完全に代替的であると仮定している。そうなると、各通貨の資産の予想収益率は、ある通貨の金利に為替相場の予想変化率を加味したものになる。為替相場の予想変化率は、すべて為替の先物相場に織り込まれているはずであるから、現在の先物相場水準に一致する。すなわち、2通貨間の名目金利差に等しくなる。名目金利差は2国間の期待インフレ率の反映であるので、この理論は購買力平価と同じになる。

　実際、マネタリスト・モデルでは、短期的にも購買力平価の成立を仮定していた。

②ポートフォリオ・バランス・アプローチ

　マネタリー・アプローチで前提としている各通貨建て資産間の代替性が完全であるということの現実性に疑問が呈され、しかも短期的な相場変動はインフレ率格差から大幅に乖離したこともあり、これらを否定して登場したのがポートフォリオ・バランス・アプローチである。

　しかし、この理論も重点の置き方により、さまざまなバリエーションがあり、確たる定説は存在していない（図表XI−36参照）。

図表XI-35　日米マネタリーベース比率とドル円レート

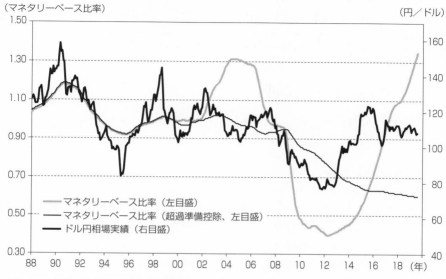

（マネタリーベース比率）　　　　　　　　　　　　　　　　　（円／ドル）

マネタリーベース比率（左目盛）
マネタリーベース比率（超過準備控除、左目盛）
ドル円相場実績（右目盛）

（注）　マネタリーベース比率は日本/米国の12ヵ月移動平均。
（出所）　Bloomberg、INDB-Accel、FRB

図表XI-36　ポートフォリオ・バランス・アプローチの理論

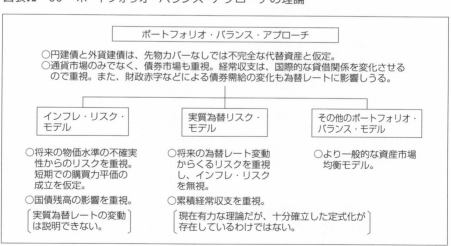

ポートフォリオ・バランス・アプローチ

○円建債と外貨建債は、先物カバーなしでは不完全な代替資産と仮定。
○通貨市場のみでなく、債券市場も重視。経常収支は、国際的な貸借関係を変化させるので重視。また、財政赤字などによる債券需給の変化も為替レートに影響しうる。

インフレ・リスク・モデル
○将来の物価水準の不確実性からくるリスクを重視。短期での購買力平価の成立を仮定。
○国債残高の影響を重視。
〔実質為替レートの変動は説明できない。〕

実質為替リスク・モデル
○将来の為替レート変動からくるリスクを重視し、インフレ・リスクを無視。
○累積経常収支を重視。
〔現在有力な理論だが、十分確立した定式化が存在しているわけではない。〕

その他のポートフォリオ・バランス・モデル
○より一般的な資産市場均衡モデル。

（注）　〔　〕内は各モデルの欠点。
（出所）　「為替レートと金融市場」深尾光洋　東洋経済新報社

427

4 国際通貨制度の歴史

[1] 戦後の国際通貨制度

戦後の国際通貨制度の成立は、1944年7月のブレトン・ウッズ会議において、IMF協定と世界銀行協定が合意をみたことから始まる。

(1) IMF体制と為替レート

為替レートに関連することだけに限定してIMF体制を解説すると、加盟国はまず、それぞれの為替平価を設定することを義務づけられた。平価設定は、金を共通尺度に、1円＝純金2.468539ミリグラムというように定められた（1953年に設定された）。これは、すでに1949年から定められていた、1米ドル＝360円という固定相場と、1トロイオンス＝35ドルという基準から逆算したものであった。

各国は、こうして定めた平価を安定させる義務があり、その許容変動幅は平価の上下1％であった。ドル以外の通貨は相互の2％までの乖離が認められた。為替相場が許容幅より逸脱した場合は、加盟国はこれに対応した経済・金融政策をとり、必要であれば為替市場への平衡介入を実施することになっていた。

(2) アジャスタブル・ペッグ制度

IMFの固定相場制では、国際収支の基礎的な不均衡が存在し、上記のように平衡介入などを実施しても平価を維持できない場合には、加盟国が平価の変更を提議することを認めていた。アジャスタブル・ペッグ制（adjustable peg system、調整可能な釘づけ相場）といわれるもので、10％までの平価変更を、IMFは認めなければならなかった。いずれにせよ、IMF体制はドルの金兌換を前提とした通貨制度であり、ドルを金為替とする金ドル為替本位制の性格を有していた。

(3) ドル危機

IMF体制は米国の圧倒的な経済力とその象徴であるドルの強さを背景に誕生したもので、当初は問題なく維持されたものの、1958年頃から国際収支の悪化が目立ちはじめ、金の流出が顕著となってきた。60年代に入ってもベトナム戦争への軍事費や民間の資本流出が増加したため、金保有は減少を続けた。ドルへの信認が揺

らぎはじめ、余剰となったドル資金は金への投機(ゴールド・ラッシュ)となって、国際金融市場を混乱に導いた。

[2] 変動相場制への移行

(1)ニクソン・ショックの背景

　1967年11月にポンドが切り下げに追い込まれたことを契機に、再びドル不安と金の投機が発生。68年初めには、金の市場価格が公定価格を常時上回る状態となったため、金の二重価格制が導入された。米国は他国に金兌換の自粛を要請したため、IMF体制は事実上、金との連関を絶ったドル本位制の色彩が強まった。70年には、外国の公的機関の保有するドルが米国の金準備総額を上回ったが、米国はドルの切り下げが国内で不人気なことや、金兌換自粛を要請してきた手前もあって、抜本的な対策をとらなかった。

　しかし、71年5月にマルクへの投機が始まると、市場介入ではドルを支えきれず、ドイツ、オランダなどは変動相場制に移行した。

　71年8月15日、米国のニクソン大統領は国際収支の悪化に対して、一連の新経済対策を発表したが、それは、①ドルと金との交換停止、②10%の輸入課徴金の導入、③価格統制、④対外援助の10%削減、などを内容とするものであった。

(2)スミソニアン体制

　ニクソン声明後、多少の時間のズレはあったものの、先進国は変動相場制に移行した。しかし、各国は固定相場制への復帰をめざし、1971年12月にワシントンのスミソニアン博物館で開かれたG10で、公定為替相場の調整を行った。新しい基準相場は、従来の平価ではなく、セントラル・レートと呼ばれた。また、セントラル・レートから2.25%の範囲で相場を維持するという約束がされた(義務ではない)。

　円は360円から308円に切り上げられた。また、形式だけではあるが、ドルの金に対する平価は35ドルから38ドルに切り下げられた。

(3)変動相場制への完全移行

　そのスミソニアン体制も、1972年6月にポンド危機が発生して揺らぎはじめる。ポンドが変動相場制に移行した後の73年2月には、米ドルが再び切り下げ(対金、SDRで10%)に追い込まれた。しかし、大量のドル売りはおさまらず、ついに円も変動相場制に移行することとなった。同年3月、欧州各国は共同フロートに移行し、主要通貨は全面的に変動相場の時代に入った。

図表XI-37　国際通貨体制の歴史

年 月	出 来 事
1945.12	ブレトン・ウッズ協定発効。 IMF（国際通貨基金、業務開始1947年）と国際復興開発銀行（世界銀行、業務開始1946年）を設立。
1949. 4	1ドル＝360円の単一為替レートを実施。
12	日本、外国為替・外国貿易管理法（外為法）、外国為替特別会計法を公布。
1952. 7	欧州石炭鉄鋼共同体（ECSC）創設。
8	日本がIMF、世界銀行に加盟。
1958. 1	ローマ条約発効。欧州経済共同体（EEC）などが発足。
1961. 9	OECD（経済協力開発機構）発足。
1967. 7	EECなどを統合した欧州共同体（EC）スタート。
9	IMF総会でSDR（特別引き出し権）の創設が決まる。
1971. 8	ニクソン米大統領がドルの金交換停止、輸入課徴金など、ドル防衛の緊急対策を発表（ドルショック）。
	日本、円の変動相場制に移行。西欧主要国もすべて固定相場制を離脱。
12	ワシントンで多国間通貨調整、スミソニアン合意成立。
	1ドル＝308円の新基準相場を閣議決定、即日実施。
1972. 4	EC各国通貨の対ドル変動幅を±2.25％とする「スネーク制度」発足（278頁参照）。
1973. 2	ドルが再切下げ、日本・西欧諸国が再び変動相場制に移行、スミソニアン体制が崩壊。
3	EC6ヵ国が共同フロートへ。英国、カナダ、日本などは単独フロートへ移行。
10	第1次石油ショック。
1976. 1	IMF、変動通貨制を含む新協定に合意（ジャマイカ合意）。
1978. 4	IMF新協定発効。
10	1ドル＝180円を突破、円高進行。
11	カーター米大統領、ドル防衛の総合対策を発表。米、西独、日が共同介入を実施。
12	第2次石油ショック。
1979. 3	EMS（欧州通貨制度）発足、英を除くEC8ヵ国が参加。
	→為替相場メカニズム（ERM）、欧州通貨単位（ECU）の創設。
1981. 2	レーガン米大統領、「経済再生計画」発表。レーガン政権下でドル高進む。
1985. 9	先進5ヵ国蔵相・中央銀行総裁会議（G5）開催、ドル高是正で合意（プラザ合意）。
1986. 1	ロンドンG5、協調利下げで合意。
1987. 1	経済通貨統合を盛り込んだ「単一欧州議定書」が発効。
2	パリG6（イタリア不参加）、為替相場の現状維持で合意（ルーブル合意）。
10	ブラック・マンデー（ニューヨーク株式市場に始まる世界的な株価暴落）。
12	ワシントンG7、「これ以上のドル下落は好ましくない」（クリスマス合意）。
1988. 1	東京外為市場、1ドル＝120.45円の史上最高値。
7	日銀、円安ドル高による輸入インフレを警戒し、高めの短期金利を容認。
1989. 4	ドロールEC委員長、EC通貨同盟に関する報告書を提出（ドロール・プラン）。
	ワシントンG7開催、ドル高の抑制とインフレ警戒感を強めることで一致。
1990. 7	経済通貨統合の第1段階（加盟国の金融・通貨政策の協調、資本移動の自由化）開始。
	東西ドイツ通貨統合発効。
12	欧州通貨統合に関するEC委員会案発表、統一通貨としてECUを指定。
1991.12	EC首脳会議、欧州連合創設を宣言（97年にも欧州中央銀行設立、単一通貨ECU発行などを盛り込む）。
1992. 2	欧州連合条約（マーストリヒト条約）署名。
9	欧州通貨危機、ポンド、リラERM離脱。

（➣）

（↘）

年 月	出 来 事
1993. 8	ＥＲＭ変動幅を上下2.25％から各15％に拡大（除く独マルク、ギルダー）。
11	欧州連合条約発効（EU発足）→ECUバスケット固定。
1994. 1	NAFTA（北米自由貿易協定、参加国は米・カナダ・メキシコ）発効。
1995. 4	円、1ドル＝79.75円、史上最高値更新。G7（ワシントン）共同声明採択、「最近の為替動向を懸念。秩序ある反転が望ましい」。
1997. 7	アジア通貨危機。→日本の金融システム不安高まる。
1998. 5	欧州中央銀行(ECB)設立。
6	日米協調の円買い介入実施。G7・アジア18ヵ国金融通貨会議で円安進行阻止を確認。
8	ロシア通貨危機。ラテンアメリカへ波及。→9月、米ヘッジファンドLTCMの救済。
1999. 1	ユーロ統合。(EMU第3段階スタート)
2000. 9	日米欧による初のユーロ買い協調介入。
2001. 1	ギリシャが単一通貨ユーロに参加→EMU参加国が12ヵ国に。
2002. 1	単一通貨ユーロの紙幣・硬貨の流通開始。
2003. 9	ドバイG7、「為替レートのさらなる柔軟性が望ましい」→1ドル＝115円割れ。
2005. 7	人民元2％切り上げ、管理変動相場制へ。
2007. 8	パリバ・ショック→米サブプライム・ローン問題が深刻化。
2008. 9	リーマン・ブラザーズ破綻、AIG救済→円キャリートレード巻き戻しの加速。
2009.10	ギリシャ首相にパパンドレウ氏が就任し、過去の財政収支の誤りを告発→欧州政府債務危機の始まり。
2011. 1	エストニアが単一通貨ユーロに参加（07年スロベニア、08年マルタ・キプロス、10年スロベニア）→EMU参加国が17ヵ国に。
2011. 3	東日本大震災発生。円高が加速し、円が史上最高値更新（1ドル＝76.25円）。G7が円売り協調介入を実施。
10	Ｓ＆Ｐによる初の米国債格下げや、Fedの低金利政策の時間軸強化を受け、円が史上最高値更新（1ドル＝75.35円）。日本政府・日銀は大規模円売り介入を実施。
11	日米欧主要6中銀が流動性供給強化で協調行動を表明。
2012.12	日本で政権交代、安倍首相は日銀に大規模緩和を要請（アベノミクス「3本の矢」の1つ）。歴史的円高局面から反転へ。
2013. 4	日銀が量的・質的金融緩和（異次元緩和）を導入。
2014. 1	ラトビアが単一通貨ユーロに参加→EMU参加国が18ヵ国に。アルゼンチンペソが急落、新興国通貨が大幅下落。
6	ECBが中銀預金金利をマイナスに引き下げ。
2015. 1	リトアニアが単一通貨ユーロに参加→EMU参加国が19ヵ国に。SNB（スイス中央銀行）がスイスフランのユーロに対する上限を撤廃、スイスフラン急騰。
8	ギリシャで反緊縮政権が発足しユーロ圏諸国との間に亀裂。デフォルトし初のユーロ離脱国となる懸念が強まるも、最終的にはギリシャ支援合意で決着。中国人民銀行が人民元の対ドルレート基準値を突如2％切り下げ。
10	中国が人民元の国際銀行間決済システム（CIPS）の稼働を開始。
2016. 1	日銀がマイナス金利導入（日銀当座預金の一部に－0.1％を適用）を決定。
6	事前の世論調査に反し、英国の国民投票でEU離脱が賛成多数に。
10	IMFが人民元をSDR構成通貨に採用。ウェイトは10.92％と日本円の8.33％より大きい。
2018. 1	米国の保護貿易主義が前面に。中国との間で相互に関税引き上げが継続。

（出所）『日本経済の基礎知識』（日経センター編 日本経済新聞社）に加筆

5 変動相場制移行後の円相場

[1] 変動相場制への移行

　円の対ドルレートは、1973年2月14日に変動相場制へ移行して以来、大きな変動を経験してきたが、ここでは85年9月のプラザ合意までの動きをおおまかに振り返り、今後の相場をみる材料としたい。

①変動相場制移行後の円高期（1973年2月→73年10月）308→270→254円
　スミソニアン・レートは308円。変動相場制移行時は、ドル急落により円高が進行。

②第1次石油危機からランブイエまでの円安期（1973年→75年末）254→307円
　石油危機により国際収支が悪化、一気に円安へ。いったん持ち直すが、欧州の金融危機（74年5月）により円安。75年11月のランブイエ・サミットで、為替安定で合意したため、円安に歯止め。

③経常収支黒字の拡大により円高加速（1976年→78年10月）307→236→176円
　日本の貿易黒字が突出し、米国からの円高誘導的な発言が出る。77年12月に、カーター大統領がドル防衛の意思表示をしたが、円高は進行。78年には、FRBの市場介入強化も効かずドル全面安の展開に。さらに、産油国のドル離れの懸念も表面化。78年8月にドル防衛のための公定歩合引き上げで小康状態となったものの、10月には180円台を割り込んだ。

④カーターのドル防衛策から第2次石油危機（1978年11月→80年4月）176→260円
　78年11月のカーターの防衛策（公定歩合引き上げ、IMFのリザーブ・トランシュ引き出し、中央銀行とのスワップ拡大、カーターボンドの発行など）により、円高は反転し200円台に戻った。79年に入ると、原油情勢が緊迫し、第2次石油危機の深刻化とともに円安が加速、80年4月には米国の金利上昇もあり260円台となった。

⑤ファンダメンタルズ相場による円高（1980年4月→81年1月）260→199円
　米国の金利も天井感がみられたことから、市場の眼が金利差からファンダメンタル

ズに移り、ドルが欧州通貨に対し強含むなかで円高基調が持続。

⑥レーガン政権によるドル高指向（1981年1月→プラザ合意まで）199→263円
　レーガン大統領が掲げた「強いアメリカ、強いドル」の方針のもと、ドル高に転換していった。加えて、米国の高金利が海外からの長期資本の流入を引き起こし、ドル高が進行した。

図表XI-38　ドル円相場の長期的推移

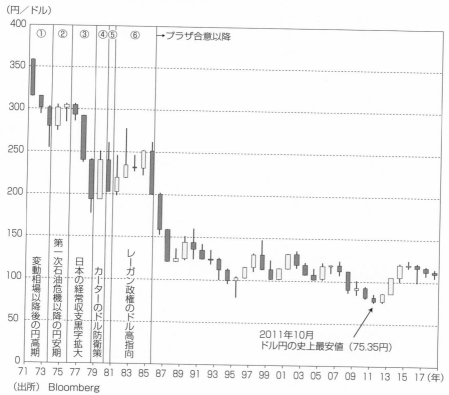

（円／ドル）

① 変動相場以降後の円高期
② 第一次石油危機以降の円安期
③ 日本の経常収支黒字拡大
④ カーターのドル防衛策
⑤
⑥ レーガン政権のドル高指向

→プラザ合意以降

2011年10月
ドル円の史上最安値（75.35円）

（出所）Bloomberg

[2] プラザ合意以降の協調体制

(1) レーガン政権の立場

　レーガン政権は成立当初から、「強いアメリカ」を標榜していたので、ドル高を歓迎していた。1980年代前半の世界経済は、ドル高・高金利・米国の「双子の赤字」という3つの言葉で表現できよう。膨大な貿易赤字と財政赤字を抱えるというファンダメンタルズでは評価できない米国のドルが強さを保ちつづけたのは、金利が名目でも実質でも他国と比較して高かったにせよ、エコノミストには理解のできない現象であった。ドル高は、日本や欧州諸国にとっては、金利を下げにくくさせる要因であったので、事あるごとにドル高是正を求めたが、レーガン政権は「強いドルは強い米国経済への信認の表れ」として無視しつづけた。

　85年に財務長官がベーカーに代わると、米国政府のドル高に対する方針にも変化がみられはじめた。85年1〜2月には急激なドル高に歯止めをかけるために、為替市場にドル売り介入を実施した。為替市場の介入にはきわめて消極的であった前任のリーガンとは、対照的であった。

　米国政府の為替政策の転換を予感させた具体例は、85年4月のプリンストン大学シュルツ演説であった。この演説の趣旨は、日米間の不均衡の真の原因は日本の過剰貯蓄・過小消費と米国の過剰消費・過小貯蓄だとして、政府高官としては初めて財政赤字・貿易赤字・ドル高の因果関係を認めたのであった。

(2) ドル高是正への政策転換＝プラザ合意 ── その1

　1985年9月22日、ニューヨークのプラザホテルで開催された先進5ヵ国蔵相・中央銀行総裁会議（G5）で、為替レートをよりファンダメンタルズを反映させたものにする（＝ドル高を是正する）との合意が成立した。

　こうした米国の政策の転換には、2つの背景があった。第1はドル高で輸出競争力を失った製造業と農業関係者からの圧力である。第2は米国議会での保護貿易主義の高まりであった。

　主要国は協調してドル売り介入を実施した。すでに同年の2月をピークとして、ドルが弱含みはじめていたので、市場関係者のセンチメントは激変し、一挙にドル安が進行した。当局者は10〜12％程度のドル安を目標としていたようであるが、10月末にはすでに、その水準に達していた。

図表XI-39　プラザ合意をめぐる出来事と為替レート

（ニューヨーク市場終値）

年 月 日（曜日）	出 来 事	ドル円	ドルマルク
1985　1　17（木）	G5ワシントン会議。協調介入で合意。	254.55	3.1830
2　25（月）	ドル高進行。米独でドル高阻止の協調介入。	262.65	3.4525
4　11（木）	シュルツ国務長官、プリンストン大学で演説。	251.70	3.0735
6　22（土）	G10レポート公表（介入の効果について）。	248.80	3.0700
9　22（日）	G5（ニューヨーク、プラザホテル）開催。	231.90	2.7320
10　6（日）	IMF世銀総会（ソウル）。ベーカー構想。	215.45	2.6505
10月下旬	日本銀行、短期金利高め誘導。		
12　12（木）	レーガン大統領、グラム・ラドマン法に署名。	202.05	2.5150
1986　1　18（土）	G5（ロンドン）開催。プラザ合意再確認。	202.52	2.4645
1　30（木）	日銀、公定歩合引き下げ（5→4.5）。	193.05	2.3790
2　24（月）	FRBで宮廷クーデター。ボルカーの利下げ慎重論が否決される。	182.15	2.2825
3　6（木）	独（4→3.5）公定歩合引き下げ。	179.30	2.2425
3　7（金）	日銀（4.5→4）、米（7.5→7）公定歩合引き下げ。	179.45	2.2380
4　21（月）	日銀（4→3.5）、米国（7→6.5）公定歩合引き下げ。	172.00	2.2065
5　4（日）	東京サミット。サーベイランス導入を決定。	165.62	2.1875
7〜8月	米国、7月10日（6.5→6）、8月21日（6→5.5）に公定歩合引き下げ。		
9　26（金）	G5（ワシントン）開催。ベーカー宮沢会談。	154.35	2.0460
10　31（金）	ベーカー宮沢声明。日銀（3.5→3）利下げ。	163.40	2.0610
1987　1　21（水）	ベーカー宮沢声明。	153.95	1.8475
1　22（木）	独（3.5→3）利下げ。	151.90	1.8145
1　28（水）	FRB、プラザ合意以降初めてドル買い介入。	151.75	1.7885
2　22（日）	G5、ルーブル合意。協調介入の基準レートは、153.50円、1.825DM。		
2　23（月）	日銀（3→2.5）利下げ実施（2.20決定）。	153.68	1.8305
4　7（火）	G5（ワシントン）円の中心レート→146円。	145.35	1.8265
6　9（火）	ベネチア・サミット（サーベイランス強化）。	142.50	1.7910
8　11（火）	ボルカー FRB議長辞任。	151.77	1.8975
10　19（月）	ニューヨーク株式市場大暴落。世界の株式市場に波及。	141.83	1.7777
12　3（木）	独（3→2.5）利下げ。	132.90	1.6595
12　22（火）〜23（水）	G7開催。これ以上ドル下落を望まないとの声明。クリスマス合意と呼ばれている。	126.75	1.6365

（注）土曜日・日曜日の為替レートは、週明け月曜日のレート。
（出所）Bloomberg

（3）ドル高是正への政策転換＝プラザ合意 ── その2

　プラザ合意によるドル高修正の試みは、各国当局者の意図していた以上に成功裡に進んだ。『通貨烈烈』の著者である船橋洋一氏によれば、介入作戦とその実態は次のようなものであった。

　要点を箇条書きにすれば──、

　①介入期間は6週間。介入に用意した資金は180億ドルで米・独・日で25％ずつ、英・仏で12.5％の負担割合であった。②10月中旬には協調介入は終わったが、介入額は米国が32億ドル、日本が30億ドル、独＋英＋仏の合計が20億ドル、これ以外のG10諸国が20億ドル以上であった。③介入はドル高へ後戻りさせないことを基本とした。また、あまりにドル安にふれた場合はドルを買い支えることにも合意していた、──などである。

（4）協調介入から協調利下げへ

　G5の協調は、為替市場への介入だけにとどまらず、まず金融政策での協調に発展した。ドルを暴落させない形で米国が利下げをするには、金利差を縮小させてはならず、他国が足並みをそろえて利下げをする必要があるからだ。他国も急激な自国通貨高による景気悪化に対処する必要があった。

　日米間では、日本の経常黒字縮小を、内需に拡大に誘発された輸入増加によって達成すべきであるとの米国の主張があった。為替レートの調整だけでは、Jカーブ効果もあり、米国の貿易収支はなかなか改善しなかったので、米国側の不満は高まった。そして、日本の財政政策の発動が遅れたことを理由に、米国側はドル安を放置・容認するような発言を武器に政策変更を迫った。一方、日本側は、円高不況への対処策として、また、いっそうの円高を避けるために、公定歩合の引き下げを繰り返していった。

（5）ルーブル合意

　ルーブル合意の意義は、「為替調整は十分になされたので、このへんで一段落してもよい」との認識を示し、対外不均衡の是正に向けてマクロ経済政策の協調をいっそう進めようとしたところにある。会議では、為替水準のレベル（ないしゾーン）を決めて、何パーセント以上、そのレンジから離れたら協調して介入するというレファランス・レンジの考え方が議論された。しかし、これらの部分についての公式発表は、一切されずに終わった。

図表XI－40　プラザ合意などの内容

プラザ合意（抄）（1985年9月22日）

> 大臣及び総裁は、為替レートが対外インバランスを調整するうえで、役割を果たすべきであることに合意した。このためには、為替レートは基本的経済条件をこれまで以上によく反映しなければならない。彼らは、合意された政策行動が、ファンダメンタルズをいっそう改善するよう実施され強化されるべきであり、ファンダメンタルズの現状及び見通しの変化を考慮すると、主要非ドル通貨の対ドル・レートの、ある程度のいっそうの秩序ある上昇が望ましいと信じている。彼らは、そうすることが有用である時には、これを促進するよう、より緊密に協力する用意がある。

ルーブル合意（抄）（1987年2月22日）

> 大臣及び総裁は、プラザ合意以来の大幅な為替レートの変化は対外不均衡の縮小に、今後いっそう寄与するであろうとの点に合意し、この声明に要約された政策コミットメントを前提とすれば、今や各通貨は基礎的な経済諸条件におおむね合致した範囲内にあるものとなった点に合意した。各通貨間における為替レートの、これ以上の顕著な変化は、各国における成長及び調整の可能性を損なう恐れがある。それゆえに、現状においては、大臣及び総裁は、為替レートを当面の水準の周辺に安定させることを促進するために緊密に協力することに合意した。

ルーブル合意のうち公表されなかった部分

> ①為替を安定させる中心レートは、1ドル＝153円50銭と1ドル＝1.8250マルク。
> ②この中心レートから上下2.5％のところに達した場合は協調介入するが、介入を義務とはしない。
> ③中心レートから外側に上下5％のところに達した場合は、政策調整についての協議を開始する。
>
> （出所）『通貨烈烈』船橋洋一　朝日文庫

クリスマス合意（1987年12月22−23日）

> 大臣及び総裁は、為替レートが過度に変動すること、これ以上ドルが下落すること、あるいは調整過程を不安定にしてしまうほどドルが上昇することは、いずれも、世界経済の成長の可能性を損なうことにより、逆効果となる恐れがあることに合意した。彼らは、各国通貨間の為替レートをよく安定させることについて、共通の利益を有していることを再び協調し、為替レートの安定を促進するため、経済の基礎的諸条件を強化するような政策の監視及び実施について、緊密に協力しつづけることに合意した。加えて、彼らは、為替市場において、緊密に協力することに合意した。

（6）株価暴落からクリスマス合意へ

　1987年10月19日にニューヨーク株式市場が暴落した（ブラック・マンデー）背景には、米国とドイツとの間に金利引き上げに絡む意見対立があるとの報道を受けて、G7の協調体制が崩壊するのではないかとの、市場関係者の懸念があった。また、巨額の「双子の赤字」（財政赤字と貿易赤字）に対して、米国政府が根本的な対策をとっていないとの不満も潜在的にあった。このため、株価暴落は「市場の反乱」とも評された。

　米国政府は、ドルのいっそうの下落に対して危機感をもち、財政赤字削減への具体的な法案を議会と協議。同法案の成立に合わせて、87年12月22日にG7を開催した。ここで、為替レートの過度な変動は、ドル安、ドル高のいずれも調整過程を損ない、世界経済の成長にとって好ましくないとの見解を明らかにした。

（7）プラザ合意以降の総括

　これまで解説してきたように、プラザ合意以降の国際的な政策協調の流れは、今後の為替・金融政策を考えるうえで、非常に参考になる点が多い。

　プラザ合意による為替市場への介入は、当局者の間では相当な準備がされていた。1983年4月には、7ヵ国蔵相・中央銀行総裁が会合を開き、「介入のスタディについての声明」が発表されている。それを読むと、「協調介入が有用であるとの合意が得られる場合にはそのような介入を進んで実施する」と協調介入に前向きの姿勢が窺える。

　また、83年5月のウィリアムズバーグ・サミットでは、国際通貨安定のために各国の経済政策の調和が図れるよう、多角的サーベイランスを充実していくことが確認されている。

　85年6月のG7代理会議の「国際通貨制度改善のためのレポート」では、「介入は他の適切な政策を補完し支援する時に限り有効である。為替相場の持続的安定のためには、（中略）経済パフォーマンスの調和が必要であり、このためにサーベイランスの強化が有効である」などの記述がある。

　こうした積み重ねがプラザ合意に集約していったわけであり、政策当局の動きを仔細にウオッチしておくことの重要性は明らかであろう。

［3］G7の枠組における協調体制

（1）円高進行と米国のビナイン・ネグレクト政策（1994年〜95年4月）

　　1994年に入ると日本の膨大な貿易黒字を背景に、米国からの円高圧力が高まり、ドル円レートは一気に100円を割り込む勢いにまで至った。これを受けて日米で94年4月29日に協調介入、ベンツェン財務長官は「米国通貨当局は本日、為替市場に介入した」との異例の緊急声明を発表した。また、5月4日と6月24日には、日米欧（18ヵ国）の主要中央銀行による協調介入が実現したが、ドル安の進行を効果的に抑止することはできなかった。こうした背景には、マーケット関係者のなかで「米国政策当局はドル安を容認している」との見方が支配的であった事実がある。実際、ベンツェン財務長官は、これまでに至る過程では、とくに円に対するドル安を問題視していないかの発言を繰り返してきた。5月4日には「ドル安の動きを懸念している」、また6月24日には「市場介入は米政権がドル高を望んでいることを示す」とまで踏み込んだ声明を出したものの、マーケットの根強い不信感を取り除くまでには至らなかった。

　　95年に入ると、1月にメキシコのペソと株価が暴落したのを契機に一段とドル安が進行した。3月にはついに80円台に突入、さらに4月18日には一時、70円台をつけるという急激なドル全面安の状況となった。3月3日と4月5日には日米欧の協調介入が実施されるとともに、3月31日にはドイツのブンデスバンクが公定歩合を4.5％から4％に引き下げ、日本銀行も4月14日に公定歩合を1.75％から1％に引き下げるという金利協調も実現したが、ドル円レートは約5ヵ月間にわたって80円台で推移した。この間の日銀の為替介入は過去最高の規模で実施されたが、協調介入の効果も期待したほどではなかった。

　　為替市場では米国政府が、いわゆる「ビナイン・ネグレクト」（丁寧な無視）政策をとっているので、ドル安に歯止めがかからないとの見方が広まった。ここでの問題は、マルクや円に対してドルが減価しても、輸入インフレなどの米国にとって直接的に国益を損ねることが起きないという一種の安心感が、米国当局にあるように思われたことである。確かにドルは、輸入比率の高いカナダドルやメキシコペソに対しては強含んでいたので、輸入インフレの懸念はなかった。また、米国景気は金融引き締めの効果により過熱感が払拭されたので、ドル防衛のために金利を引き上げる必然性に乏しかったのである。

（2）秩序ある反転（1995年4月〜97年4月）

　1995年4月25日の7ヵ国蔵相・中央銀行総裁会議（G7）で、ついに為替相場が容認できない水準まできたとして、「秩序ある反転（orderly reversal）が望ましい」との共同声明が出され、ドル買い協調介入が実施された。これを機に、円高修正局面となり、アジア通貨危機直前の97年4月末には127円台まで円安ドル高が進行した。

（3）アジア通貨危機とロシア危機（1997年5月〜98年8月）

　1995年以降の円安ドル高は、ドルにペッグしていたアジア通貨高を招き、ファンダメンタルズから乖離した自国通貨高がアジア経済を直撃した。97年5月に、まず、タイバーツが大量に売られはじめ、7月2日についにドル・ペッグ制を維持できなくなり、変動相場へ移行した。通貨安はタイから他のアジア諸国に波及、日本でも11月に大手金融機関が相次いで破綻し、金融システム不安が現実のものとなった。12月には、ＩＭＦによる韓国への支援融資が合意され、アジア通貨危機終息に向けた協調体制がとられた。

　この間、円相場は97年6月に110円台をつけた後、日本の金融システム不安から急落し、98年6月には146円台まで下落した。6月17日、日本の補正予算成立にタイミングを合わせ、世界金融恐慌回避のため、日米は円買いドル売り協調介入に踏み切った。8月の147円台をピークに、ドル円相場は反転した。

　アジア危機が終息に向かうと思われたところが、98年8月13日、ロシア中央銀行がルーブル防衛のために通貨取引規制を導入したことをきっかけに、ロシア金融危機が勃発、影響は中南米通貨にも波及した。9月25日、有力ヘッジファンドであるＬＴＣＭが破綻するに至って、米国当局は危機回避に本格的に乗り出した。

（4）危機からの回復（1998年10月〜2002年10月）

　米国の金融緩和、ＩＭＦによるブラジル救済プラン、日本の金融システム早期健全化法案成立など、米国を中心とした協調体制がとられ、1998年11月、ＦＲＢのリブリン副議長は「世界経済は最悪期を脱した」と宣言した。その後、日本経済の回復期待から円は上昇し、99年末には101円台となった。しかし、2000年に米国ＩＴバブルが崩壊し、日本経済は再度悪化、02年1月には135円台まで円安が進行した。その後は米国景気減速によるドル売りで02年6月には115円台まで戻した。

　一方、1999年1月に誕生したユーロは下落傾向をたどり、ユーロ圏経済は通貨安をテコに景気回復を図った。しかし、ユーロ安が世界経済に及ぼす影響に対する懸念から、2000年9月22日、ユーロ下落に歯止めをかけるため、日米欧の協調によ

るユーロ買い介入が実施された。その後、米国景気減速によるドル売りで、02年7月にはパリティ（1ユーロ＝1ドル）を回復した。

（5）過剰流動性とキャリートレードの隆盛（2002年12月〜07年7月）

　2003年前半は世界的な需要不足とグローバル・デフレ懸念から、主要国の金利は低下した。米国の積極的な金融緩和、03年4月のイラク開戦に伴う欧州との対立、03年9月APEC財務相会合共同声明における「秩序だった対外不均衡是正のための柔軟な為替レートの管理」をキーワードとした米為替政策の転換は、対主要国でのドル売りを加速させた。03〜04年の日銀による総額35兆円の大規模円売り介入にもかかわらず円高が進行し、ドル円は05年1月に一時101円台を記録した。

　世界的な低金利を背景とした過剰流動性は、高金利通貨と商品市場へ流れ込んだ。低金利通貨売り・高金利通貨買いのいわゆるキャリートレードにより、大洋州通貨や欧州通貨は上昇基調をたどった。米国は04年6月に金融引締めを開始し、1%だったFF金利はMeasured Paceと呼ばれた0.25%の幅で引き上げられ、06年6月に5.25%となった。日本の超低金利が続くなか、日米金利差に着目した円キャリートレードが活発化し、ドル円は07年6月に124円台の円安水準をつけた。

図表XI−41　日米2年債利回り差とドル円相場（2002〜10年）

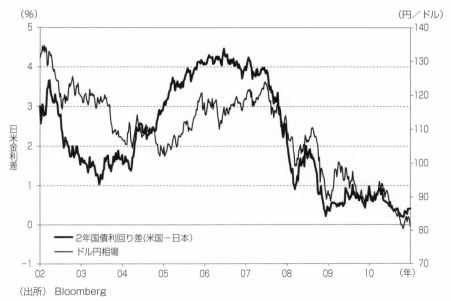

（出所）　Bloomberg

［4］G7からG20へ

（1）米サブプライム・ローン問題と世界的な信用収縮（2007年8月〜12年11月）

　2007年8月に米国サブプライム・ローン問題を発端とする世界的な金融危機が発生し、米国が金融緩和に転ずると、ドル円も下落基調に転換した。過剰流動性は商品性の単純さを求めて商品市場に流入し、ＷＴＩ原油先物価格は08年7月に140ドル台へ上昇した。しかし、08年9月、米投資銀行リーマン・ブラザーズの破綻で世界的に信用収縮が発生、株価・商品価格は急落し、キャリートレードの急激な巻き戻しにより、ドル円は08年10月に90円台までドル安円高が進行した。

　その後も円高傾向が続くなか、10年9月に政府・日銀は6年ぶりの介入を実施、1日当たり過去最高の2兆円超のドル買いをするなど、ドル安円高の動きを阻止した。しかし、10年11月のＦｅｄの量的緩和第二弾（ＱＥ２）による米金利低下を受け、ドル円の下落傾向が続いた。11年3月、未曽有の被害をもたらした東日本大震災の発生によるリスク回避の動きからドル円は76.25円まで下落した。直後のＧ7による協調介入により一時85円台を回復したものの、ドル円下落の流れは変えられなかった。サプライチェーン（部品供給体制）の寸断による輸出減少や原発停止による代替発電燃料の輸入増加から、11年の貿易収支は48年ぶりに赤字に転換したが、その後も、ギリシャ、ポルトガル、アイルランドなど欧州周辺国の財政悪化と、これを背景とした世界景気の減速からリスク回避の傾向が続き、ドル円は11年10月に75.35円の史上最安値を更新した。12年に入り、米景気回復期待による米金利上昇と日銀の追加金融緩和観測から、84円台まで上昇する場面も見られたが、その後は80円近辺での推移となった。

　この間、世界経済の国際協議の場がＧ7からＧ20へ移行し、国際金融秩序をめぐり大きな変化が起きていた。09年10月のＧ7で、会合の頻度を減らし、より非公式な形で取り組むことで一致したことで、Ｇ20への移行が決定的となった。

（2）日銀の異次元緩和の下で（2012年12月〜15年12月）

　2012年12月の総選挙後に成立した第2次安倍政権は、13年1月、日銀とともにデフレ脱却と持続的な経済成長の実現に向けた政策連携に関する共同声明を発表した。「物価安定の目標」を消費者物価の前年比上昇率2％と定め、これをできるだけ早期に実現するとし、13年4月に「量的・質的金融緩和（異次元緩和）」が導入された。これを受けて、市場は物価の上昇すなわち通貨価値の下落（＝円安）を意識し、ドル円相場は13年5月に09年4月以来となる100円台を一時回復した。その後、14年10月、日銀は追加施策となる「『量的・質的金融緩和』の拡大」を発

図表XI－42　G7とG20

	G7 （7ヵ国財務大臣・中央銀行総裁会議）	G20 （20ヵ国財務大臣・中央銀行総裁会議）
参加 メンバー	日本、米国、英国、ドイツ、フランス、イタリア、カナダの財務相・中央銀行総裁と、欧州委員会委員・ECB総裁・ユーログループ議長	G7、アルゼンチン、オーストラリア、ブラジル、中国、インド、インドネシア、韓国、メキシコ、ロシア、南アフリカ、サウジアラビア、トルコの財務相・財務相代理・中央銀行総裁と、EU議長国財務相・ECB総裁
第1回会合	1986年9月 米ワシントン （前身のG5については下のコラムを参照）	1999年11月 独ベルリン
開催頻度	年1回以上（5～6月頃のG7首脳会議前後のほか、不定期に開催）	年1回以上（例年2月・6～8月頃と、春と秋のIMF総会に合わせて開催される）

（出所）財務省ウェブサイト・トロント大学リサーチグループウェブサイトより作成

G5の由来

　G5（先進5ヵ国大蔵大臣・中央銀行総裁会議、Group 5の略）の存在は、ニューヨークのプラザ合意に至るまで一般には知られていなかった。

　その発端は、1973年4月、米国、ドイツ、フランスの蔵相がホワイトハウス図書館で国際通貨政策を非公式に話し合ったことである。出席者は、シュルツ（米国）、シュミット（西独）、ジスカールデスタン（フランス）であった。そのときのテーマは、ブレトン・ウッズ体制崩壊後の国際通貨危機をどう乗り切るかというものであった。その後、シュミット、ジスカールデスタンがそれぞれ首相、大統領になって、英国、日本を加えた5ヵ国でのサミット（首脳会議）の設立の主導役となった。75年11月にランブイエで第1回経済サミットが開催された。

　G5自体はその後、英国と日本を加えて、出席者も蔵相代理と後に中央銀行総裁をも加え、現在のようになったとされている（船橋洋一『通貨烈烈』参照）。東京サミット（1986年5月6日）では、政策協調の推進を目的として、サミット参加国（日、米、独、英、仏、伊、加）の蔵相・中央銀行総裁からなるG7を設立することが合意された。

財務省ウェブサイトのG7・G20のページ

https://www.mof.go.jp/international_policy/convention/g7/index.htm
https://www.mof.go.jp/international_policy/convention/g20/index.htm

表したことでさらに円安が進行し、ドル円は14年12月には121.86円へ上昇した。米金融当局の資産買入れ終了など金融の正常化に向けた動きから、将来の日米金利差拡大を意識したドル買いに、ドル円は15年6月には約13年ぶりの水準となる125.86円まで上昇した。

　その後、8月の中国人民銀行の人民元切り下げや経済指標悪化をきっかけに世界の金融市場が動揺したことからドル円は一時116.15円へ下落したものの、米国の利上げ開始が近づくなか、120円台前半で推移した。12月16日、ＦＯＭＣは全会一致で9年ぶりの利上げを決定した。

（３）保護主義の台頭と世界的な景気減速懸念（2016年1月〜直近まで）

　2016年は、年初に中国の経済指標が悪化したことで人民元安・株安で始まった。15年末に利上げしたばかりのＦｅｄに対する追加利上げ観測は大幅に後退した。16年6月には、英国の国民投票でＥＵ離脱が選択されたことから英ポンドが急落し、リスク回避の動きが強まるなかドル円は一時100円を割り込んだ。日銀は、16年1月から始めた短期金利のマイナス金利政策に加え、9月には「長短金利操作付き量的・質的金融緩和」の柱の1つとしてイールドカーブ・コントロール（長短金利操作）を導入したが、円高基調に変化はなかった。その後、11月の米大統領選挙でトランプ氏が勝利すると、財政拡大による景気回復期待が高まり、株高・米金利上昇・ドル高が急速に進み、12月にドル円は118円台まで上昇した。

　16年12月、1年ぶりの利上げを決定したＦｅｄは、17年に底堅い米国景気を背景に3回の利上げを実施した。米利上げがドル高要因となる一方、米トランプ政権の保護主義な姿勢や米長期金利の落ち着きがドル円の上昇を抑えた。18年に入ってもＦｅｄは4回の利上げを継続したが、米中貿易摩擦がエスカレートし、双方が複数回の追加関税措置を発動するなど、2大経済大国間の緊張状態が続いた。ドル円は110円を挟んで上下5円程度の狭いレンジで推移し、18年の変動幅は9.99円と、過去最小を記録した。

　米中の緊張状態は19年も続き、加えて世界景気の減速懸念が高まったことで、19年7月にＦｅｄは08年12月以来となる利下げを決定した。その後も追加利下げを2回実施したが、ＥＣＢの金融緩和や中国の財政出動などに支えられ、19年秋になると世界景気に明るさが見え始めた。19年もドル円は強弱材料に挟まれて、狭いレンジでの推移が続いている。

フラッシュクラッシュ

　2019年1月3日の早朝、日本が正月休みの最中に、ドル円レートが1分間に4円も円高に動き、一時104円台をつけた（図表Ⅺ－43）。このように、瞬間的に相場が下落することを「フラッシュクラッシュ（瞬間暴落）」という。

　このフラッシュクラッシュの原因として、オーストラリア準備銀行の金融政策報告(19年2月)によると、次の3点が挙げられている。

① 日本の個人投資家の強制的な損失確定
② 取引量がとくに少ない時間帯と暦日が重なったこと
③ アルゴリズム取引による増幅効果

　まず①については、日本の個人投資家が外国為替証拠金取引で保有していた、低金利通貨売り（おそらくほぼ日本円）・高金利通貨買いのポジションに強制的な損失確定（ロスカット）が発動され、円が一斉に買い戻された。

　次に②については、取引量が少ない時間帯に売り買いの注文がどちらか一方に偏ると、その方向にマーケットが過剰に反応しやすい。

　最後に③については、アルゴリズム取引の中には、マーケットが異常な状態になったら自動的に「スイッチ・オフ」されて取引量が減少するものがあるほか、マーケットに顕著な動きが出現したらその方向についていくようにプログラムされた「モメンタム系アルゴリズム」もあることが、指摘されている。

図表Ⅺ－43　　2019年1月3日朝のドル円相場

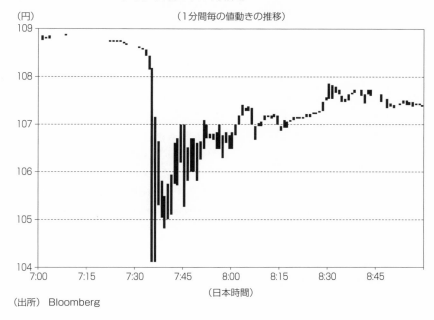

（出所）　Bloomberg

6 各国の為替政策

[1] 中央銀行の為替介入

(1) 介入の仕組みと形態

　外為市場への介入とは、為替相場に影響を与える目的で、通貨当局が為替市場で外貨の売買をすることをいう。市場における需給を均衡化させるという趣旨から、外国為替平衡操作とも呼ばれている。介入の目的には、単に需給バランスを均衡させたり、相場の乱高下を防ぐこと（スムージング・オペレーション）を目的とするものと、政策的にある方向に相場を誘導しようとするものとの2種類が考えられる。日本においては、政府の委任を受けて日本銀行が介入のオペレーションを実施している。外貨を買う介入に必要な資金は、政府短期証券である外国為替資金証券(為券と通称)を発行し調達する。一方、外貨を売る介入の場合は、外国為替資金特別会計の保有する外貨資産が使用される（図表Ⅺ－44参照）。

(2) 不胎化した介入

　日本銀行がドル買い円売りの介入をすると、市中からドルが吸収され政府保有のドル（＝外貨準備）が増加するとともに、介入の見返りとして為銀に支払った円は市中に供給される。すなわち、国内のマネーサプライの増加となる。反対に、ドル売り円買いの介入をすると、政府の外貨準備は減り、市中の円資金が吸収されるために、マネーサプライの減少となる。

　要するに、中央銀行が外為市場で介入を行うと、そのままではマネーサプライに変化が生じる。このように、介入で生じたマネーサプライの増減を何も調節せずに放置することを、不胎化しない介入（非不胎化介入、Unsterilized Intervention）と呼ぶ。反対に、不胎化した介入（不胎化介入、Sterilized Intervention）とは、マネーサプライへの影響を生じさせないように、ドル買い円売り介入であれば、別に売りオペレーションを実施して、貨幣供給量を吸収することをいう。

　介入の効果は、マネーサプライの変化を通じて、国内の金融市場に影響を与える不胎化しない介入のほうが優っている。具体例で説明しよう。ドル買い円売り介入を不胎化しないで実施すると、市中に円資金が増え、マネーサプライが増加する。マネーサプライが増加すれば、資金需給は緩和されるので金利低下要因となる。国内

の金利低下により海外の投資に魅力が増すので、国内資本が流出しドル買いに向かう。一方、金利低下により景気が刺激されるので、輸入が増え、代金支払いのためのドル買い需要が強まり、ドル高となる（図表XI−45参照）。

図表XI−44　中央銀行（日本銀行）による為替介入メカニズム

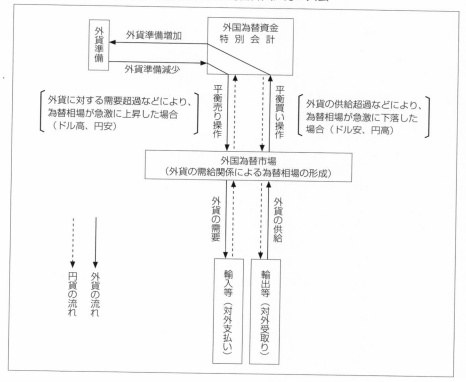

図表XI−45　不胎化しない介入の為替レートへの波及経路

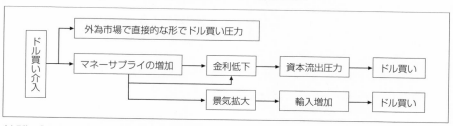

（出所）『国際経済入門』　伊藤元重　日本経済新聞社

［2］主要国の為替政策

（1）米国の為替政策——その1

①為替政策ウオッチングの最重要課題

　為替政策をみるうえで、最も重要で欠かせないのが米国の為替政策である。国際通貨制度の歴史の項でみたように、通貨制度や為替相場の転換点は、つねに米国が政策変更をしたときである。これはもちろん、ブレトン・ウッズ体制がドル為替本位制という性格を基本としていたからである。変動相場制に移行しても基軸通貨としてのドルの位置づけは変わるところはないが、各国政府の外貨準備におけるドル偏重の是正の動きなど、ドル本位の流れは変化しつつある。

②為替政策の基本的な構図

　米国の為替政策については、政府・FRB高官やブレーン筋の人間がさまざまな発言をするので、一般的には誰が最終的な政策決定者なのか、ややもすると忘れられがちである。米国で「公式に」為替について発言できるのは、大統領と財務長官だけである。したがって、直接的に為替政策を担当しているのは財務省で、財務長官、財務副長官、金融・国際問題担当次官である。もっとも、トランプ大統領のようにドル高への不満を露骨に表明する大統領のもとでは、財務省高官への注目度は低下してしまう。

　それでは、FRBはどうかというと、外為市場への介入や為替レート目標の達成や国際協定の締結などについて、（例えばG7の際に）政策決定に関して強い影響力をもつことはできる。とくに為替市場への介入などのオペレーションについては、財務省の代理人の役をニューヨーク連銀が務めていることもあり、FRB議長は実質的に為替政策について財務省のパートナーになっている。

　米国の議会は、為替政策にどのように絡んでいるのだろうか。

　日常的な為替オペレーションなどについては、当然のことながら権限はないが、貿易法案に絡んで為替政策について財務省や大統領に圧力をかけることはできる。1985年のプラザ合意へ至る過程では、民主党系の有力議員が、経常収支赤字が大きくなった場合は一定量の為替市場への介入を義務づける、などの法案を提出したことがあった。

　こうした議会からの圧力の裏には、議員たちの選挙区のドル高で苦しむ産業や有力企業の存在が浮かびあがってくる。

（2）米国の為替政策──その2

《為替政策分析のポイント》

　第1に、米国の為替政策をみるうえで軽視してならないのは、議会での動きである。プラザ合意により政府が「ドル高容認からドル高修正」へと政策を転換するまでに至った背景には、議会での保護貿易主義的な動きと為替政策の転換を求める力があった。議会での動きは、たとえ、その法案が通る可能性がないものでも、ホワイトハウスの政策を変える可能性があるので十分に分析しておく必要がある。

　第2に、産業界からの圧力が政策に影響を与えることもある。有名な例では、ドル高で日本メーカーに国内シェアを奪われて業績が悪化していた建設機械メーカーのキャタピラー社が、財界のサークルであるビジネス・ラウンド・テーブルで、政府のドル高放置政策を批判。地元イリノイ州のパーシー上院議員が為替問題をウィリアムズバーグ・サミット（1983年5月）の優先議題にするよう法案を提出したことがあった。全米製造業者協会の理事会も同様に、ドル高反対の意思表示をした。このように、産業界からの圧力が表面化した場合は、政策転換の予兆とみるべきである。

　第3に、政府高官の発言分析も重要である。マーケットは、こうした発言によって動くことが多い。しかし、一部の人の発言内容をもって、「これが米国政府の為替政策スタンスだ」と決めつけることは危険である。政府のなかにもいろいろな考え方があるし、本当に政策決定者に近い筋かどうか、定かでないからである。

　米国では、政策担当者自身の考え方やイデオロギーが政策に色濃く反映される。また、そのブレーンが誰かも注意しなければならない。レーガン政権のリーガン財務長官やスプリンケル次官は、経済哲学として市場放任（マーケット原理重視）の考え方をもっていたので、為替レートを変えるための介入には反対であった。

　第4に、Fedの動向については、FOMCの議事録が参考になる。また、FRB議長の議会での証言内容も大切である。すでに述べたように、為替政策は基本的には財務省の管轄であるので、FRB議長は為替の水準や方向について、別の判断をもっていることもある。1980年代前半の異常なドル高に対して、ボルカー議長（当時）は、ドル高を見込んだ資本流入に過度に依存するのは米国経済にとって危険であると警告を繰り返していたが、政府からは無視された。

《参考文献》『ダラー・ポリティックス』I. M. デスラー、C. R. ヘニング　TBSブリタニカ

（3）米国の為替政策──その3

　米国の為替政策を読むうえでの、必読の公式文書を紹介しておこう。

①財務省の為替報告書

　原題は、"Report to Congress on Macroeconomic and Foreign Exchange Policies of Major Trading Partners of the United States"である。通称は「為替報告書」。

　米国の為替政策を分析する材料として重要で、財務省が議会に年2回（4月と10月の半ば）提出する。これは、1988年に成立した「包括通商競争力強化法」で提出を義務付けられた。

　報告書は2部構成となっている。第1部は、米国および国際経済情勢の分析と、主要貿易相手国の国際収支、為替相場、経済・為替政策に関する分析からなる。第2部では、2015年の「貿易円滑化及び権利行使に関する法律」により示された「為替操作国」の3つの認定基準について、主要な貿易相手国を評価している。

　3つの為替操作国認定基準（key criteria）は、15年の法律成立後の最初の為替報告書（16年4月公表）で以下のような数値に設定された。

　⑦顕著な対米貿易黒字：200億ドル超
　⑦大幅な経常収支黒字：GDP比3％超
　⑦継続的で一方向の為替介入：1年間に8ヵ月以上の介入で、外貨の純取得額が
　　　　　　　　　　　　　　　　GDP比2％超

　3つの基準すべてに該当すると「為替操作国」に認定され、将来の制裁を含め、為替政策の是正が要求される。なお、19年5月に、⑦がGDP比2％、⑦の介入期間が6ヵ月へ変更され、操作国認定のハードルが引き下げられている。

　また、このうち2つに該当すると、「監視リスト」に入れられる。これまで監視対象国は5～6ヵ国だったが、19年5月の基準変更で9ヵ国に拡大している。日本は16年4月以降、⑦と⑦に該当しリストに入り続けている（図表XI－46参照）。

　中国は16年10月以降⑦しか該当していないが、対米貿易黒字が極めて大きいため、監視対象とされてきた。ところが、18年に始まった米中貿易摩擦がエスカレートするなか、19年5月の為替報告書では監視対象にとどまっていたが、同年8月5日にムニューシン米財務長官により「為替操作国」に認定された。

　米国・メキシコ・カナダ協定（USMCA）のように、財務省ではなく通商代表部（USTR）が所管する通商協定に為替条項（意図的な通貨安誘導を防ぐ取り決め）を盛り込むなど、トランプ政権下で米国の為替政策は通商政策の一手段との印象を受ける。

②Fedの連邦公開市場委員会議事録

　Fedが金融政策を決定するうえで、為替レートの問題は必ず討議されるテーマである。この分析には、FOMC（連邦公開市場委員会）の議事録が役に立つ。そのときどきでドル高（ドル安）について、Fedがどのような判断をもっているかを知ることが可能である。

　一般的にFedにとっては、ドル安は国内のインフレ要因となる点や、海外からの資本流入が減少して国内債券相場を崩し（＝長期金利上昇）、景気拡大の阻害要因になる点が問題である。一方、ドル高は輸出産業の国際的競争力を低下させ、物価の押し下げ、景気低迷や失業の増加を招くという点で懸念材料となる。

③大統領経済諮問委員会（CEA）報告

　上の2報告と比較すると、重要度はかなり落ちるものの、米国政府が為替問題をどう捉えているかをみるうえでは材料となる。

　とくに、為替レートが米国の貿易や景気にどのような影響を与えているのかを分析することも多いので、貴重な資料である。毎年2月初めに公表される。

　原題は、"Economic Report of the President"である。

公表機関ウェブサイトアドレス

財務省／為替報告　　　　　　　https://home.treasury.gov/policy-issues/international/
　　　　　　　　　　　　　　　macroeconomic-and-foreign-exchange-policies-of-major-trading-partners
FRB／FOMC　　　　　　　　https://www.federalreserve.gov/monetarypolicy/fomc.htm
ホワイトハウス／CEA　　　　　https://www.whitehouse.gov/cea/
ニューヨーク連銀／四季報　　　 https://www.newyorkfed.org/markets/quar_reports.html

図表XI－46　米国の為替操作監視リスト

為替報告書 公表年月	監視対象国
2016年　4月	中国、日本、韓国、台湾、ドイツ
2016年10月	中国、日本、韓国、台湾、ドイツ、スイス
2017年　4月	中国、日本、韓国、台湾、ドイツ、スイス
2017年10月	中国、日本、韓国、ドイツ、スイス
2018年　4月	中国、日本、韓国、インド、ドイツ、スイス
2018年10月	中国、日本、韓国、インド、ドイツ、スイス
2019年　5月	中国、日本、韓国、ドイツ、イタリア、アイルランド、シンガポール、マレーシア、ベトナム

（出所）米財務省

（4）米国の為替政策──その4

①為替市場への介入権限

　前述したように、Ｆｅｄの組織であるニューヨーク連銀は財務省の代理人として為替のオペレーションを担当しているが、介入についての権限規定はやや曖昧なところがある。

　まず、財務省は1934年の金準備法でドル安定のために為替市場に介入する権限を与えられており、介入資金として為替安定化基金（ＥＳＦ）を設定している。一方、Ｆｅｄには法律上の明文化された介入権限はない。一連の法律解釈と長年の実績によって市場介入権限が確立したといってよい。

　問題は、財務省とＦｅｄが為替介入について意見が対立した際にどうするのかという点である。財務省側の論理としては、財務長官は米国政府における筆頭金融担当であり、大統領の外交政策における憲法上の権限を理由に、Ｆｅｄの市場介入を阻止できると考えている。

　また、Ｆｅｄの中心的組織のＦＲＢは、連邦準備法の解釈により介入権限が与えられており、同法には外部からの干渉に関する法律規定がないので、結果として財務省からの阻止を免れることができると考えている。

②介入の実際と分析方法

　米国の為替介入は、上記の権限上の法律解釈に不明瞭な点は残っているが、実際はＦＲＢと財務省の両者の合意なしに介入が実施されたケースはない。少し古くなるが、1962年の連邦公開市場委員会による市場介入のガイドラインでは、「財務長官に状況をすべて伝え、財務長官の責任に関わる可能性をもつ問題については協議する」よう、ＦＲＢ議長に指示している。

　米国は為替介入の記録をすべて公開している。報告は為替オペレーション担当のニューヨーク連銀が四半期ごとに行っており、当該四半期が終了して約1ヵ月後に公表している。

　詳細は、ニューヨーク連銀四季報に掲載され、インターネットでも公表されている（図表Ⅺ−47参照）。

　こうした情報は為替市場では、すでに過去の出来事としてあまり関心を集めることはない。だが、政策当局による為替介入については、マーケットのルーマー（うわさ）としてしか流れないので、それを確認する意味と、今後の政策の転換を読む意味の2つの観点から、その価値はいささかも失われることはない。

図表Ⅺ−47　米国当局の外為市場介入

(単位：百万ドル)

暦年	ドル売り介入(−)				ドル買い介入(+)				ネット			
	計	対マルク	対円	対その他通貨	計	対マルク	対円	対その他通貨	計	対マルク	対円	対その他通貨
1977	0	0	0	0	+1,075	+1,072	0	+3	+1,075	+1,072	0	+3
1978	0	0	0	0	+11,591	+10,288	+207	+1,096	+11,591	+10,288	+207	+1,096
1979	−5,983	−5,963	0	−20	+11,226	+10,918	+50	+258	+5,243	+4,955	+50	+238
1980	−5,139	−4,715	−217	−207	+4,759	+4,301	0	+458	−380	−414	−217	+251
1981	−2,984	−2,974	0	−10	+253	+203	+50	0	−2,731	−2,771	+50	−10
1982	−132	−66	−66	0	0	0	0	0	−132	−66	−66	0
1983	−477	−376	−101	0	0	0	0	0	−477	−376	−101	0
1984	−414	−414	0	0	0	0	0	0	−414	−414	0	0
1985	−4,874	−3,252	−1,606	−16	0	0	0	0	−4,874	−3,252	−1,606	−16
1986	0	0	0	0	0	0	0	0	0	0	0	0
1987	−661	−661	0	0	+9,245	+3,109	+6,136	0	+8,584	+2,448	+6,136	0
1988	−5,036	−5,036	0	0	+4,163	+1,407	+2,756	0	−873	−3,629	+2,756	0
1989	−21,957	−11,131	−10,827	0	0	0	0	0	−21,957	−11,131	−10,827	0
1990	−2,380	−200	−2,180	0	0	0	0	0	−2,380	−200	−2,180	0
1991	−550	−520	−30	0	+1,389	+1,389	0	0	+839	+869	−30	0
1992	−200	0	−200	0	+1,270	+1,270	0	0	+1,070	+1,270	−200	0
1993	0	0	0	0	+1,433	0	+1,433	0	+1,433	0	+1,433	0
1994	0	0	0	0	+6,110	+3,500	+2,610	0	+6,110	+3,500	+2,610	0
1995	0	0	0	0	+6,553	+3,250	+3,303	0	+6,553	+3,250	+3,303	0
（1996～1997年は為替介入なし）												
1998	−833	0	−833	0	0	0	0	0	−833	0	−833	0
1999	0	0	0	0	0	0	0	0	0	0	0	0
2000	−1,500	0	0	−1,500 (対ユーロ)	0	0	0	0 (対ユーロ)	−1,500	0	0	−1,500 (対ユーロ)
（2001～2010年は為替介入なし）												
2011	0	0	0	0	+1,000	0	+1,000 (対円)	0	+1,000	0	+1,000 (対円)	0
（2011年4月から2019年11月まで為替介入なし）												

(注)　ニューヨーク連銀の「財務省及び連邦準備の外国為替操作」報告により集計。自己勘定による介入のみ。委託介入は含まない。
プラス・マイナスの符号は、米国の国際収支統計に対応(＋は資本流出＝対外準備資産減少、−は資本流入＝対外準備資産増加)
(資料)　ニューヨーク連銀

（5）ユーロ圏の為替政策

　1999年1月の単一通貨ユーロ導入以来、ファンダメンタルズが米国より劣後しているとの評価から、ユーロは下落傾向を続けた。当初から、ユーロシステム（欧州中央銀行ECBと欧州通貨統合EMU参加国中央銀行）における為替介入決定権は、EU（欧州連合）財務相理事会とECBのどちらにあるか、不透明なままであったため、多くの市場参加者は、為替介入の実施は困難とみていた。ECB幹部やユーロ圏の政治家などは、「現行のユーロはファンダメンタルズを反映していない」という口先介入を繰り返すのみで、無策の状態が続いていた。しかし、2000年9月に、1ユーロ＝0.86ドルを割り込むと、ECBは14日に外貨準備の利子分を売却、さらに7ヵ国財務相・中央銀行総裁会議の前日の22日に、初めての為替介入として、日米欧協調によるユーロ買い介入を実施した。

　欧州中央銀行制度（ESCB）定款の第3条第1項によると、ESCBの基本任務として、①EUの金融政策の策定・実施、②外国為替オペの実施、③メンバー国の公的外貨準備の保有・管理、④決済システムの円滑運営の促進、が定められている。一方、EU設立条約によると、ECBと閣僚理事会が役割分担しながら単一の為替政策を実施するよう定められている。為替政策の基本方針は、ECBと協議し、あるいはECBの勧告に基づき、EU財務相理事会が決定するが、ECBの物価安定維持の目的を妨げてはならないとされている。

　しかし、00年9月の介入後のドイセンベルクECB総裁は、「今回の介入は政治的影響から独立して実施された」と発言している。この介入については、各EMU参加国の行政当局とECBの思惑が一致したため、問題は表面化しなかったが、今後、EU財務相理事会とECBの意見が対立した場合、介入決定権が問題化してくるであろう。とくに、EMU参加国の財務相だけで結成されたユーログループの動きには注意が必要である。

　ユーロ圏の為替政策を分析するための情報としては、ECBが毎週公表している"Consolidated Financial Statement of the Eurosystem"が速報性もあり、役に立つ。外貨ポジションの主な変動要因が説明されており、為替介入の事後確認に便利である。ECBは介入金額を公表しておらず、図表XI－49の介入実績にある外貨ポジション増減には、他の取引によるものも含まれているため、数値の利用には注意が必要である。このような点を改善し透明性を高めるため、ECBは20年4月より四半期毎に為替介入のレポートを公表することになっている。

公表機関ウェブサイトアドレス

ECB "Weekly Financial Statement"　　https://www.ecb.europa.eu/press/pr/wfs/html/index.en.html

図表XI-48　ユーロ相場の推移

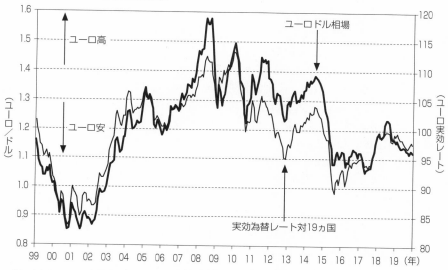

(注)実効替レートは欧州中央銀行（ECB）算出（1999年1Q＝100）。
(出所)　Bloomberg

図表XI-49　ユーロシステムの為替介入実績

実施日	内容	介入の種類	ユーロシステムの外貨ネットポジション増減（※）
2000年 9月22日	ユーロ買い	協調介入	24億ユーロ減少
2000年11月 3日	ユーロ買い	単独介入	46億ユーロ減少
2000年11月 6日	ユーロ買い	単独介入	
2000年11月 9日	ユーロ買い	単独介入	12億ユーロ減少
2011年 3月18日	円売り・ユーロ買い	協調介入	3億ユーロ減少

(※)外貨ネットポジションに増減には、為替介入以外の取引も含まれることに注意。
(出所) ECB "Consolidated Financial Statement of the Eurosystem"

ユーログループ

　　ユーロ圏の財務相が定期的に金融・経済政策を協議する非公式会議で、EU財務相理事会(月1回開催)の前日に開催される。
　　前身の「ユーロ評議会（ユーロ11）」はフランスの主張により、1998年6月4日にスタートした。通貨ユーロに対する政策協調を強化するため、2000年7月17日にフランスが中心となり、新たに「ユーログループ」を発足した。

（6）日本の為替政策

　日本の為替政策については、プラザ合意以降の動きや介入の仕組みなどはすでに解説してきたので、ここでは、日本通貨当局の為替介入の統計である「外国為替平衡操作の実施状況」について解説する。

　主要国のなかで為替介入についてガラス張りなのは、米国だけであったが、日本の財務省も2000年4〜6月分より四半期ごとに介入の詳細の公表を開始し、また、1991年4月以降の通貨別介入状況のヒストリーも公表している。

　図表XI−50は、この統計をもとに、99年以降の対ドルでの各年の介入額を2円刻みの為替水準ごとに表示したものである。最近の円売り・ドル買い介入をみると、2002〜04年の円高局面で大規模な介入が実施されていることがわかる。国内の超緩和的金融政策も背景にあり、03〜04年の2年間の円売り介入金額は35兆円という異常な規模に膨らんだが、この介入規模に当局の1ドル＝100円死守のスタンスが強く感じられた。

　その後もドル円の下落傾向が続く中、10年には6年ぶりとなる介入を実施し、1日当たり過去最高となる2兆円を上回る規模でドル買いを行うなど、それまでの最安値水準である80円割れを一旦は死守した。しかし、11年の東日本大震災を受けたリスク回避の動きから、ドル円は遂に75円台まで下落。その後のG7協調介入とも合わせて、11年は03年、04年に次ぐ水準となる14.3兆円のドル買い介入を実施し、さらなる円高進行に歯止めをかけた。

　12年以降は、日銀の量的・質的緩和導入による円安傾向の下で為替介入は実施されていない。

公表機関ウェブサイトアドレス

財務省 外国為替平衡操作の実施状況
　　　　　https://www.mof.go.jp/international_policy/reference/feio/index.htm

図表XI−50 日本政府の最近の円売りドル買い為替介入（1999年以降）

(単位：兆円)

	各年のドル円レート水準別の円売りドル買い介入金額							
	1999	2000	2001	2002	2003	2004	2010	2011
122～124円				2.5				
120～122円	1.7			1.0				
118～120円	0.4		0.3	0.5				
116～118円	1.8		2.9		10.6			
114～116円					2.7			
112～114円								
110～112円					1.7	3.5		
108～110円	0.7				1.1	1.5		
106～108円	0.6	0.2			4.1	5.1		
104～106円	0.4	0.8				4.7		
102～104円		1.4						
100～102円	1.5	0.6						
(84～100円での円売り介入は1999年以降行われていない)								
82～84円							2.1	
80～82円								
78～80円								1.0
76～78円								5.2
74～76円								8.1
合　計	7.0	3.0	3.1	4.0	20.2	14.8	2.1	14.3

（注）介入水準は、円売り介入当日のドル円レートの安値とした。
（出所）財務省、Bloomberg

leaning against the wind

　風向きに逆らう（leaning against the wind）介入とは、為替レートが動いている方向と逆の介入を実施し、為替レートの動きを和らげようとすること。
　為替レートの方向をこうした介入だけで変えようとするのは、基本的には無理で、プラザ合意で各国の通貨当局が懸念していたのは、この点。
　結果は予想通りで、協調の方向は、為替市場への協調介入→協調利下げ→マクロ政策（とくに財政政策）の協調へと移っていった。

7 為替予測の実践的方法

（1）為替予測のチェックリスト

　為替マーケットが注目する材料は頻繁に変わるため、あらかじめ材料をリストアップし、通貨ごとに点数をつけることによって、通貨間の強弱を測る方法がある。図表XI－51は、各要因について－3から＋3までの点数で評価づけをし、全体の平均値を算出して通貨の相対的な強さを推定したサンプル表である。

図表XI－51　通貨採点表

通　貨	金融政策	財政政策	経済成長	インフレ	競争力	金　利	対外収支	介　入	政治リスク	全体の平均
ドル	－3	3	－1	2	1	－1	－2	0	2	0.1
ユーロ	－1	1	－2	2	－1	1	0	0	－1	－0.1
円	－2	1	－1	1	－3	－2	2	－1	－2	－0.8
ポンド	－1	1	－1	2	－2	1	－1	0	1	0.0

　金融政策＝金融政策の方向。金融引き締めが通貨高要因。
　財政政策＝財政政策の方向。拡張的な財政政策が通貨高要因。
　経済成長＝経済成長率の相対的な評価。高成長が通貨高要因。
　インフレ＝インフレ率低下が、競争力の点でもセンチメントでも通貨高要因。
　競　争　力＝競争力の低下は通貨安につながる。
　金　　　利＝金利の相対的な水準。金利差拡大は高金利通貨高の要因。
　対外収支＝経常収支や資本の流れの変化の方向。絶対値ではない。
　介　　　入＝中央銀行による介入や為替レート切下げ（切上げ）のリスク。
　政治リスク＝政治的リスクが高いほど通貨安要因となる。逃避通貨としての性格も
　　　　　　　含まれる。
《この方法の長所と短所》
　こうした方法は、為替の決定要因とされているものを網羅的に検討し、為替レートの方向を見極めるには便利である。その反面、各要因のウェイトづけがされていないために、マーケットが重要視している要因が短期間で変化するような局面では、方向性を見失う恐れがある。マーケットの注目度の高い要因は、ＱＵＩＣＫ月次外為調査などの市場参加者へのアンケート調査を参考にできる（図表XI－52参照）。

図表Ⅺ−52　日本に関する為替変動要因の今後6ヵ月程度の注目度の推移

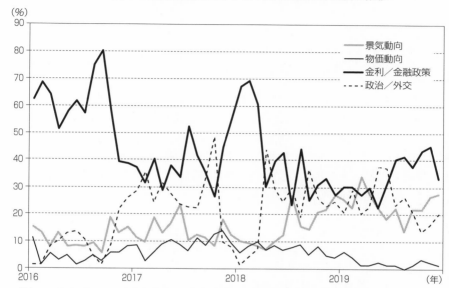

（注）この調査では、このほかの要因に、貿易、投資、当局の姿勢（介入含む）がある。
（出所）QUICKのQUICK月次調査＜外為＞ヒストリカルデータ

（2）為替レート予測の計量的な方法

　為替レートは、他の金融変数と同様に、関数を使う計量的な方法によって予測される。一般的には、説明変数に何を使うかが問題となる。為替レートの決定要因は、すでに説明したようにさまざまなものがあるし、それぞれの要因の説明力は、時期によって異なる点が厄介である。以下、通常採用されている説明変数と、その背景となっている考え方を説明する。

《説明変数》
①累積経常収支
　本章の「3　為替レートの決定理論」で解説したポートフォリオ・バランス・アプローチ（426頁）の考え方に基づくものである。
　説明変数の作り方としては、単純に累積経常収支を使う場合と、累積直接投資額を控除する場合などが考えられる。後者の立場は、直接投資は為替レートの短期的な変動に反応して実施されるものではなく、長期的な経営戦略に基づくものだから控除すべきだとの考え方によるものである。

②金利差（図表XI-53参照）

　為替レートの方向を決定する要因として、2国間の金利差は重要である。計量的な方法を採用する場合は、名目金利と実質金利のいずれを採用するのか、短期金利と長期金利のいずれを採用するのかが問題となる。

　また、実質化を、生産者物価で行うのか、消費者物価で行うのかも問題となる。

③インフレ率格差

　これも本章の「3　為替レートの決定理論」で解説した、購買力平価（424頁）の考え方に基づくものである。理論的には問題があるものの、推計結果を重視すれば、インフレ率には消費者物価上昇率（前年同期比）を使うとよいようである。ただ、純粋な購買力平価の考え方は、貿易可能財の価格をもとにしているので、消費者物価に含まれるサービス価格の部分は、問題があるといえばある。

《予測のパフォーマンス》

　計量的な方法が有効であるためには、説明変数との関係が安定しているという条件が必要である。この条件を為替レートの推計式が満たすのは難しい。為替マーケットは、注目する材料を頻繁に変えるからである。

図表XI-53　日米長期金利差と円相場

（注）日本10年国債利回りは、99年2月まで指標銘柄、以降は新発10年。
（出所）Bloomberg、Datastream

テクニカル分析の基礎

1 テクニカル分析とは

［1］テクニカル分析とは

　テクニカル分析とは、価格・出来高などの市場データを統計的・心理的に分析して、将来の価格の方向性、タイミングなどを予測する分析手法である。使用するデータが市場データのみという点で、価格に影響を及ぼすすべての経済要因を分析対象とするファンダメンタルズ分析とは対極的な分析手法といえる。

　テクニカル分析を理解するためには、その前提となる3つの概念を理解することが不可欠である。したがって、まずこれらの解説から始めることにしたい。

（1）市場の動きはすべてを織り込む

　これは第一の、そして最も重要な前提である。テクニカル分析が市場データのみを分析対象とする理由も実はここにある。市場価格は、その取引対象に対する需要と供給との、その時点における均衡点であるといえる。需要すなわち買い手は、買うべき動機・根拠をもっており、それは売り手（供給）も同様である。その動機・根拠とはファンダメンタルズ分析も含むあらゆる分析結果－そのなかには合理的とはいえないものも当然含まれるであろう－およびそれらに対する予測、期待などの集合体である。テクニカル分析では、その根拠の中身やその妥当性を分析することには意味がないと考える。その根拠が何であれ結論はすでに売買に反映されているからである。また、仮に買い手、売り手の根拠の分析を試みたところで、所詮は不確実な憶測にしか過ぎないであろう。市場において最も確実なことは、実際に取引されたという事実、すなわち市場データである。そしてそれは、すべての市場参加者による、ありとあらゆる分析の結果が凝縮されたものとみなすことができる。したがって、市場データを分析することこそが最も重要でかつ有効な分析であるということになる。

（2）価格の動きはトレンドを形成する

　トレンドとは価格の推移に、あるバイアスが継続的にかかっている状態を指す。トレンドは、その方向性からは上昇、下降、横ばい（持合）の3つに、また時間的スケールから長期（主要）、中期（2次的）、短期（小）の3つに通常分類される。テク

ニカル分析の基本戦略は、上昇・下降トレンドを早期にみつけ、それが反転するまで追随することである。世の中でシステム運用として使われているシステムも、大部分がこのトレンドフォロー型に属する。実際の運用現場で広く利用されている考え方であり、テクニカル分析にとって重要な前提である。

（3）歴史は繰り返す

　テクニカル分析に限らず、歴史から学ぶ学問はすべてこの前提に基づいている。この意味では3つの前提のなかでは最も受け入れられやすい考え方であろう。過去に起こったことは、まったく同じ形ではないにせよ、多くの共通点を伴って再現されうる。それは人間の本質がほとんど変わらないからにほかならない。心理学という学問が成立するように、ある刺激に対する人間の行動パターンは過去も現在も共通の型を示すことはよく知られている事実である。

　実はテクニカル分析は、この人間心理の研究を大きな拠り所としている。心理学的なアプローチから導かれる結論は、「市場の変動は市場参加者の心理に影響を及ぼし、その心理の変化はその局面に特有の価格パターンとなって現れる。したがって、過去のさまざまな局面における価格パターンを研究することにより、将来の同様な局面における価格予測が可能となる」ということになる。

　さて、テクニカル分析の理解に必要な3つの前提となる考え方を上述したが、実際のテクニカル分析の解説に入る前に、テクニカル分析の有効性に関する議論について少し触れておきたい。この議論について詳述することは本書の目的ではないので避けることとするが、これからテクニカル分析を学ぼうと考えている方が、意欲と自信をもって学習に取り組むためにも、概要は知っておくべきと考えるからである。

[2] テクニカル分析の有効性

　第Ⅰ章で、金利を予測する手法として、ファンダメンタルズ・アプローチ、テクニカル・アプローチ、計量的アプローチの3つを紹介したが、そのなかでテクニカル・アプローチの長所について「相場転換のタイミングを予想する武器として有効」とコメントした。実際、売買の具体的なタイミングやレベルの予測を直接試みる手法は、金利予測手法のなかでテクニカル分析をおいてほかにはない。不確実な将来を予測するという点では他の手法と何ら変わりはないが、テクニカル分析の場合、予測の対象が利益に直結する価格の動向であるだけに、「価格が予測でき、誰もが儲かる手法などありえない」とその有効性に関しては、過去から懐疑的な見方も多かった。以下にテクニカル分析に関する批判およびその理由をいくつか紹介してみたい。

（1）効率的市場仮説とランダムウォーク理論からの批判

　現代ポートフォリオ理論の前提となる考え方に「効率的市場仮説」というものがある。市場は効率的であり、すべての情報は一瞬のうちに価格に織り込まれてしまうため、価格予測により超過収益を狙うことは不可能であるとする仮説である。この仮説は株式市場における情報を3段階（インサイダー情報 ——ストロング型、ファンダメンタルズ情報 —— セミストロング型、市場価格情報 —— ウィーク型）に分け、段階ごとに「その情報を使っても市場で勝つことは不可能」という結論を導き出している。すべての予測手法の有効性を否定するものであるが、とくにテクニカル分析については、ウィーク型としてその有効性を著しく軽視している。すなわち、「市場情報という誰でも入手可能な情報を使って、市場でつねに勝てるルールが存在するなら、すべての参加者がそのルールを使うことになり、ルールの有効性は消滅する。したがってテクニカル分析は有効ではない」ということである。

　ランダムウォーク理論もここから派生した理論であり、これによると「資産価格は長期的にはその資産の平均収益率に回帰するが、中短期的な動きはランダムで予測不可能である」としている。これらの理論研究は米国で1960年代に始まり、P.H.クートナーやE.F.ファーマの研究結果などによって支持を集め、現代ポートフォリオ理論の重要な基礎概念にもなっている。現在においても、後述するような反証研究は多いものの、依然大枠においては支持されている理論といえる。例えばオプションの価格決定モデルとして有名なブラック・ショールズモデルも、価格収益率がブラウン過程にしたがってランダムに推移する（確率分布は正規分布）という前提条件のもとに構築されている。

（2）ファンダメンタリストからの批判

　ファンダメンタリストの基本的な考え方は、経済の基礎的条件（ファンダメンタル）によってその資産の本来的価値が決定されるということである。つまり価格変動の背景には、その需給に影響を及ぼす基礎的条件の変化が必ず存在することになる。そこでファンダメンタリストはその要因をみつけだし、論理的整合性を重視した説明を試みる。例えば、市場価格が大幅に変動したような場合、人々は通常「なぜ」そうなったか、納得できる理由を知りたがるものであるが、こういった場合ファンダメンタリストはその疑問に対する明確な説明を提供してくれる。一方、純粋なテクニカル分析によれば、その前提にあるように、変動の理由を説明するのは困難である。

　ファンダメンタリストからの批判は、テクニカル分析が市場の動きを論理的に説明できない点に集中する。批判者からみれば、論理的根拠がない予測は占いと同義であり、予測が的中したとしてもそれはたまたま偶然であるということでしかない。

　また、テクニカル分析の非科学性に着目した批判も数多く存在した。伝統的なテクニカル分析は、チャートを使った分析を主体としたが、チャートの読み方は経験則の羅列であり論理的根拠が欠如していたこと、分析者の主観が入り込む余地が大きく第三者による再現性に問題があることなどが主な批判点であった。

（3）批判に対する最近の動き

　さて、これらの批判に対してテクニカル分析の支持者はいかに反論したのであろうか。ランダムウォーク理論に対する反証研究は、テクニカル分析の研究からではなく、皮肉にも他の学問分野の分析手法を取り入れた経済学者たちによって提起されることとなった。

　経済物理学（Econophysics）と呼ばれているが、統計物理学の手法を使った金融市場分析によって、市場価格はランダムではなく、ある期間の価格変動はそれに続く期間の価格変動に影響を及ぼす（自己相関性がある）という反証研究が次々に報告されている。さらにこの分野では、決定論的カオス、フラクタル（自己相似性）など非線形系・複雑系において用いられる概念・手法を取り入れた研究も進んでいる。従来の線形系分析に従えばランダムにみえる市場の動きも、非線形系分析によれば、ポジティブフィードバックループ（価格の動きがさらに次の価格の動きを強化するループ）など、カオス特有の動きがいくつも観察されるとしている。

　また、心理学の分野からもテクニカル分析をサポートする研究成果が報告されている。2002年ノーベル経済学賞を受賞したD.カーネマンの受賞理由は、経済心理学の基礎を確立した功績であるが、この経済心理学は市場における人間心理の非合理性、非対称性について研究しており、実際にいくつかのテクニカル分析手法は、経

済心理学によってその根拠が説明できるとしている。

　簡単な例をあげよう。「コイン投げのような確率が均等で独立試行の場合でも、3回連続して表が出れば、何割かの人は確率が偏っていると思い込んでしまう。もちろん、コイン投げの結果に観察者の思い込みが反映されることはない。しかし市場参加者の思い込みが価格に反映される市場において、もし価格が3日連続上昇すれば、その心理が売り手をためらわせ、買い手を勇気づけることは十分考えられる。そしてその思い込みが価格を上昇させれば、さらに思い込みは確信に変わり、価格上昇トレンドを強化するループ（ポジティブフィードバックループ）に発展する」。

　もちろんこれらの研究結果が、投資理論の世界において完全に主流意見として支持されているわけではなく、またこれらが即座にすべてのテクニカル分析手法の有効性を証明するものではない。ただし少なくとも「市場は完全にランダムではない事象をもつ」こと、すなわち「有効なテクニカル分析手法は存在する」ことが科学的に認知されつつあることは事実である。

　テクニカル分析の専門家たちも、テクニカル分析の地位向上、研究発展のための活動を強化してきた。わが国においても、日本テクニカルアナリスト協会が1978年に設立され、国際テクニカルアナリスト連盟への加盟、テクニカルアナリスト資格試験制度の発足（99年）、養成講座の開設など、テクニカル分析の学術的レベルの向上発展に努めている。

　実際に市場に携わっている人間にとっては、「テクニカル分析とファンダメンタルズ分析とは相互に補完する関係にある」というのが普通の感覚である。優秀なテクニカルアナリストは、優秀なファンダメンタリストであることが多いことも事実である。

　したがって、これは本書の主旨でもあるが、両方の分析の長所・短所を理解しバランスよく使うことが、市場予測にとっては不可欠であるということである。

公表機関ウェブサイトアドレス

日本テクニカルアナリスト協会　　　http://www.ntaa.or.jp
国際テクニカルアナリスト連盟　　　https://ifta.org

2 テクニカル・アプローチによる金利予測

[1] 金利予測におけるテクニカル分析の問題点

　テクニカル分析の歴史は古く、日本では江戸時代の米相場にまで遡ることができる。米国においてチャールズ・ダウが有名なダウ理論を発表したのが1902年であるので、100年以上の歴史があることになる。余談であるが西洋と日本のテクニカル分析は、それぞれ独自の起源、発達の歴史をもつが、その考え方や手法に多くの共通点を見出すことができる。市場における人間の行動は、宗教、文化、思想の違いを超えて、もっと人間の内面に近いものに根ざしているように思える。テクニカル分析の汎用性を示す一例といえるかもしれない。

　さて、すでにお気づきと思うが、テクニカル分析は元来、商品・株式市場における予測手法として発達したものである。したがって、これらの市場で発達した手法を、金利市場や為替市場でそのまま使えるのかという疑問があってもおかしくはない。

　結論から先に申し上げると、テクニカル分析はどんな市場にも適用可能である。テクニカル分析の前提条件のなかに、市場を限定する要素は何も含まれていないことをみれば明らかである。つまり、分析する対象は、価格の動き、すなわち市場参加者の心理の変化であり、取引商品そのものではないのである。

　それでは、実際にテクニカル分析による金利予測の具体論に入っていこう。まず分析対象に関していくつかの問題点を解決しておきたい。

（1）どの金利を対象とするか

　本書で予測対象としている金利は、「政策金利」「短期金利」「長期金利」の3つである。

　まず「政策金利」は、予測対象となり得るであろうか。政策金利は政策当局（中央銀行）が決定する金利であり、市場で水準が決定される金利ではない。したがって、テクニカル分析の前提条件を考えれば、政策金利の予測にテクニカル分析は適さないといえる。もちろん短期金利の分析から、市場が期待する政策金利の変動を読み取ることは可能である。しかしそれはあくまで市場の期待であり、実際の政策金利の変動とは必ずしも一致しない。本書ですでに述べたが、政策金利は、「ファンダメンタルズを政策当局（中央銀行）がどのように判断するか」という視点でのファ

ンダメンタルズ分析が最適であろう。

　次に「短期金利」についてはどうであろうか。オーバーナイト金利は、政策金利と日々の資金需給で決定されるため、市場参加者の相場観の入る余地はほとんどない。したがって、これは政策金利を予測することとほぼ同義であることになる。一方、ターム物金利は、3ヵ月、6ヵ月と期間が長くなるにつれ、年末などの特殊要因を除けば資金需給の要因は薄れ、[政策金利＋政策金利に対する変動期待]という構成に変わっていく。この「政策金利に対する変動期待」は市場参加者の相場観によって変動する部分であり、テクニカル分析が機能する領域である。ただし、短期金利そのものの最大の変動要因は、やはり政策金利の変更であり、この点ではターム物であってもオーバーナイト金利と大差ないといえる。

　「長期金利」は、短期金利の積み重ねと解釈できる。しかし、例えば10年金利を短期金利の積み重ねとして考えた場合、短期金利のたどるべき経路は無数に存在することになる。10年の間には景気局面が数回変わるであろうし、金融政策についても引き締め期もあれば緩和期も含まれるであろう。したがって、足元の金融政策の変更方向と、それが向こう10年間の短期金利の累計に与える影響とは必ずしも同一方向ではない。例えば金融緩和は一般的には長期金利の低下材料になりやすいが、将来の景気回復が早まり、インフレ・リスクが高まるという解釈も可能であり、極端な場合は逆に長期金利が上昇することもある。このように長期金利の最大の変動要因は、市場参加者の将来に対する期待の変化であり、したがってテクニカル手法を使った分析が最も有効な対象と考えられる。

（2）金利か価格か先物価格か

　長期金利を分析対象として考えてみよう。長期金利とは、通常ベンチマークとなる国債の金利のことを指す。市場によってベンチマークとなる国債の年限構成は異なるが、5年、10年はほとんどの国債市場で継続的に新発債が発行されるため、長期金利の指標として使いやすい。

　さて、分析すべき市場データの候補を考えると、A.ベンチマーク債券の金利、B.ベンチマーク債券の単価、C.先物価格の3つがあげられる。

　一方、テクニカル分析に適した市場データの必要条件は、

①始値、高値、安値、終値、出来高などの市場データが入手可能であること。
②市場参加者が注目する価格（通常は取引価格）であること。
③データの継続性があること。

　の3つが考えられる。そこで、これらの条件に照らして上記3つの候補を検討してみよう。

　A、Bはいずれも現物国債のデータである。現物国債は取引の大部分が店頭取引（取引所を介さない取引）であるため、すべての取引データを捕捉することができない。したがって店頭売買参考統計値（終値のみ）など証券会社の集計値に頼らざるを得ず、①のデータの入手容易さ、信頼性という点では難点がある。また現物国債は発行後徐々に残存期間が短くなるので、指標性を維持するために、新規のベンチマーク国債が発行されるたびに指標銘柄はスイッチされていく。スイッチ時の新旧銘柄の金利差は数ベーシス存在するが、大勢を判断するうえでは許容範囲であるため、通常は新旧銘柄の金利はそのままつなげて使用されている。一方、価格差はクーポン、満期が異なれば当然大きく異なり、つなげて使用することには無理がある。したがって、国債価格は継続性という点でも難点があり、分析対象として適しているとはいえない。金利については終値データのみは使用可能と結論できよう。

　次にCの債券先物について検討してみたい。債券先物は取引所取引であるため、価格・出来高、建玉残といった取引データは正確に取得可能である。また債券先物は価格で取引されるため、約定価格を分析対象とできる。さらにクーポン・残存期間が一定の「標準物」を取引しているため、つねに一定条件の商品を分析対象とできるメリットがあり、後述する限月修正により長期間の継続データの作成も可能である。こうみると実に3つの条件をすべて満たしているのは債券先物ということがわかる。実際、多くの実務家が債券先物売買に際し、さまざまなテクニカル分析手法を駆使していることからも、債券先物のデータがテクニカル分析に適していることが裏打ちされる。

　金利を予測するために、金利ではなく先物価格を分析するというのは、やや抵抗があるかもしれないが、債券先物は現物債と表裏一体で動くものであり、現物債市場と主従の関係があるわけではない。実際に先物市場が終了すると現物取引も急速に細るのは、両者が機能して初めて金利市場が成り立つと市場が認知している証拠である。したがって、債券先物で金利の方向感や相場の強さをしっかりと分析し、ベーシス分析やスプレッド分析を介して個々の金利を予測する方法が最も効率的な分析方法であろう。なお、先物価格を分析のメインとしつつも、同時に現物債の金利分析を併用することも有益である。なぜならば金利のチャート形状と先物価格のチャート形状とは通常異なるからである。先物価格分析による予測が金利チャート上においても違和感がないかを確認することは、予測の精度を高めるうえで有効な方法といえる。

（3）先物価格の限月修正法

　先物価格は限月（3、6、9、12月といった決済月）制を採用していることから、同時に複数の限月の取引が可能である。しかし通常、中心限月と呼ばれる期近の限月に取引が集中する傾向が強い。出来高が多い限月はそこから得られる情報も多く、したがって分析対象としては中心限月のデータが最適といえる。さて、問題は中心限月が通常3ヵ月ごとに交代すること（限月交代）である。なぜなら、つねに中心限月のデータを分析対象とするためには、限月交代の都度、新旧の中心限月の価格データをつなぎ合わせる処理－すなわち限月修正－が必要となるからである。

　限月修正法も実際はいくつか存在するが、ここでは最適と考えられる方法を1つ紹介したい（図表Ⅻ－1参照）。それは旧中心限月と新中心限月の価格差をもって、過去に遡り旧中心限月の価格調整を行うことである。例えば、新中心限月の価格が旧中心限月より0.5ポイント低い場合、これまでつなげてきた旧中心限月の価格をそれぞれ0.5ポイントずつ過去に遡って引き下げ、それを新中心限月につなげるのである。この方法の欠点は、先物価格が過去に遡るにつれ、通常徐々に小さくなり、当時の実勢価格から乖離する点である。ただしデータ上の売買収益と実際の売買収益が一致する唯一の修正法であり、したがって、最も市場で利用されている方法である。

図表Ⅻ－1　限月修正法

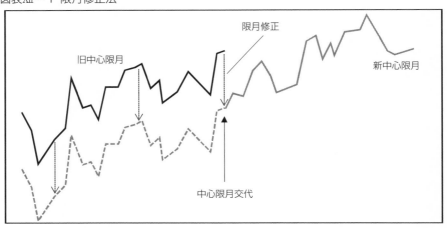

3　4本値とローソク足

［1］4本値とは

　価格とは、取引市場において売り手と買い手の注文が成立した値段である。よって、当然ではあるが1日のなかには数多くの価格が存在することになる。これらをすべて用いて分析すれば、より有効な将来の予測が可能になるかもしれない。が、実際にはこのような分析は不可能であり、仮にできたとしても余計な雑音が入ることによって、かえって不具合を生じる恐れがあろう。

　大部分のテクニカル分析手法では、これら多数の価格のなかから、その期間の値動きを代表する価格を取り出して分析対象とする。最もよく使われる例は、始値・高値・安値・終値の4つ（4本値と呼ぶ）である。この4つの価格が重視されるのは、これらがその期間の値動きの「端」—すなわち、始値と終値は「時間の端」、高値と安値は「価格の端」—を示しているからである。テクニカル分析に欠かせないローソク足チャートやバーチャートもこの4本値を図示したものである。

　価格データはテクニカル分析において、まさに分析すべき主たる対象である。そして分析するデータが日足（1日単位の値動き）でも週足（週単位の値動き）でも月足（月単位の値動き）でも、この4つの価格を重視することは変わらない。したがって、まずこの4つの価格の意味を理解することを、テクニカル分析の習得に向けた第一歩としたい。

（1）終値

　もし1日の価格のなかで最も重要な価格を1つ選ぶとしたら、それは間違いなく終値である。終値のみを使うテクニカル分析手法が数多く存在することからもその重要性が理解できるであろう。以下に終値が重視される主な理由をあげてみよう。

①終値は1日の終了時点において、現在に最も近い価格である。テクニカル分析が将来の価格予測を目的としている以上、現在に最も近い価格を予測の出発点とすることは理に適う。

②終値は市場参加者が1日の取引を経て最終的に妥当であると合意した価格である。その価格以上で買う理由も、その価格以下で売る理由もないことを全員が認めた価格である。

③終値はその日の損益の算定基準である。先物市場では清算価格と呼ばれるが、いったん損益を確定し新たな持値となる価格である。売り手と買い手の力が均衡したという意味でも、その日の市場全体の擬似持値とみなすことができる。

（2）始値（寄付値）

　始値は前日の終値について、取引終了後の材料も含めて市場参加者が新たな分析を加えた結果であり、将来の価格の出発点という意味がある。新規ポジションの持値とも考えられ、日中価格がそれを上回っているか下回っているかで売り買いどちらが優勢かを判断する基準にもなる。

（3）高値・安値

　高値は、優勢であった買い手のエネルギーを、売り手のエネルギーが上回った価格であり、価格が上昇から下降に転換したポイントである。もちろん高値と終値が同レベルの場合、買い手の強いエネルギーを消化している途中で時間切れとなった可能性もあるため、翌日の価格動向を確認しないと、その高値が上の定義による「真の高値」であったかどうかは判断がつき難い。「真の高値」はその後の買い手の目標値としても、またレジスタンス（上値抵抗レベル）としても機能する重要な価格となる。安値はまったくその逆で、売り手の目標値であり、サポート（下値抵抗レベル）となる。

　通常、ある期間の高値・安値は、ある期間が長ければ長いほどその重要性は高くなる。よく「バブル崩壊後の最高値」という表現を新聞の株式欄などで目にするが、長期にわたって更新されない高値・安値は、それが数年前の価格であっても市場参加者には重要な節目として意識される。当然その価格が更新されることは、テクニカル分析上は重要な意味をもつ。

　以上4つの価格の意味について簡単に説明した。終値が最も重要であるが、始値、高値、安値についても重要な価格であることに変わりはない。要は4つの価格をバランスよく分析することが大切である。次に、この4つの価格の分析手法としても有効であり、かつチャート作成の基礎となるローソク足について解説する。

［2］ローソク足とは

ローソク足は、日本を代表する罫線である。その特徴は、単に4つの価格を図示するチャート表記法という点のみならず、1本のローソク足の形状−4つの価格の位置関係−から市場情勢の解釈を試みている点にある。

ローソク足がいつ頃完成したかについては諸説さまざまである。が、その起源は江戸時代の堂島米相場まで遡ることができる。ちなみに世界最古の先物取引制度もこの時代の堂島米市場で誕生している。現物米取引（正米取引）とともに行われた空米取引（帳合米取引）がそれに当たる。この時代に活躍した「牛田権三郎」や「本間宗久」の相場理論は現在も広く研究されており、当時すでに相場分析手法がいくつか存在していたことを窺い知ることができる。市場の推移のことを当時から「足取り」と呼んでいたが、これを表記する手段としていくつかの罫線法が考え出され、それらがさまざまな変遷を経てローソク足と呼ばれる罫線分析手法につながっていったと推測される。いずれにしても日本が世界に誇れるチャート表記法（罫線）である。

［3］ローソク足の作成方法

ローソク足は欧米の主流であるバーチャート同様、一定期間（1日、1週間など）の始値・高値・安値・終値によって構成される。したがって、ローソク足はバーチャートが利用できるいかなるテクニカル分析にも利用可能であり、色と形状により示唆するという視覚面において、むしろバーチャートより優れているといえる。欧米でもキャンドル・スティック・チャートとして1990年頃紹介され、急速に利用者が増えている。

ローソク足はあらゆる時間枠で作成することができる。「日足」は1日の始値・高値・安値・終値を、「週足」は月曜日の始値、1週間の高値・安値、金曜日の終値を、「月足」は月初の始値、月間の高値・安値、月末の終値を用いて作成する。

作成方法は、一定期間の始値と終値を棒線で結び（この部分を「実体」と呼ぶ）、実体から高値と安値をそれぞれ線で結ぶ（この部分を「ヒゲ」あるいは「カゲ」と呼ぶ）ことによる。すなわち、実体は時間の端、ヒゲは価格の端を示している。実体の上側のヒゲは上ヒゲ、下側は下ヒゲと呼び、ヒゲの長さは相場でのエネルギー消耗度合いと解釈することができる。すなわち、ヒゲが長いほど相場でエネルギーを使い果たし、価格が戻ってきたことを示唆している。

ローソク足作成の最大の特徴は、実体部分の「陰陽」である。始値＜終値の場合は実体の内側を白色（または赤）で、始値＞終値の場合は実体の内側を黒色で示し、始値＝終値の場合の実体は横線一本（「同事線」と呼ぶ）となる。この色の違

図表XII－2　ローソク足の作成法

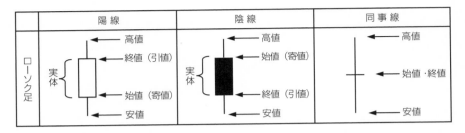

いが示唆するものは市場心理の強弱である。長い白色実体は市場が強気（価格でいえば上昇）に傾いていることを示し、長い黒色実体は市場が弱気（価格でいえば下落）に支配されていることを示す。小さな実体や横一線の実体は、市場の強弱拮抗状態を反映している。

[4] ローソク足の見方

　ローソク足の代表的な形状、およびその見方について図表XII－3に紹介する。なお、複数のローソク足の組み合わせパターンについては後節の「酒田罫線法」を参照頂きたい。

　1本のローソク足からでもこれだけの情報が得られるということは実に驚きに値する。ただし、同一の形状でも出現する局面によって名称や解釈が異なるなど、1本のローソク足であるがゆえの曖昧さは認めざるを得ない。したがって、これだけで売買の判断をするより、後で述べるが複数のローソク足パターンの一部として利用したり、他のテクニカル分析の判断をサポートする材料として使用したりするほうが、より現実的な使い方であるといえる。

　なお、ローソク足の形状・名称は、その組み合わせまで含めると次頁以外にも数多く存在するので、興味のある方は専門書にあたってみることを是非お勧めする。

図表XII－3　ローソク足の代表的な形状、およびその見方

形 状	俗 称	線の見方・解釈など
	陽の丸坊主	上昇の勢いが強いことを示唆。とくに長い線が底と考えられる付近で出現すると転換につながりやすい。
	陽の大引坊主	上昇の勢いが強いことを示唆。下値抵抗感があり、さらに上昇する可能性を含む。
	陽の寄付坊主	上昇の勢いがあるものの、上値抵抗感あり。とくに、高値圏と考えられる付近で出現すると、下落につながりやすい。
	陰の丸坊主	陽の丸坊主の逆。
	陰の大引坊主	陽の大引坊主の逆。
	陰の寄付坊主	陽の寄付坊主の逆。
	十字線	相場動向の転換、一時的な均衡状態後の加速を暗示する。
	トンボ	高値、安値圏と考えられる付近での転換を暗示する。
	トウバ	高値、安値圏と考えられる付近での転換を暗示する。
	カラカサ（たぐり線）	先高見込み、安値圏で出現すると上昇転換を暗示する。高値圏に出現すれば首つり線（上値限定的）。
	カラカサ（たぐり線）	先安見込み、安値圏で出現すると上昇転換を暗示する。高値圏に出現すれば首つり線（上値限定的）。

4 テクニカル分析手法の分類と解説

　さて、前節までで、チャート表記法も含めたテクニカル分析の基礎的な解説は終了した。本節では、いよいよ具体的なテクニカル分析手法の解説に進むこととしよう。

[1] 分析手法を選ぶポイント

　実際に市場で使われているテクニカル分析手法の数はどれほどあるだろうか。おそらく膨大な数にのぼるであろうことは想像に難くない。では、もし何の準備も心構えもなく、これら氾濫する多くのテクニカル分析手法をやみくもに使ったらどうなるであろうか。想像できる結果は、個々の分析が示すいろいろな相反する分析結果に振り回され、身動きがとれない状態に陥る、ということであろう。これではテクニカル分析は投資の意思決定を阻害する要因にしか過ぎなくなってしまう。

　これは実はテクニカル分析の初心者が最も陥りやすいジレンマであり挫折の原因でもある。では、そうならないための必要な準備、心構えとは一体何であろうか。これが本節の主題である。

　何かを分析して意思決定をする場合、通常われわれはいくつかの視点から分析を行い、その結果をもって総合的な判断を下すという思考過程を経る。例えば、ある購入候補の製品を評価する場合、分析の視点は、その製品の価格面、機能面の優位性、信頼性、拡張性、サービス面などと多岐にわたるはずである。そして、それらの結果を優先順位付けしたうえで総合的に判断し、最終的に購入するか、しないかの決定を下すのが普通である。

　市場データの分析であっても同様である。市場の動きがつねに1つの規則性に支配されているわけでない以上、複数の視点から分析を行うことは、安定した予測パフォーマンスのためには不可欠である。したがって、まずどの視点から分析を行うかを明確にすること（第1ステップ）、そしてその分析のための効果的な手法を選ぶこと（第2ステップ）という2段階の準備が必要となってくる。

（1）第1ステップ

　市場データを分析する視点は、いろいろな設定の仕方が可能である。ここでは基本的な例として、4つの視点を紹介しよう。

①トレンド分析……価格のトレンドの方向、強さを分析し、トレンドが継続するか転換するか強化されるかを予測する。トレンドを長期・中期・短期など複数に分けて別々の視点とすることもある。

②バリュー分析……価格の割高割安を判断する分析。割高、割安が行き過ぎれば、やがてそれが解消される方向に価格は向かうと考え、逆張りの収益機会とする。

③パターン分析……過去の類似する価格パターンの再現性に着目した分析。かなり信頼性の高いフォーメーションもあり、重要な収益機会となり得る。

④サイクル分析……時間、周期性を対象とした分析。経済循環サイクルとしては、コンドラチェフの波（60年程度）、ジュグラーの波（10年）、キチンの波（3年）などがよく知られているが、これ以外にも自然サイクルや人為的なサイクルも含めて、市場には多くの周期性が確認できる。確度の高い周期性を利用できれば大きな収益機会となり得る。

（2）第2ステップ

　さて、第1ステップによって、4つの視点から市場データを分析することを決定したとしよう。次はそれぞれの視点で分析するのに最もふさわしい道具——すなわちテクニカル分析手法—を選択することになる。

　どの手法がふさわしいかは、実は人それぞれで、万人に最適な手法などない。よくチャートの本で「儲かるチャート手法」などの文字が躍っているのを見かけることがあるが、自分が信頼できる手法でなければ使うべきではない。もちろん最初はどれが自分に適しているかはわからないので、代表的な手法を人の真似をして使うことになるであろう。ただその場合でも必ず自分で過去のデータを使い、予測に適しているか、信頼できるかを検証してみることが必要である。職人やスポーツ選手の世界でも、プロは自分の使う道具にこだわるものである。信頼でき、実力を発揮できる道具を選ぶ能力がなければ、プロになれないのは市場においても同じである。

　それでは、個々のテクニカル分析手法の解説に移るとしよう。本書では紙幅の制限もあり、一部の代表的な手法しか紹介できないが、それでも各視点の分析手法として活用できるものを用意したつもりである。まずこれらの手法を勉強・実践し、それをベースに自分にふさわしい手法をみつけていただきたい。

　冒頭で触れたようにテクニカル分析手法は無数にあるが、「その手法はどの視点での分析に使えるか。今使っている手法以上に信頼できるか」という観点でみていけば、さまざまな異なる分析結果に惑わされることはなく、自信をもって判断が下せるはずである。なお、複数の視点の分析に有効な、複合的な分析手法も数多く存在するので、検討にあたってはその点も考慮するべきであると付け加えておきたい。

［2］トレンド分析に適したテクニカル分析手法

相場の世界には「Trend is Friend」という言葉がある。テクニカル分析の基本であり、最も重要なことはトレンドの把握である。相場での成功、失敗はトレンドの把握が鍵となる。トレンドは時間的スケールから長期（6ヵ月超～数年）、中期（3週間～数ヵ月）、短期（2～3週間以内）に、その方向性からは上昇・下降・横ばい（持合）に分けることができる。

トレンド分析で重要なことは2つある。まず方向性からいえば、上昇・下降トレンドと横ばいトレンドとは、まったく別の局面と理解することである。なぜならトレンド追随型の手法が機能するのは、上昇・下降トレンドの局面のみであり、横ばいトレンドではほとんど役に立たないからである。したがって両局面は、別々の手法で臨む必要があるとまず認識しなければならない。収益を上げやすい環境という視点に立てば、上昇・下降トレンド期の把握は必須である。

次に時間的スケールについていえば、長期トレンドを念頭に置きつつ、中期トレンドを把握することが重要である。通常の投資、評価スパンを考えれば、この理由は明確であろう。なお短期トレンドは、よほど短期的な収益を狙うのでなければ、中期トレンドの売買タイミングを把握する手段と割り切ってもよい。

以上の2点を踏まえると、トレンド分析の第1の目的は「中期の上昇・下降トレンドを把握し、それに追随すること」であるとわかる。したがって、この観点から手法を選択していくことが必要である。

（1）トレンドライン

相場は波動を繰り返す。その際、前回付けた高値がレジスタンスであり、安値がサポートとなる。サポートを下回ることなくレジスタンスを上回る展開が継続すれば上昇トレンドということになり、逆に、レジスタンスを上回ることなくサポートを下回る展開が継続すれば下降トレンドとなる。

これを利用したものがトレンドラインで、上昇相場においてその相場の最安値とその後の2番目の安値（最安値より高い）を結んだものを上昇トレンドライン（サポートライン）とし、下落相場において、その相場の最高値とその後の2番目の高値（最高値より低い）を結んだものを下降トレンドライン（レジスタンスライン）という。

作成時のポイントとしては、

①トレンドラインは高値・安値のそれぞれ2点で引くことができるが、その有効性を確認するためには最低3点の高値、もしくは安値が接することが必要である。

②トレンドラインが何本か引ける場合、ラインの傾きが最も緩やかなものを主要なト

レンドと認識する。また、例えば上昇トレンドの途中でトレンドが加速した場合には、加速を開始した安値から傾斜の急な副次的トレンドラインを使用することもある。

③ラインを引くとヒゲがはみ出してしまうといった細部に関する取り扱いについては、相場の中勢そして大局の把握が主眼であることから、多少の誤差は容認する。一時的なトレンドラインの突破も同様である。

などがあげられる。ただし、実際のチャートは非常に複雑であり、ラインもいろいろな引き方が可能である。したがって、納得できるトレンドラインが引けるようになるには、ある程度の経験、訓練が必要であることはいうまでもない。

通常、トレンドラインはチャネルラインと呼ばれる並行なラインを伴う。価格はトレンドラインとチャネルラインの間を推移しながらトレンドを形成する。価格がこの2つのラインの上か下どちらかを突破するとトレンドの加速や転換につながることがある。この場合、突破した位置からトレンドラインとチャネルラインの間隔に相当する距離を突破後の到達目標に定めることもある。さらに付け加えると、相場がサポートラインを下に突破した場合、今度はこのサポートがレジスタンスとして機能することがあり（逆も同様）、売買ポイントとして活用することができる。

図表XII－4　トレンドラインの基本型

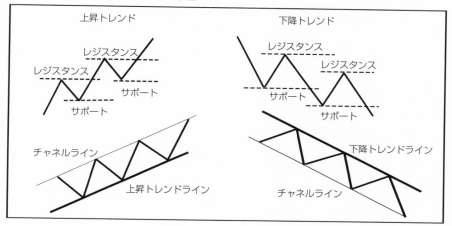

図表Ⅻ- 5　ドル円の週足チャート（1990〜98年）

（90年の高値から95年の安値までの下降トレンドラインと95年の安値から98年の高値までの上昇ト
レンドライン。それぞれ平行なチャネルラインを伴っている。相場がトレンドラインとチャネルライン
の間を推移し、トレンドを形成していることがわかる。98年10月に、相場がトレンドラインを割ると
下落スピードが加速している）
（出所）QUICKマネーラインテレレート

（2）ギャンチャート

　ギャンチャートを考案したW.D.ギャンの理論には「価格と時間の一致」という
基礎項目がある。この理論からジオメトリック・アングル（幾何的角度）が生まれるが、
これは特定の角度をもった相場の高値や安値から引いたトレンドラインであり、ギャ
ン・アングルと呼ばれている。通常のトレンドラインとの違いは、いったん起点となる
高値や安値を定めると、その後の相場の推移に関係なくラインが引けることである。
　ギャン・アングルのなかで最も重要なのが、45度線の1×1（ワン・バイ・ワン）で
ある。1×1を中心に2×1や1×2といった他のギャン・アングルを加えて使用する。
この数字の意味は、最初の数字が時間を表し、後の数字が価格を表している。つまり、
1×1は1単位の時間経過に対して価格が1単位動いた場合の位置関係を示す。
　45度線は時間と価格が均衡状態にある位置を表し、価格が45度上昇トレンドラ
インより上に位置すれば強気、45度下降トレンドラインより下に位置すれば弱気、そ
して45度線の突破は主要トレンドの転換となる。なお45度線といっても、時間と価
格とが1対1の関係になっていれば、実際の角度が45度である必要はない。
　ギャンチャートは、先に述べた通りトレンドラインと同様の使い方をし、まず1×1
を基本に価格変動の勢いに変化がみられたときには2×1や1×2、4×1や1×4な

どを用いるとよい。1単位の時間に対する1単位の価格については、当初の価格の約数や、主要トレンドを1×1として推計した値を使用する。債券先物では、1日10銭、1週間50銭の使用例が多い。

図表XII－6　ギャンチャートの基本型

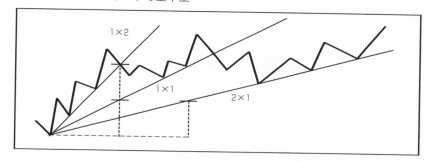

図表XII－7　トレンドラインで用いたドル円チャートにおけるギャンチャートの例（1990～98年)

　（1週間＝12.5銭を1×1としている。1990年の高値からトレンドラインを引くには92年の高値を確認する必要があったが、ギャン・アングルを用いると90年の2つ目の高値でラインを引くことが可能である。比較していただくとわかるように、トレンドラインとほぼ同様のラインがあらかじめ引けている。例示したギャン・アングルの一番上のライン上で、98年の高値を付けていることも確認される）
　（出所）QUICKマネーラインテレレート

なお、ギャン理論は時間・サイクルの概念を中心に幅広く展開されており、限られた紙幅で全貌を紹介することは不可能である。サイクル分析としても有用であり、興味のある方は是非、専門書に当たられることを勧めたい。

（3）移動平均

　移動平均はトレンド追随型の分析手法として、最も利用されているテクニカル分析の1つである。その理由としては、価格の平準化というシンプルな手法でありながら、トレンドの進展を把握する手段として有効であること、前記の2つの手法と異なり、数値で表現できることからシステム化に適していることなどがあげられる。現在、市場で使われているトレンド追随型システムは、ほとんどが移動平均を使用しているといってもよいであろう。

　移動平均を価格チャートにプロットしたものが移動平均線である。移動平均線から得られる情報は多い。以下にいくつかあげてみよう。

①移動平均線の向きはトレンドの方向を示す。傾きはトレンドの強弱を示し、急な傾きはトレンドの加速を、緩やかな傾きはトレンドの減速または転換を示す。

②移動平均線は、その期間における市場参加者の平均持値の推移とみなすことができる。このことから移動平均線は湾曲したトレンドライン（サポートライン、レジスタンスライン）としての役割が期待できる。

③平均持値を、その期間の価格のニュートラルゾーンと考えると、移動平均線からの価格の乖離度合いで市場の過熱度を測ることができる。

④移動平均線からの価格の乖離および移動平均線への回帰は、市場エネルギーの発散と蓄積を示すという捉え方が可能である。価格や短期の移動平均線が長期の移動平均線に収斂していくと、それは市場参加者の持値が収斂していくことを意味し、次の市場の動きを強化・加速させるエネルギーとなるからである。

　移動平均はこのようにさまざまな見方が可能であり、第2の視点であるバリュー分析のための手法としても有効といえる。是非、自らチャートをみて検証してみることをお勧めしたい。

　移動平均線の基本的な使用方法は、価格が移動平均線を上に抜けたら買いで、下に抜けたら売りである。また、複数の移動平均線を使用する方法もよく用いられる。一般的に、短期移動平均線が長期移動平均線を下から上に抜いた場合をゴールデンクロスと呼び、買いシグナルとなる。逆に、短期移動平均線が長期移動平均線を上から下に抜けばデッドクロスと呼び、売りシグナルとなる。

　以下に移動平均の利用方法をまとめた「グランビルの8法則」を示す（図表XII－8参照）。①～④は買いシグナル、⑤～⑧は売りシグナルである。

（買いシグナル）

①長期移動平均線の下降が継続した後に横ばいもしくは上昇に転じた局面で、短期
　移動平均線が長期移動平均線を下から上へ突き抜けた場合。

②長期移動平均線が上昇継続中に、短期移動平均線が一時的に長期移動平均線を
　下回った場合。

③短期移動平均線が長期移動平均線の上に位置し、長期移動平均線に向かって下
　降したものの長期移動平均線を下回らずに再度上昇に転じた場合。

④長期移動平均線が下降傾向で短期移動平均線も下降し、長期移動平均線からの
　短期移動平均線の下への乖離が著しく大きくなった場合。

（売りシグナル）

⑤長期移動平均線の上昇が継続した後に横ばいもしくは下降に転じた局面で、短期
　移動平均線が長期移動平均線を上から下へ突き抜けた場合。

⑥長期移動平均線が下降継続中に、短期移動平均線が一時的に長期移動平均線を
　上回った場合。

⑦短期移動平均線が長期移動平均線の下に位置し、長期移動平均線に向かって上
　昇したものの長期移動平均線を上回らずに再度下降に転じた場合。

⑧長期移動平均線が上昇傾向で短期移動平均線も上昇し、長期移動平均線からの
　短期移動平均線の上への乖離が著しく大きくなった場合。

図表XⅡ－8　グランビルの8法則　（①～④は買いシグナル、⑤～⑧は売りシグナル）

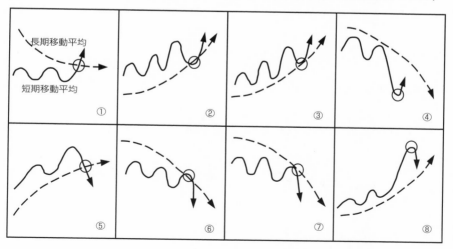

移動平均にはいくつか種類があるので紹介しておくと、

単純移動平均 ＝（A ＋ B ＋ C）÷ 3

修正移動平均 ＝（2 ×（A ＋ B ＋ C）÷ 3 ＋ D）÷ 3

加重移動平均 ＝（A ＋ 2 × B ＋ 3 × C）÷ 6　（注　A〜Dは連続した終値）

　これらの数式を用いて時間をスライドさせながら一定期間の平均値を算出していく。一般的には単純移動平均を採用する。

　移動平均の作成はその平均期間の設定が重要な要素となる。すなわち、期間を短くすると、いち早くトレンドの変化を知らせるサインとなるが、逆にそれだけ市場の騙し（シグナルとして正しくなかったということ）にあうケースが増える。一方で、期間を長くすると騙しは少なくなるものの、トレンド変化に対するタイムラグが大きく、サインが出るまでにかなりの収益機会を逸することになりやすい。

　よく利用される期間は、日足の場合5日、10日、20日といった数字やその組み合わせである。5日、10日、20日はそれぞれ営業日ベースで1週間、2週間、約1ヵ月間を表すとともに、10日は20日の半分、5日は10日の半分とサイクル理論にも通じるところがある。また、3日、13日、21日といったフィボナッチ数も利用される（フィボナッチ数は493頁のエリオット波動の項を参照）。

図表XII－9　ユーロドル（直物為替）の日足チャートにおける20日単純移動平均の例
（2002年2月13日〜7月8日）

（2002年4月以降の上昇トレンドにおいて、サポートの機能を果たしている）
（出所）QUICKマネーラインテレレート

（4）RSI（オシレーター分析）

　オシレーター（「振幅」の意）は、現在の価格が過去の価格動向との比較で、上下にどれだけ振れた位置にいるかを示す指標である。オシレーターはここで取り上げるRSI（Relative Strength Indexの略）をはじめストキャスティクス、MACDなど数多くの手法が存在するが、基本的な見方、使用法はほとんど同じである。そこでまず、オシレーター指標に共通する見方、使用法から解説することにしよう。

　オシレーターの見方は大きく分けて2つある。1つは、その水準に着目して「買われ過ぎ、売られ過ぎ」をみる見方であり、もう1つはその水準および変化に着目して「トレンドの勢いとその加速度合い（モメンタム）」をみる見方である。オシレーター分析でまず認識すべきことは、トレンド局面によって、オシレーターのシグナルが有効である場合とそうでない場合とがあるということである。このことを、上記の2つの観点から、各トレンド局面にあてはめて明らかにしていこう。

　まず「買われ過ぎ、売られ過ぎ」という観点での分析が最も有効な局面は、横ばいトレンドが継続している局面である。トレンドが横ばいである以上、「買われ過ぎ」はいずれ価格が下がることを、「売られ過ぎ」はいずれ価格が上がることを示唆しているからである。この局面ではトレンド追随型手法がほとんど役に立たないことからも、オシレーター分析手法の重要性は高いといえる。

　一方、上昇・下降トレンド期においては、オシレーターはトレンドの方向に「買われ過ぎ」「売られ過ぎ」を示してしまう可能性が高い。この局面でトレンドに逆張ることは、致命的な損失を招く危険性が高いため、オシレーターの水準から短絡的に「買われ過ぎ」「売られ過ぎ」という判断をすべきではない。

　次に2番目の「トレンドの勢いとその加速度合い」という観点での分析が有効な局面は、上昇・下降トレンドが明確な局面である。足元のトレンドが明確であれば、次の関心事は「いつトレンドが転換するか」ということになるが、オシレーターは価格に先行して、その判断材料を提供してくれる。詳細は後で述べるが、「価格とオシレーターのダイバージェンス（乖離）」と呼ぶ、オシレーター分析のなかで最も重要なトレンド反転シグナルもこの局面で観察される。

　なお、上昇・下降トレンド局面であっても、トレンドの開始直後においては、オシレーターのシグナルはほとんど役に立たないといえる。これは上昇トレンドを例にとってみてみると、トレンドが開始される局面においては、価格の上昇が「買われ過ぎ」なのか「トレンドの加速」なのか2つの見方が対立してしまうからである。

　以上をまとめると、オシレーター分析が有効な局面とは、横ばいトレンド局面と足元の上昇・下降トレンドの変化をつかみ、反転を予想する局面ということができよう。

それでは、次にRSIを例にとって具体的な使い方を解説しよう。

まず、RSIの計算方法は以下の通りである。

RS＝（一定期間の終値の上昇幅合計）÷（一定期間の終値の下落幅合計）

RSI ＝ 100 － 100 ÷ （RS＋1）

　　　　（注：下落幅は絶対値を使用）

RSIは50％を中間点として0％から100％の間の値をとる。また、買われ過ぎ、売られ過ぎを判断するため、30％や70％といった境界線（バンド）を設定する。RSIがこの境界線を越えると相場が行き過ぎた状態（70％以上：買われ過ぎ、30％以下：売られ過ぎ）であるとみなす。一般的に期間は14日を用いるが、より感度を高めるため9日を用いることもある。境界線については、30％、70％の組み合わせ以外では20、80％を用いることもある。

RSIの有効な使用法は以下の3つである。

①RSIが50％から上で上昇するとトレンドの加速を示唆し買いシグナルとなる。逆に50％から下で下降すると売りシグナルとなる。ただし、買いシグナルは上昇トレンド局面、売りシグナルは下降トレンド局面において最も有効である。

②RSIの値が境界線を越えた場合は、買われ過ぎ、売られ過ぎの状態を示す。ただし、横ばいトレンドのときは有効であるが、上昇、下降トレンド期において、トレンドに対して逆バリを示唆するシグナルは用心してみなければならない。

③RSIのチャート形状は価格のチャート形状と似ており、チャートの山や谷は価格のそれに一致する。境界線の付近または外側でRSIのチャート形状と、価格のチャート形状が乖離した形状を取ると、それまでの上昇・下降トレンドが反転する重要なサインとなる（価格とRSIのダイバージェンス〔乖離〕：図表XII－10の②の事例参照）。

最後にRSIの応用例を1つあげておこう。それはRSIの移動平均を使用する分析である。先の移動平均の項でゴールデンクロス、デッドクロスについて紹介したが、RSIの短期移動平均と長期移動平均のゴールデンクロスやデッドクロスもよいシグナルになることがある。例えば、RSIが70％以上の高水準にあるとき、RSIの短期移動平均と長期移動平均がその位置でデッドクロスとなった場合は価格が下落する可能性が高まるため売り、といった具合である。

図表XII－10　日本10年国債金利の週足チャート（1998年5月〜99年10月）

（チャート上段は金利、下段はRSIの推移を示している。RSIが市場動向とおおむね同様の形状をしていることがおわかりになるだろう。①RSIが20%を割れた後、金利が上昇している。RSIが市場価格（金利）の上昇を示唆した例である。②市場金利が前回高値を更新しているのに対しRSIは前回高値を超えず、市場価格（金利）とRSIの動きに乖離が生じた例。金利上昇の趨勢が弱まっていることを暗示し、以降金利が下落している）
（出所）QUICKマネーラインテレレート

［3］バリュー分析に適したテクニカル分析手法

　市場価格は、時として適正水準から大幅に乖離した状態になる。この極端なケースが「○○バブル」と呼ばれる現象であるが、そこまで至らなくても適正水準からの乖離という現象は頻繁に起こっている。そもそも市場にトレンドが存在する以上、適正水準からの乖離は当然の帰結という見方もできる。さて市場価格は適正水準から乖離するエネルギー（トレンドを維持する力）を発散した後に適正な水準に回帰する自己修正の動きをする。この乖離の修正過程を収益機会とすることが、バリュー分析の目的である。

　［2］のトレンド分析では、トレンドの強弱度合いに視点を置き、市場価格が行き過ぎた状態にあるか否かを分析する手法としてオシレーター分析を紹介したが、ここでは価格水準に視点を置き、均衡水準と比較した価格の割高割安度合いを分析する手法であるバリュー分析を紹介する。

　バリュー分析手法では、割高割安でない水準として均衡水準、または期待値（平均値）をどのように推計するかが重要である。この均衡水準は、長期的モデルにおいては経済成長率など、ファンダメンタルズ分析から導くことが適当と思われるが、中短期的には市場参加者の持値、すなわち移動平均値を均衡水準とみなして使用

することが適当であろう。

（1）ボリンジャーバンド

　ジョン・A・ボリンジャー氏によって考案された手法で、時系列データ（価格）を統計処理し、価格の相対的な推移と確率的な稼動領域を表現した分析手法である。ボリンジャーバンドは、データの移動平均値と標準偏差（データの散らばり具合、すなわち平均からの乖離度合を表す指標）により構成される。

　ボリンジャーバンドの構成は以下の通りである。

　ミッドバンド（移動平均）＝ 一定期間における終値の単純移動平均値

　アッパーバンド ＝ ミッドバンド ＋ 係数 × 一定期間における終値の標準偏差（σ）

　ロワーバンド ＝ ミッドバンド － 係数 × 一定期間における終値の標準偏差（σ）

　価格帯またはバンド（稼動領域）＝ ロワーバンドからアッパーバンドの範囲

　氏によると、期間は20〜21日が最適とのことである。

　ボリンジャーバンドの特徴は、過去の価格動向が正規分布であると「仮定」した場合、ある確率で相場が価格帯のなかに存在することをチャート上に表現している点である。つまり、正規分布の概念からすると、係数±1（±1標準偏差）の場合、約68％の確率で、係数±2（±2標準偏差）の場合、約95％の確率で、相場がそれぞれの価格帯に内在することを示唆している。係数については、通常±2を採用する（以下は係数±2で説明）。

　バリュー分析の観点でみると、ボリンジャーバンドは、均衡点（移動平均）からの乖離度合を測る尺度として有効である。価格がボリンジャーバンドのどこに位置するかで、確率分布上どの程度、価格が移動平均から乖離しているかが把握できるからである。

　ボリンジャーバンドの使用法は、まず乖離が極端な場合の逆バリ売買シグナルとしての利用である。バンドの外側もしくはその付近に価格が位置する確率は、上下それぞれ2.5％程度であるため、この状態になった相場は短期的に乖離し過ぎであり、したがって、まもなくミッドバンド（平均）に向かって回帰する動きが生じると想定できるからである。ただし、上昇・下降トレンドが強い局面では、価格はバンドを押し広げながらトレンドに沿った動きをしばらく継続することもあるため、より確度を高めるならば、価格がいったんバンドの外側に出た後に、再度内側へ戻った時点での逆バリ売買が理想的であろう。なお、テクニカル分析本来の趣旨である将来の予測という点を勘案すると、ボリンジャーバンドのチャート上への表示は1単位時間（日足であれば1日）先行させてもよい。

図表XII-11　日本10年国債金利の週足チャートにおける、20週ボリンジャーバンドの例（2000年1月～02年7月）

（バンドは±2標準偏差としている。2000年後半にかけて横ばいのバンドのなかで上下に推移した後、00年末にロワーバンドを下抜けして下落トレンドが発生した。01年後半から再度バンドが横バイに推移するレンジ相場に戻っている。下落トレンドが加速する過程ではバンド幅が拡大し、やがてミッドバンドに回帰するにつれ縮小している様子が窺える）
（出所）QUICKマネーラインテレレート

　ボリンジャーバンドは順バリシグナルとしても有効である。バンドの幅が狭くなる、つまり変動性が低くなると、相場にはどちらか一方へ動こうとするエネルギーがたまってくる。移動平均の項でも説明したが市場参加者の持値の収斂である。やがてエネルギーが充足し、新たな方向性が生じるとバンドを拡大させながらトレンドへ発展していく。この局面では、価格がバンドの外側に達することが、その方向に対しての順バリ売買シグナルとなる。これは価格が正規分布するという「仮定」と矛盾するように思えるが、この場合は過去のデータに基づく確率分布が有効でなくなること、すなわちトレンドの転換と解釈することになる。

　「バンドの外側に価格が達する」という同じシグナルで逆バリと順バリとを使い分けるというのは、少々違和感があるだろうが、使い分けのポイントはバンドの幅である。上昇・下降トレンドの力が強いときは、価格が移動平均から乖離する力が強いため、バンドの幅は拡大する。トレンドの力が弱まってくると、価格は移動平均に回帰していくため、バンドの幅は徐々に縮小していく。この拡大と収縮の動きをよく観察すれ

ば、両者の使い分けはさほど難しくないであろう。

　ボリンジャーバンドはこれ以外にも、サポート・レジスタンスとして利用するなど、さまざまな利用の仕方があるので、参考にされたい。なお、ボリンジャーバンド以外のバリュー系テクニカル分析としては、移動平均と価格との乖離率の水準に着目した分析がある。これは、移動平均からみた価格の乖離率がある水準を超えてくると、やがて移動平均へ回帰する動きが生じることを前提とした分析手法である。ボリンジャーバンドに比して計算などが容易であることから、さまざまな期間や乖離水準で試してみると分析精度の高い組み合わせが発見できるであろう。

［4］パターン分析に適したテクニカル分析手法

　テクニカル分析の前提条件の部分でも述べたが、価格の推移は市場参加者の心理の変化を反映しており、局面に共通の価格パターン、つまりフォーメーションを形成する。

　パターン分析の目的はこれらの価格パターンを捉えることにより、将来の価格動向、目標値、目標時間などを予測することである。パターンがいつ発生するかを予想することは難しいが、いったんパターンが完成するとその後の動きは、過去の確率をもって予測できるため、4つの視点のなかでは最も確度の高い予測も可能となる。一般的にパターン分析は上昇・下降トレンドの転換点を捉えようとするもの、トレンドの途中の調整を分析するものに大別できる。

　テクニカル分析の究極の目的は天底を的中させることである。実際にはきわめて困難であるが、相場に無数存在する転換点のうちのどれかが天底と考えれば、パターン系テクニカル分析はその天底を的中させる可能性をもった分析手法といえる。ただし、相場の到達目標設定については、経験や感性に依存する部分が大きいため、十分に研究を重ねることが必要である。

　まず、日本を代表するパターン系テクニカル分析から紹介していこう。

（1）酒田罫線法

　酒田罫線法はその名称から、江戸時代に活躍した酒田（山形県）出身の相場師「本間宗久」に由来する罫線法ではと想像できるが、実際のところその発祥は不明である。しかし、日本を代表する建玉（売買）法であり、現代においても十分にその有効性を発揮できる手法である。

　酒田罫線法には、「小の波を詳しく論じ、それを研究し、また経験を累積し……」とある。小の波を詳しく論じるために、日々研究を重ねながら緻密な分析手法を編

み出す過程で発展・高度化したものと推測される。

　ここでは、酒田罫線法で定義された複数のローソク足が織り成す典型的なパターンについて、日足を例にとりながらいくつか紹介する（次頁の図表XII−12参照）。

① 赤三兵、三羽烏

　赤三兵とは3本連続で陽線が出現することで、理想的なパターンは3本の陽線についていずれも前日終値より当日終値が高くなることである。これは、相場が強気に傾いてきたことを意味し、上昇トレンドへつながることが多いとされる。三羽烏は赤三兵の逆で、陰線が3本連続することである。相場の高値圏でこれが出現すると、一気に下落する可能性が高まることから相場の転換シグナルとなり得る。

② 三川宵の明星、三川明けの明星

　3本のローソク足が「川」の字のように並んだパターンである。三川宵の明星は、陽線の翌日が「空（前日高値から当日安値の距離が空いている状態）」を空けて高く始まったが勢いが継続せず、翌々日は空を埋める形で前日より安寄りして始まり、一昨日の陽線のなか、またはそれ以下で引けた陰線となることで、売りシグナルとなる。三川明けの明星はその逆である。

③ 毛抜き天井（ダブル・トップ）、毛抜き底（ダブル・ボトム）

　毛抜き天井は、相場における連続した2つの高値（山）がほぼ同値を形成したもので、一度高値を付けた後に下押しされ、その後反発したものの一度目の高値を突破するほどの勢いがなく、再度下落するパターンである。相場の転換点で出現するパターンで、2つの高値の間にある谷の水準を下回ると本格的な下落につながることが多いとされる。毛抜き底はその逆である。

④ 三山（トリプル・トップ）、逆三山（トリプル・ボトム）

　三山は、相場における3つの高値（山）がほぼ同値を形成したもので、都合3度高値を試しに行ったが更新できず、その過程で上昇エネルギーを消耗しきったために形成される。逆三山はその逆である。出現頻度は少ないものの、相場の天井や底で形成されるパターンであり、とくに2番目（真中）の高値が突出しているパターンを「三尊（ヘッド・アンド・ショルダーズ）」、2番目の安値が突出しているパターンを「逆三尊（逆ヘッド・アンド・ショルダーズ）」と呼ぶ。いずれにせよ、相場転換の重要なシグナルであり、大相場の前触れとされる。

　パターンの分析および活用のポイントは2つある。1つ目は売買のシグナルとしての使用であり、2つ目は価格の到達目標の算出に使用することである。三尊を例にとると、真中高値の両脇にある谷の水準（ネックラインと呼ぶ）を価格が下に突き抜けると、三尊のパターンが完成し、重要な売りシグナルとなる。同時に真中高値からネッ

図表XII－12　酒田罫線法

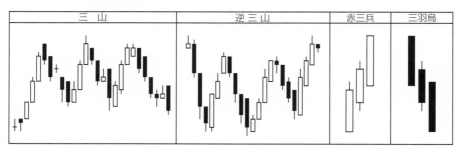

三　山　｜　逆 三 山　｜　赤三兵　｜　三羽烏

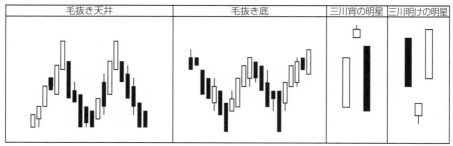

毛抜き天井　｜　毛抜き底　｜　三川宵の明星｜三川明けの明星

図表XII－13　日経平均株価の週足チャート（1984～2002年）

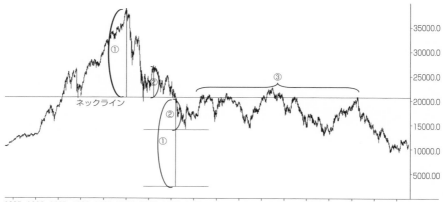

三尊によって相場の天井を形成した例。一般的に、三尊の真中高値とネックラインの距離（①）相当を
ネックラインより下に下げた水準が到達目標として設定される。両脇の高値とネックラインの距離
（②）も到達目標として有効で、ネックラインを下抜けした後、目標②付近まで相場がいったん下落し
ている。相場下抜け以降、ネックラインがレジスタンスとして機能している様子も窺がえる（③）
（出所）QUICKマネーラインテレレート

クラインまでの距離（値幅）をネックラインから下へ下げた位置が下値の目標として点灯することになる（図表XII－13 の事例①、②参照）。

　なお、パターンのなかには売買シグナルとしてしか使えないものもあるので留意いただきたい。

（2）エリオット波動

　「エリオット波動理論」はラルフ・N・エリオットが確立した相場理論である。相場波動理論にはパターン、比率、時間という3つの重要な要素があり、パターンは波動の形状、比率はいくつかの波動の相対関係分析を通じた反転時点や目標水準の予測、時間は波動パターンや比率の確認である。相場の波動自体は、5波の上昇、3波の下落といったリズムの反復で構成され、後に述べるサイクルの考え方が応用されている。

　エリオット波動の特徴は、フィボナッチ数列を駆使している点である。波の数はフィボナッチ数によって構成され、波の調整または拡大はフィボナッチ数同士の比率（0.382、0.618など。「黄金比率」と呼ぶ）に準じ、底値形成後、波の発生までにかかる時間や波を形成している時間がフィボナッチ数に相当する時間になるといったように、それらはエリオット波動の数学的基礎を構成している。以下にエリオット波動の基本型を示す（図表XII－14参照）。

① 第1波（衝撃波）

　第1波の約半分は、相当下落した水準からの単なる反発としかみえない。第1波は通常5つの波のうちで最も短いが、大きな底値圏形成後はきわめて力強いことがある。

② 第2波（修正、調整波）

　第1波の大部分を戻すことがある。戻しの程度は、第1波上昇幅の0.382もしくは0.618倍となる。

フィボナッチ級数

　イタリアの13世紀の数学者フィボナッチが発表した数列で、1、1、2、3、5、8、13、21、34…と続く数列。連続する2つの数の和は次の数になる。どの数も上位の数に対して0.618に近づいていき、どの数も下位の数に対しては1.618に近づいていく。この0.618：0.382を黄金分割と呼び、1.618：1の長方形を黄金長方形と呼ぶ。これらの比率は人間が審美上、最も心地よい比率である。古代エジプトのピラミッドや、多くの芸術作品、和音の周波数、人間の理想体型、銀河の星雲、カタツムリの殻など、すべての自然界を支配する比率であり、古代エジプトではファイと呼んだ。

③第3波（衝撃波）

　通常、第3波は一番長くかつ最も力強く拡大しやすい。理想的には第1波で順バリ、第2波で逆バリであるが、実際にこれらを捉えることは困難であるため、第3波であると確信した時点で相場に入っても遅くはない。第3波は、第1波の頂点を超え、その最小目標値は第2波の底値に第1波上昇幅の1.618倍を乗じた値を上乗せしたものとなる。

④第4波（修正、調整波）

　第2波同様、調整波となる。第1波上昇幅の0.382もしくは0.618倍、第3波上昇幅の0.382もしくは0.618倍、第1と第3波の合計の0.382もしくは0.618倍が調整目標となる。この場合、第4波の底が第1波の頂点より上に位置することが原則である。また、第2波か第4波のどちらかが複雑な形状となることが多い。

⑤第5波（衝撃波）

　通常、第3波ほどの強さはないが、拡張の動きを伴うことがある。第1波の上昇幅の1.000もしくは1.618倍の長さとなる。第1波上昇幅に3.236（1.618×2）を乗じ、第1波の底に上乗せしたものが最低到達目標、第1波の頂点に上乗せしたものが最大到達目標となるが、目標に達しないこともある。

⑥A波

　上昇トレンドの戻しと見間違うことが多いが、A波が5つの小さな波に細分化されることにより峻別が可能となるものもある。

⑦B波

　新しい下落トレンドにおける初めての調整。A波の頂点やそれを超える場合もある。

⑧C波

　C波の出現により、上昇トレンドが明確に終了したことになる。C波はA波下降幅の1.000もしくは1.618倍が目標となる。

　なお、A、B、C波を一概に定義することは困難であり、多様なパターンを形成するため注意が必要である。

　ここでは、エリオット波動の基本となる考え方をもとに5波の上昇と3波の下落を紹介したが、当然ながら5波の下落などを構成するパターンも存在するので併せて申し述べておく。

　残念ながら、実際の相場がすべて理論通りの動きをするとは限らず、またエリオット波動に当てはめること自体熟練を要するが、ポイントを押さえておけばトレンドやその転換を把握する際の有効な道具の1つとなろう。

図表XII－14 エリオット波動の基本型

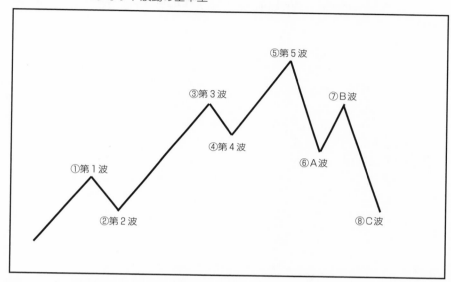

図表XII－15 米国10年国債先物における2000年から01年にかけての限月修正後週足チャート

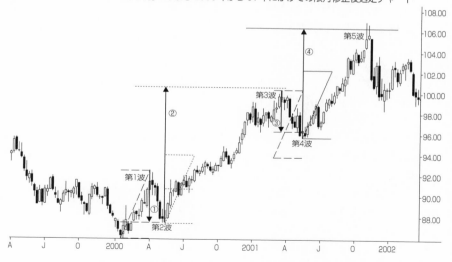

（典型的なエリオット波動に近い構成となっている。①第2波は第1波の約0.764倍を戻し、②第3波は5波動のなかで最長かつ第1波の約2.000倍、③第4波で第1波の約0.618倍相当を戻し、そして④第5波は第1波の約1.618倍の長さとなっている）
（出所）QUICKマネーラインテレレート

［5］サイクル分析に適したテクニカル分析手法

　これまで「価格」に重点を置いてテクニカル分析を紹介してきたが、いかなるテクニカル分析においてもある程度「時間」の概念が介在していることは明白である。チャートをみると、縦軸には価格が、横軸には時間が表示されている。

　ここでは、時間を重要視したテクニカル分析を紹介するが、その前に相場のサイクル分析について概観したい。

　サイクル分析とは、相場が「いつ」ある位置に到達するかあるいは「いつ」動き出すかという発想に立ち、市場に存在するサイクル（循環運動）を抽出し、そのサイクルを将来に引き延ばすことによって、今後の市場動向の予測を試みる分析手法である。山と谷で構成されるサインカーブの循環運動をイメージして欲しい。サイクルすなわちサインカーブの振幅や周期、位相を特定できれば、将来にわたって引き延ばすことにより、他のテクニカル分析に比して市場の長期予測が可能となる。

　経済活動はさまざまなサイクルに支配されているといえる。1つは自然活動のサイクルであり、もう1つは人為的なサイクルである。大規模な干ばつなどの自然現象も周期性（22年）をもつが、これは自然活動のサイクルの一例である。一方、「コンドラチェフの波」と呼ばれる約60年（54年ともいう）サイクルは大規模な技術革新が起こるサイクルといわれており、その意味では人為的なサイクルといえよう。金利も金融資産も経済活動に連動して変動するものであるため、当然これらの影響を受ける。

　さて、実際の市場ではこれほど長いサイクルを意識することはほとんどない。一般的に市場における支配的なサイクルは、4、5種類と考えられている。2～3年の長期サイクルと1年の季節サイクルが主要なトレンドを決定するといわれ、さらに短いプライマリーサイクル（9～26週間）、トレーディングサイクル（4週間）が二次的トレンド、小トレンドに影響を及ぼすとされている。実際にはサイクルの軌道通りに相場が推移しないことも多いが、サイクルの山や谷が相場の転換点に一致する場合もあることから、この観点でも分析してみる意義はある。なお、サイクルの長さは通常、谷から谷の幅を指す。

　では、実際の複雑な市場の動きからどのようにサイクルを抽出すればよいであろうか。フーリエ解析のような統計処理によるサイクル抽出方法もあるが、目でみて抽出する方法が一般的であろう。まず月足のチャートを眺めて、2～3年程度の長期サイクルを抽出する。その後週足や日足のチャートを使い、すでに抽出したサイクルの移動平均を価格から差し引いたチャートをつくり、同様な手法で徐々に短いサイクルを抽出していく。この作業によっておぼろげながらサイクルの概観が浮き彫りになってくる。

図表XII－16　日経平均株価の週足を対数表示したチャート（1991～2001年）

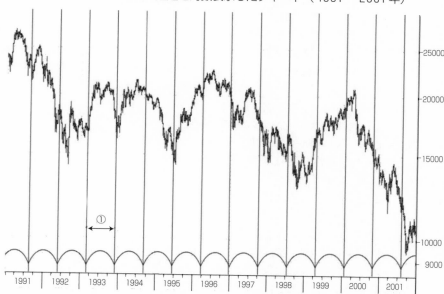

（縦線は約40週のサイクル（①）を表し、サイクルの前後で相場が底を付ける様子が観測できる。40週の半分のサイクルである20週は、トレーディングサイクルとしても重要である）
（出所）Bloomberg

　サイクルの特定にあたっては「ずれ」、すなわちゆとりもある程度許容する必要がある。サイクルが規則的同一期間をもつ必要はなく、期間にゆとりを設定することにより抽出の可能性も高まる。明確な基準があるわけではないが、ゆとりはサイクルの6分の1が目安という意見があり、例えば30週サイクルの場合、30週の6分の1である5週がゆとりで、25から35週の範囲でサイクルが形成されることになる。実際には、明確な山と谷をもつ、整ったサイクルが抽出されることは稀有であるが、ある一定のリズムで変化する「運動」を捉えることは期待できる。

　概観はここまでとするが、サイクル分析（理論）はそれだけで1つの学問となるほど、領域の広い分野であるので、興味のある方は是非専門書にあたっていただきたい。

（1）一目（いちもく）均衡表

　一目均衡表とは、昭和初期に一目山人氏により発表された相場そのものについての書で、日本を中心にその信奉者は多い。一目均衡表は時間の概念を基軸に、価格のサイクル性と価格の位置関係を総合的に表現したチャート分析手法で、その相場理論によると、市場の変動においては時間が主体であり、価格は客体に過ぎないとしている。

　日足における一目均衡表の構成は以下の通り。

転換線 ＝（9日間の高値 ＋ 9日間の安値）÷ 2

基準線 ＝（26日間の高値 ＋ 26日間の安値）÷ 2

遅行スパン ＝ 当日終値を26日過去に遡らせたもの

先行スパン1 ＝「（当日転換線 ＋ 当日基準線）÷ 2」を26日先行させたもの

先行スパン2 ＝「（52日間の高値 ＋ 52日間の安値）÷ 2」を26日先行させたもの

　以下に各線の見方と基本的な使用方法を示す。

①基準線を市場動向そのものの基準とする。日足が基準線を上回っている、もしくは基準線が上を向いていると価格は上昇基調、日足が基準線を下回っている、もしくは基準線が下を向くと価格は下降基調となる。

②基準線を転換線が上回っている場合は買いが強く、逆の場合は売りが強い。転換線が基準線を下から上に抜くと買いシグナル、上から下に抜くと売りシグナルとなる。

③先行スパン1と2で網の目を作り、この部分を「抵抗帯」あるいは「雲」と称しているが、価格が抵抗帯を上回っていると、この抵抗帯がサポートの役割を果たし、逆の場合はレジスタンスとなる。抵抗帯が厚いほどそれが顕著になるが、価格が抵抗帯を上下に突破するとその方向にトレンドが形成される。抵抗帯と遅行スパンの関係にも同様の作用がある。

④遅行スパンが26日前の価格を下方から上抜けすれば買いシグナル、逆の場合は売りシグナルとなる。

　一目均衡表の最大の特徴は、先に述べた通り時間の概念を取り入れサイクルの考え方を応用していることである。9、17、26、33などの「基本数値」や「対等数値」と呼ばれる日柄をもとに、その日柄が示唆する特定のポイントを相場の変化日としている。相場は、ある日柄サイクルで変化しながら推移していると考えているのである。なお、ここでいう変化とは、上昇から下降、下降から上昇だけではなく、上昇から横ばいや緩やかな上昇から急激な上昇など相場の流れの変化を意味している。

図表XII－17　2002年1〜7月の日経平均株価の日足チャートにおける一目均衡表の例

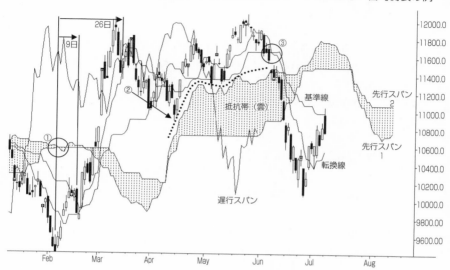

（①抵抗帯のねじれが相場の変化を暗示。続いて、下落基調にあった相場がねじれの生じている時期に上昇へ変化しているのがわかる。この上昇相場は、基本数値である9日、26日の日柄サイクルで構成され、その後下落相場へ転じた。②では先方下方に厚い抵抗帯が拡がりサポートになっている。相場は抵抗帯に沿った動きをした後に、③で転換線が基準線を下抜け、4度目の試みで大きく抵抗帯を割った）

（出所）QUICKマネーラインテレレート

　日柄を5つの線で表現することにより、視覚的に価格の変化日を予測しやすくしたものが一目均衡表である。予測された変化日を踏まえて、過去の価格変動が現在の価格動向にどのような影響を及ぼしているか、もしくは及ぼしそうか、もう少し具体的にいうと、価格と抵抗帯や遅行スパンの位置もしくは時間の関係において「いつ頃価格がどうなるか」「いつまでにこの水準を突破しないとこうなる」といったことを予測しようとするものである。抵抗帯を例にとって考えると、まず26日先行させたスパン1と26日経過した価格の相違点を見出して、現在の価格に対する過去の価格動向の影響力を分析し、次に将来について、抵抗帯の薄いところやねじれているところに市場価格が近づく、あるいはそこに該当する時期では転換の可能性が高いといった方向性についての予測や、先方上方に厚い抵抗帯が存在するためその時期に近づくにつれ上昇余地や勢いは限定されてくるといった強弱についての予測を行う（図表XII－17参照）。

一目均衡表の中核が時間であるならば、それに付随するものが波動であり値幅である。一目均衡表の概念はこの3つの要素により体系立てて構成されている。ここでは、基本波動と値幅による到達目標の算出について簡単に触れておく。

　一目均衡表の波動は、先に紹介したエリオット波動に比して非常にシンプルである。以下に3つの基本波動を示す（図表Ⅻ－18参照）。

①Ⅰ波動　上昇も下降も1つの波動のみにより構成される。

②Ⅴ波動　上昇と下降の2つの波動で構成される。

③Ｎ波動　上昇も下降も3つの波動で構成され、Ⅰ波動とⅤ波動が集約された型である。

　大幅な上昇や下降相場は、Ｎ波動が繰り返し生じることによって形成される（図表Ⅻ－19参照）。

　これらの基本波動はきわめて汎用性が高く、市場の至るところで観測される。

　一目均衡表の解釈、分析手法については、これ以外にも多岐にわたる分析手法が存在するが、それぞれの分析結果を単独で使用するのではなく総合的に判断されたい。なお、他のテクニカル分析では設定期間についていくつか紹介したが、一目均衡表については498頁の冒頭部分で示している既定値が適しているように思われる。

暗号資産（Crypt Asset）

　暗号資産のはしりで、ブロックチェーン（分散型台帳）技術を用いたビットコインは2008年に論文が発表され、09年に運用が開始されたといわれる。中央銀行などが発行する現金と異なり、ビットコインには発行する特定の組織がないため、金との類似点が指摘される。その後に登場したものはオルトコインと総称され、数千もの種類があるといわれる。17年12月にはシカゴ・マーカンタイル取引所などがビットコイン先物を上場した。

　ビットコイン等は当初「仮想通貨」と呼ばれたが、18年3月のG20で、消費者・投資家保護、市場の健全性、脱税・マネーロンダリング・テロ資金供与などの問題点が挙げられ、ソブリン通貨の特性に欠けているとして、「暗号資産」と表現された。また交換所・取引所を通じて売買されるため、価格が大きく変動する点も、通貨としては使いづらい。これに対し、裏付け資産を持つ「リブラ」や「デジタル人民元」などが今後開始される見込みであり、特定の法定通貨と一定の比率で交換されるステーブルコインとして注目を集めている。

図表XII－18　一目均衡表の3つの基本波動

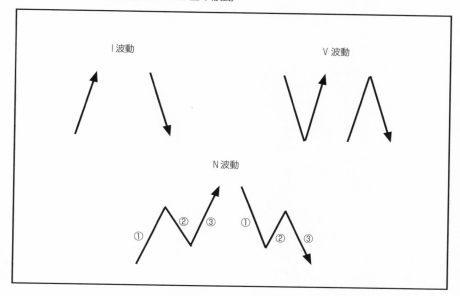

図表XII－19　一目均衡表の値幅による到達目標算出法

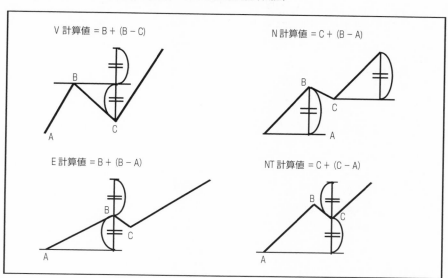

図表XII−20　日経平均株価の日足チャートにおける ABCD の N 波動と N 計算値の例
（2002 年 1 〜 7 月）

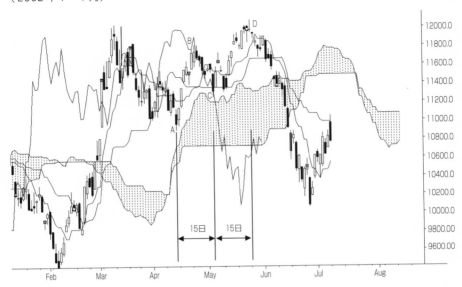

　（図表XII−17に同様。2002年2月の本格的な上昇の後、相場はAまでいったん調整、Dにかけて02年3月の
高値を再度試したが、N波動完成と同時に下落へ転じている。①Aの安値10896円からBの高値11812円ま
での値幅916円をCの安値11250円に上乗せしたN計算値は12166円となり、Dの高値12081にほぼ等しい
値となっている。②AからCまでの日柄が15日であるのに対し、CからDまでの日柄も15日と対等数値に
なっている。到達目標値をいつ達成するか予測するうえで、日柄から予測される変化日が重要な要素とな
っている例）
（出所）QUICKマネーラインテレレート

［6］出来高分析

　ここまでで、4つの視点からの分析手法の紹介は終わりとするが、最後に出来高に着目した分析について少し触れておきたい。テクニカル分析は価格データのみを分析対象とするイメージがあるが、出来高分析も重要である。出来高は季節要因などで振れが大きい場合もあるが、価格の正当性を裏付ける役割を果たしたり、価格の推移そのものの先行指標となる場合もある。

　出来高分析の基本は、出来高が価格動向をサポートしているかどうかを分析することである。出来高の増加を伴いながら上昇している市場は強い上昇相場であるといえる。相当の売りをこなすほどの買い需要が存在したからである。一方、価格は上昇しているものの出来高が減少に転じている場合は、上昇相場も終焉に近づき弱気が台頭しつつあると判断できる。上昇あるいは下落相場の最終局面や相場の転換点では、一時的な出来高の上昇を伴うこともある。

　また、出来高の量は市場参加者による売買が出合った量を表し、出来高が多いところはそれだけ市場参加者の持値が集中していることを示唆している。移動平均の項でも説明したが、市場参加者の平均持値付近は、重要なサポート（支持帯）、レジスタンス（抵抗帯）となることがある。

　このように、出来高分析は価格分析と併用することによりその力を発揮し、有益な情報を提供してくれるだろう。

図表XII－21　日本国債先物2002年9月限の日足チャート

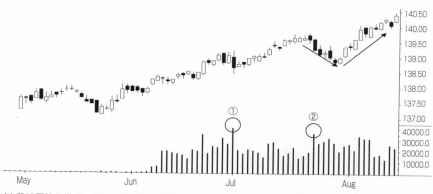

（上段は価格の推移、下段は出来高の推移を示している。②で出来高の増加を伴いながら価格は大きく下落したが、当該限月における過去最大の出来高となり市場参加者の持値が集中している①がサポートとなり、以降本格的な上昇に転じた）
（出所）QUICKマネーラインテレレート

5　テクニカル分析の活用術

[1] 分析から判断へ

　さて、前節でテクニカル分析手法を使うための2段階の準備について解説した。これらの準備段階を終了し、自分が信頼できる分析手法もみつけられたのなら、後は実際にそれを使って分析を行うのみである。ただし、最後にもう1つ解決しておかねばならない問題がある。それは分析結果をいかに判断し投資行動に結びつけるかということである。分析結果が正しくとも、それに基づく投資行動が結果的に正しくなければ、分析の意味はなくなってしまう。

　実は、最適な分析手法が人それぞれにあるように、分析結果を投資判断に結びつける方法も人それぞれである。したがって、自ら過去のデータを使ってシミュレーションし、判断力を養うことに勝る方法はないといえる。ただし、それだけではあまりにも不親切なのでいくつか参考となる見方を述べることとしよう。

　今、手元には4つの視点から分析した結果がそろっているとしよう。まず最初にみることは、明らかなパターンやサイクルが存在しているかということである。それが再現性の高いパターンやサイクルであれば、まずそこから導かれる予測を他の手法で補完する方法が最適であろう。価格の予測とは単に上がる、下がるのみではなく、「時間——いつ頃までに」、「程度－どのレベルまで」という項目が備わって初めて投資判断に結びつく。この後者の2つに関する情報を最も提供してくれるのがパターン分析でありサイクル分析であるからだ。なお、明確なパターンが存在しない場合でも、「価格がこう動けばパターンが完成する」という情報は当然頭に入れておかなければならない。もちろんパターンやサイクルとトレンドの関係も重要であることはいうまでもない。中期トレンドが力強く上昇しているときに、小トレンドの反転パターンに固執する意義はない。

　明確なパターンがない場合やサイクルの影響が弱い場合は、大抵、強力な上昇・下降トレンドが市場を支配しているときである。そのトレンドの規模はどれくらいか、まだまだ続くのかを中心に予測していくことになる。トレンドの力が弱まってくるとバリューが適正かということが意識されてくる。トレンドの終焉は、適正バリューへの回帰で始まるが、乖離が大きければ価格は適正バリューでとどまらず、そのエネルギーが解消されるまで反対サイドに振れることも多い。

　以上、判断の仕方の一例を記述したが、これらを参考にして是非実際に自分の手で分析から判断を導く練習を積んでいただきたい。

[2] マネー・マネージメント

　欧米のテクニカル分析の本を読むと、大抵紙幅の何割かをこのテーマに割いていることに気がつく。それだけマネー・マネージメントの重要性を認識しているということであろう。欧米では個人やそれに近いヘッジファンドなどの市場参加者が多いため、「破産しないようにいかに自分の資金を増やすか」という意識が強いことがその背景にあると思われる。ここではテクニカル分析の活用術として参考になる部分をいくつか紹介してみたい。

（1）ロスカットポイントの設定

　ロスカットポイントの設定は最も重要な投資戦略である。その重要性は「資金を増やすための最善の方法はロスを減らすことである」という言葉があるほどである。いずれにしても予測に基づく投資である以上、予測が外れた場合の行動をあらかじめ想定しておくことは必要である。

　ロスカットポイントは、ポジションの制約上からも設定できるが、本来は「予測が間違っているとテクニカル的に判断できるポイント」であるべきであり、これは戦略作成時に合わせて設定すべきである。また、このことは逆に、戦略はロスとの比較において、十分な期待収益があることが必要条件であるということもいえよう。

（2）統計上の確率の利用

　テクニカル分析手法のいくつかは数式化によりコンピュータを使用して、バックテストが可能である。つまり、統計上の優位性が確認できるわけである。ただし、いかに統計上の勝率が高い戦略であっても、それは何回も試行することによって、初めて確率が活かせるということを忘れてはならない。何回も試行するためには、ポジションの量を調節するか、ロスカットをタイトにするかのどちらかである。絶対リターン追求型運用においては、通常1トレードによる損失額は、資金総額の1〜2％以内、最大でも5％を超えてはならないとされている。もちろん投資スタイルによってこの比率は異なるであろうが、参考にすべき考え方である。

《参考文献》
① 「先物市場のテクニカル分析」ジョン・J・マーフィー　日本興業銀行国際資金部訳　金融財政事情研究会
② 「はじめてのテクニカル分析」林康史編　日本経済新聞社
③ 「チャートの鬼」ゼネックス編
④ 「大坂堂島米市場　江戸幕府vs市場経済」高槻泰郎　講談社現代新書

索 引

あとがき

　執筆スタッフは少しずつ世代交代しているが、変わらずに「マーケット知識を必要とする諸氏の座右の書」を目指して、今回も金融マーケットの現場の人間が改訂に取り組んだ。

　改訂の都度頭を悩ませるのが、金融マーケットは改訂作業を待ってくれないということだ。あとがきを執筆している現在、新型コロナウイルスの世界的な感染拡大で終息がいまだ見えない状況にあり、金融マーケットが著しく不安定化している。日本では、1973年の第1次石油危機と同じく、トイレットペーパーの買い占めが発生しており、人間の心理は技術革新があったとしてもさほど変化していないことが露呈した。このことからも、テクニカル分析の有効性が継続していることを実感する。

　旧版以降の主な出来事を振り返ると、日銀が階層構造を伴うマイナス金利を導入、その後、英国の国民投票でEU離脱への賛成が多数となり、米国では異色のトランプ大統領が誕生、米中の関税引き上げ競争が激化した。金融マーケットが経済の動きよりも政治の方に大きく影響されるようになったことも、旧版からの大きな変化といえる。時間の制約や編集の都合もあり十分意を尽くせなかった箇所もあるが、将来にわたり本書を改訂することでご容赦願いたい。

　本書の改訂にあたっては、三井住友信託銀行の百瀬義徳常務には全面的な支援を頂いた。

　最後に、すべての方々のお名前をここに列挙することは紙幅の関係でかなわないが、お世話になった皆様に心からの謝意を表したい。

2020年2月　　　　　　　　　　　　執筆者を代表して　　**瀬良礼子**

【執筆スタッフ】

瀬良 礼子（せら・あやこ）
　1967年広島県に生まれる。1990年京都大学法学部卒業。池袋支店、公的資金運
用部、総合資金部、市場金融部などを経て、現在三井住友信託銀行マーケット
企画部主管（マーケットストラテジスト）。

提坂 健太郎（さげさか・けんたろう）
　1976年静岡県に生まれる。1999年慶應義塾大学理工学部卒業。マーケットメイク
ビジネスユニットなどを経て、現在三井住友信託銀行マーケット金融ビジネスユ
ニット為替セールスチーム長。

植田 浩二（うえだ・こうじ）
　1976年兵庫県に生まれる。2001年京都大学大学院工学研究科修士課程修了。戦
略投資ビジネスユニット、ニューヨークマーケットビジネスユニットなどを経て、現
在三井住友信託銀行ロンドンマーケットビジネスユニット投資ＡＬＭチーム長。

藤田 善嗣（ふじた・よしつぐ）
　1978年兵庫県に生まれる。2003年京都大学大学院工学研究科修士課程修了。
総合資金部、ニューヨークマーケットビジネスユニットなどを経て、現在三井住友
信託銀行マーケット企画部情報調査チーム長。

島津 大輔（しまづ・だいすけ）
　1975年高知県に生まれる。1998年一橋大学経済学部卒業。2007年早稲田大学
大学院ファイナンス研究科修了。総合資金部、開発投資ユニットなどを経て、現
在三井住友信託銀行マーケット企画部情報調査チーム調査役。

佐藤 祐介（さとう・ゆうすけ）
　1989年千葉県に生まれる。2012年慶應義塾大学経済学部卒業。市場決済部、
マーケット企画部を経て、現在三井住友信託銀行マーケットメイクビジネスユニッ
ト主任。

矢島 満（やじま・みつる）
　1992年米国ニューヨーク州に生まれる。2015年慶應義塾大学経済学部卒業。市
場決済部を経て、現在三井住友信託銀行マーケット企画部主務。

森田 理紗子（もりた・りさこ）
　1994年東京都に生まれる。2019年お茶の水女子大学大学院人間文化創成科学
研究科博士前期課程修了。現在三井住友信託銀行マーケット企画部情報調査
チーム。

装　　　丁 ― 折原カズヒロ
編集・DTP制作 ― らむぷ舎
編 集 協 力 ― 手塚貴子
校　　　正 ― 東京出版サービスセンター

第7版
投資家のための
金融マーケット
予測ハンドブック

2020年3月25日　第1刷発行
2024年7月5日　第7刷発行

著　者 ― 三井住友信託銀行マーケット事業
©2020 Sumitomo Mitsui Trust Bank, Limited

発行者 ― 江口貴之

発行所 ― ＮＨＫ出版
〒150-0042　東京都渋谷区宇田川町10-3
電話　0570-009-321（問い合わせ）
　　　0570-000-321（注文）
ホームページ　https://www.nhk-book.co.jp

印　刷 ― 啓文堂、大熊整美堂
製　本 ― 藤田製本

Printed in Japan　ISBN978-4-14-081814-5　C0033